厚德博學
經濟匡時

工商管理系列

第5版

产业经济学教程

龚仰军　编著

上海财经大学出版社

图书在版编目(CIP)数据

产业经济学教程 / 龚仰军编著. —5 版. —上海:上海财经大学出版社,2020.7
(匡时·工商管理系列)
ISBN 978-7-5642-3382-2/F·3382

Ⅰ. ①产… Ⅱ. ①龚… Ⅲ. ①产业经济学-高等学校-教材 Ⅳ. ①F062.9

中国版本图书馆 CIP 数据核字(2020)第 077513 号

责任编辑:江　玉
封面设计:张克瑶
版式设计:朱静怡

产业经济学教程(第 5 版)

著 作 者:龚仰军　编著
出版发行:上海财经大学出版社有限公司
地　　址:上海市中山北一路 369 号(邮编 200083)
网　　址:http://www.sufep.com
经　　销:全国新华书店
印刷装订:上海叶大印务发展有限公司
开　　本:787mm×1092mm　1/16
印　　张:18.25
字　　数:357 千字
版　　次:2020 年 7 月第 5 版
印　　次:2020 年 7 月第 1 次印刷
定　　价:48.00 元

第五版前言

本教程自1998年初版以来，已经面世廿年有余（前四版已印刷31次，总印量达13万余册），经此次再次修订，将向读者呈现的是第五版。

本教程这次的修订，其目标对象依然是大学本科阶段学习产业经济学的学生。为此，在此次修订过程中，仍然以通俗易懂但不失系统地介绍产业经济学基本内容为目标，尽量减少相对繁杂的数学模型和公式，突出浅显和实用的特点。

此次修订，主要改动部分在产业组织部分。在产业组织部分，较为完整地介绍了市场行为的各个方面，增加了在第四版缺失的内容，如阻止进入策略、卡特尔等内容，以便使得大部分不再读研深造的学生也能掌握较为完整的产业组织的知识。在本教程的结构上，仍将新产业组织理论作为市场行为的研究方法，在总体上依照市场结构—市场行为—市场绩效的逻辑框架来编写。

产业结构部分，第四版原来就由笔者自己承担，因而此次改动不大，仅作了一点文字上的修订。

在此次修订中，笔者依然舍去了关于产业布局、产业竞争力、产业安全以及环境保护等章节的内容，以便更加突出本学科的本质，即产业经济学是解释不同产业间和同一产业内的资源优化配置问题的学科。

最终，本次修订后全书的结构如下：第一章是导论，阐述了产业经济学的学科界定、研究对象、研究方法，介绍了产业组织理论和产业结构理论的演进过程；第二章到第五章是产业结构部分，分别介绍了产业结构的发展模式、演进规律以及产业结构的优化、产业间关联关系、产业结构政策等内容；第六章到第十四章是产业组织部分，分别介绍了市场结构、市场行为、市场绩效、产业组织政策和有关规制的内容。

本次修订工作由笔者一人承担，从而也达成了笔者的一个夙愿，即在长期担任“产业经济学”课程教学工作的同时，能独自编写一本本课程的教材。

本教材第五版的修订工作是在前四版的基础上进行的，没有前人努力，也就没有此次的修订。因此，笔者在此也对以前各版做了大量工作的老师们表示感谢。他们是第一版的主编杨公朴、夏大慰以及（以下按姓氏笔画排序）干春晖、王玉、王惠忠、庄卫民、史东辉、杜煊君、龚仰军；第二版的主编杨公朴、夏大慰以及（以下按姓氏笔画排序）干春晖、王玉、王蔷、朱舟、张磊、龚仰军；第三版的主编杨公朴、夏大慰、龚仰军以及（以下按姓氏笔画排序）干春晖、王玉、王蔷、朱舟、李眺；第四版的作者龚仰军以及（以下按姓氏笔画排序）牟清、李眺、熊红星、张艳辉和薛军民。

此外，笔者在本版修订工作中还参阅和借鉴了国内外的一些成果，在此一并表示感谢。最后，我要感谢上海财经大学出版社以及本次修订出版的责任编辑江玉女士。

为方便教学，本书提供配套课件，专供教师使用。教师可自行从上海财经大学出版社网站下载相关资料，也可将姓名、学校、院系、书名等发送至电子邮箱 jiangyu@msg.sufe.edu.cn 联系索取。作者和编辑衷心祝您教学工作顺利。

龚仰军

2020 年 1 月

目　录

第一章　导　论

第一节　产业经济学的学科界定与研究对象

一、产业经济学与产业

顾名思义，产业经济学是以“产业”为研究对象的经济学，即是研究有关“产业”的资源优化配置的经济学。

由此，首先要厘清的就是产业经济学中的“产业”概念。通常，在产业经济学中，所谓的产业，是指在其生产过程中具有某类相同特征的企业的集合。[①] 这里的某类相同特征，一般是指在生产要素的投入上具有一定的相似性，或在生产过程的工艺上具有高度的类同性，抑或在生产产出的使用上具有较强的替代性。

然而，用不同视角去审视企业的特性，可以归纳出不同特征。这样，似乎可将同一企业划归于不同的“产业”，“产业”的边界似乎是飘忽不定的。其实不然，产业经济学作为应用经济理论，对“产业”边界的界定立足点，与其说是理论上的严密性，还不如说是现实的可用性。也就是说，产业经济学对“产业”划分的基准 —— 企业某类特征 —— 是有选择性的，这种选择性服从于对问题分析的需要。

二、产业经济学的学科界定

产业经济学作为一门较为系统的学科，在我国最早是在 20 世纪 80 年代产生的，其标志是杨治教授《产业经济学导论》的出版。自《产业经济学导论》出版以来，产业经济学这一学科在我国获得了较快的发展。然而，对于产业经济学的学科界定，在我国一直有着不同的见解。其中，主要存在着两种不同的观点。

一种观点是，产业经济学就是产业组织学。其主要的理由是：当今在产业经济学

① 随着产业经济学理论的发展，目前“产业”研究的范围，已从对企业的研究扩展到对一般组织的研究。

研究领域占据领先地位的当属欧美，为了与该研究领域的"国际先进水平"有共同的讨论平台，并尽快缩小与其的差距，我们理应与欧美的产业经济学拥有共同的学科边界。在英国，被称之为"产业经济学"(Industrial Economics)的同一研究对象，在美国即称为"产业组织学"(Industrial Organization)。因此，产业经济学就是产业组织学。其主要研究的是同一市场①上，在不完全竞争条件下的市场结构和企业行为，是微观经济学中的一个重要分支。

另一种观点是，产业经济学在我国不仅包括产业组织部分，也应当包括产业结构部分。"因为关于产业的经济活动，不仅仅存在于一个产业的内部，而且还涉及产业和产业之间的关系。在工业发达国家，由于市场经济高度发达，通过市场机制可以基本解决资源在不同产业间的流动与有效配置问题，因此它们可以将主要的研究重点放在如何解决产业内部企业与企业、企业与政府的关系上(即产业组织的问题)。而在工业后发国家，一方面，资金和技术等生产要素奇缺，无法实现均衡发展战略，而只能通过有选择的、必要的倾斜式发展来完成工业化过程，因此必须借助于有效的产业结构政策以达到'追赶'的目标。另一方面，工业后发国家的市场发育往往还不十分完善，仅仅依靠市场机制是无法解决资源在不同产业间的流动和有效配置问题，因而也必须发挥政府在产业结构调整中的作用。我国是一个发展中国家，工业化任务还未完成，市场发育也不完善，经济发展中的产业结构效应十分突出，产业结构政策还有较大的作用空间。因此，在我国产业经济学科中，不但应研究产业组织的问题，也有必要研究有关产业结构的内容，这样才更符合我国国情，也更有利于此学科的建设和发展。"②

在本教材中，我们持后一种观点，即产业经济学不仅包括研究同一产业内资源优化配置的产业组织部分，也包括研究不同产业间资源优化配置的产业结构部分。或者也可以说，本教材所采用的产业经济学的框架是将欧美的产业经济学体系(以产业组织学和公共政策为主要研究内容)与日本的产业经济学体系(以产业结构、产业关联等为研究重点)整合在一起。

三、产业经济学的研究对象

基于以上对产业经济学的学科界定，产业经济学的研究对象就集中到对有关"产业"的经济学研究，包括在同一产业内和不同产业间的资源优化配置问题的研究。在产业经济学中，通常将研究同一产业内资源优化配置问题的理论称为产业组织理论，而将研究不同产业间资源优化配置问题的理论称为产业结构理论。因此，产业经济学

---

① 在产业组织理论中所定义的"市场"，与"产业"是同义词，可以理解为在产出上具有高度可替代性的生产企业的集合。

② 龚仰军．产业经济学学科内涵之我见[J]．财经高教研究，2002(2)．

的研究对象简而言之可以概括为产业组织和产业结构两大部分。

(一)产业组织

产业组织主要研究同一产业内的资源优化配置问题,通常是指同一产业内企业间的组织或者市场关系。根据理查德·施马伦西(Richard Schmalensee)和罗伯特·威利格(Robert Willig)在《产业组织经济学手册》中的解释,其研究对象涉及微观经济学中有关的市场行为、其与市场结构和市场演进过程的密切关系以及相关公共政策的广泛领域。[①] 由此可见,产业组织学是微观经济学的纵深发展,以帮助人们分析现实中的市场。简单地说,产业组织学是以"市场与企业"为主要研究对象,从市场的角度来研究企业行为,或者说从企业的角度来研究市场结构。其研究内容包括企业间的竞争行为及其对市场结构与绩效的密切关系,特别强调针对产业中的具有相互依赖或市场互动特点的企业市场行为的研究,包括价格竞争、产品定位、广告和研发等。

产业组织学与一般的微观经济学的区别是:相对于微观经济学,产业组织学更关注一些极端的情况,如完全垄断与完全竞争。产业组织学主要关注一些处于中间状态的情形,如寡头竞争、垄断竞争等不完全竞争性市场,进而通过对市场运行的研究得出对特定市场绩效、社会福利与竞争秩序的判断,为政府实施相应的公共政策以维持基本的市场秩序和经济效率提供实证依据和理论指导。

(二)产业结构

产业经济学中的产业结构部分,主要是研究不同产业间资源的优化配置问题的。所谓的产业结构,通常是指产业间的相互联系与联系方式。因此,产业结构理论也就是主要从经济发展的角度来研究不同产业对稀缺资源的占有关系。产业结构着重于从经济发展的角度研究一特定区域的产业发展轨迹、各产业间的相互联系及其比例关系等问题,从而在资源约束的条件下,使得整个区域得到最为有效的发展,为政府制定促进经济发展和产业发展的产业政策提供理论依据。

产业结构研究一般是从较为宽泛的产业视角来研究产业间的关系,产业结构不仅涉及产业发展的一般规律,还涉及产业结构规划和产业结构调整等政策应用方面的研究。

第二节 产业组织理论的演进

一、产业组织理论的萌芽阶段

产业组织理论的起源最早可以追溯至亚当·斯密(Adam Smith)的劳动分工理论

① 施马伦西,威利格.产业组织经济学手册[M].北京:经济科学出版社,2009.

和竞争理论。[①] 他通过对重商主义学说和重商主义时代国家干预私人经济主体活动的批判，提出了自由竞争的思想。斯密反对国家干预经济，认为自由竞争是一个导致利益和谐与市场均衡的过程。

1879 年，马歇尔（Marshall）夫妇合著的《产业经济学》出版，在该书中，作者将产业组织正式定义为产业内部的结构。[②] 由此，马歇尔被看作产业组织学的创始人。其后，在 1890 年出版的《经济学原理》中，马歇尔以大量的篇幅讨论了有关产业组织的问题，包括组织与分工、某地区特定产业的集中、大规模生产、企业形态以及规模经济等问题，揭示了竞争活力与规模经济的矛盾关系（即著名的“马歇尔冲突”）。[③] 斯拉法（Sraffa）从质疑完全竞争理论的立场，进一步论述了规模经济与完全竞争的不相容性。[④]

20 世纪 20 年代初期，随着现代大型制造业在美国的兴起，以及当时美国发生的兼并风潮，很多产业已不再是自由竞争的市场，而呈现出近乎垄断的格局。当时的产业组织理论缺乏对于垄断等不完全竞争市场的研究与了解，从而导致了人们对垄断表现出与日俱增的畏惧与担心。基于此，经济学家以完全竞争与垄断为焦点开始了广泛的研究，现代产业组织学中的一些重要概念或思想（如垄断的程度和效应、现有和潜在的竞争、规模经济与规模不经济、寡占、价格歧视以及风险的不确定性等）被广泛进行讨论和研究。这些研究在 30 年代后继续被深化。如 1932 年，伯利和米恩斯（Berle & Means）深入分析了 20—30 年代的美国垄断产业和寡占垄断产业，为后来产业组织理论体系的形成提供了许多有重要参考价值的研究成果。[⑤]

1933 年，哈佛大学教授张伯仑（Chamberlin）和剑桥大学教授罗宾逊夫人（Joan Robinson）分别出版了《垄断竞争理论》[⑥]和《不完全竞争经济学》[⑦]，不约而同地提出了垄断竞争理论。这一理论彻底否定了以往要么垄断、要么竞争的极端和互相对立的观点，认为在现实世界中，通常是各种不同程度的竞争与垄断交织并存的各种形式。他们所提出的一些概念与观点成为现代产业组织理论的来源与基础。这些早期关于产业组织的研究尽管涉猎了很多领域，但是研究仍然是比较零散的，并没有形成一个较为完整的理论体系。

在产业组织理论的早期发展中，还有不少学者也对产业组织理论作出过重要贡

---

① 亚当·斯密．国民财富的性质和原因的研究[M]．北京：商务印书馆，1979.

② 阿尔弗雷德·马歇尔，玛丽·佩利·马歇尔．产业经济学[M]．北京：商务印书馆，2015.

③ 阿尔弗雷德·马歇尔．经济学原理[M]．北京：华夏出版社，2012.

④ SRAFFA. The law of return under competitive condition[J]. *Economic journal*，1926(36).

⑤ 伯利，米恩斯．现代公司和私有财产[M]．北京：商务印书馆，2005.

⑥ 爱德华·张伯仑．垄断竞争理论[M]．北京：华夏出版社，2009.

⑦ 琼·罗宾逊．不完全竞争经济学[M]．北京：华夏出版社，2012.

献。如霍特林(Hotelling)运用空间竞争理论将产品差异划分为空间中直线段上的不同点,从而使产品差异具有可检验意义。① 克拉克(Clark)提出了有效竞争的概念,认为由于现实环境的复杂性,完全竞争在现实世界中不可能且从来没有存在过,但在一个不完全竞争的市场上,随着不完全竞争因素的不断出现,会存在一个"补偿平衡"的机制。由此,克拉克强调"替代竞争"和"潜在竞争"的作用。② 克拉克的这一思想,对于产业经济学分析现实问题和后期次优理论的建立具有重大的意义。

二、传统产业组织理论阶段

产业组织理论的第一次研究高潮开始于 20 世纪 30 年代末。1938 年,梅森(Mason)在哈佛大学建立了第一个产业组织理论研究机构 —— 梅森联谊会,并将以往对产业组织问题的研究从偏重于垄断和反垄断扩大到整个市场和厂商的分析上。更为重要的是,1939 年梅森出版的《大企业的生产价格政策》提出了产业组织的理论体系和研究方向,从而为产业组织理论体系的最终形成奠定了基础。③

1959 年,梅森的弟子贝恩(Bain)出版了第一部系统论述产业组织理论的教科书——《产业组织理论》,完整地提出了市场结构(Structure)—市场行为(Conduct)—市场绩效(Performance)理论分析范式,即强调市场结构决定企业的市场行为,而在一个给定的市场结构下,市场行为又是市场绩效的决定因素。④ SCP 范式标志着传统产业组织理论体系的最终形成(即所谓的哈佛学派),并在其后的 20 年间成为产业组织学的主流学派。

然而,贝恩最终并没有将他所提出的 SCP 分析范式进一步扩展为一般化的理论框架,谢勒(Scherer)则很好地弥补了这一缺陷,他在 1970 年出版了《产业市场结构和市场绩效》一书,在贝恩的基础上对 SCP 分析框架进行了完整系统的阐述,并指出了所谓的产业基本条件对市场结构和市场行为的影响,同时进一步揭示了市场行为对市场结构和产业基本条件的反馈效应。⑤ 由此,SCP 范式走向了成熟。

哈佛学派成功地开创了以跨部门研究为主的经验性产业组织分析的框架和方法,即通过跨部门的产业数据进行统计分析,以解释各产业平均利润率的差别,以及不同的市场结构状态对产业绩效的影响。通过这种经验性的产业分析,贝恩提出了著名的

---

① HOTELLING. Stability in competition[J]. *Economic journal*, 1929(39).

② CLARK. Toward a concept of workable competition[J]. *American economic review*, 1940(30): 241—256.

③ MASON. Price and production policies of larger-scale enterprise[J]. *American economic review*, 1939(3).

④ 下文简称 SCP 范式。

⑤ SCHERER. *Industrial marker structure and economic performance*[M]. Chicago: Rand-McNally, 1970.

“集中度、进入条件与利润率假说”,即一个产业的市场集中度越高,各厂商间合谋的可能性就越高,而这些大企业的合谋将使得新企业的进入变得更为困难,最终导致产业的平均利润率提高。哈佛学派的这种结构主义观点对战后以美国为首的西方发达国家反垄断政策的开展与强化以及政府规制政策都曾发生过重大影响。

然而,尽管哈佛学派的 SCP 范式统治了主流产业组织学界近半个世纪,但 SCP 范式本身并不是一个完美的分析范式,仍然存在着许多缺陷,因而自 20 世纪 60—70 年代以来成为产业经济学界批判的热点,其中,最著名和有影响力的批判来自产业组织学的芝加哥学派。

在哈佛学派名满天下的同时,芝加哥大学的一群学者在理论上继承了奈特(Knight)以来芝加哥传统的经济自由主义思想和社会达尔文主义,信奉自由市场经济中竞争机制的作用,相信市场力量的自我调节能力,认为市场竞争过程是市场力量自由发挥作用的过程,即所谓的优胜劣汰的过程。因此,他们强调新古典学派的价格理论联系实际产业活动分析中的适用性,坚持认为产业组织及公共政策仍然应该从价格理论的视角来研究,从而与哈佛学派在方法论上形成鲜明的对比。

芝加哥学派的主要学术贡献建立在对 SCP 范式的批判上。他们认为产业的进入壁垒比 SCP 范式所判断的要低得多,只要和现有企业相比,新企业不遭受成本上的不利,进入就是自由的,因而进入壁垒并不像哈佛学派所看来的那样是导致高集中度的市场结构和决定市场绩效的重要因素。在芝加哥学派看来,企业自身的效率才是决定市场结构和市场绩效的基本因素,正是由于一些企业效率的提高,才导致了企业利润的增加和规模的扩大。基于这种理论分析,“集中度、进入壁垒与盈利性假说”便不再成立,特别在实证方面,如果纠正有关产业样本选择和盈利性数据的选择偏差,有关经验性分析结果同样不足以支持这一假说。

芝加哥学派对产业组织理论研究的另一重要贡献是斯蒂格勒(Stigler)、德姆塞兹(Demsetz)等人对政府产业规制的分析。长期以来,人们都认为政府对电力、煤气、城市供水等公用事业领域实行政府规制是理所当然的。但是,施蒂格勒通过实证研究,指出政府规制在很多产业中并未收到预期效果,发生了规制失败。究其原因,在于规制者被被规制者所“俘获”。芝加哥学派在政府规制方面的研究业绩,不仅开创了经济学一个新的研究领域——规制经济学,同时其质疑规制的观点也对美国 20 世纪 70 年代末的放松规制政策产生了直接影响。

自 20 世纪 80 年代开始,在芝加哥学派产业组织理论的基础上,1982 年,鲍莫尔(Baumol)、帕恩查(Panzar)和韦利格(Willing)等人合作出版了《可竞争市场与产业结构理论》一书，系统阐述了所谓的“可竞争市场理论”。[①] 该理论以完全可竞争市场和沉没成本等概念为中心，来推导可持续的、有效率的产业组织的基本态势及其内生的形成过程，对贝恩的进入壁垒理论提出了强烈批评，认为问题不在于是否存在进入壁垒，而在于是否存在人为的进入壁垒。这种可竞争性市场理论认为，政府的竞争政策与其重视市场结构，还不如重视是否存在充分的潜在竞争压力，而确保潜在竞争压力存在的关键是要尽可能地降低沉没成本。为此，他们主张要排除一切人为的、不必要的进入壁垒和退出壁垒。可竞争市场理论对欧美发达国家在 20 世纪 80 年代的规制政策思路转变及调整产生了重大影响。

三、新产业组织理论阶段

传统的 SCP 范式主要依赖于大量的经验性的分析，这与建立在对某一假说进行理论验证的“正统”经济学分析方法有着本质的不同，因此，传统的产业组织理论很难得到经济学界的普遍认可；与此同时，SCP 范式主要是通过数据的回归分析来解释不同市场结构对市场绩效的影响。但研究发现，回归分析只是对典型事实进行有用的排列，变量间的联系只能被解释为相关性或描述性统计，而不是 SCP 范式所指的因果关系，企业的策略性行为才是影响市场绩效甚至是市场结构的最基本要素。

由此，20 世纪 70 年代以来以博弈论为基本分析工具对企业的策略性行为进行分析的方法一旦问世，很快就在产业组织理论中得到广泛的应用，成为产业组织理论研究的新风尚。这样的一种分析方法，也就被称为新产业组织理论。新产业组织理论通过建立各种特定的策略性行为模型，然后经博弈论的方法进行严密的证明。这样的分析方法较之传统的 SCP 范式更为严谨和更具理论说服力，也使产业组织理论的发展实现了向正统的经济学分析方法的回归。

新产业组织理论对产业组织领域的策略性行为进行了广泛的研究，综其一些研究的文献来看，目前这些研究主要集中在如下六个方面：一是短期价格竞争；二是长期的价格竞争和默契合谋；三是产品差异化；四是进入壁垒与进入阻止；五是信息不对称；六是技术进步与市场结构的动态演变。

尽管新产业组织理论颠覆了传统产业组织理论在该学科的主流地位，但由于产业组织学毕竟是一门经验性的应用学科，因而应用性的成败与优劣决定了产业组织理论的存在价值。新产业组织理论在以下方面的缺陷，决定了其迄今还不能完全取代传统产业组织理论的地位。首先，新产业组织理论完全依赖于博弈论作为其分析的工具。

---

① BAUMOL W J，PANZAR J C，WILLING R D. *Contestable markets and the theory of industry structure* [M]. New York：Harcourt Brace Jovanovich Ltd，1982.

而博弈论作为数学的一个分支，其自身的发展还需逐渐完善。如当“局中人”增加到一定数量时①，博弈的过程将变得十分复杂，现有的博弈论知识对之也显得无能为力。其次，目前的博弈论模型都依赖于较强的假设条件，以至于各特定的模型适用的范围极为有限，能完全适合于模型的现实现象极其罕见。因此，运用博弈论模型所得到的结论难以获得足够的经验性分析的支持，导致这些模型的实用性受到了较大限制。再者，较好地建立或熟练地适用这些博弈模型，需要较为扎实地掌握博弈论的知识。而博弈论是一门较为专业的数学分支，熟练地掌握这门数学，需要具有扎实的数学基础。扎实、熟练地掌握博弈论知识的要求，对于新产业组织理论的普及和广泛使用形成了极大的制约。

第三节　产业结构理论的演进

由于以欧美为主的一些发达国家更为重视对产业组织理论的研究，因而相对于产业组织理论，产业结构理论的体系更为“分散”，有关的产业结构理论，零落地分散在诸如发展经济学等不同的学科之中。

但自日本的产业经济学体系建立后，特别是20世纪80年代中期我国引入该体系以来，我国的产业结构理论体系也已开始逐渐清晰，主要包括以下几个部分：

一、产业分类理论

关于产业的分类，是一个既古老又随着经济的发展而不断演变的问题。自因社会分工出现产业以来，人们对产业分类的讨论就一直没有间断过。产业的分类并没有统一的标准，是服从于经济管理及研究应用的需要的。

较早的产业分类——生产结构分类法——是基于不同产业在再生产活动中的作用而进行的。如当年马克思（Marx）在分析剩余价值产生的秘密时，就利用了两大部类（生产资料部门和消费资料部门）的分类方法；霍夫曼（Hoffmann）在研究工业化进程时，也利用了资本资料和消费资料的分类方法。

依据人类经济活动不同阶段的主要产业而进行分类的三次产业分类方法，是新西兰经济学家费歇尔（Fisher）在其1935年出版的《安全与进步的冲突》②一书中首先提出来的产业划分方法，后经统计学家克拉克通过对一些样本国家的数据验证，被广泛

① 在现实经济中，通常都会有相当数量的竞争者参与市场竞争，从而也就有了相应数量的“局中人”。

② FISHER. *The safety and progress of the conflict*[M]. London: Macmillan, 1935.

地称为克拉克大分类法。目前各主要经济国家以及一些国际组织所采用的产业分类方法,基本都是在此基础上进行的。

在经济理论研究中使用较多的另一种产业分类方法是生产要素分类法。生产要素分类法根据生产过程中对不同生产要素的依赖程度,将产业划分为劳动集约型产业、资本集约型产业和知识集约型产业三类。生产要素分析法能比较客观地反映一国的经济发展水平,也反映了产业结构的高度化趋势,有利于一国根据产业结构变化的这种趋势制定相应的产业发展政策。

二、产业结构的演进规律

在产业结构的研究中,关于产业结构演进规律是其研究的一个重要方面。

早期(1672 年),英国古典政治经济学家威廉·配第(William Petty)描述了有关产业间资源流动的现象。配第认为,制造业比农业,进而商业比制造业能够得到更多的收入。[①] 到了 20 世纪 40 年代,克拉克继承了他人的研究成果,根据一些国家的历史统计资料对配第的上述观点进行了实证分析,指出随着经济的发展和人均国民收入水平的提高,劳动力由第一次产业向第二次产业继而又向第三次产业移动的趋势。经克拉克验证的这一劳动力在三次产业间的转移现象,被称为"配第—克拉克定律"。

美国经济学家西蒙·库兹涅茨(Simon Kuznets)在配第—克拉克定律的基础上进一步收集和整理了 20 多个国家的数据,对这些国家产业结构变化趋势进行了更为深入的研究,提出了著名的"库兹涅茨法则"[②]:随着时间的推移,农业的国民收入比重与劳动力比重处于不断下降的趋势;制造业的国民收入比重大体上是上升的,然而劳动力比重综合看起来是大体不变或略有上升的;服务业的劳动力比重呈上升趋势,但国民收入比重是大体不变或略有上升的。

工业化是一般国家经济发展和产业结构演进过程中的一个极为重要的阶段,因而对工业化演进过程及其演进规律的研究也就成为产业结构研究的一个重要方面。在此方面,霍夫曼定律所揭示的工业化演进过程被认为是具有开创性意义的。

20 世纪 70 年代以来,以美国为首的一些主要经济国家逐步完成了其工业化的进程,先后显示出其经济服务化的趋势。产业结构演进规律的研究也有逐渐转向对经济服务化研究的趋势。然而,从历史发展的长河来看,经济服务化毕竟还只是其中的一小段。因此,无论从对其现象的解释,还是对其发展规律的总结,其研究成果似乎都还不及对于工业化阶段的研究那么成熟。

---

① 威廉·配第. 政治算术[M]. 北京:中国社会科学出版社,2010.

② 库兹涅茨. 国民收入及其构成[M]. 北京:经济科学出版社,1992.

三、产业结构优化理论

产业结构的优化包括产业结构的高级化和合理化两个方面。产业结构的优化理论为产业结构政策的制定奠定了理论上的依据。

在产业结构的高级化方面，产业结构优化的理论研究了产业结构高级化的判别方法。在此方面，库兹涅茨、钱纳里(Chenery)、罗斯托(Rostow)等人进行了卓有成效的研究。库兹涅茨借助于多国的数据，建立了表明不同经济发展阶段的“标准结构”；钱纳里等借助多国模型，按照不同的人均收入水平，将一国(或地区)经济发展的过程划分为不同的时期。① 罗斯托则根据一个国家的经济发展过程，将一国的产业结构的高级化程度分为六个不同的阶段。② 此外，在产业结构高级化的研究方面，还有一些学者着重研究了高级化的演进过程等问题。

在产业结构的合理化方面，主要研究包括产业结构合理化的判别标准。近些年来，随着环境和资源等问题越发受到重视，产业结构与环境、资源的关系这一领域也逐渐成为研究的一个重点。

四、产业间关系的分析

在产业间的关系研究方面，赫希曼(Hirschman)从产业链的角度分析了一个产业的前、后向关联影响的问题。③ 罗斯托则从主导产业的作用机制视角剖析了一个产业对其前、后向关联以及旁侧产业是如何发生影响的。④

在产业间关系分析方面影响更大的是里昂惕夫(Leontief)。里昂惕夫是投入产出分析法的创始人。产出分析法的基本思路是：在进行任何一种物质生产活动之前，都必须有必要的投入。把这些投入组织起来进行生产活动，会产生一定的产出。投入是生产性消费，产出是产品的生产及其分配使用。国民经济各部门在投入与产出上，在生产与分配上，存在着极其密切的生产技术性联系和经济联系。里昂惕夫用一张表格，把所有部门间的投入与产出关系都概括进去，这张表格就称为投入产出表。里昂惕夫利用所编制的投入产出表，用数学方法研究各部门产品生产和分配的关系。这种方法在世界各国迅速传播并广泛运用，被联合国规定为国民经济核算体系中的一个重要组成部分。里昂惕夫建立的投入产出模型已成为研究产业关联的最基本和普遍的

---

① 钱纳里，鲁宾逊，塞尔奎因．工业化和经济增长的比较研究[M]．上海：三联书店上海分店，1989.

② 罗斯托．经济成长的阶段[M]．北京：商务印书馆，1962.

ROSTOW. *Politics and the stages of growth*[M]. Cambridge University Press，1971.

③ 赫希曼．经济发展战略[M]．北京：经济科学出版社，1991.

④ 罗斯托．经济成长的阶段[M]．北京：商务印书馆，1962.

分析工具。里昂惕夫也由此而荣获诺贝尔经济学奖。

五、产业结构政策

研究产业结构理论，是为制定产业结构政策服务的。对产业结构政策的研究，可从不同的视角进行分析。如一些分析是从产业生命周期的角度，根据处于不同生命周期的产业有着不同的发展规律和要求，分别研究幼小产业的扶持政策、新兴产业的振兴政策、支柱产业的支持政策以及衰退产业的退出政策等相应的产业结构政策。

第四节 产业经济学的研究方法

产业经济学涉及产业组织和产业结构等内容，学者们也使用了多种研究方法以满足产业经济学各部分研究的需要。然而，产业经济学作为经济学的一个分支，始终无法离开经济学的总体分析框架。因此，经济学的研究方法也是产业经济学必须遵循的基本研究方法。此外，随着新的研究工具不断出现，产业经济学的具体分析方法也随之多样化。总体而言，产业经济学的研究方法是多种方法的集合。

一、实证和规范的研究方法

经济学的最基本的研究方法乃是实证分析与规范分析两种方法的集合。实证分析往往是描述性的，主要回答经济现象“是什么”，以及社会所面临的经济问题“实际上是如何解决的”。规范分析则是作出关于“应该是怎样”的判断，即在有关经济现象的分析中得出的一种价值判断。

实证研究与规范研究之间存在着显著的差别。从原则上说，我们可以通过检验证据而确认或否定实证表述，但评价规范表述却牵涉价值观的问题，仅仅靠数据不能否定一个规范表述。然而，实证研究与规范研究之间也是相关的。关于经济是如何运行的实证分析影响我们关于经济应该是怎样的判断，从而为改善经济运行、确定合意的政策提供理论依据和参考。

产业经济学涉及多方面的研究内容，但就方法论而言，其研究一般应当建立在实证分析的基础上。同时，产业经济学也是一门应用性学科。依据不同的价值判断，产业经济学形成了各种学说和流派，其研究最终可以形成政策建议，因而具有强烈的规范研究的色彩。

二、理论分析和经验分析方法

理论分析方法是指在特定的框架内对事物进行理论上的演绎、推理和归纳，而经验分析方法则是运用数据或实际资料来检验某个理论或估计某种关系的方法。对于大多数经验性研究来说，属于实证研究的范畴，但仍然还有部分的经验性研究方法因为涉及价值的判断而实质上属于规范研究的范畴。在产业经济学研究中，既存在理论的分析方法，也存在经验性研究。

三、案例分析方法

案例分析方法又称个案研究法，也是产业经济学的主要研究方法。它用实际发生的案例，定性与定量相结合地分析说明某一经济规律，其特别适用于无法精确定量分析的实际复杂经济事例。案例分析方法在具体应用中往往是从具体上升到抽象，即通过对具体案例的分析研究来探寻带有普遍指导意义的内在规律，从中导出一般的原理、理论，具有生动、形象的特点。在运用案例分析方法时，通常包括三个过程，即确定案例、讨论案例和评价案例。

20 世纪 50 年代，哈佛学派将案例分析方法率先引入产业经济学中，而后来的芝加哥学派也很推崇这种方法，由此产生了许多重大的学术成果。产业经济学之所以乐于采用案例研究方法，是因为丰富的案例研究可能更容易再现产业的因素和行为。

四、博弈论的分析方法

博弈论，亦名“对策论”“赛局理论”，是应用数学的一个分支。博弈论思想古已有之，我国古代的《孙子兵法》就不仅是一部军事著作，而且具有最早的博弈论思想。博弈论最初主要研究为象棋、桥牌、赌博中的胜负问题。人们对博弈局势的把握只停留在经验上，没有向理论化发展。1928 年，冯·诺依曼（Von Neumann）证明了博弈论的基本原理，从而宣告了博弈论的正式诞生。1944 年，冯·诺依曼和摩根斯坦（Morgenstern）又将二人博弈推广到 n 人博弈结构并将博弈论系统地应用于经济领域。

目前，博弈论已经成为经济学（特别是产业组织理论）的标准分析工具之一。近年来，产业组织领域所取得的重大进展主要来源于博弈论在该领域的应用。产业组织借助于博弈论的研究方法，已成为一门相当理论化的学科。20 世纪 70 年代以后，产业组织理论“已经不再像过去那样主要依赖于经验主义，而是更依赖反映基本规律的理论模型”[①]，从重视市场结构研究转向重视企业行为研究，而博弈论尤其是非合作博弈

---

① 唐·沃德曼，伊丽莎白·詹森．产业组织理论与实践[M]．北京：机械工业出版社，2009.

理论，则恰恰是处理不完备市场信息和企业策略性行为问题的理想方法。正是由于博弈论方法的应用，使产业组织理论成为70年代中期以来经济学中最激动人心并且最富生机的领域之一。

五、计量经济学的分析方法

计量经济学的分析方法是以数学、统计学为基础，在一定的经济理论的指导下，以建立经济计量模型为手段，以反映事实的统计数据为依据，定量分析研究具有随机性特性的经济变量之间关系的方法。

在产业经济学中，计量经济方法作为研究工具，被广泛使用在产业经济的经验研究之中。通过各产业大样本的跨部门数据，来度量产业的市场行为和绩效与市场结构的联系；计量经济方法也可用于研究一国一定时期内的产业及产业间联系的发展演化过程，以分析产业之间的关系以及产业的发展规律。

在计量经济分析方法中，最常见的包括时间序列数据分析和横断面数据分析方法。

时间序列是按时间顺序的一组数字序列。时间序列数据分析就是利用这组数字序列，应用数理统计方法加以处理，以预测未来事物的发展。时间序列数据分析的基本原理：一是承认事物发展的延续性，应用过去数据，就能推测事物的发展趋势；二是考虑到事物发展的随机性。时间序列数分析方法通常首先需要建立相应的数学模型。时间序列建模基本步骤是：第一，用观测、调查、统计、抽样等方法取得被观测系统时间序列动态数据；第二，根据动态数据作相关图，进行相关性分析；第三，辨识合适的随机模型，进行曲线拟合，即用通用随机模型去拟合时间序列的观测数据。

横截面数据是在同一时间，不同统计单位的相同统计指标组成的数据列。横断面数据与时间序列数据相比较，其区别在于数据的排列标准不同。时间序列数据是按时间顺序排列的，横截面数据是按照统计单位排列的。因此，横截面数据不要求统计对象及其范围相同，但要求统计的时间相同，也就是说必须是同一时间截面上的数据。横断面数据分析方法也是计量经济学方法中常用的一种方法。该方法通常用于时间跨度较短的场合，在取得数据后，同样需要通过建立相应的模型进行有关的研究。

参考文献

[1] 亚当·斯密．国民财富的性质和原因的研究[M]．北京：商务印书馆，1979.
[2] 杨公朴，夏大慰，龚仰军．产业经济学教程[M]．3版．上海：上海财经大学出版社，2008.
[3] 杨治．产业经济学导论[M]．北京：中国人民大学出版社，1985.

[4] 伯利,米恩斯．现代公司和私有财产[M]. 北京:商务印书馆,2005.

[5] 库兹涅兹．国民收入及其构成[M]. 北京:经济科学出版社,1992.

[6] 阿尔弗雷德・马歇尔,玛丽・佩利・马歇尔．产业经济学[M]. 北京:商务印书馆,2015.

[7] 阿尔弗雷德．经济学原理[M]. 北京:华夏出版社,2012.

[8] 罗斯托．经济成长的阶段[M]. 北京:商务印书馆,1962.

[9] 威廉・配第．政治算术[M]. 北京:中国社会科学出版社,2010.

[10] 施马伦西,威利格．产业组织经济学手册[M]. 北京:经济科学出版社,2009.

[11] 钱纳里,鲁宾逊,塞尔奎因．工业化和经济增长的比较研究[M]. 上海:上海三联书店,1989.

[12] 爱德华・张伯仑．垄断竞争理论[M]. 北京:华夏出版社,2009.

[13] 唐・沃德曼,伊丽莎白・詹森．产业组织理论与实践[M]. 北京:机械工业出版社,2009.

[14] 龚仰军．产业经济学学科内涵之我见[J]. 财经高教研究,2002(2).

[15] 琼・罗宾逊．不完全竞争经济学[M]. 北京:华夏出版社,2012.

[16] 赫希曼．经济发展战略[M]. 北京:经济科学出版社,1991.

[17] CLARK. Toward a concept of workable competition[J]. *American economic review*,1940(30).

[18] FISHER. *The safety and progress of the conflict*[M]. London:Macmillan,1935.

[19] HOTELLING. Stability in competition[J]. *Economic journal*,1929(39).

[20] MASON. Price and production policies of larger-scale enterprise[J]. *American economic review*,1939(3).

[21] ROSTOW. *Politics and the stages of growth*[M]. Cambridge University Press,1971.

[22] SCHERER. *Industrial marker structure and economic performance*[M]. Chicago:Rand-McNally,1970.

[23] SRAFFA. The law of return under competitive condition[J]. *Economic journal*,1926(36).

[24] BAUMOL W J,PANZAR J C,WILLING R D. *Contestable markets and the theory of industry structure*[M]. New York:Harcourt Brace Jovanovich Ltd,1982.

推荐阅读书目

[1] 毛林根．产业经济学[M]. 上海:上海人民出版社,1996.

[2] 郑伟根．产业经济:结构与组织[M]. 广州:暨南大学出版社,1990.

[3] 杨公朴．产业经济学[M]. 上海:复旦大学出版社,2005.

[4] 杨治．产业经济学导论[M]. 北京:中国人民大学出版社,1985.

[5] 夏大慰．产业组织与公共政策:可竞争市场理论[J]. 外国经济与管理,1999(11).

[6] 戚聿东．中国产业经济学 30 年:回顾与展望[EB/OL]. [2013-04-15]. http://cpfd.cnki.com.cn/Article/CPFDTOTAL-BJSL200806001009.htm.

[7] 龚仰军．产业经济学学科内涵之我见[J]. 财经高教研究,2002(2).

第二章　分工、产业分类和产业发展

第一节　分工与产业形成

要讨论和研究产业的产生，就必然要提到分工。因为正是由于分工的出现和深化，催生了产业的诞生和发展。随着分工的进一步深入，产业也必然会随之而重新进行分野，或者同一产业继续分化，或者不同产业相互融合。

一、古典经济学的分工理论

(一)斯密的分工理论

早在18世纪，亚当·斯密就曾经指出，人类社会组织的一个显著特点便是分工。亚当·斯密在其巨著《国民财富的性质和原因的研究》(以下简称《国富论》)中强调，经济增长的源泉主要在于劳动分工、资本积累和技术进步三个方面。他分别从分工之于生产力的推动作用、分工产生的缘由以及分工受市场范围限制三个角度阐述了分工。

斯密认为，分工之所以对于生产力有推动作用，是因为它能够带来三大好处：首先，劳动者的技巧因专业而日进，这是熟能生巧带来的结果。分工能够促进劳动者熟练程度的增进，分工是工作的单一化和简单化，从而使人们的精力和智慧得到集中使用。斯密指出："分工实施的结果，各劳动者的业务，既然终身局限于一种单纯操作，当然能够提高自己的熟练程度。"[①]对于分工的重要性，斯密在《国富论》的开篇首句便说道："劳动生产力上最大的增进，以及运用劳动时所表现的更大的熟练、技巧和判断力，似乎都是分工的结果。"[②]斯密还用此来解释农业生产力滞后于制造业的原因。斯密认为，农业生产力之所以滞后于制造业，在于农业上的种种劳动随季节推移而巡回，不可能指定一个人只从事一种劳动。因此，农业劳动生产力的推进总跟不上制造业劳动

---

① 亚当·斯密．国民财富的性质和原因的研究[M]．北京：商务印书馆，1979：8.

② 亚当·斯密．国民财富的性质和原因的研究[M]．北京：商务印书馆，1979：5.

生产力的增进的主要原因,就是农业不能采用完全的分工制度。其次,转移工作的时间损失降低。“由一种工作转到另一种工作,通常须损失不少时间,因节省这些时间而得到的利益,比我们骤看到时所想象的大得多。”[①]有了分工,就可以避免或者减小这种损失。最后,许多简化劳动和缩减劳动力的机械发明,实际上也是起因于分工,使得一个人能够做许多人的工作。对于这一点,斯密分析道:“简化劳动和节省劳动的那些机械的发明,看来也是起因于分工。人类把注意力集中在单一事务上,比把注意力分散在许多事务上,更能发现达到目标的更简易更便利的方法。”[②]

关于分工产生的原因,斯密认为分工的原因在于人类的交易倾向,在于人类社会的合作行为。斯密指出:“人们天赋才能的差异,实际上并不像我们所感觉的那么大,人们壮年时在不同职业上表现出来的极不相同的才能,在多数场合,与其说是分工的原因,倒不如说是分工的结果。”[③]

在《国富论》的第三部分,斯密提出了“分工受市场范围的限制”这一被称为“斯密定理”的观点。斯密认为,分工起因于交换能力。因此,分工的程度自然也要受到交换能力的限制。换言之,分工要受到市场大小的限制。

(二)斯密之后分工理论的发展

斯密之后,大卫·李嘉图(David Ricardo)从国际贸易的视角研究了分工对一国经济的影响。他强调外生比较优势与分工的关系。按照李嘉图的理论,只要存在比较优势,即使没有绝对优势,仍可能存在贸易的好处。因此,许多经济学家认为李嘉图的比较优势概念比起斯密的分工经济理论是一个进步。

英国工业革命时期查尔斯·巴比奇(Charles Babbage)也对斯密的分工理论做了进一步的扩展。巴比奇把分工看作是生产的组织原则,认为分工可以节省学习时间,加速知识积累,通过减少重复学习来提高整个社会的学习能力。对于斯密提出的分工节约劳动时间,巴比奇通过进一步的研究并提出了两个解释:技巧经济原理和动态替代原理。所谓技巧经济原理,是指某一产品的制作过程可以分为多个工序,每个工序都需要不同的技艺或者人力来完成,那么制造商就可以通过精确购买不同工序所需要的技艺和劳力来完成工作。“如果全部活路都由一个工人来干,那么这个工人就必须有足够的技术去完成这一活路所包括的多种多样的操作中最困难的操作,必须有足够的力量去做其中最费力的操作。”[④]巴比奇指出,当有效率的生产工序被划分并且每一工序所需要的工人人数被确定时,不按照这种方式进行生产的工厂,其生产成本就会

① 亚当·斯密.国民财富的性质和原因的研究[M].北京:商务印书馆,1979:9.
② 亚当·斯密.国民财富的性质和原因的研究[M].北京:商务印书馆,1979:10.
③ 亚当·斯密.国民财富的性质和原因的研究[M].北京:商务印书馆,1979:15.
④ 查尔斯·巴贝奇.论机器和制造业的经济[M].杭州:浙江教育出版社,1985.

提高。所谓动态替代原理，是指分工带来了机器的发明和使用，机器对劳动的替代又进一步节省了人类的劳动时间，使人们更加努力寻求更经济和更有效的生产方法，这是一个动态的过程。如果说斯密的分工理论是静态的，主要着眼于劳动本身的节省，较少考虑由于分工而带来的协调中的节省、对技艺和能力的分解以及由分工而带来的进一步分工，那么巴比奇的分工理论则又向前迈进了一步，指出了分工进一步演进的动力和方向。

二、马克思的分工理论

在马克思的理论体系中，分工占有重要的地位，分工问题贯穿于马克思一生的理论研究中。不同于传统经济学的分工理论，马克思的分工理论是建立在对以往分工理论的批判性继承的基础上的，有着相当丰富的内容。在本教材中，我们仅就马克思分工与产业形成有关的部分内容进行简单的介绍。

（一）分工的历史演进

在任何社会形态中，分工都是作为一种中介和纽带，促进着社会生产力的发展。换言之，分工在社会生产力的发展中起着功不可没的作用，“分工是迄今为止历史的主要力量之一”[①]。在马克思的《德意志意识形态》等文献中，马克思依据人类发展的历史，将分工分为五种不同的类型：

第一类型是部落内的分工。部落所有制是最原始的一种社会形态，部落所有制下的部落内分工与生产的不发达阶段相适应。这种形态下的分工仅仅是停留在家庭内部所自然形成的分工，落后的分工带来了社会关系的局限性和社会结构的单一性，社会结构仅仅停留于家庭的扩大。

第二类型是古典古代的公社所有制和国家所有制中的分工。这种分工形成的原因是因为奴隶主共同享有支配自己那些做工奴隶的权力，奴隶主们为了统治奴隶不得不采取某种联合方式。这个阶段的分工相对于第一阶段的部落内的分工已经较为发达了。通过分工划分了不同利益的集团也开始出现，如出现了代表城市利益的国家和代表乡村利益的国家（由于利益关系，他们的关系是对立的）。城市内部也出现了不同部门的对立（如工业与海外贸易之间的对立）。

第三种类型是封建的或等级所有制的分工。这一阶段的社会分工较古典古代的公社所有制又有进一步的发展，农业与工商业开始分离，城乡的对立进一步扩大。城市的分工虽然快于农村的分工，但在城市的分工中，除了师傅、帮工、学徒和后来平民

---

① 马克思，恩格斯．德意志意识形态[C]//中共中央马恩列斯著作编译局．马克思恩格斯选集：第1卷．2版．北京：人民出版社，1995：99.

短工的划分之外，也不存在别的部门之外的分工。此时的工业也毫无例外地停留在家庭工业中，各个手工业之间的分工是极少的，而手工业内部的分工甚至还没有出现。

第四种类型的分工是资本主义的所有制。社会分工的进一步扩大促进了资本主义所有制类型的形成，并且改变了伴随此种所有制出现的各种社会关系：如生产和交换分离，手工业和商业分离，并产生了特殊的阶级——商人。在商人的联系下，各个城市之间建立了各种各样的联系，由此引起了各个城市之间在生产活动上的新的分工。城市之间不再受地域性的限制，工场手工业获得了快速的发展，工人和雇主的关系性质也发生了变化，由从前的宗法关系变为金钱关系；产生了资产阶级，封建制度也随着这些分工的产生而瓦解。此时的交往已经是世界市场范围内的交往，所以世界市场的需求较以前城市之间的需求日益扩大，最终导致机器生产。分工到这一阶段已成为最为普及的大工业。

第五种类型是共产主义的分工。在共产主义所有制中，马克思提出消灭私有制形成的分工和自然形成的分工。马克思认为，只有一种社会中的分工不会为社会带来矛盾，那就是共产主义中的分工——自由分工。马克思在《德意志意识形态》中说："在共产主义社会里，任何人都没有特殊的活动范围，而是都可以在任何部门内发展，社会调整着整个生产，因而使我有可能随自己的兴趣今天干这事，明天干那事，上午打猎，下午捕鱼，傍晚从事畜牧，晚饭后从事批判，这样就不会使我老是一个猎人、渔夫、牧人或批判者。"①

（二）分工的表现形式

在分工随着历史的演进而纵向发展的五个阶段中，与其相对应的是分工的四种不同的表现形式：纯粹畜群意识的分工、自然分工、真正的分工和自由分工。

1. 纯粹畜群意识的分工

此时人类的分工与很多动物群里的分工相似（如群居狮群中的雄狮和雌狮在狮群里的分工），这样的分工是出自人类性别本能的分工，是最原始的分工。

2. 自然分工

自然分工是以自然条件为基础的分工，"是由于天赋（例如，体力）、需要、偶然性等等才自发地或'自然形成'分工"②。纯粹畜群意识的分工还不能说是社会分工，而自然分工则是最初出现的社会分工表现形式。自然分工形成于原始社会向奴隶社会的过渡时期，虽然自然分工已被称作社会分工，但是此时的分工还未形成稳固的分工形

---

① 马克思，恩格斯．德意志意识形态[C]//中共中央马恩列斯著作编译局．马克思恩格斯选集：第1卷．2版．北京：人民出版社，1995：85.

② 马克思，恩格斯．德意志意识形态[C]//中共中央马恩列斯著作编译局．马克思恩格斯选集：第1卷．2版．北京：人民出版社，1995：82.

式。不稳定的原因是因为那时的生产力极端低下，人们为了生活对抗恶劣的自然条件，而不得不紧密合作。从人们的生活方式、生产方式以及生产力的进步来看，都是和自然分工有密切关系的，可以说前者是后者的原因，也可以说后者是前者的原因，它们是互相影响的。

3. 真正的分工

"分工只是从物质劳动和精神劳动分离的时候才真正成为分工。"[①]在经历漫长的奴隶社会的自然分工后，商人阶级随着交换的扩大而出现，商人与交换活动日益形成集中的地域，这是城市的最初雏形。在此基础上，城市和乡村逐渐分离，社会生产也进一步分化，形成了农业、手工业、畜牧业和商业四种形式。此时的分工仅局限于整个社会范围内，在各个形式部门内部还未形成真正的分工。"当分工一出现后，任何人都有自己一定的特殊的活动范围…… 他是一个猎人、渔夫或牧人，或者是一个批判的批判者，只要他不想失去生活资料，他就始终应该是这样的人。"[②]可以看出，真正的分工即物质分工和精神分工出现了，并且人们为了取得生活资料而必须分工，从而给人们的生活戴上了桎梏。

4. 自由分工

自由分工是马克思扬弃了资本主义异化的分工，是只有共产主义阶段才存在的分工。马克思认为，在此阶段，人们在任何范围内不再受到生活资料的约束，没有特定的生活生产范围，人们可以做任何自己感兴趣的事情，自由分工。人的身心得到了彻底的解放，完全地自由生活，不再受到分工形式的束缚，而是从分工中受益、得到自由。

三、新古典经济学的分工理论

然而，斯密等古典经济学家关于分工的概念并没有被后来的经济学家所重视，其中的一个重要原因是因为没有一个好的数学框架来支撑。

（一）马歇尔的分工理论

1890 年，马歇尔的《经济学原理》一书出版，标志着新古典经济学的形成。马歇尔的这部著作虽然关注的主要是资源配置中的价格问题，但也有相当的篇幅讨论了"地方性工业"的问题（马歇尔所说的地方性工业就是具有分工性质的企业在特定地区的集聚）。马歇尔继承了斯密对劳动分工的观察，描述了产业集群形成的原因。由于结构变革过程的时间如此之长，在理论上难以用精确方法对其进行全面分析，所以马歇

① 马克思，恩格斯．德意志意识形态[C] //中共中央马恩列斯著作编译局．马克思恩格斯选集：第 1 卷．2 版．北京：人民出版社，1995：82.

② 马克思，恩格斯．德意志意识形态[C] //中共中央马恩列斯著作编译局．马克思恩格斯选集：第 1 卷．2 版．北京：人民出版社，1995：85.

尔不得不在“其他条件不变”假定之下，从静态的角度，采用边际分析的方法来分析这些问题。在马歇尔的分析框架中，报酬递增的唯一源泉是外部经济的增长，市场和企业的存在是预先假定的，社会分工的结构也是外生给定的，分工只不过是企业对环境静态调整的简单机制。

（二）杨格的分工理论

对于经济理论研究日益忽视分工的倾向，一些经济学家表示了忧虑和不同见解。阿伦·杨格（Allyn Young）就指出，只有以分工和专业化问题为核心来分析需求和供给，才是经济学的正道。在其1928年的经典论文《递增报酬与经济进步》中，杨格对分工进行了深入分析，发展了斯密的分工思想。杨格认为，经济增长的最重要的理论基础应该是劳动分工的演进，技术进步是这个过程的表面现象。[①] 马歇尔提出的外部规模经济与内部规模经济尽管抓住了分工经济的量的方面，但是却忽视了分工经济最本质的东西。杨格的这篇论文，重视分工、交易费用和市场范围的关系，重新阐发了斯密关于分工与市场规模的思想。这篇论文的主要内容被后人概括为“杨格定理”，择其要点是：第一，保证的收益递增依赖于渐进的劳动分工；第二，劳动分工与市场规模相互作用，彼此增进；第三，需求和供给是劳动分工的两个侧面。

杨格用三个概念来描述分工：个人专业化水平、间接生产链条的长度、此链条上每个环节中产品种类数。杨格认为，第一，产业的运行是一个相互联系的整体，随着分工的不断演进，专业化程度不断加深，分工链条不断加长，不同专业化分工之间相互协调会带来最终产品生产效率的提高以及市场交易的增加，进而促进市场范围的扩大，而市场范围的扩大又进一步推进专业化分工的发展。上述过程是不断循环往复并逐渐深入的，是内在的动态均衡，而不是静态均衡。分工的发展会带来经济中的递增报酬，这正是源于分工水平提高与市场范围扩大之间的正反馈效应，或者说分工的网络效果。因此，专业化经济与劳动分工才是经济进步的最重要的源泉。第二，规模经济只有在专业化分工的基础上才能出现，不进行专业化分工，仅有生产要素投入的增加或单个工厂或产业部门的规模扩张并不会带来生产率的提高。报酬递增是真实经济中的动态经济现象，是由全社会范围内的劳动分工所产生的，应当把大规模生产与社会化大生产统一起来。第三，迂回生产作为分工的最大特点，其发展会使原材料与最终产品之间插入越来越多的从事中间产品生产的专业化企业，从而导致市场规模的不断扩大。杨格将这种由迂回生产方式的发展所带来的经济称为“市场规模经济”，以区别于新古典经济学的“企业规模经济”。迂回生产方式的表现形式是人均资本的增加，而

---

① 杨格．递增报酬与经济进步[EB/OL]．[2013-06-19]http://www.cenet.org.cn/article.asp?articleid=15408.

且是生产组织方式的演进，劳动分工是形成迂回生产方式的主要原因。

四、新兴古典经济学的分工理论

20 世纪 80 年代以来，以加里·贝克尔（Gary Becker）、杨小凯、黄有光等为代表的经济学家用超边际分析的方法，将古典经济学中关于分工和专业化的思想数学化。在这一用现代分析工具（线性规划和非线性规划等方法）复原古典经济学思想的过程中，新兴古典经济学诞生了。新兴古典经济学在一个新的框架下重新组织了现代经济理论（如以个人专业化水平的决策以及均衡分工水平的演进为基础，重新阐述斯密的分工理论及其对国际贸易原因的论述），放弃新古典经济学中消费者与生产者两分的假定，采用专业化经济的概念（而非规模经济），并考虑了各种交易费用的一般均衡意义，使得现代经济学不再有人为的宏观与微观的割裂，而成为同一分析框架下的一个整体。

新兴古典经济学关于组织实验的模型是动态的，而分工自身也是动态演进的。生产率的提升使人们可以选择较高的专业化水平，而较高的专业化水平反过来又加速了经验积累和技能改进，使生产率进一步提高。这样，便出现了良性循环，使分工演进加速进行。

分工所产生的专业化经济与分工所产生的交易成本会带来两难的冲突。分工的演进扩大了市场规模，同时也提高了交易成本。如果分工带来的生产率的提高超过因分工而带来的交易成本的增加，那么分工会发生；否则，分工将不会发生。

五、社会分工与产业的形成

（一）社会分工

社会分工是指超越了一个经济单位的社会范围的生产分工，社会分工是在自然分工的基础上，随着生产力的发展而逐步形成的。一方面，在家庭和部落内部的自然分工基础上，随着家庭和部落的扩大、人口的增长，特别是各部落间交往的发展，这种分工的范围也扩大了；另一方面，在不同部落之间形成的自然地域分工，在相互接触时引起了产品的相互交换并使产品变成了商品，这样就使具有不同条件的部落从事活动的不同领域，逐渐变成社会生产过程中具有某些相互依赖关系的生产部门，社会分工由此开始产生。

社会分工是人类文明的标志之一，也是商品经济发展的基础。没有社会分工，就没有交换，市场经济也就无从谈起。社会分工的优势就是让人做自己擅长的事情，使平均社会劳动时间大大缩短，生产效率显著提高，能够提供优质高效劳动产品的人才能在市场竞争中获得高利润和高价值。“人尽其才，物尽其用”最深刻的含义就是由社会分工得出的。

（二）三次社会大分工

恩格斯在《家庭、私有制和国家的起源》一书中提出了原始社会后期的三次社会大分工，即游牧部落从其余的野蛮人群中分离出来，手工业和农业分离，商人阶级出现。[①]

第一次社会大分工，即“游牧部落从其余的野蛮人群中分离出来”。在早期的人类征服自然的过程中，有些部落学会驯养动物以取得乳、肉等生活资料，随着较大规模畜群的形成，这些部落就主要从事畜牧业，逐渐从其余的野蛮人群中分离出来，成为游牧部落。这就是人类社会的第一次社会大分工。这次分工，形成了最早的畜牧业。

第二次社会大分工，即手工业和农业分离。铁制工具的使用和生产技术的进步，促进了农业的发展和劳动生产率的提高，也促使手工业向多样化发展。如此多样化的活动已经不能由一个人来进行了，于是发生了第二次社会大分工，手工业从农业中分离出来。

第三次社会大分工，即商人阶级出现。由于生产力的提高，社会剩余产品迅猛增加，产品间的交换规模也越来越大。剩余产品的生产目的也由自己使用转为交换（由产品转化为商品），于是社会上逐渐出现了一个不从事生产只从事交换的商人阶级，由此形成了商业。

（三）一般分工、特殊分工与个别分工

社会分工是按照社会生产的不同种类划分的劳动分工，马克思在《资本论》中曾经说过：“单就劳动本身来说，可以把社会生产分为农业、工业等大类，叫作一般的分工；把这些生产大类分为种和亚种，叫作特殊的分工；把工场内部的分工，叫作个别的分工。”[②]可以看到，马克思所说的一般分工、特殊分工和个别分工，就是随着生产力的提升，分工不断深化的过程。“一个民族的生产力的发展水平，最明显地表现在该民族分工的发展程度。”[③]分工从最初的一般的社会性分工（由此产生了初始的农业、畜牧业、手工业和商业等产业），逐渐深化到一个部门（催生了更多的产业），进而再深入到企业的内部。

盛洪在其《分工与交易》一书中，阐述了分工与专业化表现形态上的演进态势，同

---

① 恩格斯．家庭、私有制和国家的起源[C]//中共中央马恩列斯著作编译局．马克思恩格斯选集：第4卷．2版．北京：人民出版社，1995.

② 马克思．资本论：第1卷[C]//中共中央马恩列斯著作编译局．马克思恩格斯全集：第23卷．北京：人民出版社，1972：389.

③ 马克思，恩格斯．德意志意识形态[C]//中共中央马恩列斯著作编译局．马克思恩格斯选集：第1卷．2版．北京：人民出版社，1995：68.

样描述了随着分工的深化和所表现出的专业化形态变化之间的关系。[①] 盛洪认为：第一种专业化的形态是部门专业化，也就是马克思所说的一般分工；第二种专业化的形态是产品专业化，是以完整的最终产品为对象的专业化分工；第三种专业化形态是零部件专业化，此时的分工已深化到产品的一个部分；第四种专业化形态是工艺专业化，是在产品的生产过程中专事某类工艺过程的分工；第五种专业化是服务专业化，即对直接生产过程之外的，但又为生产过程服务的职能进行的分工。[②]

综上，我们能逻辑性地认识到：产业的形成和发展是分工深化的结果和表现形式。只要社会分工不断地进行着深化，就会催生新的产业出现和发展。

第二节　产业分类

我们在第一章已经阐述过，产业的分类没有统一的标准，分类是服从于经济管理及研究应用的需要的。在这一节中，我们将介绍目前几种常见的产业分类方法。

一、三次产业分类法

（一）三次产业分类的提出

三次产业分类方法最早是由新西兰经济学家费歇尔提出的。费歇尔在其 1935 年出版的《安全与进步的冲突》一书中，从人类经济发展的视角，认为可将人类的经济活动划分为三个不同的阶段。费歇尔说："在初级生产阶段，生产活动主要以农业和畜牧业为主，…… 迄今世界上还有许多地区停留在这个阶段。第二个阶段是以工业生产大规模地迅速发展为标志的阶段，纺织、钢铁和其他制造业为就业和投资提供了广泛的机会。…… 英国是在 18 世纪末进入这个阶段的。…… 第三个阶段开始于 20 世纪初，大量的劳动和资本不是流入初级生产阶段和第二个阶段的生产领域，而是流入旅游、娱乐服务、文化艺术、保健、教育和科学、政府等活动中。"[③]

在三个不同阶段的经济活动中起到主要作用的产业，就被相应地称之为三次产业。也就是说，在初级生产阶段的农业被称之为第一次产业；[④]在第二个阶段中起着主要作用的制造业，被视为第二次产业；而在第三个阶段中尤为活跃的服务业，被认为是第三次产业。

---

① 盛洪．分工与交易[M]. 上海：上海三联书店，上海人民出版社，1994.

② 在此，可将专业化形态的变化理解为产业的细分化。

③ FISHER. *The safety and progress of the conflict*[M]. London：Macmillan，1935：25—28.

④ 畜牧业通常被视为广义的农业概念中的一个部分。

（二）三次产业分类的理论依据

人类生产活动的目的最终在于消费。“没有生产，就没有消费，但是，没有消费，也就没有生产，因为如果没有消费，生产就没有目的。”[①]人类生产活动的内容，最终取决于人类消费需求。而人类的消费需求具有层次性的特点，只有在低层次需求得到基本满足以后，才会追求更高一层次的需求，表现为从低层次需求向高层次需求不断升级的过程。因此，从人类发展史的角度来看，费歇尔的人类经济活动的三个阶段，也就是随着生产力的不断提升，相应的消费需求不断升级的演进过程；从消费与生产关系的视角来看，也就是生产不断适应消费的演进过程。换言之，农业（第一次产业）—制造业（第二次产业）—服务业（第三次产业）的演进，反映了随着生产力的提高，人类的消费需求持续升级的本质。

在对费歇尔三次产业分类的研究中，也有不少学者从三次产业的劳动对象角度对其进行了解释，认为第一次产业的劳动对象是未经人类加工过的自然界的自然物品，第二次产业的劳动对象是已经过人类加工的物质资料，而第三次产业的劳动对象则是相对于有形物品的无形物品。

（三）三次产业分类的应用

费歇尔虽然最早提出了三次产业的分类方法，但他未能在此基础上进行进一步的研究。克拉克则在费歇尔研究的基础上于 1940 年出版了《经济进步的条件》一书，将三次产业分类的方法首次应用于对现实经济的分析，实证分析了一国经济的发展与产业结构变化之间的关系。[②] 随之，这种分类方法就得到了澳大利亚和新西兰统计学界的认可，并正式出现在两国政府的统计手册中。三次产业的分类方法也开始逐步流行于世界许多国家，并被称为“克拉克大分类法”。目前，三次产业的分类方法已成为研究产业结构的一种重要方法，也是一些国际组织和许多国家进行国民经济统计时常用的一种方法。

使用三次产业分类方法研究经济发展和产业结构之间关系的还有一位大家是库兹涅茨。库兹涅茨将国民经济活动划分为 A 部门（农业）、I 部门（工业）和 S 部门（服务业），揭示了随着国民经济的增长，这三个部门的结构变化规律（即著名的“库兹涅茨法则”）。由于库兹涅茨在此领域的贡献，也有人将库兹涅茨的分类方法称为 AIS 分类法。但显然可以看到，AIS 分类法的基础还是三次产业的分类方法。

我国目前官方采用的正式统计分类也是基于三次产业分类方法。1985 年，国务院批准了国家统计局提出的有关统计方法变更的报告，由原来基于生产结构分类的方

---

① 马克思．政治经济学批判导言[C]//中共中央马恩列斯著作编译局．马克思恩格斯选集：第 2 卷．2 版．北京：人民出版社．1995：9.

② CLARK. *The conditions of economic progress*[M]. 3rd ed. London：Macmillan，1957.

法改为基于三次产业分类的统计方法。[①]

二、生产结构分类法

所谓生产结构分类法，是基于不同产业在再生产活动中的作用而进行分类的方法。由于研究问题的角度和目的的不同，在生产结构分类法中存在着有差异的产业划分。

（一）两大部类分类法

马克思在对社会再生产过程进行分析时，对物质生产领域中的社会总产品进行了剖析。马克思认为，根据产品在再生产过程中的不同作用，可在实物形态上将社会总产品分为两大部类，即第Ⅰ部类的生产资料生产和第Ⅱ部类的消费资料生产。马克思说："社会的总产品，从而社会总的生产，分成两大部类：Ⅰ．生产资料：具有必须进入或至少能够进入生产消费的形式的商品。Ⅱ．消费资料：具有进入资本家阶级或工人阶级的个人消费形式的商品。在这两个部类中，每一个部类拥有的所有不同生产部门，总合起来都形成一个单一的大的生产部门：一个是生产资料的生产部门，另一个是消费资料的生产部门。"[②]

两大部类的分类方法，是马克思研究资本主义社会再生产过程的理论基础。马克思通过对两大部类产品的消耗和补偿关系的分析，得到了社会进行简单再生产和扩大再生产的条件，并由此揭示了剩余价值产生的秘密。

两大部类分类方法是马克思为分析社会再生产过程中剩余价值是如何产生的这一目的服务的，若教条地将其用于经济的实际统计中，将存在两个方面的缺陷：一方面，马克思认为，只有物质生产领域才能创造价值，而非物质生产领域是不能创造新的价值的。鉴于此，两大部类的分类仅包括了物质生产的领域，而不包含非物质生产领域。因此，就分类的范围而言，两大部类的分类方法未能涵盖经济活动的全部产业。另一方面，在现实经济中，许多产品都有多个使用价值，往往既可以用于生产资料的消费，也可以用于消费资料的消费。因此，若将两大部类的分类方法直接用于实际的经济统计，将会面临许多产品的划分归类上的困境。

（二）农轻重产业分类法

为了应用马克思的两大部类的分类方法，以苏联为首的、包括我国在内的一批社会主义国家，在计划经济的年代都曾长期使用农轻重产业的分类方法。所谓的农轻重

---

① 国家统计局．关于建立第三产业统计的报告[N]．人民日报，1985-05-04．

② 马克思．资本论：第1卷[C]//中共中央马恩列斯著作编译局．马克思恩格斯全集：第24卷．北京：人民出版社，1972：438—439．

产业的分类方法，是将社会经济活动中的物质生产部门分为农业、轻工业和重工业三个部门。其中的轻工业是指其产品主要作为消费资料的工业部门，而重工业则是指其产品主要满足生产资料需求的工业部门。

农轻重产业分类的应用实践表明，它具有比较直观和简便易行的特点，可以大致反映出社会再生产过程中两大部类之间的关系，对宏观上进行国民经济的控制具有相当的实用价值。如联合国工业发展组织就在其研究报告中使用过这种分类方法。该组织认为："按轻重工业来考察制造业产值，有助于说明制造业各部门总的发展情况。"[①]由此可见，这种分类方法不仅在当时的社会主义国家被广泛地采用，也曾被联合国工业发展组织推荐给一些经济不甚发达的欠发达国家。

农轻重分类方法尽管有着简便易行的特点，但在用于实际统计工作时，也存在以下缺陷：第一，分类过于简单。当经济发展到一定的阶段后，随着分工的深化，出现了越来越多的产业部门交叉生产的现象，传统的农轻重之间的界限越来越趋于模糊。如被视为典型轻工业范畴的纺织业，其产出中的绝大部分已不再是用于消费资料领域，而是更多地作为其他产业部门的原材料，也就是说进入了生产资料的领域；而被认为是传统重工业部门的机械工业，则越来越多地生产着各种家用电器、小轿车等消费资料。第二，与两大部类的分类方法一样，农轻重的分类方法仍然只关注了物质产品的生产，而没有能够涵盖非物质产品的生产方面。

（三）霍夫曼分类法

德国经济学家霍夫曼在1931年出版了《工业化阶段和类型》一书。为研究工业化及其发展阶段，霍夫曼将工业分为三大类：第一类是消费资料工业，主要包括食品、纺织、皮革和家具等部门；第二类是资本资料工业，主要包含冶金及金属材料工业、运输机械工业、一般机械工业和化学工业等；第三类是其他工业，如橡胶、木材、造纸、印刷等工业部门。[②] 霍夫曼对其他工业部门的划分依据了75%原则，即当某工业部门产品的用途有75%以上是消费资料时，即将该产业归入消费资料产业，而当某产业产品的用途有75%以上是资本资料时，即将该产业归入资本资料产业。难以用上述分类原则确定产业归属的产业就全部归入其他产业之中。

霍夫曼的分类方法是以研究工业化发展进程为目的的，因而不能用于对一般国民经济的实际统计。若是用于实际的统计工作，同样存在类似于马克思两大部类分类方法（或农轻重分类方法）的缺陷。

① 联合国工业发展组织．世界各国工业化概况和趋向[M]．北京：中国对外翻译出版公司，1980：81.

② 霍夫曼．工业化阶段和类型[M]．北京：中国社会科学出版社，1991.

三、生产要素分类法

人类社会的进步，在生产方式上的一个反映就是生产手段的不断改进，就是不断地用较为先进的生产手段替代落后的生产手段，在生产过程中不断采用更为高效的机器和设备来替代繁重的体力劳动和复杂的脑力劳动。而这样的一种替代，将会反映在生产要素投入的变化上。为此，在产业经济学的研究中，也有不少学者主张按生产过程中对不同生产要素投入的依赖程度来对产业进行分类，这就是所谓的生产要素分类法。

在生产要素分类法中，人们通常将生产过程中的投入要素分为三类，即劳动力投入、资本投入和技术投入。因此，也就有了生产要素分类法中的劳动集约型产业、资本集约型产业和技术集约型产业。

顾名思义，劳动集约型产业是指在生产过程中，对劳动力这种生产要素依赖度较大的产业。如就传统意义上讲，制造业中的纺织、服装、制革、食品等，服务业中的零售、餐饮、旅店等产业，都被认为是较为典型的劳动集约型产业。随着时代的发展、产业结构的升级，现在也有一些观点，将主要依赖于掌握专门知识人才的服务业也视为劳动集约型产业，如律师、会计师、咨询业等。

资本集约型产业是指在生产过程中对资本这类生产要素依赖度较大的产业。通常认为一些装置型的制造业，是较为典型的资本集约型的产业，如钢铁工业、化工工业等，此外一些规模经济要求较高的组装工业，也常被视为资本集约型产业，如汽车制造业等。

技术集约型产业是指在其生产过程中对技术（知识）这类生产要素的投入依赖度较大的产业。一些新兴的、技术含量较高的产业部门被认为是技术集约型的产业，如信息、新材料、新能源、生物工业、航天等产业。

生产要素分类法固然从一个侧面反映了产业结构的升级规律，可以大致确定使用该方法区域的经济发展状况，但该方法目前尚无统一的标准，“在划分过程中有一些难点尚未解决，这些难点主要是：(1)在理论上，划分的依据还不够充分，对一些问题尚有争论。(2)在方法上，对一些指标的设定还有分歧，计算的方法也有异议。(3)由于生产要素的部分可替代性，导致在不同的时空同一产业可以有不同的要素组合。因此从结果来看，按生产要素集约度来划分产业缺乏横向和纵向的可比性。”①

四、标准产业分类法

全面的、精确的产业活动统计对国家的宏观经济管理和相关经济政策的制定是必

① 龚仰军．产业结构研究[M]．上海：上海财经大学出版社，2002：81.

不可少的，这样的统计体系首先碰到的就是产业的分类问题。为满足这样的需求，各国政府和一些国际组织都制定了各自“官方”的产业分类，这种分类方法通常就被称为标准产业分类法。

为了满足上述需求的目的，标准产业分类法通常应当满足以下三个要求，即权威性、完整性和应用性。

标准产业分类的权威性要求是为了统一全国的分类方式。显然，不同地区若是采用不同的分类方法，就不会有全国性产业数据，从而对整个国家的宏观经济管理也就无从谈起。因此，各国政府都颁布了适合本国情况的标准产业分类方法。如在我国，标准产业分类的权威性是通过国家标准局颁布国家标准的方式来实现的。我国现行的国家标准产业分类标准为《国民经济行业分类》(GB/T 4754—2017)。

标准产业分类的完整性是要求所颁布使用的标准产业既尽可能地涵盖所有的经济活动，但也不能对一些经济活动进行重复统计。

标准产业分类的应用性主要应体现在以下几个方面：一是产业的内涵、边界要明确。因为如果产业的内涵或边界不清，在做具体统计工作时，有可能会产生分类无所适从的局面。二是便于与其他国家或国际组织分类的比较，使各国或各地区的统计数据具有可比性。目前，世界主要经济体和联合国都有自己的标准产业分类(如联合国就有国际标准产业分类体系①)。三是在信息技术飞速发展的今天，标准产业的分类要适应于利用计算机进行数据的处理。

第三节 产业分化与产业融合

产业的边界不是一成不变的，它将随着经济的发展而不断发展。产业的演变趋势是：一方面，随着分工的不断深化和经济规模的扩张，不但产业的数量持续增加，而且每个产业的规模也将迅速壮大；另一方面，在分工深化的基础上，产业和产业之间也将相互渗透，融合成新的产业。正如马克思在《资本论》中所说：“一方面工场手工业在生产过程中发展了分工，另一方面它又把过去分开的手工业结合在一起。”②

① 国际标准产业分类体系(ISIC)，目前使用的是 2002 年修订的 3.1 版。

② 马克思．资本论：第 1 卷[C]//中共中央马恩列斯著作编译局．马克思恩格斯全集：第 23 卷．北京：人民出版社，1972：392.

一、产业分化

(一)产业分化与新产业的形成

产业分化是指随着经济的发展,原有产业的规模不断壮大,在分工持续深化的前提下,原产业开始裂变,形成更为专门化的子产业的过程。产业演变的历史,从某种意义上讲,主要就是产业不断分化的演进史。

产业分化从而形成新的产业的机理相对比较容易理解。首先,无论是古典经济学的分工理论,新古典经济学的分工理论,新兴古典经济学的分工理论,抑或是马克思经济理论对劳动分工的有关阐述,都强调了分工可以促进劳动生产率的提高。其次,“劳动分工包含了两个方面的分工:一个是工作本身的分工,另一个是人的分工。工作本身的分工,…… 是一种客观的技术分工。而人的分工,…… 显然是一种社会关系意义上的分工”①。再次,当这两种性质不同却又有着相互关系的分工在某一生产活动中结合在一起,又达到一定的规模时,一个新的产业就由此而产生了。通俗地讲,也就是当有一批人专门从事一项专门的工作时,一个新的产业也就诞生了。

在产业的演进过程中,随着分工的深化,产业不断分化,新的产业不断涌现,产业的数目也就不断地增多。无论是人类历史上的三次社会大分工,还是工业革命以来新的产业部门的诞生(如从机械工业中分化出汽车工业,再分化出汽车发动机制造业等),无一不是产业不断分化的结果。

(二)生产性服务业

近年来,成为产业经济学理论界和政府部门热门话题之一的生产性服务业,是产业不断分化并逐渐形成的一个新产业。美国经济学家格林费德(Greenfield)于1966年在研究服务业及其分类时,最早提出了生产性服务业的概念。他认为生产性服务业是企业、非营利组织和政府主要向生产者而不是最终消费者提供服务性产品或劳动,从产品属性或需求的角度揭示了生产性服务业的内涵。② 科菲(Coffey)和巴伊(Bailly)认为,生产性服务业不是直接用来消费,也不是直接可以产生效用的,它是一种中间投入而不是最终产出,它扮演着一个中间连接的重要角色,用来生产其他的产品或服务。③

对于生产性服务业的具体内涵,无论是学术理论界,还是政府部门,还没有形成公

---

① 胡永佳. 产业融合的经济学分析[M]. 北京:中国经济出版社,2008:55.

② GREENFIELD. *Manpower and the growth of producer services*[M]. New York and London: Columbia University Press,1966.

③ COFFEY,BAILLY. Producer services and flexible production: an exploratory analysis[J]. *Growth and change*,1991(1).

认的产业边界。1975 年，布朗宁(Browning)等学者在对服务业进行功能性分类时，也提出了生产性服务业的概念，并认为生产性服务业包括金融、保险、法律工商服务、经纪等知识密集和为客户提供专业性服务的行业。[①] 贺伯德(Hubbard)、纳特(Nutter)和丹尼尔斯(Daniels)等人认为，服务业可分为生产性服务业和消费性服务业，而生产性服务业的专业领域是消费性服务业以外的服务领域，并将货物储存与分配、办公清洁和安全服务也包括在生产性服务业之内。[②]

在官方，美国商务部认为生产性服务业包括商业及专门技术(如计算机、工程、法律、广告及会计服务)、教育、金融、保险、电子传讯等内容；而美国统计局则将生产性服务业界定为金融、保险、不动产、商业服务、法律服务、会员组织以及其他的专业服务；中国香港贸易发展局认为生产性服务包括专业服务、信息和中介服务、金融保险服务以及与贸易相关的服务；[③]生产性服务业是上海产业结构发展的一个方向，为此，上海市统计局根据我国的标准产业分类并结合上海市情，将生产性服务业分为农业服务、制造维修服务、建筑工程服务、环保服务、物流服务、信息服务、批发服务、金融服务、租赁服务、商务服务、科技服务及教育服务 12 个类别；[④]北京市则将生产性服务业划分为流通服务、信息服务、金融服务、商务服务、科技服务五大类别。

生产性服务业作为服务业的一个组成部分，除具有服务业的一般特点，如非实物性、不可存储性等外，还具有不同于其他服务业的特性，如中间投入特性、较强的产业关联性、高度的专业性、知识技术的集约性、产业布局的集中性等。

近十年来，生产性服务业是各国经济中增长幅度最快的产业，成为投资的重点。发达国家的经济主体已经从原来的制造业转换到服务业，其生产性服务业的增长远远超出服务业的平均增长水平，发展速度非常引人注目。在经合组织成员国中，金融、保险、房地产及经营服务等生产性服务业的增加值占国内生产总值的比重均超过了 1/3。在我国，生产性服务业也越来越受到重视，有些省份已明确将生产性服务业作为其今后一段时期产业发展的主要方向(如上海市)。

我国的生产性服务业在政府的支持下，虽然有着较快的增长速度，但由于基础较低，在总体规模上还与发达国家具有较大的差距。在一些较为发达的省份，生产性服务业的发展状况要稍好一些。如在上海市，“十一五”期间的生产性服务业保持了快速

---

① BROWNING H L，SINGELMAN J. The emergence of a service society：demographic and sociological aspects of the sectoral transformation of the labor force in the U. S. A. [R]. Springfield：National Technical Information Service，Va. 22151，1975.

② HUBBARD R，NUTTER D. Service employment in Merseyside[J]. *Geoforum*，1982(3)：209—235.
DANIELS P. *Service industries：a geographical appraisal*[M]. Routledge，1985.

③ 李清娟．生产性服务业与园区开发：理论、策略、案例[M]. 上海：上海三联书店，2007：6—7.

④ 上海市统计局．生产性服务业分类(试行)[Z]. 2013-07-05.

发展的态势，年均增速超过15%，高于全市工业和服务业增长速度。“十二五”期间，上海生产性服务业明确总集成总承包、供应链管理与服务、电子商务与信息化服务、研发与设计、检验检测、节能与环保、专业维修、非银行金融、专业中介和培训教育10个重点发展领域。到2015年，上海生产性服务业增加值达到10 658.35亿元，占当年GDP的42.7%。“十三五”期间，上海认真贯彻中央《关于加快发展生产性服务业促进产业结构调整升级的指导意见》，制定了生产性服务业发展的目标和重点领域，力争到2020年在生产性服务业的发展总量增长上，不但要使生产性服务业增加值增长速度继续快于服务业增加值增长速度，而且其增加值占服务业增加值比重要达到2/3左右；在服务功能上，形成一批具有国际国内影响力的品牌企业和品牌区域，建成一批以开放式创新能力为依托的公共服务平台，力争使上海成为全国生产性服务业的集聚辐射高地；在空间布局上，着力打造10个左右以生产性服务业集聚为主要特色的服务业创新发展示范区，深化推进特色鲜明的生产性服务业功能区等集聚区建设。①

二、产业融合

（一）产业融合的概念

尽管产业融合与产业分化一样，是劳动分工结果的另一种表现形式，但在经济学中，对产业融合的研究不但起步较晚，而且研究的文献也要少得多。从现有的文献来看，较早的关于产业融合的思想源于马克思和马歇尔的研究。马克思在研究劳动分工时曾经说过：“一方面工场手工业在生产过程中引进了分工，或者进一步发展了分工，另一方面它又把过去分开的手工业结合在一起。”②马歇尔在其《经济学原理》中也曾朦胧地提到过：“当分工的精细不断增大时，名义不同的各种行业之间的分界线，有许多正在缩小而且不难越过。”③

对产业融合研究的真正兴起，可以说是在20世纪70年代。1977年，日本NEC公司预测随着计算机技术的发展，计算机的功能将越来越强大，而通信也将趋于数字化，因而计算机与通信最终将因技术而融为一体。稍后，也有对计算机、出版印刷、广播电影等必将融为一体等的预测。实业界对产业融合的“热情”，促进了理论界对此问题的深入研究。80年代前后，理论界对产业融合问题的研究开始大量出现。

---

① 上海市人民政府．关于贯彻《国务院关于加快发展生产性服务业促进产业结构调整升级的指导意见》的实施意见[Z]．沪府发〔2015〕27号，2015-07-09.

② 马克思．资本论：第1卷[C]//中共中央马恩列斯著作编译局．马克思恩格斯全集：第24卷．北京：人民出版社，1972：392.

③ 马歇尔．经济学原理：上卷[M]．北京：商务印书馆，1983：272.

尽管如此，目前理论界对产业融合的概念还缺乏一个公认的描述。[1] 有些学者从技术演化的角度来定义产业融合；有些学者从产业边界的模糊或消失的视角来讨论产业融合；也有些学者从产业融合的整个过程来认识这一问题；再有一些学者是从产业组织的变化来界定产业融合的，即原先分属两个不同产业的企业基本不存在竞争关系，当它们形成市场上的直接竞争关系时，产业融合就发生了；此外，还有学者从创新的方面来理解产业融合。总之，目前理论界对产业融合概念的认识还处于众说纷纭的百家争鸣阶段。

在本教材中，我们将产业融合的概念界定为：所谓产业融合，是指在技术或市场的推动下，一些原本由不同产业分别进行的全部或部分经济活动，被统一到专门的企业中进行，以适应技术或市场需求。当这类经济活动达到一定的规模时，新的产业就应运而生了，或者说产业融合就发生了。

（二）产业融合与新产业的形成

在理论界，对有关产业融合形式的认识，如同其概念一般，也是众说纷纭。在本教材中，我们采用胡汉辉和邢华的观点。胡汉辉和邢华认为，产业融合可以分为产业渗透、产业交叉、产业重组三种形式。[2] 产业融合正是借助于这三种方式，催生新产业的形成。

产业渗透是发生在高科技产业和传统产业的边界之处的产业融合。高科技产业依靠自身的高科技，对传统产业进行改造，或者增强了传统产业产品的功能，或者降低了传统产业产品的成本。在此基础上，逐渐将传统产业的产品赶出市场并取而代之，形成新的产业。在我们的生活中，以“光与电”为技术基础的数字印刷，取代了建立在“铅与火”技术上的传统印刷业；利用数字来记录、存储、应用影像文件的数码影像，颠覆了传统的以感光材料为基础的感光影像；以计算机为控制手段的数控机床，替代了人工手控的传统机床。如此等等，均是这类以高科技渗透至传统产业，并催生了不同于传统产业的新产业的渗透型产业融合。

产业交叉是指通过产业间的功能互补或延伸实现的产业融合。市场的需求不会因为现有产业的既定分类而受到制约，当市场需求发生在两个既定产业分类的交集处，就会产生跨既定产业分类边界的新的产业。如在如今工作压力越来越大的都市，不少市民趁节假日之机，为躲避喧闹纷杂的都市生活，会去大都市周边的农村度两天休闲的假期，甚至去田间“亲力亲为”地干些农活。由此，就催生了所谓的休闲（旅游）

---

① 关于对产业融合概念的各种不同认识，可参见：胡永佳．产业融合的经济学分析[M]．北京：中国经济出版社，2008.

② 胡汉辉，邢华．产业融合理论以及对我国发展信息产业的启示[J]．中国工业经济，2003(2).

与农业相融合的休闲农业或观光农业。而现代的物流业，则是传统的运输业在延伸了仓储、原材料的简单切割、产成品的初步分装等功能的基础上逐步发展起来的，是传统运输业功能延伸到生产加工领域的产业融合。

产业重组主要发生在具有紧密联系的产业之间，往往表现为某一大类产业内部子产业间的融合。重组式的产业融合能够发挥要素的范围经济效应，原来一个子产业的要素，在重组式的产业融合下，可将其用于邻近的其他子产业，这样就提高了要素的利用效率。如国际金融业的发展趋势是混业经营，它综合利用了金融企业的资源，在货币和资本市场上进行多业务、多品种、多方式的交叉经营和服务，为资金更合理的使用、更快的流动创造了有利条件，发挥了金融各个领域之间的协同作用，是金融业各个子产业进行重组的典型产业融合。又如在水稻田中饲养螃蟹的稻田种养技术，既可利用螃蟹来吃稻田里的稻谷虫，又可将螃蟹的排泄物用作水稻的有机肥，使土地的利用率得到提高，实现了种植业和养殖业的融合。

（三）“三网”融合

目前方兴未艾的“三网”融合，是通过产业融合催生新产业的一个典型例子。所谓的“三网”融合，是指电信网、广播电视网、互联网在其发展过程中通过技术改造，其技术功能趋于一致，业务范围趋于相同，网络互联互通、资源共享，并逐步整合成为统一的信息通信网络。在实现“三网”融合后，只要有网络覆盖，消费者仅用一种终端就能体验多种服务，如通信、收看电视或上网等。

“三网”融合，涉及技术融合、业务融合、行业融合、终端融合及网络融合等各方面的融合。技术融合表现在信息数字化的基础上，“三网”的技术趋向一致。业务融合表现为“三网”之间的经营范围互相渗透和交叉。行业融合是指原先三个行业的边界逐渐消失，在此基础上形成了一个新的产业。终端融合则是在消费者使用的终端设备上，将目前的电视机遥控器、计算机键盘或者电话机（包括手机）统一为一个终端设备，而这一终端设备可以完成对目前“三网”的各种控制。网络融合是指在网络层上趋向使用统一的网络之间互连的协议，实现各网络的互联互通，形成无缝覆盖。

从“三网”融合的发展过程来看，美国是最早推行“三网”融合的国家，其有诸多方面被其他各国模仿和学习。1996 年 2 月，美国颁布新的《电信法》，从法律上解除了对“三网”融合的禁令，许多服务提供商开始加入新的产业中来，虽然竞争相当激烈，但在政府的支持下，美国的电信公司和有线电视公司一直坚持建设宽带网络以提升网速和扩充容量，使得“三网”融合的技术支撑更加的坚实和成熟。英国在 1997 年逐步取消对公众电信运营商经营广播电视业务的限制，2001 年全国范围内的广播电视业务对电信运营商全部开放。2003 年，英国的“三网”融合步入加速阶段，并成立了独立、统一的行业主管部门。目前，英国的有线电视网和电信网的双向进入已经基本实现。在欧盟，1994 年的《开放电信基础设施和有线电视网》绿皮书的发表标志其开始推进网络融合。1995 年的《有线电视指令》允许有线电视可以不受限制地进入电信市场，标志着有线电视网和电信网的融合步入实质性阶段。2002 年，欧盟提出的广电网、电信网和互联网都属于电子信息网，这个网络的任一子网络都可以传递电信业务、互联网业务和规定的视听业务。日本对电信和广电的融合监管开始于 2001 年，当年成立的总务省即是这个新的融合产业的监管部门。总务省下面分别设有信息通信政策局和综合通信基础局，分别负责广播和通信发展的政策、通信和广播设施及相关业务的监督。

在我国，2001 年的“十五计划纲要”第一次明确提出“促进电信、电视、计算机‘三网’融合”[①]。2006 年的“‘十一五’规划纲要”提出，未来五年内要加强信息基础设施建设，“积极推进‘三网’融合”[②]。2011 年的“‘十二五’规划纲要”明确指出了“以广电和电信业务双向进入为重点，建立健全法律法规和标准，实现电信网、广电网、互联网‘三网’融合，促进网络互联互通和业务融合”[③]。2015 年，国务院印发《三网融合推广方案》，标志着我国“三网”融合将在全国范围内正式全面推广。有关专家预计，我国三网融合启动的相关产业市场规模巨大，将超过 6 000 亿元。[④]

参考文献

[1] 上海市人民政府．关于贯彻《国务院关于加快发展生产性服务业促进产业结构调整升级的指导意见》的实施意见[Z]．沪府发〔2015〕27 号，2015-07-09．

[2] 马克思，恩格斯．德意志意识形态[C]//中共中央马恩列斯著作编译局．马克思恩格斯选集：第 1 卷．2 版．北京：人民出版社，1995．

[3] 马克思．政治经济学批判导言[C]//中共中央马恩列斯著作编译局．马克思恩格斯选集：第 2 卷．2 版．北京：人民出版社，1995．

[4] 马克思．资本论：第 1 卷[C]//中共中央马恩列斯著作编译局．马克思恩格斯全集：第 23 卷，第 24 卷．北京：人民出版社，1972．

[5] 马歇尔．经济学原理[M]．北京：商务印书馆，1983．

---

① 国务院．中华人民共和国国民经济和社会发展第十个五年计划纲要[Z]．第九届全国人民代表大会第四次会议，2001-03-15．

② 国务院．中华人民共和国国民经济和社会发展第十一个五年计划纲要[Z]．第十届全国人民代表大会第四次会议，2006-03-14．

③ 国务院．中华人民共和国国民经济和社会发展第十二个五年计划纲要[Z]．第十一届全国人民代表大会第四次会议，2011-03-16．

④ 刘思山．三网融合概念股或迎来新的上升周期[EB/OL]．[2013-05-07]．http://finance.qq.com/a/20130507/002359.htm．

[6] 邓伟根．产业经济学研究[M]．北京：经济管理出版社，2001.

[7] 杨格．递增报酬与经济进步[EB/OL]．[2013-06-19]．http://www.cenet.org.cn/article.asp?articleid=15408.

[8] 亚当·斯密．国民财富的性质和原因的研究[M]．北京：商务印书馆，1979.

[9] 刘思山．三网融合概念股或迎来新的上升周期[EB/OL]．[2013-05-08]．http://finance.qq.com/a/20130507/002359.htm.

[10] 李清娟．生产性服务业与园区开发：理论、策略、案例[M]．上海：上海三联书店，2007.

[11] 杨小凯，张永生．新兴古典经济学与超边际分析[M]．北京：社会科学文献出版社，2003.

[12] 杨公朴，夏大慰．产业经济学教程[M]．上海：上海财经大学出版社，1998.

[13] 国务院．中华人民共和国国民经济和社会发展第十一个五年计划纲要[Z]．第十届全国人民代表大会第四次会议，2006-03-14.

[14] 国务院．中华人民共和国国民经济和社会发展第十二个五年计划纲要[Z]．第十一届全国人民代表大会第四次会议，2011-03-16.

[15] 国务院．中华人民共和国国民经济和社会发展第十个五年计划纲要[Z]．第九届全国人民代表大会第四次会议，2001-03-15.

[16] 国家统计局．关于建立第三产业统计的报告[N]．人民日报，1985-05-04.

[17] 胡汉辉，邢华．产业融合理论以及对我国发展信息产业的启示[J]．中国工业经济，2003(2).

[18] 胡永佳．产业融合的经济学分析[M]．北京：中国经济出版社，2008.

[19] 查尔斯·巴贝奇．论机器和制造业的经济[M]．杭州：浙江教育出版社，1985.

[20] 恩格斯．家庭、私有制和国家的起源[C]//中共中央马恩列斯著作编译局．马克思恩格斯选集：第4卷．2版．北京：人民出版社，1995.

[21] 龚仰军．产业结构研究[M]．上海：上海财经大学出版社，2002.

[22] 盛洪．分工与交易[M]．上海：上海三联书店，上海人民出版社，1994.

[23] 联合国工业发展组织．世界各国工业化概况和趋向[M]．北京：中国对外翻译出版公司，1980.

[24] 霍夫曼．工业化阶段和类型[M]．北京：中国社会科学出版社，1991.

[25] CLARK. *The conditions of economic progress*[M]. 3rd ed. London: Macmillan, 1957.

[26] COFFEY, BAILLY. Producer services and flexible production: an exploratory analysis[J]. *Growth and change*, 1991(1).

[27] FISHER. *The safety and progress of the conflict*[M]. London: Macmillan, 1935.

[28] GREENFIELD. *Manpower and the growth of producer services*[M]. New York, London: Columbia University Press, 1966.

[29] DANIELS P. *Service industries: a geographical appraisal*[M]. Routledge, 1985.

[30] HUBBARD R, NUTTER D. Service employment in Merseyside[J]. *Geoforum*, 1982(3).

推荐阅读书目

[1] 国家统计局．国民经济行业分类:GB/T 4754-2011[S]. 2011-11-01.
[2] 邓伟根．产业经济学研究[M]. 北京:经济管理出版社,2001.
[3] 刘曙华,沈玉芳．国内外生产性服务业发展现状与趋势分析[J]. 创新,2010(6).
[4] 李美云．国外产业融合研究新进展[J]. 外国经济与管理,2005(12).
[5] 李晓丹．产业融合与产业发展[J]. 中南财经政法大学学报,2003(1).
[6] 杨公朴,夏大慰．产业经济学教程[M]. 上海:上海财经大学出版社,1998.
[7] 杨玉英．中国生产性服务业发展战略[M]. 北京:经济科学出版社,2010.
[8] 林其泉．分工的起源和发展[M]. 厦门:厦门大学出版社,1988.
[9] 郑吉昌,夏晴．论生产性服务业的发展与分工的深化[J]. 科技进步与对策,2005(2).
[10] 胡永佳．产业融合的经济学分析[M]. 北京:中国经济出版社,2008.
[11] 龚仰军．产业结构研究[M]. 上海:上海财经大学出版社,2002.

第三章　产业结构

第一节　产业结构的发展模式

一、平衡发展模式与非平衡发展模式

平衡增长模式与非平衡增长模式是从资源配置的倾斜角度对产业结构发展方式的归纳。

(一)平衡发展模式

平衡增长理论形成于20世纪40年代,以罗森斯坦·罗丹(Rosenstein-Rodan)、罗格纳·纳克斯(Ragnar Nurkse)、刘易斯(Lewis)以及斯特里顿(Streeten)等人为代表,其基本主张是认为发展中国家为了摆脱贫困,应在国民经济的各产业进行全面的、大规模的投资,以各产业的平衡增长来实现国家的工业化和国民经济的发展。在主张平衡增长的理论中,尤以罗森斯坦·罗丹的"大推进理论"和纳克斯的"贫困恶性循环理论"为典型。

大推进理论是罗森斯坦·罗丹在1943年的《东欧和东南欧国家工业化的若干问题》一文[①]中提出,又在1961年的《关于大推进理论的说明》一文[②]中作了进一步阐述的一个观点。罗森斯坦·罗丹认为,发展中国家实现工业化的主要障碍是资本的不足,由于资本的供给、储蓄和市场需求的"不可分性",小规模的、个别部门的投资不可能从根本上解决问题,因而应当实行"大推进" 的发展战略,在各个工业部门全面地进行大量投资,使各工业部门一起发展,才能形成互相依赖、互为市场的局面,克服"不可分性",最终取得工业化的成功。在进行投资时,应按同一投资率投向于各工业部门。

---

① ROSENSTEIN-RODAN. Problems of industrialization in eastern and south-eastern Europe[J]. *Economic journal*,1943(53):202—211.

② ROSENSTEIN-RODAN. Notes on the theory of the big push[R]. *Economic Development for Latin America*,1961.

因为只有这样，才能避免某些部门发展过快，导致供给大于需求，从而保证各部门之间的发展协调和平衡，以便实现投资的最优格局。

纳克斯是主张平衡增长理论的另一位主要代表人物，他的“贫困恶性循环理论”观点主要集中在1953年出版的《欠发达国家的资本形成问题》一书中。[①] 纳克斯认为，发展中国家之所以不易摆脱贫穷的原因在于其陷入了一个恶性循环的圈子，一方面，从供给的角度看，低收入导致了低储蓄，而较少的储蓄引起了资本的短缺，资本的短缺又造成只能发展生产率不高的产业，而这样的产业发展带来的又只能是较低的收入。另一方面，从需求的角度看，低收入使人们的购买力十分有限，而有限的购买力又使得投资引诱不足，资本数量过小，从而导致生产率低下，最终的结果又回到了较低的收入（参见图3—1）。要打破这样的循环，纳克斯的观点是必须同时对国民经济的各个部门进行投资。因为只对一些行业进行投资，这些行业的发展将受到市场需求的限制，而如果同时投资于不同的行业，则将带来市场的全面扩大。

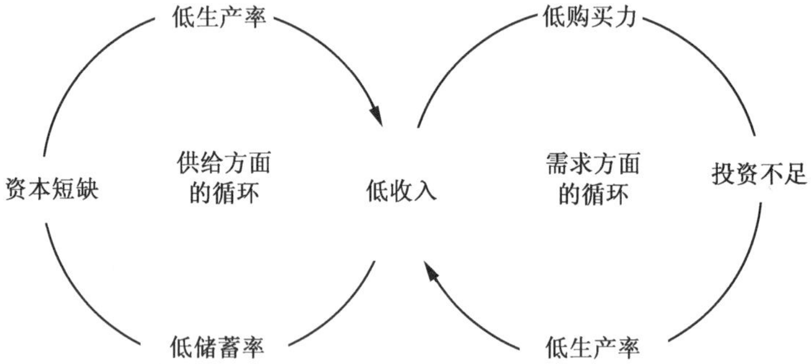

图3—1　贫困的恶性循环

（二）非平衡发展模式

非平衡发展的原始思想可追溯到亚当·斯密。在《国富论》一书中，斯密已经发现，“进步社会的资本，首先是大部分投在农业上，其次投在工业上，最后投在国际贸易上”。[②] 以后，赫希曼和罗斯托等人又将非平衡增长的思想系统化，形成了影响较大的非平衡增长理论。非平衡发展理论的主要思想是：由于资金短缺等方面的原因，发展中国家不可能在所有的产业部门同时进行投资，而应当选择合适的重点产业进行投资，然后通过关联效应和诱发性投资等作用，带动其他产业的发展，最后达到经济发展和产业结构升级的目标。

---

① NURKSE. *Problems of capital formation in underdeveloped countries*[M]. Oxford: Basil Blackwell, 1953.

② 亚当·斯密．国民财富的性质和原因的研究[M]．北京：商务印书馆，1979：349.

赫希曼在1958年出版的《经济发展战略》一书中，从现有资源稀缺的角度，分析了平衡发展战略的不可行性。[1] 赫希曼认为，发展中国家应当集中有限的资源，首先发展一部分重点产业，然后以此为动力，逐步扩大对其他产业的投资，带动其他产业的发展。赫希曼认为，在进行投资的次序的选择时，"有效顺序"是按各备择产业部门的"诱发投资"大小进行。如果首先投资于"诱发投资"效应较大的产业部门，将可带动更多的其他产业部门的发展，因而在投资有限的场合下，应集中资源，首先投资于"直接生产活动"，以"短缺的发展"来刺激进一步的投资，从而达到带动其他产业发展的目的。

罗斯托关于非平衡增长的观点，是与其主导产业的理论相联系的。罗斯托认为，"近代经济增长实质上是一个部门的过程"。[2] 经济的发展就是充当"领头羊"的主导产业部门首先获得增长，再通过回顾影响、旁侧影响和前瞻影响，对其他产业部门施以诱发作用，最终带动整个经济增长的过程。

二、产品循环发展模式与雁形发展模式

产品循环发展模式与雁形发展模式分别描述了一些产业在工业化不同阶段国家的发展模式。

（一）产品循环发展模式

产品循环发展模式描述的是工业先行国家产业发展的模式，是由美国经济学家弗农（Vernon）提出的。弗农认为，产品如同生物一样，也是有生命周期的，可分为"导入期""成熟期"和"标准化期"。[3] 一些工业先行国家由于技术和资金等方面的优势，率先对新产品进行开发和生产，并迅速进入产品的"导入期"，占领国内市场。随着生产规模的扩大和产业技术的成熟，该产品也逐渐进入了"成熟期"。此时，国内市场趋于饱和，于是开始向工业后发国出口，扩大在国际市场上的销售。随着技术向更广泛的范围扩展，竞争也就越发激烈。工业先行国为了维持在国外的市场份额，开始从产品的出口转向技术的出口，在工业后发国进行就地的生产和销售。当产品从"成熟期"进入了"标准化期"，由于在国外生产该产品具有成本上的优势，工业先行国家就逐渐放弃了国内的生产，转而进口该产品来满足国内的市场，自己则研制、生产更新的和更高技术的产品，开始新一轮的产品循环。

（二）雁形发展模式

雁形发展模式是由日本经济学家赤松要在考察了日本羊毛工业品贸易的发展轨

---

① 赫希曼．经济发展战略[M]．北京：经济科学出版社，1991.

② 罗斯托．从起飞进入持续增长的经济学[M]．成都：四川人民出版社，1988："序与跋"，5.

③ VERNON. International investment and international trade in the product cycle[J]. *Quarterly journal of economics*，1966(5).

迹后首先提出的，①以后又由小岛清等人对日本的纺织工业、钢铁工业和汽车工业进行了验证。该模式认为，工业后发国家由于技术和资金等供给方面的原因，无法首先开发和生产一些较为先进的产品，因而最初对这类产品的国内需求只能通过进口来满足（此时称为“导入期”）。随着国内对这类产品需求的增加，企业通过引进技术等手段，使技术和资金等供给条件日趋成熟，逐渐具备了以国产化产品取代进口产品的能力，随着市场需求和生产规模的扩大，相应的产业也就逐渐形成了（这一阶段常被称为“进口替代期”）。在国内需求继续扩大和重工业化进程的作用下，规模经济和廉价生产要素的优势不断累积，产业的竞争力也有所上升，最终不但在本国市场上赢得了市场，而且也实现了产品的出口（即进入了“出口期”）。工业后发国的产业部门就是依据这样的发展轨迹，最终达到经济发展和产业升级的目的。而进口→国内生产→出口这三个不同的发展阶段，就如三只展翅飞翔的大雁（参见图 3－2），故被称为雁形发展模式。

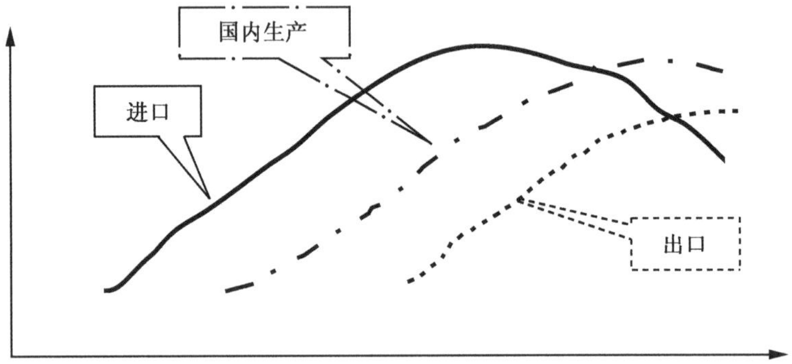

图 3—2 雁形发展模式

三、进口替代发展模式与出口导向发展模式

进口替代发展模式与出口导向发展模式是从产业发展和国际贸易间的关系角度描述产业结构的发展轨迹的。

（一）进口替代发展模式

进口替代发展模式一般是指工业后发国家为了实现本国的工业化，在一些产业（一般是制造业）领域采取鼓励用本国产品替代进口产品来满足国内市场需求的政策，以支持和扶持本国相应产业发展的模式。这种发展模式在第二次世界大战后曾被认为是工业后发国家实现工业化的“必由之路”，被许多新兴独立国家所采用。

---

① 赤松要．わが国羊毛工業品の貿易趨勢[J]．商業經濟論叢，1935(13)．
赤松要．わが国産業発展の雁行形态[J]．一橋論叢，1956(5)．

进口替代发展模式以本国经济和产业结构发展为主轴,政府采用该模式的目的一般是期望在有关政策的扶持下,能建立起本国相对独立和完整的工业化体系和产业结构体系。从一些国家的实践经验来看,实施这一模式也有一些短处。如在长期保护之下成长起来的本国产业(特别是制造业),一般都具有成本较高而效率较低的共性,在国际市场上缺乏竞争力;为支持进口替代产业的发展,政府往往采取一些较为强烈的保护性贸易政策,而如此政策的长期执行,导致本国的产业结构难以融入经济全球化的潮流;有些国家在争取消费品的进口替代时,仍需进口资本品和中间产品,容易造成这些国家外汇短缺。

经由理论分析和实践证明,进口替代发展模式仅适合于所谓的"大国结构",并且即使在这些国家,也仅在工业化的某个阶段适用而不能长期实行。当经济发展到一定的阶段,应当相机转换,由进口替代转向中性的外向性贸易政策。

(二)出口导向发展模式

出口导向发展模式一般是指工业后发国家为了实现本国的经济的增长,支持和鼓励国内产业以国际市场需求为导向而进行发展的模式。

从第二次世界大战后一些国家实施出口导向发展模式的实践来看,出口导向发展模式具有以下一些特点:具有"小国结构"特点的国家采用出口导向发展模式更易获得成功;由于出口导向产业的发展是基于国际市场的分工而选择的,而这些产业往往是国内具有相对优势的产业,因而这些产业相对来说具有较强的国际竞争力;由于政府选择进行出口导向发展的产业一般是以制造业产品代替传统的初级产品出口,因而出口导向发展模式能使这些国家的经济获得较快的发展,产业结构得到较快的提升。

第二节　产业结构的演进规律

一、配第—克拉克定律

威廉·配第在其 1672 年出版的代表作《政治算术》一书中,根据当时英国的实际情况指出:制造业比农业,进而商业比制造业能够得到更多的收入。[①] 配第举例说,英格兰的农民一周可赚到 4 个先令,而一个海员的工资加上伙食等其他形式的收入可以达到每周 12 个先令,因此,一个海员的收入是农民的 3 倍。配第同时还指出,当时的荷兰,由于大部分的人口都从事制造业和商业,因而荷兰人的收入要大大高于欧洲的

① 威廉·配第. 政治算术[M]. 北京:中国社会科学出版社,2010.

其他国家。配第对不同产业收入的描述，揭示了产业间收入相对差异的规律性，被后人称为配第定律。

克拉克在配第的研究成果之上，计量和比较了不同收入水平下就业人口在三次产业中分布结构的变动趋势，得出如下结论：随着时间的推移和社会经济的发展，从事农业的人数相对于从事制造业的人数趋于下降，进而从事制造业的人数相对于服务业的人数趋于下降。而劳动力在产业之间变化移动的原因是由经济发展中各产业间的收入出现了相对差异所造成的。克拉克认为，他的发现只是印证了配第在 1672 年提出的观点而已，故后人把克拉克的发现称为配第—克拉克定律。

配第—克拉克定律可以表达为：随着经济的发展、人均国民收入水平的提高，劳动力首先由农业向制造业转移；当人均国民收入水平进一步提高时，劳动力便向服务业移动。克拉克对其本人总结的规律提出了两点解释，一是需求因素，二是效率因素。关于需求因素，克拉克认为，随着人均收入的增加，很明显，对农产品的相对需求一直在下降，而对制造品的相对需求开始上升然后下降，最后让位于服务业。除了产业部门间的需求差别外，克拉克认为，产业部门间的效率差别也是结构变化的一个重要因素。按照克拉克的观点，不同产业存在不同的生产效率。制造业的劳动生产率差不多总是比同一个经济系统中其他产业的劳动生产率以更大比例增长。因此，制造品的一个静止的相对需求将会导致该产业部门就业劳动力比例的下降，甚至当制造品相对需求增加时，仍然可以预期在长期该产业部门的就业劳动力比例是下降的。

实际上，配第的这一思想在我国古代就早已有之。我国西汉时期的大思想家、史学家司马迁在其《史记》的《货殖列传》篇中说："夫用贫求富，农不如工，工不如商，刺绣文不如倚市门。"①这与配第在《政治算术》中的观点如出一辙，而司马迁的《史记》要比配第的《政治算术》早问世 2 500 余年！

二、库兹涅茨法则

库兹涅茨在继承了克拉克的研究成果的基础上扩大了样本的范围，从国民收入和劳动力在产业之间的分布两个方面，对伴随经济发展的产业结构演进规律作了进一步的研究。库兹涅茨通过众多样本国家的数据，对国民收入和劳动力在产业间的分布结构进行了研究，得到了被称为库兹涅茨法则的结论：农业部门的相对比重，无论在产值结构方面还是在劳动力结构方面，都处于不断下降之中；工业部门的产值相对比重和劳动力相对比重是趋向上升的，但其上升的速度则不一致。与产值的相对比重相比，劳动力的相对比重显得基本稳定或上升相当缓慢。在工业和制造业内部，一些与现代

---

① 司马迁．史记[M]．评注本．长沙：岳麓书院，2004：1773.

技术密切相关的新兴产业部门增长最快(无论是产值的结构比重还是劳动力的结构比重都处于上升的阶段),而一些传统的产业部门则在产值的结构比重和劳动力的结构比重方面均有下降的趋向;在服务业方面,无论是产值的相对比重还是劳动力的相对比重,都与工业部门一样,具有上升的趋向。但在上升的速度上却与工业部门不同,劳动力的相对比重要大于产值的相对比重。在服务业内部,各产业部门的发展也是不同的,如教育、科研和政府行政部门在劳动力的占用上显示出其比重是上升的。①

三、霍夫曼定律

霍夫曼对工业化的演进规律进行了开拓性的研究,在他 1931 年出版的《工业化阶段和类型》一书中,对工业化进程中的重工业化问题进行了详尽分析。② 霍夫曼利用了近 20 个国家的时间序列数据,分析了消费工业和资本资料工业的比例关系,得出了著名的霍夫曼定律。如果将消费资料工业净产值与资本资料工业净产值之比称为霍夫曼系数,则霍夫曼定律表明,随着工业化的进程,霍夫曼系数是不断下降的。霍夫曼还根据霍夫曼系数的变化趋势,把工业化的过程分为四个阶段(参见表 3—1)。霍夫曼认为,在工业化的第一阶段,消费资料工业的生产占据着统治的地位;在第二阶段,虽然消费资料工业生产的规模仍远远大于资本资料工业,但就其发展而言,资本资料工业开始加速;在工业化的第三阶段,资本资料工业在规模上已与消费资料工业并驾齐驱了;到了第四阶段,资本资料工业的规模就超过了消费资料工业。

表 3—1　霍夫曼对工业化阶段的划分

	霍夫曼系数
第一阶段	5 (±1)
第二阶段	2.5 (±1)
第三阶段	1 (±0.5)
第四阶段	1 以下

资料来源:霍夫曼 . 工业化阶段和类型[M]. 北京:中国社会科学出版社,1991.

四、高加工度化过程

霍夫曼定律揭示了工业发展中的重工业化过程,而在重工业化的过程中,工业发展还同时显示出高加工度化的演进规律。所谓的高加工度化,是指在重工业化的过程中,工业结构表现出的以原材料工业为中心转向以加工装配工业为中心的发展趋势。

① 库兹涅茨 . 国民收入及其构成[M]. 北京:经济科学出版社,1992.

② 霍夫曼 . 工业化阶段和类型[M]. 北京:中国社会科学出版社,1991.

工业的高加工度化过程，意味着随着工业化的进展，工业增长对原材料的依赖度逐步下降，中间产品的利用能力不断增加，最终产品中附加价值的比重日益提高，同时也体现了工业经济不断从粗放式增长向集约式增长的转变。第二次世界大战后日本工业化的进程就较为典型地反映出这样一条轨迹(参见图 3—3)。

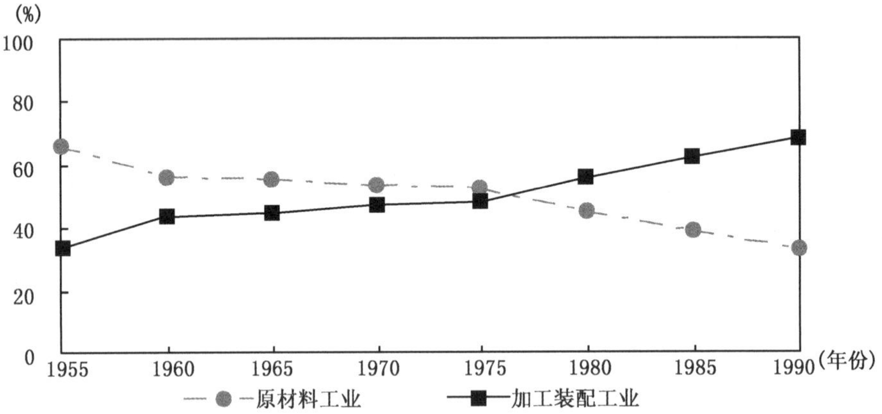

资料来源：鈴木多加史．日本の産業構造[M]．東京：中央経済社，1995：14，53.

图 3—3　日本战后重工业结构变化

五、经济服务化趋势

20 世纪 70 年代后，一些学者利用库兹涅茨的分析方法，对世界主要工业化国家的产业结构进行了实证研究。然而，实证研究的结果与库兹涅茨法则的结论并不相符：这些国家的第一次产业，无论是劳动力还是国民收入的相对比重，自 70 年代以来下降的势头都有所减缓；第二次产业的相对比重在 70 年代以后也都出现了下降的趋势，工业特别是传统的制造业在国民经济中的作用正在逐步下降；第三次产业则显示出了强劲的上升趋势，其比重已占到整个国民经济的一半以上，一个被称为“经济服务化”的时代已经来到。图 3—4 是日本自 20 世纪 30 年代以来的产业结构变迁图，从中也许可以看出一些“经济服务化”的变化趋势。

另据世界银行 2011 年的发展报告揭示，在一些主要经济国家和地区，服务业增加值占 GDP 的比重均有较大的增加，且基本上都超过了 70％(参见表 3—2)。这一数据也有说明随着经济的发展，经济服务化已成为产业结构升级的必然趋势。

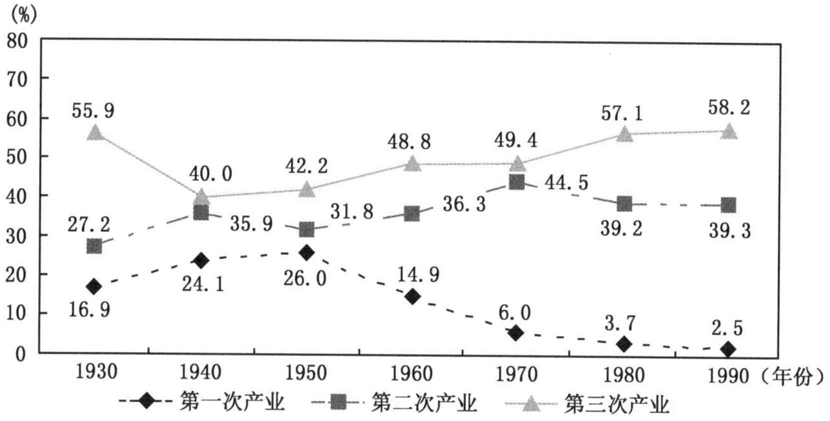

资料来源：龚仰军．产业结构研究[M]．上海：上海财经大学出版社，2002：99.

图 3—4　日本产业结构变迁

表 3—2　　世界主要经济国家和地区服务业增加值占 GDP 的比重　　单位：%

国家和地区		1995 年	2009 年	国家和地区		1995 年	2009 年
欧洲和中亚地区	英国	67	78	北美和南美洲地区	美国	72	77
	德国	67	73		加拿大	66	73
	法国	72	79		巴西	67	69
	西班牙	66	71		墨西哥	66	61
	意大利	66	73		智利	55	55
	荷兰	69	74		阿根廷	66	61
	土耳其	50	65		哥伦比亚	53	58
	俄罗斯	56	62		古巴	68	75
亚太地区	澳大利亚	68	68	非洲和中东地区	阿尔及利亚	39	34
	日本	64	71		埃及	51	49
	韩国	52	61		摩洛哥	51	55
	新加坡	65	74		南非	61	66
	泰国	50	45		利比亚		20
	中国内地	33	43		沙特阿拉伯	45	46
	中国香港	85	92		伊朗	47	45
	印度	46	55		阿联酋	45	38

资料来源：上海市经济和信息化委员会，上海科学技术情报研究所．2011—2012 世界服务业重点行业发展动态[M]．上海：上海科学技术出版社，2012：15.

第三节 经济全球化与产业发展

一、经济全球化与外向型经济

(一)经济全球化趋势

经济全球化,一般泛指贸易、投资、金融活动的全球化,……以整个地球作为资源配置的大舞台,生产资本向全球流动以及由它所带动的全球贸易和金融活动。[①] 至今,经济全球化主要经历了四个阶段:一是第二次世界大战后初期至20世纪70年代初的迅速发展时期。其突出的表现便是经济互助委员会[②]、欧洲经济共同体和欧洲自由贸易联盟等集团的组建和发展。二是20世纪70年代初期至80年代上半期的缓慢发展甚至停顿时期。这一时期,经济全球化的趋势明显减缓,其中欧共体一体化进程的放慢尤为突出。发展中国家的国际经济一体化也大多处于停顿状态,有的甚至分化或解体。三是20世纪80年代中期以后的重新高涨并加速发展的新时期。这一时期,在自由化政策的推动下,西欧、北美、亚太等地区的区域性一体化获得了实质性进展。四是自2017年至今这一时期。自2017年特朗普(Trump)执政以来的时期可以看作是经济全球化发展过程中的第四个阶段。特朗普的竞选口号是“让美国再次强大起来”。特朗普当选美国总统后,奉行“美国优先”的政策,反对经济全球化和全球主义理念。[③] 他在政策制定中实行贸易保护主义,高举关税大棒,对多国实施了关税加征,大范围挑起贸易战,使自由贸易和经济全球化遭遇逆风。然而,全球化的趋势不会因特朗普而逆转。

从目前经济全球化发展的现象来看,经济全球化主要有如下特征表现:一是生产的全球化。生产全球化的最显著的特征是跨国公司越来越成为世界经济的主导力量。二是市场的全球化。市场的全球化表现为各国市场越来越呈现出相互开放、融为一体的趋势,国际贸易成为世界经济发展的火车头。三是资本的全球化。资本的全球化体

---

① 陈宝森. 世界经济全球化、集团化与南北关系[M]//国务院发展研究中心世界发展研究所. 世界发展状况1996. 北京:国际文化出版公司,1996.

② 经济互助委员会,简称“经互会”。1949年1月25日,为了在经济上与西方资本主义国家抗衡,并加强彼此间的经济合作,苏联、保加利亚、匈牙利、波兰、罗马尼亚、捷克斯洛伐克六国代表在莫斯科举行会议,决定成立经济互助委员会。同年4月,民主德国、蒙古、古巴、越南先后加入。经互会宗旨是在平等互利的基础上进行经济互助、技术合作和经验交流。初期活动主要在流通领域,20世纪50年代中期扩大到生产领域。1989年,东欧剧变,经互会解体。

③ 美国驻华大使馆和领事馆. 特朗普在第73届联合国大会发表讲话[EB/OL]. [2019-09-01]. http://m.dunjiaodu.com/daguo/2018-09-26/3491.html.

现为国家间的直接投资(FDI)持续增长,资本在各国之间频繁地自由流动。四是科技开发和应用的全球化。科技开发和应用的全球化,主要表现为科技活动的全球化、科技传播的全球化、科技目标的全球化和科技影响的全球化。在全球化的背景下,人类的一些重大的科技活动已超出了由一个国家进行研发的传统。五是信息传播的全球化。信息传播全球化的特征,是随着因特网等技术的出现而凸显的。随着因特网技术的日趋成熟,信息的传播速度获得了突飞猛进。如今,世界某一角落发生的事件,在很短的时间内即可传遍全球。

经济全球化的动因可能是多方面的,其中最重要的有三条:一是分工的深入和细化及市场的扩大;二是科学技术的进步;三是跨国公司的发展①。分工的深入和细化,直接导致了生产力的提高,增加了商品的供给;市场的扩大,为生产力提高后新增商品寻找了新的需求,使得整个社会生产在一个更大的范围内得以平衡;科学技术的进步是生产力得以提高的基础和源泉;而跨国公司的发展,是生产关系适应生产力的一种表现形式,它使商品的生产过程可以在更广的地域范围内进行低成本、高效益的组织。

由经济全球化产生的动因和发展现状,可以预计在进入 21 世纪后,经济全球化将有以下的发展趋势:第一,经济全球化是一个不可阻挡的社会发展必然结果。只要科学技术是不断进步的,就不可避免地要促进社会生产力的发展。而社会生产力的发展,就必然要求在更大的地域范围内进行生产活动 —— 在更大的范围内取得各种生产要素和实现商品的销售。因此,经济的全球化是在科学技术不断进步的前提下人类经济活动的必然归宿。第二,在相当一段时期内,经济全球化将首先以区域经济一体化的形态为其突出的标志。虽说经济全球化是不可阻挡的社会经济发展的必然结果,但在相当的一段时期内,区域经济一体化将成为突出的表现形式。这主要是由于区域经济发展不平衡,区域的产业结构高级化程度不同,区域间的利益摩擦相对较大,导致了不同区域在要素流通等方面还存在着较高的各种壁垒,阻碍着生产要素的流动,从而阻碍着经济全球化的迅速扩展。而在一个区域内,产业结构的高级化程度相对接近,利益关系相对容易处理,因而区域经济一体化的实现相对较为容易。第三,在经济全球化的过程中,区域特色的特点将越发突出。经济全球化并非各区域完全同质化,根据有关竞争优势的理论,各区域的竞争优势将在经济全球化的过程中体现出来。因此,区域特色将成为经济全球化过程中的另一个特点而展现出来。第四,各经济体将在经济全球化过程中采用通行的"游戏规则"。经济全球化要求不同的经济主体采用共同的"游戏规则",而经过 20 世纪中国引入市场经济体制和苏联解体,目前世界主要经济体都采用了市场经济体制。可以预言,在经济全球化的过程中,一些通行的"游戏

① 罗肇鸿. 世界经济全球化一体化与制度创新[J]. 北京:世界经济,1995(10).

规则”将被越来越多的经济体所普遍采用。第五，跨国公司在经济全球化中的作用将越来越大。跨国公司对全球化的促进作用表现在：一是作为对外直接投资的驱动力和主要载体；二是通过“内部化”优势扩展了它们在全球的生产经营活动；三是将资本、技术和管理合为一体，组成“一揽子资源”向世界各地转移。

（二）外向型经济

在经济全球化的背景下，一国的经济不可避免地将融入世界经济之行列，一国的产业结构也将不可避免地成为全球产业结构的一个子系统。换句话说，产业间的关联关系将在国际产业的供给与需求中得到平衡，封闭型的产业结构系统已不再适应社会生产力的发展，只有开放式的产业结构系统才能适应经济全球化的潮流。

与开放式产业结构系统相关的一个概念是“外向型经济”。简而言之，所谓外向型经济，是指一国或一地区经济发展的一种模式，是“内向型经济”的对称。外向型经济的概念较早时由美国经济学家贝拉·巴拉萨（Bela Balasa）所提出，后经由钱纳里和布鲁诺（Bruno）1962 年《开放经济中的发展选择：以色列案例》一文[①]的发表而逐渐被经济学界所接受。外向型经济通常被定义为“一国或一地区为推动区域经济的发展而面向国际市场建立的经济结构和经济运行体系”，“这种面向，从总体上而言是区域市场与国际市场间各种要素和产品的双向流动，这种双向流动已经达到相当的量或程度，以至要求或促进区域经济和经济运行机制不同于内向型经济的特征，带动经济发展的机制已根本不同”。[②]

外向型经济是与国际经济紧密联系的经济体系。在外向型经济体制下，产业结构是一个开环系统，其投入与产出的平衡必须借助更大范围的国际经济产业结构系统才能完成。自改革开放以来，我国逐步终止了“独立自主、自力更生”的闭关封锁政策，加大了同国外的交流，其产业结构也从闭环系统变为开环系统，经济取得了飞速的发展。在经济增长的同时，产业结构也得到了优化。开放初期轻工业产品严重短缺，重工业畸形发展，能源、交通等基础产业成为制约经济发展的“瓶颈”等结构问题得到了解决，产业结构在合理化和高级化方面均取得了较大的成效。

当然，经济全球化对于发展中国家来说是一把双刃剑。一方面，它可为发展中国家提供发展机遇，有利于吸收外资，弥补本国紧缺的资本要素；有利于引进先进的技术，促进本国产业技术的进步；有利于学习先进的管理经验，培养本国的管理人才；有利于发挥比较优势，开拓国际市场。但另一方面，经济全球化也给发展中国家带来不利和风险，如威胁到本国的经济安全，在国际交往中被迫面临不公正的竞争机会、接受

---

① CHENERY, BRUNO. Development alternatives in an open economy: the case of Israel[J]. *Economic journal*, 1962(3).

② 杨公朴，夏大慰，陈任，孙海鸣．外向型经济概论[M]．上海：上海社会科学院出版社，1988：22.

不平等的利益分配等。

我国是一个发展中的国家，在经济全球化的过程中同样面临着上述机遇与挑战。因此，我国在对外开放的过程中必须清楚地认清形势，谨慎地抓住机遇，一方面，要坚定不移地实行对外开放的政策，适应经济全球化趋势，积极参与国际经济合作与竞争，充分利用经济全球化带来的各种有利条件和机遇；另一方面，又要对经济全球化带来的挑战保持清醒的认识，坚持独立自主原则，加强防范工作，增强抵御和化解能力，切实维护我国经济安全，更好地发展和壮大自己。

二、国际分工与产业梯度

（一）国际分工、产业转移与产业梯度

随着技术的进步和经济的发展，国家间的产业分工愈加深化，国家间的产业转移也愈演愈烈。如果说产业的国际分工和国际贸易为产业的国际转移提供了外部可能性，那么国际产业转移的内在经济动因是什么？

在不同的国家存在着重合产业，[①]这些重合产业虽然在投入要素的比例、生产设备和生产方法上具有相似性，但由于投入要素价值等方面的差异性，导致了不同国家的重合产业在生产同一产品上的成本不同，即同一产品在不同的国家其价值构成是不同的。在追求利润最大化的目标和市场竞争的压力下，就必然产生产业转移的结果，即当国际分工和国际贸易的条件一旦具备，就必然会产生产业国际转移的现象。生产成本较高的国家，通过产业的国际转移，将重合产业转移到生产成本较低的国家，以摆脱生产成本较高的不利竞争地位。

一般地，在诸生产要素中，原材料和劳动力的成本往往是发达国家、工业先行国比发展中国家、工业后发国为高。因此，重合产业的转移途径通常体现为从发达国家向发展中国家转移，从工业先行国向工业后发国转移的轨迹。

从产业结构的角度而言，由于各国产业结构的高级化程度不同，也就存在着产业梯度。换句话说，产业结构高级化程度较高的国家通常处于产业梯度较高的位置，而产业结构高级化程度较低的国家一般居产业梯度较低的地位。重合产业的国家间转移，也就体现为顺着产业梯度的高度，从较高位置的国家转移到较低地位的国家。产业结构高级化程度较高的国家通过产业转移，腾出资源要素和空间，发展附加价值更高的产业，实现产业结构的升级；产业结构高级化程度较低的国家通过接受转移的重合产业，同样实现了本国产业结构的提升。

---

① 所谓重合产业，是指不同国家在同一时期存在着的、技术构成相似的生产同类产品的产业。重合产业使用相似的生产设备，运用相似的技术工艺，投入相似比例的生产要素。

自从有了国际分工，就产生了国家间的产业转移。如果说第二次世界大战前的产业梯度主要表现为工业与农业之间的技术差距和生产率差距，国际分工也表现为工业国主要出口工业产品，农业国主要出口农产品和其他初级产品，那么如今的产业梯度则表现为劳动集约型产业、资本集约型产业、技术集约型产业之间及其内部的技术水平和生产率的差距。从各国产业结构高级化程度来看，新兴工业国与发达国家的技术水平的差距在缩小，而非工业化国家和发达国家间的技术差距则有加大的趋势。新兴工业国充当了发达国家与非工业化国家之间的产业转移阶梯。①

战后国际产业的转移演变大体经历了以下几个阶段：20 世纪 60 年代，随着科学技术的发展和发达国家劳动力成本的不断增加，世界范围内产业转移的特点是工业先行国在实现产业结构升级的同时把一些劳动密集型产业向工业后发国转移，自己则致力于发展技术密集型产业和资本技术双密集型产业。20 世纪 70 年代，由于两次世界能源危机的冲击，导致能源与矿产资源价格上涨，世界范围内产业转移的一个重要特点是工业先行国在产业结构的调整中把一部分大量消耗能源和矿产资源以及污染环境较为严重的重化工业部门向工业后发国转移。日本就是借助此次国际产业转移进入了工业化国家的行列。从 20 世纪 80 年代起，全球掀起了战后第三次产业转移的高潮，主要表现为已经完成工业化的国家在继续向尚未完成工业化的国家转移在本国已失去竞争优势的劳动密集型产业的同时，开始向发展中国家转移资本密集型和资本技术双密集型产业。韩国等亚洲新兴工业国家（地区）就是在这次国际产业转移中完成了工业化的进程。

（二）国际产业转移与我国产业发展

自 20 世纪 80 年代末以来，国际产业转移呈现出一些新的特点和趋势：

1. 国际产业转移结构高度化

据世界银行统计的资料显示，20 世纪 80 年代以前，国际产业转移主要以原材料和初级产品加工为主，主要是由发达国家按产业梯度向发展中国家进行转移。进入 90 年代以后，国际产业不仅由发达国家向发展中国家转移，发展中国家也开始向发达国家和新兴工业国家转移，产业转移的重心开始涉足服务业，其中金融、保险、旅游和咨询等服务业和技术密集型产业（如电子信息产业）则是当前国际产业转移的重点领域。进入 21 世纪后，知识经济进入了快速发展的阶段，国际产业转移结构高度化、知识化的趋势有进一步加强的态势。

2. 制造业的国际转移仍在持续

目前，发达国家制造业的产值与就业比重不断下降，国际产业转移加剧了下降的

① 卢根鑫．国际产业转移论[M]．上海：上海人民出版社，1997：152.

进程。以美国为例，由于其跨国公司将生产环节外包甚至完全退出生产，因而出现了“虚拟制造”现象。如耐克公司除最关键的气垫系统外，其他都由外部提供；阿迪达斯公司已将95%的制造环节转移至其他国家；通用电气明确提出要由制造业公司转变为多元化的服务业公司。据美商务部统计，约有2 500家美国公司将生产环节转移至海外。制造业的产业转移导致美国制造业产值不断下降，其占GDP比重由第二次世界大战后的40%下降到2002年的13.9%，就业比重从最高时的35%降到目前的10%左右。

3. 服务业转移充实了国际产业转移的内容，成为经济全球化中新的亮点

目前，跨国公司开始了新一轮全球产业布局调整，服务业向新兴市场国家转移的趋势渐趋明显。跨国公司将非核心的服务环节，如后勤、财务、寻呼中心、研究开发、软件设计、经营管理、金融财务分析、办公支持、售后服务等，外化为一个投资项目或专业服务公司后再外包出去。服务业国际转移表现为三个层面：(1)项目外包，即企业把非核心的业务外包给其他公司；(2)公司业务离岸化，即跨国公司将一部分服务业务转移到低成本国家；(3)一些与跨国公司有战略合作关系的服务企业，为给跨国公司在新兴市场国家开展业务提供配套服务而将服务业进行国际转移，或者是服务企业为了开展国际服务贸易而进行服务业国际转移。

4. 高技术产业的国际转移加快

信息产业是此轮高科技产业转移的核心，信息设备制造业和信息服务业都在加快转移。20世纪末以来，跨国公司纷纷在其他国家建立研发中心，争夺当地人才，利用当地资源，直接为其全球战略服务。例如，美国升阳公司将全球研发作为重要战略，拟将50%以上的研发放在硅谷之外，在爱尔兰、印度等地建立了主要的技术中心；英特尔于2000年底设立中国实验室，开展面向全球的研发；微软在北京设立的中国研究院，是其境外最大的科研机构；等等。

5. 项目外包成为国际产业转移的新兴主流方式

跨国公司把非核心的生产、营销、物流、研发乃至非主要框架的设计活动分包给成本更低的发展中国家的企业或专业化公司去完成，以达到在全球范围内利用最优资源的目的。从产品价值链看，跨国公司所控制的价值增值环节集中于少数具有相对竞争优势的核心业务，而把其他低增值部分的生产加工外包给较不发达国家的供应商。

6. 国际产业转移出现组团式、产业链整体转移趋势

跨国公司社会化协作程度高，横向联系广。随着竞争加剧，跨国公司不再遵循传统的产业转移的阶段进行投资，而是主动地带动和引导相关投资，鼓励其海外供货商到东道国投资，加大零部件供给当地化战略的实施力度，发展配套产业并建立产业群，将整条产业链搬迁、转移到发展中国家。跨国公司除了转移传统的制造业外，对其他

生产经营环节如研究与开发、设计、中试和公司总部等，也开始向其他地区转移。这种新的产业转移趋势是伴随着企业规模的不断扩张以及区位条件的变化而出现的，它有利于提高企业的资源配置效率，提升整体企业的竞争力。

7. 跨国公司成为产业国际转移主体的趋势更加明显

跨国公司进行全球战略布局，是国际产业转移的主要推动力量。20 世纪 90 年代以前，跨国公司大多自己开展主要业务，只是转移了部分劳动密集型加工装配环节。20 世纪 90 年代后期以来，他们不但大规模转移生产制造环节，而且将转移延伸到研发、设计、采购、销售和售后服务环节，以增强核心竞争力。为此，他们不断调整战略战术，扩展战略联盟(据称，世界最大的 150 家跨国公司中已有 90%的公司参与结盟)；加快本土化战略，赢得所在国政府和公众的认可与支持；加强组织集中化程度，总部的作用进一步突出。

(三)迎接新一轮国际产业转移

在新一轮的国际产业转移浪潮中，中国是最主要的产业转移承接国。我国的一些产业通过大规模承接国际产业转移，获得了较快的发展。如电子信息产业，依托承接国际同类产业的转移，实现了跨越式的发展。在电子信息产业的增加值和出口中，外资企业分别占 2/3 和 4/5 以上，目前，我国的电子信息产业销售收入已超过日本，跃居世界第二。

我国承接国际产业转移的主要优势在于市场和成本。发达国家跨国公司看重我国的是巨大且成长性好的市场、大量熟练劳动力和科技人才以及广阔的经济增长前景。我国的劣势主要在于软环境，如知识产权保护较弱，体制效率较低，国内市场不够统一，等等。

面对国际产业转移的机遇，我们应当扬我所长，补我所短，创造综合竞争优势，吸纳更多生产要素向国内转移，加快我国产业的发展。首先，应当高度重视制度建设，大力改善知识产权、行政、法律等软环境。国家间的竞争在很大程度上是“软实力”的竞争。我们应不断完善制度建设，使之与成本、市场优势更紧密地结合，增强我国对发达国家转移产业的吸引力。其次，应当高度重视国内市场广阔的优势，提高利用国际产业转移的水平。要充分利用我国市场大的优势，增强讨价还价的能力，增强国际产业转移对国民经济的促进作用。目前我国承接转移的制造业绝大部分处于产业链的低端，技术层次不高，要加快加工贸易转型升级，搞好国内配套，延伸产业链，促进加工贸易从“候鸟经济”变成“榕树经济”，扩大我国在国际分工中的利益，并吸取拉美的教训，防止丧失经济自主性，把握国际竞争的主动权。最后，应当高度重视吸纳服务业外包，加强对高技术产业的支持。服务业和高技术产业是我国竞争力较弱的产业。我们应通过加大服务业对外开放力度、改善服务业发展环境、搞好高技术和服务业人才储备、改善创业创新环境、创新吸纳方式等多种途径，吸纳更多的服务外包和高技术产业转移。

第四节　产业结构优化

一、产业结构的合理化

产业结构的合理化是产业结构优化的一个重要内容，也是产业结构高级化的基础。各国产业结构的演进历史告诉我们，缺乏合理化的基础，是难以完成产业结构高级化演进的。那么，什么样的产业结构是合理的？判断合理化的标准又是什么？

对于产业结构合理化的特征和外在表现，李京文的观点颇具代表性。李京文认为：合理的产业结构“首先应当满足以下要求：(1)能满足有效需求(包括生活上的最终需求和生产上的中间需求)，并与需求结构相适应；(2)具有较为显著的结构效益；(3)资源配置合理并得到有效利用，出现资源供给不足或产品过量时，能通过进出口贸易进行补充调节；(4)各产业间能相互补充配套、协调发展；(5)能吸收先进技术，有利于技术进步；(6)在保证技术进步的前提下吸收较多的就业人数；(7)有利于保护自然资源和生态平衡”①。

关于判断产业结构合理化的标准，我们认为主要可从以下五个方面加以考察：一是与“标准结构”的差异，二是对市场需求的适应程度，三是产业间均衡的比例关系，四是对资源的合理使用，五是可持续地发展。

(一)与“标准结构”的差异

库兹涅茨和钱纳里等人在产业结构理论的研究中，分别根据样本国家的实证数据，统计回归出产业结构的“标准发展模式”。② 这些“标准发展模式”是大多数国家产业结构演进轨迹的综合描述，反映了产业结构演进过程的某种规律。既然“标准发展模式”是大多数国家产业结构演进轨迹的综合描述，它反映了产业结构演进过程的某种规律性，就可合乎逻辑地将其作为判断一个特定产业结构系统是否合理的参照系。如果某一产业结构系统在其发展过程中与“标准结构”产生了一定的差距，就可认为该系统偏离了大多数国家发展的共同轨迹，很自然地可以认定这一系统违背了产业结构发展的规律，其内部的结构是不合理的；反之，如果一个特定系统在发展到一定阶段时，其内部结构恰好与“标准结构”相符，也可自然地认定这一系统与产业结构发展的

---

① 李京文，郑友敬．技术进步与产业结构——模型[M]．北京：经济科学出版社，1989：221—222.

② 库兹涅茨．各国的经济增长——总产值和生产结构[M]．北京：商务印书馆，1999.
钱纳里，鲁宾逊，赛尔奎因．工业化和经济增长的比较研究[M]．上海：上海三联书店，1989.

共同规律是吻合的，因而其结构也是合理的。

虽然“标准结构”可以作为判断一个特定产业结构系统是否合理的参照系，但进一步的研究表明，各产业结构系统由于所处时空环境的差异，各自都有自身发展的独特轨迹（如大国结构与小国结构的差异、工业先行国与工业后发国的差异），因此，这一参照系的参照作用大打折扣，以致其“至多只能给我们提供一种判断产业结构是否合理的粗略线索，而不能成为其判断的根据”①。

（二）对市场的适应程度

我们已经知道，在商品经济社会，产业结构的产出是为了满足市场的需求。因此，观察和判断一个产业结构是否合理，也可从产出结构对市场需求结构的适应程度视角进行。

在以产出结构对市场需求结构的适应程度检验一个产业结构系统是否合理时，应当注意的是：第一，由于市场需求的易变性和产出结构相对的滞后性及刚性等特点，“一般地，产出结构并不能及时地和完全地适应市场的需求结构，两者之间会存在一定的偏差”②。第二，产出结构和市场需求结构间的偏差通常表现为两种形式，即总量偏差和结构偏差。当存在总量偏差时，也一定存在结构偏差。而当存在结构偏差时，则未必一定存在总量偏差。因此，结构偏差是总量偏差的必要但并非充分条件。第三，产出结构对市场需求的适应一般可通过产品储备、生产能力储备和生产能力调整的方式给予调整和解决，但这三种调整方式在适应程度和适应时间上是不同的。

（三）产业间的均衡比例关系

上已所述，所谓的产业结构，是由各产业在其经济活动过程中形成的投入产出关系。在特定的技术水平下，各产业间的投入产出关系是一定的，也即由此表现出来的产业间的比例关系是一定的。因此，也可用产业间的比例关系来考察产业结构系统的合理性。合理的产业结构应当反映出产业间的均衡比例关系，即在一段时期内既不存在长线产业，也不存在短线产业。

对于一个产业结构系统而言，存在着众多的产业间比例关系，如三次产业间的比例关系、传统产业与新兴产业间的比例关系、中间产品与最终产品产业之间的比例关系等。

在以产业间的均衡比例关系考察一个产业结构系统是否合理时，我们特别应当注意：第一，各产业间的比例关系并非始终不变的。随着产业结构的演进，必定有些产业发展得快些，有些产业发展得较慢，从而产业间的比例关系也就常常处于均衡→不均

---

① 周振华. 产业结构优化论[M]. 上海：上海人民出版社，1992：103.

② 龚仰军. 产业结构研究[M]. 上海：上海财经大学出版社，2002：182.

衡→均衡的运动之中。第二，当一个产业结构反映出存在较大“瓶颈”时，可以断定该产业结构系统欠合理的。因为根据“水桶原理”，该产业结构系统的最终产出取决于“瓶颈”产业的产出能力。而由于“瓶颈”的存在，制约了其他产业生产能力的充分发挥，使得该产业结构系统的资源没有得到最佳配置。第三，产业间的均衡比例关系一般是通过对存量的调整和增量的投入来完成的。

(四)对资源的合理使用

产业结构系统作为资源转换器，其功能就是将所输入的各种生产要素转化成适合市场需求的各种产出。由于资源的稀缺性，作为资源转换器的转换效率就显得相当重要。因此，可以合乎逻辑地将对资源的合理、高效使用作为判断一个产业结构是否合理的标志。对资源的合理使用，一般包括两个方面的含义：一是提高资源的使用效率，二是充分利用各种资源。

对于一个系统而言，要素、结构和功能是其三个基本因素。一个特定的产业结构系统，其要素就是各个不同的产业。这些产业之间的技术经济联系便构成了系统的结构。特定的结构决定了系统特定的功能。由此可知，对于特定的产业结构系统，产业间的技术经济联系是影响系统功能和转换效率的重要因素。而技术经济联系在很大程度上取决于产业技术水平和技术进步。因此，产业技术水平和技术进步是决定产业结构系统资源使用效率的重要因素。

在产业结构的演进过程中，可获得资源的数量和质量是结构变动的基础。因此，合理的产业结构应当尽可能地通过多种渠道来获取各种资源。对于一个特定的产业结构系统而言，可利用的资源一般有两类获取渠道，即系统内部的资源和系统外部的资源。系统内部资源具有较大的可控性。而系统外部的资源则具有外在的不可控性，需经过与系统的交换而获得。鉴于这两类资源的特点，一个合理的产业结构系统应主要立足于系统内部的资源，同时不失时机地充分利用外部的资源。

(五)可持续发展

自从人类进入工业经济社会以来，经济总量飞速增加，社会财富也得到迅速积累。然而，这样的经济总量和社会财富增长是以自然资源的大量消耗和生态环境的严重破坏为代价的。随着社会的进步，人们已充分认识到，人类赖以生存的地球，资源正在日益枯竭，环境正在逐步恶化。因此，一个合理的产业结构，还应满足可持续发展的要求。

所谓“可持续发展”，是指“既满足当代人的需求，又不对后代人满足自身需求的能力构成危害的发展”[①]。根据可持续发展的要求，合理的产业结构应当首先强调发展，

① 世界环境与发展委员会．我们共同的未来[M]．长春：吉林人民出版社，1997：52.

将满足当代人的基本需求放在第一位，这与主张实现经济零增长的罗马俱乐部的悲观论调有着根本的区别。当前的发展必须考虑到后代人将来的发展需要，不能为了目前的过度需求而进行杀鸡取卵、竭泽而渔式的生产。

二、产业结构的高级化

自配第定律面世以来，人们逐渐开始意识和了解到产业结构演变是有规律的，认识到产业结构的演变是一个不断地从低级向高级转变的过程，是经济发展的历史和逻辑序列顺向演进的过程。对于产业结构这样的一个转变和演进过程，我们就称之为产业结构的高级化过程。对于产业结构的高级化过程，除了主导产业的有序选择以外①，衡量一个产业结构系统在此过程中的转变和演进程度，即对产业结构高级化的判别，也是一个极为重要的内容。

（一）“标准结构”与产业结构的高级化判断

既然产业结构的演进是有规律的，在对一个特定产业结构系统高级化进行判别时，一种合乎逻辑的做法就是将其与所谓的“标准结构”进行比较。在利用“标准结构”对产业结构高度化进行的实证研究中，库兹涅茨、钱纳里、赛尔奎因（Syrquin）等人作出了巨大贡献，他们在一些著作中所统计归纳的一些“标准”，经常被他人作为“尺子”来“丈量”一些特定的产业结构系统，所归纳总结的“标准结构”被称为是产业结构的“发展型式”。

产业结构的高级化有诸多方面的表征，如按郭克莎的理解，产业结构高级化可表现为四个方面的内容：一是产值结构的高级化，二是资产结构的高级化，三是技术结构的高级化，四是劳动力结构的高级化。② 尽管产业结构高级化有诸多方面的内容，但似乎在国内外对产业结构高度化研究的文献中，绝大多数是选用产值比例和劳动力比例来分析产业结构高级化，并将其作为衡量高级化的指标。

1. 以产值结构为指标的“标准结构”

我们已经知道，可以通过产值结构来观察相应的产业结构。因此，通过产值结构来分析特定产业结构的高级化程度就是十分自然的了。自库兹涅茨起，从事产业经济学研究的经济学家就开始重视产值结构与产业结构高级化关系的研究。表3—3就是赛尔奎因和钱纳里在分析产业结构高级化时所使用的以产值结构为指标的“标准结构”，被称为赛尔奎因—钱纳里模式。

---

① 关于主导产业的选择，我们将在第五章叙述。

② 郭克莎．中国：改革中的经济增长与结构变动[M]．上海：上海三联书店，上海人民出版社，1993.

表 3—3　**以产值结构为指标的赛尔奎因—钱纳里模式**　单位：%

	人均国内生产总值的基准水平（1980 年）					
	300 美元以下	300 美元	500 美元	1 000 美元	2 000 美元	4 000 美元
第一次产业	46.3	36.0	30.4	26.7	21.8	18.6
第二次产业	13.5	19.6	23.1	25.5	29.0	31.4
第三次产业	40.1	44.4	46.5	47.8	49.2	50.0

资料来源：SYRQUIN，CHENERY. Three decades of industrialization[J]. *The World Bank economic reviews*，1989(3)：152—153.

在利用产值结构对产业结构高级化程度进行分析时，必须注意所采用的价格体系。若价格体系中各产业产出的比价是合理的，则产值结构能准确地反映产出结构；而当比价不合理时，其所反映的产出结构是扭曲的，此时的产值结构不能准确地反映产出结构，从而在衡量产业结构高级化程度时也会导致误差。如在我国计划经济体制时期，实行的是工农业产品"剪刀差"的价格体系，在这样的背景下，产值结构不能反映真正的产出结构，导致当时的产值结构中工业产值比重较大的假象。

2. *以劳动力结构为指标的"标准结构"*

在劳动力能够自由流动的商品社会，人们为了获得更多的收入，一般会趋向于收入较高的产业。劳动力在不同产业间的分布，就形成了劳动力结构。劳动力结构较之产值结构对人们而言更为直观和更易于观察，因而最早考察产业结构演变规律的不是产值结构而是劳动力结构。表 3—4 是以劳动力结构为指标的赛尔奎因—钱纳里模式。

表 3—4　**以劳动力结构为指标的赛尔奎因—钱纳里模式**　单位：%

	人均国内生产总值的基准水平（1980 年）					
	300 美元以下	300 美元	500 美元	1 000 美元	2 000 美元	4 000 美元
第一次产业	81.0	74.9	65.1	51.7	38.1	24.2
第二次产业	7.0	9.0	13.2	19.2	25.6	32.6
第三次产业	12.0	15.9	21.7	29.1	36.3	43.2

资料来源：SYRQUIN，CHENERY. Three decades of industrialization[J]. *The World Bank economic reviews*，1989(3)：152—153.

通过劳动力结构来观察产业结构，也有一些理论方面的问题值得注意：第一，劳动力作为产业结构系统的投入，只是诸多投入要素之一。在社会生产中，劳动力要素必须和其他投入相结合才能发挥作用。因此，从理论上讲，仅从劳动力要素一个方面来观察产业结构继而衡量其高级化，有失全面性。第二，不同的劳动力具有相当的异质性。马克思曾指出，人类的劳动存在简单劳动和复杂劳动之别，而不同质的劳动力在生产活动中所发挥的作用是不同的。[①] 但简单劳动和复杂劳动之间的换算问题在实践中一直没有很好地得以解决，因而仅用劳动力人数结构(目前的“标准结构”都是采用“劳动力人数”基本指标)来反映劳动力结构也就存在着一定的缺陷。第三，劳动力要素的市场流动问题也是在选用劳动力结构指标时应当考虑的一个问题。如果劳动力要素不能自由流动，则一个产业对劳动力的雇用不能真实反映该产业对劳动力要素的需求，从而所观察的产业结构在劳动力结构上所表现出的也就是一种被扭曲的假象。

（二）相似比较与产业结构的高级化判断

如果将利用“标准结构”对一国产业结构高级化进行判别比喻为用一把尺子来丈量一个人的身长，那么所谓的相对比较判别就是两个人站在一起，以其中的一个为参照系，对另一个人的身长作出判断。这样的判断，有时比用尺子丈量身长更形象和生动。在对一个产业结构系统的高级化进行衡量时也同样如此，以另一个产业结构系统为参照系来评价和判别，有时更为直观和更能说明问题。

相似比较的关键是构造一个关系式，将被判别产业结构系统与作为参照系的产业结构系统联系起来，并且这个关系式能反映出两者之间的相似程度。为讨论问题的方便起见，我们先规定一些记号。记被判别的产业结构系统为 A，作为参照系的产业结构系统为 B，u_{Ai} 和 u_{Bi} 为产业 $i(i=1,2,\cdots,n)$ 在产业结构系统 A 和 B 中的比例，并且有 $\sum_{i=1}^{n}u_{Ai}=\sum_{i=1}^{n}u_{Bi}=1$。此外，我们记 $\bar{u}_A=\sum_{i=1}^{n}u_{Ai}/n$，$\bar{u}_B=\sum_{i=1}^{n}u_{Bi}/n$，则相似系数 R_{AB} 就可以用来对两个产业结构系统进行高级化程度的形式比较了。其中：

$$R_{AB}=\frac{\sum_{i=1}^{n}|u_{Ai}-\bar{u}_A||u_{Bi}-\bar{u}_B|}{\left[\sum_{i=1}^{n}(u_{Ai}-\bar{u}_A)^2\times\sum_{i=1}^{n}(u_{Bi}-\bar{u}_B)^2\right]^{\frac{1}{2}}}$$

参考文献

[1] 上海市经济和信息化委员会，上海科学技术情报研究所．2011—2012 世界服务业重点行业发展动态[M]．上海：上海科学技术出版社，2012.

[2] 马克思．资本论：第 1 卷[C]//中共中央马恩列斯著作编译局．马克思恩格斯全集：第 23 卷，第 24 卷．北京：人民出版社，1972.

① 马克思．资本论：第 1 卷[C]//中共中央马恩列斯著作编译局．马克思恩格斯全集：第 23 卷，第 24 卷．北京：人民出版社，1972.

[3] 世界环境与发展委员会．我们共同的未来[M]．长春：吉林人民出版社，1997.

[4] 卢根鑫．国际产业转移论[M]．上海：上海人民出版社，1997.

[5] 司马迁．史记[M]．评注本．长沙：岳麓书院，2004.

[6] 亚当·斯密．国民财富的性质和原因的研究[M]．北京：商务印书馆，1979.

[7] 李京文，郑友敬．技术进步与产业结构 —— 模型[M]．北京：经济科学出版社，1989.

[8] 杨公朴，夏大慰，陈任，孙海鸣．外向型经济概论[M]．上海：上海社会科学院出版社，1988.

[9] 库兹涅茨．各国的经济增长 —— 总产值和生产结构[M]．北京：商务印书馆，1999.

[10] 库兹涅茨．国民收入及其构成[M]．北京：经济科学出版社，1992.

[11] 陈宝森．世界经济全球化、集团化与南北关系[M]//国务院发展研究中心世界发展研究所．世界发展状况 1996．北京：国际文化出版公司，1996.

[12] 罗斯托．从起飞进入持续增长的经济学[M]．成都：四川人民出版社，1988.

[13] 罗肇鸿．世界经济全球化一体化与制度创新[J]．世界经济，1995(10).

[14] 周振华．产业结构优化论[M]．上海：上海人民出版社，1992.

[15] 威廉·配第．政治算术[M]．北京：中国社会科学出版社，2010.

[16] 美国驻华大使馆和领事馆．特朗普在第 73 届联合国大会发表讲话[EB/OL]．[2019-09-01]．http://m.dunjiaodu.com/daguo/2018-09-26/3491.html.

[17] 钱纳里，鲁宾逊，赛尔奎因．工业化和经济增长的比较研究[M]．上海：三联书店上海分店，1989.

[18] 郭克莎．中国：改革中的经济增长与结构变动[M]．上海：三联书店上海分店，上海人民出版社，1993.

[19] 龚仰军．产业结构研究[M]．上海：上海财经大学出版社，2002.

[20] 赫希曼．经济发展战略[M]．北京：经济科学出版社，1991.

[21] 霍夫曼．工业化阶段和类型[M]．北京：中国社会科学出版社，1991.

[22] CHENERY，BRUNO. Development alternatives in an open economy：the case of Israel[J]. *Economic journal*，1962(3).

[23] NURKSE. *Problems of capital formation in underdeveloped countries*[M]. Oxford：Basil Blackwell，1953.

[24] ROSENSTEIN-RODAN. Notes on the Theory of the Big Push[R]. Economic Development for Latin America，1961.

[25] ROSENSTEIN-RODAN. Problems of industrialization in eastern and south-eastern Europe [J]. *Economic journal*，1943(53).

[26] SYRQUIN，CHENERY. Three decades of industrialization[J]. *The World Bank economic reviews*，1989(3).

[27] VERNON. International investment and international trade in the product cycle[J]. *Quarterly journal of economics*，1966(5).

[28] 赤松要．わが我国羊毛工業品の貿易趨勢[J]．商業經濟論叢，1935(13).

[29] 赤松要．わが国産業発展の雁行形态[J]．一橋論叢，1956(5).

[30] 鈴木多加史．日本の産業構造[M]．東京：中央経済社，1995.

推荐阅读书目

[1] 毛林根. 产业经济学[M]. 上海:上海人民出版社,1996.

[2] 邓伟根. 产业经济:结构与组织[M]. 广州:暨南大学出版社,1990.

[3] 卢根鑫. 国际产业转移论[M]. 上海:上海人民出版社,1997.

[4] 杨治. 产业经济学导论[M]. 北京:中国人民大学出版社,1985.

[5] 周振华. 产业结构优化论[M]. 上海:上海人民出版社,1992.

[6] 郭克莎. 中国:改革中的经济增长与结构变动[M]. 上海:上海三联书店,上海人民出版社,1993.

[7] 龚仰军. 产业结构研究[M]. 上海:上海财经大学出版社,2002.

[8] 霍夫曼. 工业化阶段和类型[M]. 北京:中国社会科学出版社,1991.

第四章　产业关联

第一节　产业间的关联关系

一、产业关联的实质与方式

（一）产业关联的实质

在经济活动的过程中，各产业之间存在着广泛的、复杂的和密切的技术经济联系。这种技术经济联系在产业经济学中也被称为产业关联。一般而言，在经济活动过程中，各产业都需要其他产业为其提供各种产出，以作为其要素供给。同时，又把自身的产出作为一种市场需求提供给其他产业进行消费。正是由于这种错综复杂的供给与需求的关系，各产业才得以在经济活动的过程中生存和发展。反之，若某一产业没有其他产业为之提供各种要素的供给，或其产出不能满足其他产业的消费需求，则该产业是不能长期生存下去的，是没有生命力的。因此，可以认为，产业关联的实质就是各产业相互之间的供给与需求的关系。

（二）产业关联的方式

产业间的关联虽然都是由供给和需求所维系的，但这种维系的方式却因各产业在产业链中的位置不同而有所差异。如在长流程的炼钢工艺中，炼钢业向炼铁业提出了生产消费的需求，而同时又向轧钢业提供了其所需生产要素的供给。依据这种不同的维系关系，可将产业间的关联方式进行以下分类：

1. 前向关联关系

按赫希曼在《经济发展战略》①一书中的解释，所谓的前向关联关系，就是一个产业通过提供供给与其他产业部门发生的关联。也就是说，当甲产业在经济活动过程中需吸收乙产业的产出时，对于乙产业来说，甲产业便是前向关联的产业。如在钢铁产

---

① 赫希曼．经济发展战略[M]．北京：经济科学出版社，1991.

业链中，轧钢业是炼钢业的前向关联产业。

2. 后向关联关系

在赫希曼的同一本书中，还定义所谓的后向关联关系。所谓的后向关联就是一个产业通过需求吸收与其他产业部门发生的关联。按此定义，当丙产业在经济活动过程中向乙产业提供了产出，则对于乙产业来说，丙产业便是其后向关联的产业。在同样的钢铁产业链中，炼铁业就是炼钢业的后向关联产业。

3. 环向关联关系

经济活动中的各产业依据前、后向的关联关系组成了产业链。而此产业链通过复杂的技术经济联系往往又会形成一个“环”，如煤炭采掘业→钢铁冶炼业→采矿设备制造业→煤炭采掘业。对于这种环状的产业关联，一般称之为产业的环向关联关系。

二、产业关联效应

在产业链中的各产业，大部分既是要素的供给者，又是市场的需求方。作为供给者，它通过向其他产业提供要素的投入来确立自己在产业链中的地位；而作为需求方，它则通过对其他产业产出的消费来显示其在产业链中的作用。在产业经济学中，可以利用直接关联系数来对一个产业的关联效应进行分析。

（一）直接关联系数

我们定义 $D_{n\times n}=(x_{ij})_{n\times n}$ 为中间投入矩阵。其中，$D_{n\times n}$ 的第 i 个行向量即为 i 产业作为供给者对其他产业的投入；而 $D_{n\times n}$ 的第 j 个列向量就是 j 产业作为需求方从其他产业所获得的各种投入。

前向关联系数的计算公式是：

$$L_{F(i)}=\sum_j \frac{x_{ij}}{x_i} \quad (i=1,2,\cdots,n) \qquad \text{（公式 4－1）}$$

其中，$L_{F(i)}$ 为 i 产业的前向关联指数，x_i 为 i 产业的全部产出，x_{ij} 为 i 产业对 j 产业提供的中间投入。

而后向关联系数的计算公式是：

$$L_{B(j)}=\sum_i \frac{x_{ij}}{x_j} \quad (j=1,2,\cdots,n) \qquad \text{（公式 4－2）}$$

其中，$L_{B(j)}$ 为 j 产业的后向关联指数，x_j 为其他产业对 j 产业的全部投入，x_{ij} 为 j 产业从 i 产业获得的中间投入。

（二）钱纳里和渡边利用关联系数对产业的分类

运用上述关联系数的计算公式，钱纳里和渡边经彦曾对美国、日本、挪威和意大利四国的 29 个产业部门的数据进行了分析，得到了如表 4－1 所示的数据和结果。

表 4—1　　29 个产业部门的直接关联系数

产业部门	$L_{F(i)}$	$L_{B(j)}$	产业部门	$L_{F(i)}$	$L_{B(j)}$
(1)食品加工	0.15	0.61	(16)化学工业	0.69	0.60
(2)粮食加工	0.42	0.89	(17)农业、林业	0.72	0.31
(3)服装和日用品	0.12	0.69	(18)非金属采矿	0.52	0.17
(4)造船	0.14	0.58	(19)有色金属冶炼	0.81	0.61
(5)运输设备	0.20	0.60	(20)金属采矿	0.93	0.21
(6)渔业	0.36	0.24	(21)商业	0.17	0.16
(7)机械工业	0.28	0.51	(22)纸及纸制品	0.78	0.57
(8)皮革及皮革制品	0.37	0.66	(23)煤炭加工	0.67	0.63
(9)印刷及出版	0.46	0.49	(24)电力	0.59	0.27
(10)其他制造业	0.20	0.43	(25)运输	0.26	0.31
(11)橡胶制品	0.48	0.51	(26)服务业	0.34	0.19
(12)纺织	0.57	0.69	(27)煤炭	0.82	0.23
(13)钢铁	0.78	0.66	(28)石油产品	0.68	0.65
(14)非金属矿物制品	0.30	0.47	(29)石油及天然气	0.97	0.15
(15)木材及木材制品	0.38	0.61			

资料来源:周振华.产业结构优化论[M].上海:上海人民出版社,1992:94.

钱纳里和渡边依据以上数据将全部的产业分为四类:第Ⅰ类的中间投入型基础产业,第Ⅱ类的中间投入型制造业,第Ⅲ类的最终需求型制造业和第Ⅳ类的最终需求型基础产业。

第Ⅰ类中间投入型基础产业的特点是前向关联效应大而后向关联效应小。在上述表中的 29 个产业中,属于该类产业的有农林业(17)、煤炭业(27)、金属采矿业(20)、石油及天然气业(29)、非金属采矿业(18)以及电力业(24)。

第Ⅱ类中间投入型制造业的特点是前、后向关联效应都比较大。在以上的 29 个产业中,属于该类的有钢铁业(13)、纸及纸制品业(22)、石油产品业(28)、有色金属冶炼业(19)、化学工业(16)、煤炭加工业(23)、橡胶制品业(11)、纺织业(12)与印刷及出版业(9)。

第Ⅲ类最终需求型制造业的特点是前向关联效应小而后向关联效应大。在这 29 个产业中,像服装和日用品业(3)、造船业(4)、皮革及皮革制品业(8)、食品加工业(1)、粮食加工业(2)、运输设备制造业(5)、机械工业(7)、木材及木材制品业(15)、非金属矿物制品业(14)以及其他制造业(10)等均属于此类。

第Ⅳ类最终需求型基础产业的特点是其前、后向关联效应都比较小。在上述 29 个产业中，如渔业(6)、运输业(25)、商业(21)和服务业(26)就是此类型的典型代表。

(三)直接关联系数的实证例子

根据 2007 年我国 17 个部门投入产出表，可以计算出当时我国各产业的直接关联系数(参见表 4—2)。

表 4—2　　我国 17 个部门的直接关联系数

序号	行业名称	$L_{F(i)}$	$L_{B(j)}$
1	农、林、牧、渔业	0.702 431	0.413 839
2	采矿业	1.328 718	0.527 095
3	食品、饮料制造及烟草制品业	0.527 950	0.756 440
4	纺织、服装及皮革产品制造业	0.566 092	0.793 246
5	其他制造业	0.787 162	0.691 753
6	电力、热力及水的生产和供应业	0.955 274	0.713 517
7	炼焦、燃气及石油加工业	1.017 341	0.820 845
8	化学工业	0.993 046	0.796 884
9	非金属矿物制品业	0.961 671	0.725 293
10	金属产品制造业	0.957 233	0.801 835
11	机械设备制造业	0.648 723	0.807 753
12	建筑业	0.031 886	0.768 607
13	运输仓储邮政、信息传输、计算机服务和软件业	0.721 536	0.505 344
14	批发零售贸易、住宿和餐饮业	0.531 958	0.475 367
15	房地产业、租赁和商务服务业	0.484 013	0.392 801
16	金融业	0.747 201	0.310 545
17	其他服务业	0.231 546	0.511 444

资料来源：国家统计局. 中国统计年鉴 2012[M]. 北京：中国统计出版社，2012.

按钱纳里和渡边经彦的方法，以直接关联效应的平均值(前向关联系数为 0.717 281，后向关联系数为 0.636 036)为中点，我国 17 个产业部门中，属于第Ⅰ类中间投入型基础产业的有采矿业(2)，运输仓储邮政、信息传输、计算机服务和软件业(13)和金融业(16)；属于第Ⅱ类中间投入型制造业的有其他制造业(5)，电力、热力及水的生产和供应业(6)，炼焦、燃气及石油加工业(7)，化学工业(8)，非金属矿物制品业(9)和金属产品制造业(10)；属于第Ⅲ类最终需求型制造业的有食品、饮料制造及烟草制品业(3)，纺织、服装及皮革产品制造业(4)，机械设备制造业(11)和建筑业(12)；属于第Ⅳ类最终需求型基础产业的有农、林、牧、渔业(1),批发零售贸易、住宿和餐饮业(14),房地产业、租赁和商务服务业(15)和其他服务业(17)(可参见图4—1)。

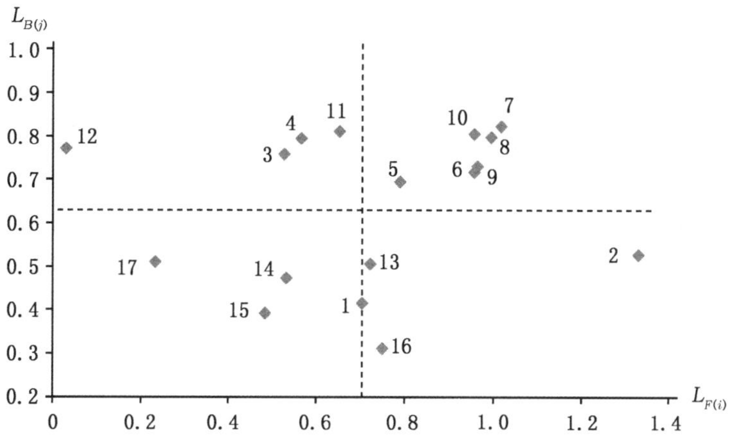

资料来源:根据表4—2绘制。

图4—1　我国17个部门的直接关联系数散点分布图

三、产业关联强度

(一)产业间的间接关联关系

产业间的直接关联关系仅仅是产业结构系统中各产业之间复杂关系的表象。在现实的经济活动中,透过这一表象我们会发现,各产业通过产业间的供给与需求,维系着更为复杂的间接关联关系。

我们可以通过一个简单的例子,观察到这样的间接关联关系。在飞机的生产制造过程中,需要铝作为其原材料(可以认为飞机与铝有直接关联的关系)。然而,在铝的冶炼过程中,需要铜作为其工艺的消耗。显然,铜与飞机之间也就有了间接的关联关系。

由此,我们在研究一个产业结构系统以及系统内产业与产业之间关系时,仅仅关注产业间的直接关联是远远不够的,必须将研究的视角扩展到产业结构系统的整体,将研究的触角深入到产业与产业之间的间接关联关系上。

一般而言,在产业结构系统中,某产业在生产过程中的任一变化,都将通过向其他产业提供供给的改变而对其他产业发生直接和间接的波及作用。通常,我们把一个产业受其他产业的波及作用称作感应度。同理,某产业在生产过程中发生的变动,也将影响到该产业对其他产业供给的吸收,从而直接和间接地影响波及其他产业。类似地,我们把这样一种使其他产业受到影响的波及作用称为影响力。

(二)感应度系数与影响力系数

不同的产业,其感应度和影响力一般也是不同的。在对产业结构系统的研究中,感应度和影响力的强度是可以度量的。

$$某产业的感应度系数=n\frac{\sum_j q_{ij}}{\sum_i \sum_j q_{ij}} \quad (i=1,2,\cdots,n) \qquad (公式 4-3)$$

$$某产业的影响力系数=n\frac{\sum_i q_{ij}}{\sum_j \sum_i q_{ij}} \quad (j=1,2,\cdots,n) \qquad (公式 4-4)$$

上述公式中的 q_{ij} 是里昂惕夫逆矩阵 $(E-A)^{-1}$ 的元素。① 在逆矩阵系数表上,行向量的值即反映了该行所对应的产业在经济活动中受其他产业影响的波及程度,也就是感应度的大小;而纵向量值则是反映了该列所对应的产业在经济活动过程中对其他产业影响的程度,即影响力的程度。

感应度系数和影响力系数反映了一个产业在产业结构系统中的产业关联强度。一般地讲,产业关联强度较大的产业,其在产业结构系统中的波及作用和影响作用较大,该产业的变化将较大地影响到整个产业结构系统。因此,一国(或地区)政府在制定产业结构政策时,通常会将关联强度较大的产业作为选择主导产业的一个主要基准。

(三)产业关联强度的实证例子

根据 2007 年我国 17 个部门投入产出表,可以计算出各产业的影响力系数和感应度系数(参见表 4—3)。

表 4—3　　我国 17 个部门的感应度系数和影响力系数

序号	行业名称	感应度系数	影响力系数
1	农、林、牧、渔业	1.016 017	0.724 007
2	采矿业	1.566 758	0.904 423
3	食品、饮料制造及烟草制品业	0.760 057	0.982 356
4	纺织、服装及皮革产品制造业	0.806 985	1.208 805
5	其他制造业	0.939 858	1.070 432
6	电力、热力及水的生产和供应业	1.276 559	1.087 832
7	炼焦、燃气及石油加工业	0.895 944	1.111 026
8	化学工业	1.688 530	1.227 757
9	非金属矿物制品业	0.621 787	1.101 550
10	金属产品制造业	1.580 756	1.236 208

① 关于里昂惕夫逆矩阵,我们将在本章的第二节中加以说明。

续表

序号	行业名称	感应度系数	影响力系数
11	机械设备制造业	1.887 778	1.323 595
12	建筑业	0.365 999	1.189 161
13	运输仓储邮政、信息传输、计算机服务和软件业	0.929 025	0.859 397
14	批发零售贸易、住宿和餐饮业	0.777 461	0.859 397
15	房地产业、租赁和商务服务业	0.600 100	0.741 426
16	金融业	0.670 388	0.595 562
17	其他服务业	0.615 996	0.867 226

资料来源：国家统计局. 中国统计年鉴 2012[M]. 北京：中国统计出版社，2012.

我们同样以散点图的形式将其展现为图 4—2。

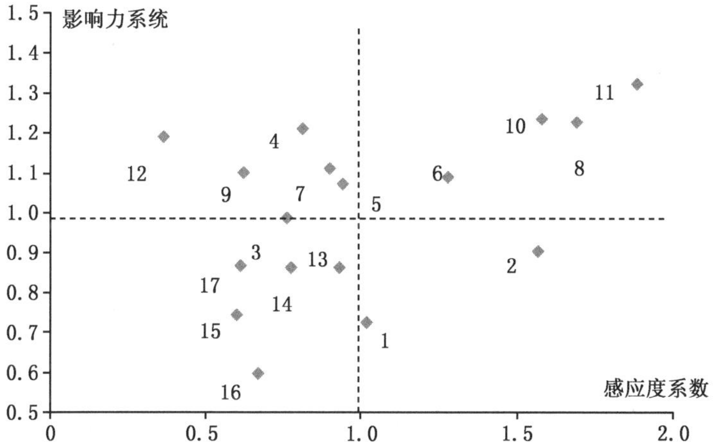

资料来源：根据表 4—3 绘制。

图 4—2　我国 17 个部门的感应度系数和影响力系数散点分布图

从图 4—2 中可以看到，制造业的影响力系数要明显高于服务业和农业；以生产资料为对象的制造业不仅影响力系数较大，而且通常感应度系数也较高；服务业的感应度系数和影响力系数普遍都较低。这一数据的分析一方面说明了我国目前还处于工业化的时期，另一方面对一些地区盲目发展服务业、过早地将服务业定为地区主导产业的做法也提出了值得再思索的依据。

第二节 投入产出方法

一、投入产出表

(一)投入产出表的一般形式

投入产出表也称为里昂惕夫表或产业联系表。投入产出表是以矩阵的形式,记录和反映一个经济系统在一定时期内各部门之间发生的产品及服务流量和交换关系的工具。一般的投入产出表的形式如表 4—4 所示。

表 4—4　　投入产出表的一般形式

		各产业的中间需求	最终需求	总产出
		产业 1,产业 2,……,产业 n	消费……出口	
各产业的中间投入	产业 1 产业 2 …… 产业 n	Ⅰ	Ⅱ	
附加价值		Ⅲ		
总投入				

投入产出表有三个基本部分,即内生部分、最终需求部分和附加价值部分。

内生部分即表 4—4 中第Ⅰ部分,这也是投入产出表的最主要部分。这一部分反映了该经济系统在一定时期内各产业之间的供给与需求关系,是各产业之间经济技术联系的表象。在内生部分的横轴和竖轴上,分别排列着互相对应的各个产业。横向行的数字反映了该时期某一产业向其他各产业(包括本产业)提供中间产品的状况,也就是反映了该产业的中间需求状况。竖向列的数字反映了该时期某产业从各个产业中(包括本产业)购进中间产品的状况,也就是反映了该产业的中间投入状况。

最终需求部分即表 4—4 中第Ⅱ部分。这是反映该经济系统在这一时期内向社会提供的最终需求部分。最终需求部分一般包括消费(含私人消费、企业消费和政府消费等)、投资(包含了固定资产形成部分和库存增加部分)和出口等。

附加价值部分即表 4—4 中第Ⅲ部分。这一部分反映了该经济系统在这一时期内实现的附加价值。该部分主要包括劳动者的收入、企业的盈利、固定资产的折旧等。

投入产出表构成的一个重要特点,就是具有完整而严密的均衡关系。投入产出分析方法正是依据投入产出表的这些基本均衡关系式对产业间的关系进行分析的。投入产出表的主要均衡关系包括：

某产业的总产出＝该产业的中间需求＋该产业的最终需求（公式 4－5）

某产业的总投入＝该产业的中间投入＋该产业的附加价值[①]（公式 4－6）

某产业的总产出＝某产业的总投入（公式 4－7）

各产业的中间需求合计＝各产业的中间投入合计（公式 4－8）

尽管各个产业的中间需求未必等于其中间投入，但全部产业的中间需求之和与全部产业的中间投入之和则是相等的。

各产业的最终需求合计＝各产业的附加价值合计（公式 4－9）

（二）投入产出方法的理论渊源

投入产出表作为投入产出方法的主要工具，其首创者是美籍苏联人里昂惕夫。从里昂惕夫的求学和工作经历以及投入产出方法的主要思想来看，投入产出方法的理论渊源大致包括：

1. 魁奈的经济表

法国重农学派的代表人物魁奈（Quesnay）在其代表作《经济表》[②]中，最早用图式的方法简明地描述了社会总资本的再生产过程。魁奈把社会成员划分为三个不同的阶级，即生产阶级、土地所有者阶级以及不生产阶级，然后采用固定价格的形式，考察了“年预付”（流动资本）、“原预付”（固定资本）和“纯产品”（剩余价值）三者之间的关系。魁奈对社会经济总量的考察，实际上是利用图式对当时社会生产的两大产业——工业和农业之间的投入产出关系进行了分析。这种考察方法对以后投入产出理论的发展具有重要的意义，以致里昂惕夫的投入产出表也被认为在表达手法上对魁奈图式是具有一定意义的继承性的。

2. 马克思的再生产图式

马克思在《资本论》第 2 卷[③]中用图式再次阐述了其著名的社会总产品价值形式的等式 $W(i)=c(i)+v(i)+m(i)$。马克思通过这一等式展开的对社会再生产过程中有关比例关系的论述，被一些学者认为是里昂惕夫投入产出理论的渊源之一。如兰格（Lange）将马克思的再生产图式改写为表 4－5 的形式，然后从再生产图式与里昂惕夫投入产出表在形式上的相似性以及里昂惕夫在列宁格勒大学学习和在苏联国家计委的工作经历出发，认为“里昂惕夫的分析，从历史角度去考察，也许是在马克思的再生产理论和苏联的物资平衡的实践的影响下产生的”[④]，“里昂惕夫的产业间联系的

---

① 该平衡式只有在价值型的投入产出表中才成立。

② 魁奈．魁奈经济著作选集[M]．北京：商务印书馆，1979.

③ 马克思．资本论：第 2 卷[M]．北京：人民出版社，1975.

④ 兰格．经济计量学导论[M]．北京：中国社会科学出版社，1980：139.

理论是马克思再生产理论的发展”[①]。

表 4—5　　　　　　　　　　改写后的马克思的再生产图式

		第Ⅰ部类	第Ⅱ部类	最终产品	总产出
第Ⅰ部类		c(Ⅰ)	c(Ⅱ)		w(Ⅰ)
第Ⅱ部类				v(Ⅰ+Ⅱ)+m(Ⅰ+Ⅱ)	w(Ⅱ)
国民收入	v	v(Ⅰ)	v(Ⅱ)		
	m	m(Ⅰ)	m(Ⅱ)		
总产出		w(Ⅰ)	w(Ⅱ)		

资料来源：杨治．产业经济学导论[M]．北京：中国人民大学出版社，1985：135.

3．瓦尔拉斯的一般均衡理论

瓦尔拉斯(Walras)是一般均衡理论的代表人物。他在 1874 年出版的《纯粹经济学要义或社会财富理论》一书[②]中，以边际效用价值论为基础，运用数学的方法，考察了商品的供给和需求达到均衡状态时的价格决定问题，成为“一般均衡理论”的创建者。

一般均衡理论认为，任何一种商品的需求和供给不仅是这一商品价格本身，而且也是其他所有商品价格的函数。因此，任何一种商品价格的确定，必须联系到其他商品的价格。当市场上所有商品的价格恰好使得它同这些商品的需求量与供给量相等时，就达到了市场的均衡。为此，瓦尔拉斯提出用一个方程代表一个企业(私人)所生产的商品的均衡价格和均衡数量，再用大型联立方程组来解决这一问题。然而，瓦尔拉斯的设想在他的时代却遇到了实践上不可逾越的困难。

但瓦尔拉斯的这种设想为以后投入产出理论的发展却打下了理论基础。现代投入产出理论的代表人物里昂惕夫就一再强调，他的“投入产出分析”的理论基础就是一般均衡理论。里昂惕夫用产业部门替代了瓦尔拉斯设想中的企业(私人)，从而大大地减少了方程的数目，使得对瓦尔拉斯设想的模型进行实际操作成为可能。由此，里昂惕夫将自己的“投入产出分析”看作是瓦尔拉斯“一般均衡理论”在现实经济问题中的具体应用，其第一本成名作《1919—1939 年美国经济结构》一书的副标题就是“均衡分析的经验应用”。

4．里昂惕夫的投入产出理论

里昂惕夫是现代投入产出理论和方法的创始人，因在该领域的杰出贡献而荣获 1973 年度诺贝尔经济学奖。按照里昂惕夫自己的观点，其投入产出理论是瓦尔拉斯

---

① 兰格．经济计量学导论[M]．北京：中国社会科学出版社，1980：143.

② 瓦尔拉斯．纯粹经济学要义或社会财富理论[M]．北京：商务印书馆，1989.

一般均衡理论的应用，是在瓦尔拉斯一般均衡理论的基础上把社会经济体系划分成不同的“中间生产部门”和“最终需求部门”，然后利用“经济各部门之间商品和服务流量的相对稳定形态，把整个体系非常详尽的统计事实置于经济理论控制的范围之内”。[①]

二、投入系数矩阵和里昂惕夫逆矩阵

（一）投入系数和投入系数矩阵

我们把表 4—4 中的第Ⅰ部分记为矩阵 $D_{n\times n}$，矩阵 D 中的元素为 x_{ij}。元素 x_{ij} 从产出的角度（即横行方向）看，表示产业 j 对产业 i 的中间需求，即产业 j 在经济活动中所消耗掉产业 i 产品的数量；从投入的角度（即纵列方向）看，表示产业 i 对产业 j 的中间投入，即产业 i 的产品在经济活动中作为投入而被产业 j 所消耗掉的数量。

我们定义 $a_{ij}=x_{ij}/x_j$，这里的 x_j 表示 j 产业的总投入。显然，a_{ij} 表示产业 j 在生产单位产品中所消耗掉产业 i 的数量。在投入产出分析中，人们把 a_{ij} 称作投入系数或直接消耗系数，而把以 a_{ij} 为元素组成的矩阵 $A_{n\times n}$ 称为投入系数矩阵或直接消耗系数矩阵。

在引入了投入系数以后，我们就可根据投入产出的基本流量表来编制投入系数表（表 4—6 和表 4—7 分别是我国 1995 年 6 个部门的基本流量表和投入系数表[②]）。由于投入系数是决定各产业技术经济联系的关键所在，因此投入系数表也就成为研究各产业之间关系的重要工具。

表 4—6　　1995 年 6 个部门的基本流量表　　单位：亿元

	农业	工业	建筑业	货运邮电业	商业饮食业	非物质生产部门	最终使用	总产出
农业	3 505.54	7 046.83	57.36	0.47	359.26	97.29	9 274.25	20 341.00
工业	3 510.49	48 966.15	7 792.80	1 494.27	2 038.10	4 183.88	23 908.35	91 894.03
建筑业	3.89	54.59	112.73	7.27	83.88	235.04	12 904.50	13 401.9
货运邮电业	279.46	1 761.90	428.47	45.68	824.48	398.32	545.46	4 283.75
商业饮食业	448.57	5 720.63	949.31	145.76	333.11	613.84	2 790.15	11 001.36
非物质生产部门	434.83	1 990.74	168.63	95.90	1 424.49	1 482.89	10 025.38	15 622.88
增加值	12 158.23	26 353.19	3 892.60	2 494.41	5 938.04	8 611.61		
总投入	20 341.00	91 894.03	13 401.9	4 283.75	11 001.36	15 622.88		

资料来源：国家统计局国民经济核算司. 中国投入产出表（1995 年）[M]. 北京：中国统计出版社，1996：22—27.

① 里昂惕夫. 投入产出经济学[M]. 北京：中国统计出版社，1990：2.

② 由于版面的限制，我们在此选用了 6 个部门的投入产出表来进行解释。

表 4—7 6个部门的投入系数表

	农业	工业	建筑业	货运邮电业	商业饮食业	非物质生产部门
农业	0.172 3	0.076 7	0.004 3	0.000 1	0.032 7	0.006 2
工业	0.172 6	0.532 9	0.581 5	0.348 8	0.185 3	0.267 8
建筑业	0.000 2	0.000 6	0.008 4	0.001 7	0.007 6	0.015 0
货运邮电业	0.013 7	0.019 2	0.032 0	0.010 7	0.074 9	0.025 5
商业饮食业	0.022 1	0.062 3	0.070 8	0.034 0	0.030 3	0.039 3
非物质生产部门	0.021 3	0.021 7	0.012 8	0.022 4	0.129 5	0.094 9

资料来源:国家统计局国民经济核算司.中国投入产出表(1995年)[M].北京:中国统计出版社,1996.

(二)完全消耗系数和里昂惕夫逆矩阵

投入系数之所以又被称为直接消耗系数,是因为它反映了一产业在生产单位产品过程中对其他产业产出的"直接"消耗。我们已经知道,在一般的经济活动中,各产业的生产过程不仅存在对其他产业的直接消耗,而且还存在着由波及作用导致的间接消耗。如在长流程的炼钢过程中,作为钢产品生产的直接消耗,有电,也有生铁、煤等。在生铁和煤的生产中,同样也要消耗电。所以,这其中的一部分对电的消耗,应看作是钢产品对电的间接消耗(更确切地讲是第一次间接消耗,因为还有第二次间接消耗、第三次间接消耗乃至无数次间接消耗)。

在投入产出理论中,一个产业在生产单位产品过程中对其他产业的直接消耗和全部间接消耗之和,称为完全消耗。若记 b_{ij} 为产业 j 在生产单位产品过程中对产业 i 的直接消耗和全部间接消耗之和,则有:①

$$b_{ij}=a_{ij}+\sum_k a_{kj}b_{ik} \qquad \text{(公式 4—10)}$$

若把以 b_{ij} 为元素组成的矩阵 $B_{n\times n}$ 称为完全消耗系数矩阵(表 4—8 是我国 1995 年 6 个部门完全消耗系数表),则可证明:

$$B=A+A^2+A^3+A^4+\cdots=(E-A)^{-1}-E \qquad \text{(公式 4—11)}$$

(公式 4—11)中的 E 为单位矩阵,而 $(E-A)^{-1}$ 就是所谓的里昂惕夫逆矩阵。里昂惕夫逆矩阵在投入产出分析方法中有着重要的地位。例如,我们若记表 4—4 中产业 i 的最终需求为 y_i,总产出为 x_i,并以 $Y=(y_i)_{n\times 1}$ 和 $X=(x_i)_{n\times 1}$ 分别表示最终需求矩阵和总产出矩阵,则根据投入产出表的结构原理,有:

$$\sum_j x_{ij}+y_i=x_i \quad (i=1,2,\cdots,n) \qquad \text{(公式 4—12)}$$

① 证明过程参见:王小波.投入产出分析[M].北京:中国统计出版社,1996:11.

由定义 $a_{ij}=x_{ij}/x_j$ 代入(公式 4—12),并利用矩阵的形式,可得:

$$AX+Y=X \quad (公式 4—13)$$

由此,可分别得到:

$$Y=(E-A)X \quad (公式 4—14)$$

和

$$X=(E-A)^{-1}Y \quad (公式 4—15)$$

(公式 4—14)和(公式 4—15)①即常被用于宏观经济的规划和调控。例如,当产业 i 的国际贸易环境发生变化时,就会影响最终需求 y_i。而 y_i 变动对其他产业(包括产业 i 本身)总产出的波及影响,即可通过 Y 的变动由(公式 4—15)来预测。又如,当产业 i 的总产出有所变动,则通过(公式 4—14),可预计其对各产业(包括产业 i 本身)最终需求的影响程度。

表 4—8　　6 个部门的完全消耗系数表

	农业	工业	建筑业	货运邮电业	商业饮食业	非物质生产部门
农业	0.262 5	0.229 1	0.151 2	0.086 7	0.105 6	0.086 0
工业	0.552 4	1.394 6	1.492 5	0.887 6	0.662 0	0.790 9
建筑业	0.002 0	0.004 2	0.012 1	0.004 0	0.011 6	0.018 7
货运邮电业	0.034 8	0.064 5	0.079 4	0.038 4	0.101 6	0.054 3
商业饮食业	0.066 7	0.165 1	0.179 3	0.098 2	0.087 7	0.102 3
非物质生产部门	0.053 6	0.088 0	0.081 0	0.063 1	0.176 6	0.142 1

资料来源:国家统计局国民经济核算司. 中国投入产出表(1995 年)[M]. 北京:中国统计出版社,1996:28—29.

三、投入产出方法的假设前提和局限性

(一)投入产出表的假设前提

在构建投入产出模型时,为适合模型所用的数学原理,必须对现实的经济活动进行必要的假定。因此,投入产出表虽然反映了产业结构系统中各产业间的关系,但其所反映的关系是建立在对产业间的技术经济联系进行了一定的简化和假设基础之上的。这些假设前提条件主要包括:

1. 产业活动的独立性

产业活动的独立性是指各产业的经济活动除了投入产出的联系之外不再有其他相关关系,即一个产业的经济活动既不会对其他产业带来外部经济性,也不会导致外

① (公式 4—15)中 $E-A$ 的可逆条件,即里昂惕夫逆矩阵的存在性问题,在现实经济中一般都能得到满足。

部不经济性。各产业独立活动的效果总和等于其同时进行活动的总效果。

2. 产业产出的单一性

产出的单一性是指对于投入产出表中的任一产业，其产出是单一的。换句话说，相同的产出只能源自同一产业。产业产出的单一性和产业活动的独立性，保证了在构建数学模型时不同产业之间的无关性。

3. 规模报酬的不变性

规模报酬的不变性是指对任何一个产业而言，对其投入的增减与其产出是成正比例的。这一假设条件决定了产业间投入产出关系是线性的。

4. 技术的相对稳定性

为了能反映各产业间的关系，在投入产出表中，假设技术在一定时间内总是相对稳定的。在此假设前提下，才可界定直接消耗系数的概念，并进一步得到完全消耗系数和进行其他的分析。

5. 价格体系的合理性

合理的价格体系是编制价值型投入产出表的关键之一。因为只有在合理的价格体系下，各产业间的实物型投入产出关系才能准确地转换为价值型的投入产出关系。

(二)投入产出方法的局限性

投入产出分析是通过数学模型对现实经济活动的抽象。如同其他数学模型一样，投入产出分析模型也只能对现实经济活动进行“精选”，选取一些“主要”的因素而舍去“次要”的因素。此外，为适合模型所用的数学原理，投入产出分析方法还进行了一定的假设前提。这些“精选取舍”和“假设前提”，对于投入产出模型的构建可能是必需的，但由此也可能导致模型本身的一些缺陷。我们在使用投入产出分析方法时，应当了解到方法本身的局限性，以便在用该方法对产业结构系统进行分析以及用其结果指导经济活动时，能够更接近经济现实。投入产出方法的局限性主要体现在以下方面：

1. 技术的相对稳定性

在投入产出表中，假设技术在一定时间内总是相对稳定的。这一假定对于投入系数的确定，继而对里昂惕夫逆矩阵的形成都十分重要。但这一假设并不符合现实经济活动的实际。我们知道，技术进步是时间的连续函数，表现在现实的经济活动中具有不间断性的特点。因此，投入产出分析方法中技术相对稳定性的假定，是导致模型与现实失真的一个极为主要的原因。

2. 规模报酬的不变性

为了适用线性代数中的一些原理，在投入产出表中，假设一个产业投入与产出之间的关系是线性的。而这一线性的投入产出关系在现实的经济活动中就反映为该产业存在着规模报酬不变的特点。经济学常识告诉我们，在绝大多数场合，经济活动存在着规模递增或递减的现象。而所谓的规模报酬不变,从理论上讲只是发生在不稳定的瞬间。因此,规模报酬不变性的假定,也是导致投入产出模型与现实情况失真的一个主要原因。

3. 产业活动的独立性

在投入产出表中,还假设了各产业的经济活动是独立的。这一假定虽然简化了投入产出的模型,但隔断了现实经济活动中各产业之间的经济外溢性(直接的投入产出关系除外)。显然,模型的这一假定与现实的经济活动也是不符的。在现实的经济活动中,各产业之间除去直接的投入关系外,一般还存在着正的或负的经济外溢性。而投入产出表的这一简化,忽略了由经济外溢性对一个产业发展的影响。

4. 产业产出的单一性

在现实的经济活动中,企业的多元化经营是一种较为普遍的现象。产业产出单一性的假定虽然简化了模型,但也导致了模型与现实经济的不符。这种模型与现实不符的一个直接后果就是投入产出表中产业间投入产出关系的失真,而产业间投入产出关系的失真必将导致模型的准确性。

第三节　投入产出分析模型扩展

一、投入系数的适时修正法

(一)适时修正法的基本原理

我们已经知道技术相对稳定性的假定,是导致投入产出模型与现实失真的一个重要的原因。特别是当考察期较长时(编制一国的投入产出表一般需要 5 年或者更长的时间),直接消耗系数不变的假定,往往会使所构建的模型与现实状况失真太大,由此甚至导致模型分析和预测的结果失去实用价值。在投入产出分析方法的研究中,对直接消耗系数如何修正一直是研究的重点之一。其中,适时修正法(也称 R. A. S 法)是一种较为成熟的方法。

适时修正法对直接消耗系数的变化是基于这样的认识:直接消耗系数之所以会有所变化,是受到了“替代效应”和“制造效应”两方面的影响。所谓的“替代效应”,是由于在生产中,产业 i 的产出被产业 k 的产出所替代,导致各产业对产业 i 中间需求的减少和对产业 k 中间需求的增加,反映在投入产出流量表中,就是第 i 行系数的减小和第 k 行系数的增大;而所谓的“制造效应”,即是由于技术的进步引起了各产业对产业 j 消耗的变化,反映在投入产出流量表中,就是第 j 列所表示的中间投入发生了相应的变化。

为讨论问题的方便，在适时修正法中，假定“替代效应”和“制造效应”对所有产业部门的影响都是一样的，即如果某产业用一种中间投入替代了另一种中间投入，则这样的替代同样也发生在其他所有的产业部门；如果一种技术能改变某产业对一特定产业产出的消耗，则该技术同样可按比例改变所有产业部门对该特定产业产出的消耗。在这些前提下，可“寻找一套乘数去调整现有矩阵的各行和另一套乘数去调整各列，使经过调整的矩阵的各元素加起来会得出所要求的行合计数和列合计数”①。用数学的语言，就是对于修正前的直接消耗系数矩阵 A_0，找到合适的乘数 $\hat{r}$ 和 $\hat{s}$，使

$$A_1=\hat{r}A_0\hat{s} \qquad \text{（公式 4—16）}$$

这里 A_1 的就是经适时修正法修正后的直接消耗系数矩阵；$\hat{r}$ 和 $\hat{s}$ 是对角矩阵，即 $\hat{r}=\mathrm{diag}(r_1,r_2,\cdots,r_n)$，$\hat{s}=\mathrm{diag}(s_1,s_2,\cdots,s_n)$。

（二）修正乘数的数学推导

设 $U_i^{(0)}$ 为基期产业 i 的中间需求之和，$V_i^{(0)}$ 为基期产业 j 的中间投入之和，即：

$$U_i^{(0)}=\sum_j^n x_{ij}^{(0)} \qquad (i=1,2,\cdots,n) \qquad \text{（公式 4—17）}$$

$$V_j^{(0)}=\sum_i^n x_{ij}^{(0)} \qquad (j=1,2,\cdots,n) \qquad \text{（公式 4—18）}$$

这里，$x_{ij}^{(0)}$ 是基期投入产出流量表中的元素。记所有的 $U_i^{(0)}$ 构成的中间需求列向量为 $U^{(0)}$，所有的 $V_j^{(0)}$ 构成的中间投入横向量为 $V^{(0)}$，即：

$$U^{(0)}=(U_1^{(0)},U_2^{(0)},\cdots,U_n^{(0)})^T \qquad \text{（公式 4—19）}$$

$$V^{(0)}=(V_1^{(0)},V_2^{(0)},\cdots,V_n^{(0)}) \qquad \text{（公式 4—20）}$$

再记 $X^{(0)}=(x_1^{(0)},x_2^{(0)},\cdots,x_n^{(0)})$，为基期投入产出表的总投入所构成的向量，其转置即为总产出向量。

我们规定，将上述记号中的上角标(0)改为(K)时，就分别表示当期投入产出表中相应的含义。

由投入产出表的均衡关系，显然有：

$$\sum_j^n a_{ij}^{(K)}x_j^{(K)}=U_i^{(K)} \qquad (i=1,2,\cdots,n) \qquad \text{（公式 4—21）}$$

和

$$\sum_i^n a_{ij}^{(K)}x_j^{(K)}=V_j^{(K)} \qquad (j=1,2,\cdots,n) \qquad \text{（公式 4—22）}$$

考虑到适时修正法的假定条件：

$$a_{ij}^{(K)}=r_i a_{ij}^{(0)} s_j \qquad (i=1,2,\cdots,n;j=1,2,\cdots,n) \qquad \text{（公式 4—23）}$$

将（公式 4—23）代入（公式 4—21）和（公式 4—22），可得到：

$$\sum_j^n r_i a_{ij}^{(0)} s_j x_j^{(K)}=U_i^{(K)} \qquad (i=1,2,\cdots,n) \qquad \text{（公式 4—24）}$$

① 联合国统计局．投入产出表和分析[M]．北京：中国统计出版社，1997：3.

和　　$$\sum_i^n r_i a_{ij}^{(0)} s_j x_j^{(K)} = V_i^{(K)} \quad (j=1,2,\cdots,n) \tag{公式 4—25}$$

用向量 r 和 s 分别作为“替代效应”和“制造效应”影响的记号，即：

$$r=(r_1,r_2,\cdots,r_n)$$

$$s=(s_1,s_2,\cdots,s_n)^T$$

并规定了对角矩阵

$$\hat{r}=\text{diag}(r_1,r_2,\cdots,r_n)$$

$$\hat{s}=\text{diag}(s_1,s_2,\cdots,s_n)$$

$$\hat{Z}=\text{diag}[x_1^{(K)},x_2^{(K)},\cdots,x_n^{(K)}]$$

(公式 4—24)和(公式 4—25)也就可以表示为：

$$\hat{r}A_0\hat{Z}s=U^{(K)} \tag{公式 4—26}$$

和　　$$rA_0\hat{Z}\hat{s}=V^{(K)} \tag{公式 4—27}$$

联解(公式 4—24)和(公式 4—25)[或(公式 4—26)和(公式 4—27)]，即可求出所要求的解。

(三)修正系数的迭代求法

在适时修正法的应用中，对 $\hat{r}$ 和 $\hat{s}$ 计算一般采取迭代法来求得。其具体步骤为：

记上角标(k)表示经 k 次迭代后的结果。当 $k=K$ 时，表示当期投入产出表或最终估计修正后的投入产出表。其他记号如前。

第一步，计算流量表 $A_0\hat{Z}$，根据 $A_0\hat{Z}$ 计算得到 $U^{(1)}$，即：

$$U_i^{(1)}=\sum_j^n x_{ij}^{(1)} \quad (i=1,2,\cdots,n) \tag{公式 4—28}$$

这里的 $x_{ij}^{(1)}$ 为 $A_0\hat{Z}$ 中的元素。

第二步，通过 $U_i^{(K)}$ 中元素与 $U_i^{(1)}$ 中元素相应的比，得到经第一次迭代后的行乘数 $r^{(1)}$，即：

$$r_i^{(1)}=\frac{U_i^{(K)}}{U_i^{(1)}} \tag{公式 4—29}$$

第三步，计算新的流量表 $\hat{r}^{(1)}A_0\hat{Z}$，并根据计算得到 $V^{(1)}$，即：

$$V_j^{(1)}=\sum_i^n x_{ij}^{(2)} \quad (j=1,2,\cdots,n) \tag{公式 4—30}$$

这里的 $x_{ij}^{(2)}$ 为 $\hat{r}^{(1)}A_0\hat{Z}$ 中的元素。

第四步，通过 $V_j^{(K)}$ 中元素与 $V_j^{(1)}$ 中元素相应的比，得到经第一次迭代后的列乘数 $s^{(1)}$，即：

$$s_j^{(1)}=\frac{V_j^{(K)}}{V_j^{(1)}} \tag{公式 4—31}$$

第五步，再计算新的流量表 $\hat{r}^{(1)}A_0\hat{Z}\hat{s}^{(1)}$，得到 $U^{(2)}$。方法同第一步。

如此往复，直到最后的 $U^{(k)}=U^{(K)}$，$V^{(k)}=V^{(K)}$。最终令：

$$r_i^{(K)}=\prod_k^K r_i^{(k)} \qquad (i=1,2,\cdots,n) \qquad \text{（公式 4—32）}$$

$$s_j^{(K)}=\prod_k^K s_j^{(k)} \qquad (j=1,2,\cdots,n) \qquad \text{（公式 4—33）}$$

二、投入产出分析的动态化

（一）动态投入产出模型

静态的投入产出模型不考虑时间变化对经济系统的影响，这在许多场合是不符合实际现状的。如技术的进步会影响到不同考察期产业间的投入与产出关系，作为最终需求一部分的投资，也将在以后的经济活动中发挥作用。因此，人们在静态投入产出模型的基础上又研究了动态的投入产出模型。

经济过程是连续的，用连续的时间变量来反映这种变化是最恰当不过的。但从统计的角度，我们无法得到任一瞬间的数据（从实际的经济分析和经济计划来看，也没有必要把握住每一瞬间的经济状况）。因此，在现实中，人们将连续的时间离散化，用差分这一数学工具来代替微分工具。常用的动态投入产出模型就是以差分的形式构建的，其基本形式为：

$$X^{(t)}-AX^{(t)}-C\left[X^{(t+1)}-X^{(t)}\right]=Y^{(t)} \qquad \text{（公式 4—34）}$$

这里的上角标（t）表示第 t 期的状况；X、Y、A 的含义与前述相同；C 表示投资系数矩阵，即 C 中的元素 c_{ij} 的含义是产业 i 用于产业 j 新增生产能力的消耗。它与 a_{ij} 的不同之处是 a_{ij} 为即期的消耗，是“现期投入”；而 c_{ij} 是将来的消耗，是“期量投入”。其计算公式为：

$$c_{ij}=\frac{I_{ij}}{\Delta X_j} \qquad (i,j=1,2,\cdots,n) \qquad \text{（公式 4—35）}$$

其中的 I_{ij} 是当期投入产出表中最终需求栏下的一个项目——投资。

（二）动态投入产出模型的求解

如果考虑到技术的进步和投资系数的滞后作用，则（公式 4—34）可以改写为：

$$X^{(t)}-A^{(t)}X^{(t)}-C^{(t+1)}\left[X^{(t+1)}-X^{(t)}\right]=Y^{(t)} \qquad \text{（公式 4—36）}$$

经整理可表示为：

$$\left[E-A^{(t)}+C^{(t+1)}\right]X^{(t)}-C^{(t+1)}X^{(t+1)}=Y^{(t)} \qquad \text{（公式 4—37）}$$

为书写方便，一般令 $G^{(t)}=\left[E-A^{(t)}+C^{(t+1)}\right]$，则（公式 4—37）又可以表示为：

$$G^{(t)}X^{(t)}-C^{(t+1)}X^{(t+1)}=Y^{(t)} \qquad \text{（公式 4—38）}$$

若有 m 年的考察期，则展开（公式 4—38），可得 $m+1$ 个矩阵方程组：

$$\begin{cases} G^{(-m)}X^{(-m)}-C^{(-m+1)}X^{(-m+1)}=Y^{(-m)} \\ G^{(-m+1)}X^{(-m+1)}-C^{(-m+2)}X^{(-m+2)}=Y^{(-m+1)} \\ \cdots\cdots \\ G^{(-2)}X^{(-2)}-C^{(-1)}X^{(-1)}=Y^{(-2)} \\ G^{(-1)}X^{(-1)}-C^{(0)}X^{(0)}=Y^{(-1)} \\ G^{(0)}X^{(0)}=Y^{(0)} \end{cases} \qquad \text{（公式 4—39）}$$

在（公式 4—39）中，对于最后一个方程 $G^{(0)}X^{(0)}=Y^{(0)}$，由于不考虑基期以后的情形，故一般舍去 $C^{(1)}X^{(1)}$。若将 $G^{(0)}X^{(0)}=Y^{(0)}$ 看作静态方程，并将投资系数 $C^{(0)}$ 看作是外生的，则可从最后一个方程开始，采用迭代的方法，逐步求出（公式 4—39）所列方程组的解。

第四节　投入产出方法与产业结构分析

一、投入产出的三角形配置表与产业链

（一）投入产出的三角形配置表

投入产出方法中的投入系数表反映了各产业之间不同的关联关系。通过对投入系数表的重新排列，可以进一步观察和分析各产业之间的关系。

重新排列投入系数表的原则是：在横轴上由左至右，中间投入率逐次降低；在纵轴上从上到下，中间需求率渐渐增加。显然，在此原则下，若产业间的关联关系只是单向联结的，则经重新排列后的投入系数表将呈现如图 4—3 所示的形式，我们称这样的投入产出表为三角形的投入产出表。

虽然在任何一个现实的经济系统中，产业间的关联方式都不可能只是单向的，必定还存在着或多或少的环向关联方式，因而在上述三角形投入系数表的上三角中多多少少还会有一些系数，但实证研究表明，多数国家产业间的单向关联关系要大大强于环向关联关系，如意大利、挪威、美国和日本的三角形投入系数表表明，上三角所示的产业间流量（由产业间的环向关联关系形成）占产业间全部流量的比重很低，四国分别为 4.3%、8.8%、11.6%和 12.7%。[①]

（二）最终产品产业和基础产业

在三角形投入系数表的基础上，就能更进一步观察到一个特定经济系统产业间的

---

① 杨治．产业经济学导论[M]. 北京：中国人民大学出版社，1985：107.

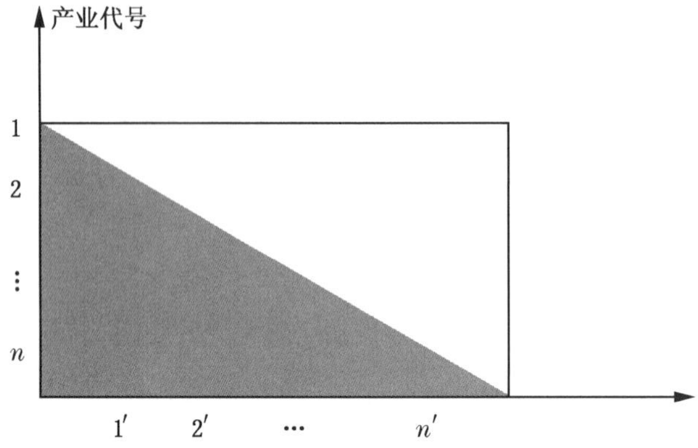

图 4—3 三角形的投入系数表图

内部结构了。在下三角的底端，产业 n 在生产过程中无须从其他产业处购入中间投入，而它的产出则将提供给所有产业作为中间需求进行消费。这样的产业，具有作为整个产业结构基础的功能。因此，就把具有这种功能的产业称为基础产业。显然，基础产业是处于三角形投入系数表底部的那些产业，其明显的特征是中间需求率比较大而中间投入率相当小。

反之，在下三角形的顶端，产业 1 的产出不构成其他任何产业生产过程的中间需求，其所有的产出均成为最终产品而提供给社会作最终消费，并且在其生产过程中，须吸收其他产业的部分产出作为自己的中间投入。这样的产业，承担着向社会提供最终需求的主要任务，因而可将这类产业称为最终产品产业。最终产品产业显然是位于三角形投入系数表上端的产业，其最大的特征是中间需求率很小。在一般的情况下，最终产品产业的中间投入率也比较大。

（三）产业群

从对三角形投入系数表的研究中还可以发现，在众多的产业之间还可划分出相互间相对独立的产业群。产业群的存在，是由于各产业间的关联关系有着亲疏远近的缘故。关联关系比较密切的产业，在经济活动中的交往就必然比较多些，自然就形成了一个“群”；反之，关联关系疏远的产业，在经济活动中的交往就要少些，当然也就不能合成一个“群”。

日本学者福井幸男在对 1975 年日本投入产出表进行三角化分析[①]时，将日本全部 63 个产业分为 6 个产业群，即公共服务产业群、非金属系下游产品制造业群（如纺织制品等）、金属系产品制造业群、非金属系上游产品制造业群（如化纤原料、基础化学

---

① 福井幸男．產業関聯構造の研究——生産技術とハイアラーキー[M]．東京：啟文社，1987.

工业等)、能源产业群和私人服务产业群。

福井并且认为,在日本经济中,主要存在着三条相互之间关系并不密切的产业链。这三条产业链是:①原油、天然气业→石油制品业→基础化学制品业→化纤原料制造业→纺织业→日常生活用品制造业;②煤炭采掘业→煤制品业→钢铁业→金属系上游产品加工业→一般机械工业→运输机械制造业;③林业→木材和木材制品业→纸浆、造纸业→印刷、出版业→教育、科研事业。

二、结构性分析

(一)结构性分析的原理

所谓结构分析,是指对产业间的关系结构及其特征以及比例关系进行的研究和分析。投入产出表是进行结构分析的一种有力工具。

投入产出表中有多种均衡关系,而这些均衡的确立都是以经济系统中各种经济活动的均衡关系为理论根据的。如总产出=中间需求+最终需求,就是对现实经济活动中总产品需求状况的高度概括。投入产出表中的投入系数表则是经济系统中各产业之间技术经济联系的客观反映,它反映了该经济系统作为资源转换器的转换效率。因此,我们可以通过对投入产出表的分析来对该经济系统的结构进行解剖和分析。

结构分析包括对中间需求和中间投入的分析。这是利用投入产出表中的投入系数,对各产业的中间消耗进行分析,以找出各产业之间的关联关系和依赖度,把握它们各自在社会再生产中的地位和作用,为产业政策的制定提供科学的依据。

结构分析还可对各产业进行比例分析。这是利用投入产出表中各产业的总产出占全部产业总产出之和的比重来进行的。

结构分析也能对各产业的最终需求率进行分析。通过中间需求和最终需求关系的分析,可以明了各产业中间需求的状况,为最终需求的确定和分配定下基调。

(二)中间需求和中间投入

对中间需求和中间投入的分析,是利用投入产出方法进行结构分析时的一个比较主要的部分。

所谓中间需求,是指由投入系数所决定的、其他产业(包括该产业本身)在经济活动中对某产业产出的消耗之和。而中间投入则是指由投入系数所决定的、某产业在经济活动中从其他产业(包括该产业本身)得到的投入之和。

从中间需求和中间投入的概念就可引出中间需求率和中间投入率概念。所谓中间需求率,是指各产业的中间需求和该产业的总需求之比。中间需求率这一指标反映了各产业的产出中有多少是作为中间产品(如作为原材料和燃料等)为其他产业所需求。而由

最终需求＝总产出－中间需求　（公式 4－40）

不难得到

最终需求率＝1－中间需求率　（公式 4－41）

一般地，中间需求率越高的产业，其产出用作其他产业原材料的成分就越大，就越具有基础产业的特点。而最终需求率越高的产业，其产出用于最终需求的比例就越高，就越具有最终产品产业的特点。

所谓中间投入率，是各产业的中间投入与总投入之比。这一指标表示各产业在各自的生产活动中为生产单位产值的产出而需从其他产业购进的中间产品所占的比重。我们也可以从

附加价值＝总投入－中间投入　（公式 4－42）

得到

附加价值率＝1－中间投入率　（公式 4－43）

显然，中间投入率越高的产业，其附加价值率就越低。

在本章的第一节，我们已介绍了钱纳里和渡边曾将全部的产业分为四种类型，即第Ⅰ类的中间投入型基础产业、第Ⅱ类的中间投入型制造业、第Ⅲ类的最终需求型制造业和第Ⅳ类的最终需求型基础产业。结合中间需求率和中间投入率的概念，不难看出：第Ⅰ类中间投入型基础产业具有中间需求率大而中间投入率小的特点；第Ⅱ类中间投入型制造业的特点是中间需求率与中间投入率都比较大；在第Ⅲ类最终需求型制造业中，中间需求率较小而中间投入率却较大；第Ⅳ类最终需求型基础产业特点则是中间需求率和中间投入率都比较小。

三、波及效果分析

（一）投入系数矩阵、里昂惕夫逆矩阵与波及效果

利用投入产出分析方法，不仅可对产业间的结构关系进行分析，还可对产业间的波及效果进行分析。

所谓波及效果分析，是指当投入产出表中的某一系数发生变化时，对表中其他系数可能产生影响的分析。一般来讲，波及效果基本上有两种形式：第一种形式是当最终需求项发生变化时对整个经济系统产生的影响；第二种形式是附加价值项有所变化时对经济系统的影响。

进行波及效果分析的基础是投入系数表和逆矩阵系数表。投入系数表表示各产业在经济技术联系上的规律性，因而是进行波及效果分析的基本工具。而里昂惕夫逆矩阵系数表在分析波及效果时的作用最大，因而也有将其称为“波及效果系数表”的。

里昂惕夫逆矩阵系数表在波及效果分析中的基本作用可用图 4－4 表示。

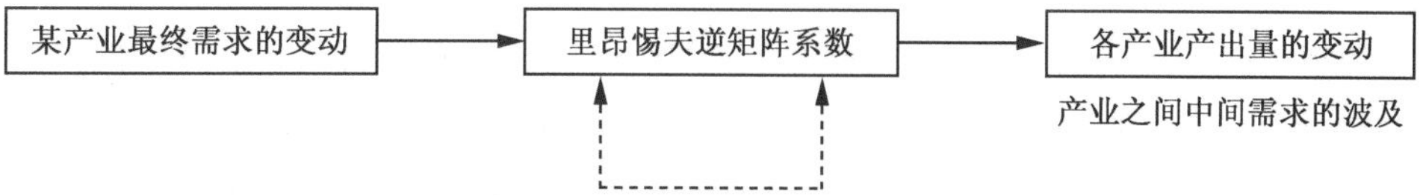

图 4—4　里昂惕夫逆矩阵系数表在波及效果分析中的作用

当某一产业的最终需求有一个变化时，该产业的总产出就要相应有所增加，从而对该产业的中间投入也要相应增加。而中间投入增加的数量，就是由投入系数所决定的。其他产业对该产业中间投入的变化，一般将引起其他产业本身产出总量和产出分配结构的改变。这些变化将在整个经济系统间引起一系列的连锁反应，但可通过投入系数和里昂惕夫逆矩阵系数来对其影响进行追踪分析。

由某一产业最终需求的变化而引起的产业间连锁反应，在理论上将会无限扩展和持续下去，但其波及强度则会越来越弱，最终趋于消失。这种由强至弱的各级波及效果的总量，我们可通过逆矩阵系数表来计算。以表 4—9 所示日本 1990 年简化的逆矩阵系数表为例。当第一次产业的最终需求增加 1 个单位时，第一次产业除了本身应增加 1 个单位的产出以外，受其他产业中间投入增加的波及影响，还要多生产 0.1486 个单位，即第一次产业因最终需求增加 1 个单位，它必须增加 1.1486 单位的产出。对第二次产业来讲，由于第一次产业的最终需求增加了 1 个单位而对中间投入增加的要求所导致的波及效果是 0.2003，即第二次产业必须增加 0.2003 个单位的产出，才能满足第一次产业最终需求增加 1 个单位的要求。同理，第三次产业必须增加 0.1428 个单位的产出，才能满足第一次产业最终需求增加 1 个单位的要求。对于第二次产业和第三次产业最终需求的增加，也可进行同样的分析。

表 4—9　　日本 1990 年投入产出的逆矩阵系数表

	第一次产业	第二次产业	第三次产业	行小计
第一次产业	1.148 55	0.029 97	0.002 58	1.181 10
第二次产业	0.200 30	1.708 14	0.126 30	2.034 74
第三次产业	0.142 82	0.227 63	1.300 63	1.671 08
列小计	1.491 67	1.965 74	1.429 51	

资料来源：鈴木多加史．日本の産業構造[M]．東京：中央經濟社，1995：112.

（二）生产诱发额

利用里昂惕夫逆矩阵不但可以对各产业进行感应度和影响力的分析，还可对各产业的生产诱发额进行分析。所谓生产诱发额，是指对于某产业的一个最终需求量，由产业间的波及效果所激发的全部生产额。当最终需求量有一变化 ΔY 时，用其代换

(公式4—15)中的Y,所求得的即为生产诱发额。如根据日本1990年的投入产出表,可计算出当年的最终消费若增加1个单位,则产出总量将要增加1.772 8个单位。

利用生产诱发额还可对某一产业最终需求的各项目进行最终需求依赖度的分析。所谓某产业最终需求各项目的依赖度,是指该项目的生产诱发额与该产业所有最终需求项目生产诱发额的合计之比。通过最终需求项目的依赖度分析,我们会发现一些与私人消费似乎没有关系的产业,通过波及效果,最终竟也有相当的比重是依赖于私人消费的。当然,通过分析,还可使我们了解到哪些产业是"消费依赖型"的,哪些产业是"投资依赖型"的,哪些产业又是"出口依赖型"的。

参考文献

[1] 马克思. 资本论:第2卷[M]. 北京:人民出版社,1975.

[2] 王小波. 投入产出分析[M]. 北京:中国统计出版社,1996.

[3] 瓦尔拉斯. 纯粹经济学要义或社会财富理论[M]. 北京:商务印书馆,1989.

[4] 邓伟根. 产业经济:结构与组织[M]. 广州:暨南大学出版社,1990.

[5] 兰格. 经济计量学导论[M]. 北京:中国社会科学出版社,1980.

[6] 杨治. 产业经济学导论[M]. 北京:中国人民大学出版社,1985.

[7] 里昂惕夫. 投入产出经济学[M]. 北京:中国统计出版社,1990.

[8] 国家统计局. 中国统计年鉴2012[M]. 北京:中国统计出版社,2012.

[9] 国家统计局国民经济核算司. 中国投入产出表(1995年)[M]. 北京:中国统计出版社,1996.

[10] 龚仰军. 产业结构研究[M]. 上海:上海财经大学出版社,2002.

[11] 魁奈. 魁奈经济著作选集[M]. 北京:商务印书馆,1979.

[12] 赫希曼. 经济发展战略[M]. 北京:经济科学出版社,1991.

[13] 周振华. 产业结构优化论[M]. 上海:上海人民出版社,1992.

[14] 联合国统计局. 投入产出表和分析[M]. 北京:中国统计出版社,1997.

[15] 福井幸男. 產業關聯構造の研究——生產技術とハイアラーキー[M]. 東京:啟文社,1987.

[16] 铃木多加史. 日本の產業構造[M]. 東京:中央經濟社,1995.

推荐阅读书目

[1] 王小波. 投入产出分析[M]. 北京:中国统计出版社,1996.

[2] 邓伟根. 产业经济:结构与组织[M]. 广州:暨南大学出版社,1990.

[3] 杨治．产业经济学导论[M]. 北京:中国人民大学出版社,1985.
[4] 里昂惕夫．投入产出经济学[M]. 北京:中国统计出版社,1990.
[5] 何斌．线性代数[M]. 北京:科学出版社,2013.
[6] 龚仰军．产业结构研究[M]. 上海:上海财经大学出版社,2002.
[7] 联合国统计局．投入产出表和分析[M]. 北京:中国统计出版社,1997.

第五章　产业结构政策

第一节　产业结构政策概述

一、产业结构政策的含义

产业结构政策与产业组织政策一样，是构成产业政策体系的一个重要组成部分。① 关于产业结构政策的概念，学术理论界至今还未形成一个共识，甚至还有一部分人否认产业政策（包括产业结构政策）存在的必要性，所幸的是，各国政府对产业结构政策的实践使得越来越多的人认识到其对一国经济发展是有所作用的。

我们可以从理论界对包括产业结构政策在内产业政策的含义的描述来认识产业结构政策的含义。不少学者认为，产业政策就是政府有关产业的一切政策的总和。如英国经济学家阿格拉（Agraa）认为，产业政策是“与产业有关的一切国家的法令和政策”②。美国经济学家罗伯特·尾崎（Robert Ozaki）认为，产业政策是“涉及保护本国产品，发展战略工业，调整产业结构，以适应当前或未来国内外经济形势的变化”③的政策。日本较为权威的《现代日本经济事典》对产业政策的解释是：“产业政策是国家或政府为了实现某种经济和社会目的，以全产业为直接对象，通过对全产业的保护、扶植、调整和完善，积极或消极参与某个产业或企业的生产、营业交易活动，以及直接或间接干预商品、服务、金融等的市场形成和市场机制的政策的总称。”④

由上我们可以定义，所谓“产业结构政策，就是以产业结构理论为指导，由政府在一定时期内按本国经济或产业结构演进规律所制定的旨在促进产业结构合理化、高级

---

① 在有些文献中，往往也将产业结构政策简称为产业政策，而将产业组织政策称为公共政策。

② 阿格拉．欧洲共同体经济学[M]．上海：上海译文出版社，1985：132.

③ 查莫斯·约翰逊．通产省与日本的奇迹[M]．北京：中国社会科学出版社，1982：192.

④ 下河边淳，管家茂．现代日本经济事典[M]．北京：中共中央党校出版社，1992：27.

化，进而推动经济增长的一种产业政策”①。为了取得经济的发展或社会福利的提高，政府通过产业结构政策对某一产业或整个产业结构体系的资源进行优化配置。产业结构政策与产业组织政策的差异在于：产业组织政策主要是针对一个产业内部的资源配置进行的干预，而产业结构政策的目标则在于优化产业与产业之间的资源配置。

二、产业结构政策的作用

从产业结构政策的实践来看，产业结构政策的主要作用在于以下两个方面：

一是工业后发国家在发展经济过程中，为了加快经济发展速度，努力追赶工业先行国家，往往会利用产业结构政策在产业间进行倾斜式的资源配置，重点发展某些产业，试图利用产业的关联效应，带动其他产业的发展，以达到追赶工业先行国家、快速发展本国经济的目的。正如美国学者玛格丽特·迪瓦尔（Margaret Dewaere）所言，“鼓励向一些行业或部门投资和不鼓励向其他行业或部门投资 —— 仍然是产业政策讨论的中心”②。在实践中，一些国家对主导产业的选择政策主要就是以此为目的的产业结构政策。

二是一些国家为了加强本国产品的国际竞争力，也往往会依靠产业结构政策的支持与扶植，以提高本国相应产业的国际竞争力。被称为日本发展模式概念之父的美国学者查莫斯·约翰逊（Chalmers Johnson）在其《产业政策争论》一书中就说过：“产业政策是政府为了取得全球的竞争能力打算在国内发展或限制各种产业的有关活动的总的概括。作为一个政策体系，产业政策是经济政策三角形的第三条边，它是对货币政策和财政政策的补充。”③在现实的经济中，一些国家对本国尚未成熟的、在国际市场上还未取得优势竞争力的幼小产业，常常也会采取带有保护性的扶植政策。

第二节　主导产业的选择政策

规划和安排产业发展的顺序，实施产业结构的高级化进程，是产业结构政策的主要内容之一。而主导产业的选择，正是实现这一政策目标的重要一环。

---

① 龚仰军，应勤俭．产业结构与产业政策[M]．上海：立信会计出版社，1999：166—167.

② 杨沐．产业政策研究[M]．上海：上海三联书店，1989：2.

③ JOHNSON C. *The industrial policy debate*[M]. ICS Press，1984.

一、主导产业的含义和特征

所谓主导产业，是指对一个产业结构系统的未来发展具有决定性引导作用的产业。[①] 作为引领产业结构系统发展方向的主导产业，为达成其目标，具有明显的特征。主导产业的特征包括：第一，具有较强的关联效应；第二，能够创造出新的市场需求；第三，能够迅速吸收先进的科学技术成果，创造较高的生产效率和更多的附加价值。

（一）主导产业具有较强的关联效应

主导产业对一产业结构系统的引导功能是通过其带头作用实现的，而带动作用的实现则依赖于关联效应。因此，主导产业对一产业结构系统的引导功能的发挥，最终取决于其有无较强的关联效应。一个产业是否具有较强的关联效应，被认为是能否成为主导产业的最根本特征。因为如果一个产业具有了关联效应或扩散效应，它就可能带动其他产业的发展，引导整个产业结构的发展方向；反之，就至多只能得到自身的发展。

（二）主导产业能够创造新的市场需求

产业结构的升级与发展，总是伴随着结构总量的扩张。而一个产业结构系统的产出又直接受制于社会的需求。若不能不断地开发潜在的需求，结构总量的扩张就无法实现。因此，一个主导产业只有创造出新的市场需求，才能满足结构总量扩展的要求。

（三）主导产业具有较高的生产率

产业结构的升级是有序的，表现为对需求的更大满足和对资源的更有效利用。而要达成这一目标，产业技术必须不断得到提升。主导产业作为产业结构升级的“领头羊”，必然要求其能够迅速吸收先进的科学技术成果，提升自身的产业技术水平。

二、主导产业的选择基准

（一）关联强度基准

关联强度基准最早是由赫希曼提出来的。赫希曼在 1958 年出版的《经济发展战略》一书中研究了发展中国家的经济发展战略问题。赫希曼认为，发展中国家在选择产业发展顺序时，首先应当发展那些关联强度较大的产业。[②] 因为关联强度较大的产业首先获得发展后，通过前项关联和后项关联的波及效应，可以影响和带动其他产业的发展。赫希曼的这一观点虽然不是直接在研究主导产业的选择基准时所提出，但对主导产业选择的理论和其政策实践都产生过较大的影响。因为赫希曼的关联强度基

---

① 龚仰军．产业结构研究[M]．上海：上海财经大学出版社，2002：139.

② 赫希曼．经济发展战略[M]．北京：经济科学出版社，1991.

准显然满足了上述主导产业的第一个特征。

在利用关联强度基准选择主导产业时，可以利用感应度系数和影响力系数对各产业进行选择。一般地，感应度系数和影响力系数较大的产业可通过产业间的波及效应，对其他产业的发展产生较大的综合影响。

（二）收入弹性基准

收入弹性基准是日本学者筱原三代平在《产业结构与投资分配》一文中首先提出来的。[①] 筱原三代平认为，如果选择收入弹性较大的产业作为主导产业，随着经济的发展和国民收入的增加，在未来的产业结构中，该产业可以创造出较大的市场需求。收入弹性基准中的收入弹性可用以下公式来计算：

某产业的收入弹性＝该产业产出的人均需求增长率/人均国民收入增长率

（公式 5－1）

（三）生产率上升率基准

与收入弹性基准一起，筱原三代平同时还提出了生产率上升率基准。[②] 这一基准的基本含义是应当选择技术进步速度较快的产业作为主导产业（因而有时也称其为技术进步基准）。因为一个产业只有具有了较快的技术进步速度，才能不断降低生产成本，取得竞争优势，从而吸引生产要素流入，使产业本身获得更快的发展。

筱原二基准对主导产业选择理论的发展具有较大的影响。这是由于：一方面，从理论上看，筱原二基准不但分别从市场需求和要素供给两个方面考虑了对产业结构的影响，而且还满足了上述主导产业的后两个特征；另一方面，从政策实践讲，在日本经济高速增长的 20 世纪 60 年代，日本选择了汽车、钢铁、石油化工等重化工业作为主导产业的产业结构政策，而在此政策的制定中，主要就是以筱原二基准为其依据的。

（四）其他选择基准

除了上述三个主导产业的选择基准外，根据本国或本地区产业结构所处环境和发展阶段的特点，一些学者还提出了其他一些选择基准。

日本产业结构审议会于 1971 年提出了选择主导产业的过密环境基准和丰富劳动内容基准。日本产业结构审议会认为，根据日本经济高速发展的需要，应当在筱原二基准的基础上，再加上过密环境基准和丰富劳动内容基准，把能源与环境、劳动的趣味性和心理成本等问题提升到较为重要的地位。过密环境基准是指政府在选择主导产业时，必须以环境污染少、能源消耗低，又不至于造成过度集中的环境等放到重要的地位。丰富劳动内容基准是指在选择主导产业时，要充分考虑到备选产业的劳动内容丰

---

① 篠原三代平．産業構造と投資配分[J]．東京：一橋大学經濟研究，1957(8)．

② 在业内，人们通常将收入弹性基准和生产率上升率基准合称为“筱原二基准”。

富性、趣味性，并把能提供安全、舒适和稳定的劳动岗位作为选择基准。

我国学者周振华针对20世纪80年代中后期我国产业结构存在的问题，在当时提出了我们应当将能够实现短缺替代、具有增长后劲以及解决“瓶颈”问题等作为选择主导产业的基准。① 所谓短缺替代基准，即重点扶植那些无法替代的短缺性产业，以满足当时我国经济结构中最为迫切而又不可或缺的需求；增长后劲基准即重点支持那些对整个产业体系的发展具有深刻和长远影响的产业，以保证整个经济的持续稳定增长；而瓶颈效应基准则是指重点发展瓶颈效应大的战略产业，以减少因瓶颈而造成的摩擦效应。

“九五”计划时期上海对主导产业的选择政策案例

上海“九五”计划时期对主导产业的选择，是我国较早的有意识地主动选择主导产业的一个成功例子。

中华人民共和国成立以来，经过数十年的建设和发展，上海工业基本形成了门类齐全、综合配套能力较强的、以加工工业为主的、在全国有着明显优势的工业体系。但到了20世纪80年代，上海工业面临着进口产品和其他省市产品的严峻挑战，一些产品的市场优势开始弱化，市场占有率逐渐下降。由此，上海开始注重培育、调整适合本地区生产发展水平的主导产业。② 经过多方面的调查研究之后，上海市政府确定了以产业相关度比较大、增长速度比较快、技术含量比较高、市场竞争力比较强、综合效益比较好作为选择基准，并最终选定了汽车制造业、钢铁制造业、石油化工及精细化工制造业、电站及大型机电制造业、电子信息设备制造业、家用电器制造业作为上海经济发展和产业结构调整的主导产业。③ 经过20世纪90年代的发展，实践证明，这些主导产业对上海经济的高速发展和产业结构的升级起到了巨大的带动作用。

表5—1　　上海“九五”时期主导产业总产值一览　　单位：亿元

行业 年份	钢铁制造业	汽车制造业	电子信息设备制造业	电站及大型机电制造业	石油化工及精细化工制造业	家用电器制造业
1995	514.86	321.90	118.00	177.80	551.75	189.81
1996	526.72	412.65	133.06	286.78	593.16	201.50
1997	540.80	476.33	195.60	249.66	700.11	231.99
1998	501.59	491.81	287.82	223.50	691.70	234.96

① 周振华．产业结构政策的选择基准：一个新的假说[J]．经济研究，1989(3)．

② 在有关政府文件和媒体中，称之为“支柱产业”。

③ 杨公朴，夏大慰．上海工业发展报告——工业产业结构调整、优化、升级[M]．上海：上海财经大学出版社，2003：52—53．

续表

行业 年份	钢铁制造业	汽车制造业	电子信息设备制造业	电站及大型机电制造业	石油化工及精细化工制造业	家用电器制造业
1999	520.32	593.15	309.75	243.45	756.94	332.65
2000	591.60	647.17	445.09	258.24	976.94	417.72

资料来源：上海统计局.上海统计年鉴·2001[M].北京：中国统计出版社，2002.

第三节 幼小产业的扶植政策

在产业结构政策的体系中，除了主导产业的选择政策外，对幼小产业的扶植政策也是极为重要的一个内容。所谓幼小产业，是指在工业后发国家的产业结构体系中，相对于工业先行国家成熟的同行产业而言，处于“幼小稚嫩”阶段的产业。

一、对幼小产业实施保护的理由与原理

在开环的产业结构系统中，一个新产业的建立和发展，必然会受到来自系统外部同行竞争的压力。工业后发国家为了加速本国的工业化进程，发展民族产业，势必要采取支持其发展的政策，而“保护制度是使落后国家在文化上取得与那个优势国家同等地位的唯一方法”[①]。

李斯特(Liszt)是早期主张对本国幼小产业进行保护扶植的代表人物。他在1841年出版的《政治经济学的国民体系》一书中详细论证了在经济发展相对落后的国家实施贸易保护主义的必要性。传统的比较优势理论认为，当其他国家在某一产品的生产费用上具有比较优势时，本国就毋庸生产而可通过国际贸易交换取得该产品来满足国内需求。而李斯特则从发展本国经济的长远目标出发，竭力反对这样的观点。李斯特认为，“财富的生产力比之财富的本身，不晓得要重要到多少倍”[②]。如果只顾眼前的利益，以较低的费用进口该产品，似乎是比较合算，但这样的结果是本国丧失了该产品的生产能力。

李斯特从产业结构演进的角度，将各国经济的发展分为五个阶段，即原始未开化时期、畜牧时期、农业时期、农工时期和农工商时期。李斯特从历史发展的角度论证了英国当时工商业的发展是与英国政府的扶植政策密不可分的，而要让当时还处于农工时期的德国与已处于农工商时期的英国进行自由贸易是有失公正的，因为两国并不处

① 李斯特.政治经济学的国民体系[M].北京：商务印书馆，1997：113.

② 李斯特.政治经济学的国民体系[M].北京：商务印书馆，1997：118.

于一个起跑线上。因此，李斯特强调，要想发展本国的生产力，必须借助国家的力量，主张在政府干预下实行贸易保护政策。

对幼小产业进行保护的原理可以用社会振兴的学说来解释(参见图5—1)。

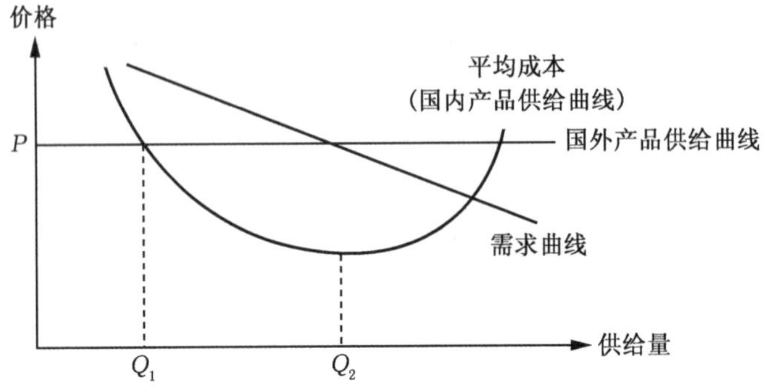

图5—1 产业振兴费用

我们知道，一般地，一个产业的供给成本曲线往往呈现为U字形。在一些规模经济要求较高的产业，这一特征表现得尤为明显。对于工业后发国家来说，一些产业在起步时规模都很小，处于成本迅速递减的阶段(在图5—1中是指产量小于Q_2的阶段)。由于工业先行国家的同行已是成熟产业，在一定价格上的供给量相当大，假设其供给弹性近似无限(如图5—1中的国外产品供给曲线)。

在如此背景下，如果工业后发国家的某一幼小产业在Q_1以前起步，由于生产成本高于进口产品的价格，在完全竞争的市场下，生产该产品的企业将无利可图，其结果是该产业不但不能得到发展，反而不断萎缩。如果生产该产品的企业迅速将生产规模扩张到Q_1以上(在图中表现为Q_1右边)，则由于生产成本低于进口产品的价格，从而可以促进本国该产业的发展。而一般地，仅仅依靠市场的力量，企业是很难做到这一点的。为了进行这样的协调，使本国该产业的规模迅速扩张到Q_1以右，就需要投入一定的费用。这样的费用就称为社会振兴费用。

在工业后发国家，这样的社会振兴费用一般是由政府承担的，从而社会振兴费用学说也就成为政府对幼小产业实施保护扶植政策的一个重要理由。根据图5—1的分析，政府实施保护扶植政策主要有两种手段：一是提供生产补贴，使该产业的产出在达到Q_1点以前就可把供给价格降到国外进口价格P以下，这在图5—1中相当于将平均成本曲线下移；二是进行关税保护，使进口产品的价格总是高于国内生产的平均价格，这在图5—1中相当于将国外进口价格曲线上移。

二、对幼小产业实施保护的政策

幼小产业扶植理论作为贸易保护理论的重要组成部分，无论是对当时的德国、美国,还是对以后的日本、韩国乃至几乎所有的工业后发国家的国民经济发展都具有重要的影响。如李斯特在分析早期美国工业的发展时就发现,“虽然美国最初实行的税制(1789年),对于主要的各种工业品只征收了很轻微的进口税,但在实行的最初几年就已获得显著效果”①。而“假如没有这样一个政策,美国大西洋各州的工业建设是绝不能胜利完成的”②。

从第二次世界大战后一些工业后发国家常采用的扶植保护政策看,主要的政策手段包括:①关税和非关税壁垒的保护政策;②财政和税收的倾斜政策;③金融和信贷的优惠政策;④技术的支持政策;⑤直接规制等产业组织政策。

日本在20世纪50年代发展钢铁工业的过程中,就曾依据社会振兴费用的学说使用过相应的扶植政策。当时,日本的钢铁工业相对于欧美国家的同行而言是一个幼小的产业,为了保护和扶植日本钢铁工业的发展,政府实施了一系列的“合理化”政策,其中有一项就是利用较高的关税成功地保护了日本的钢铁工业。1951年,日本修改了有关钢铁产品的关税,将生铁的税率定为15%,钢锭的税率定为12.5%,钢材的税率也定为15%。③ 这样的税率大大高于当时欧美同类产品的税率。一直到1967年底,这样的高进口税率才通过关贸总协定的“肯尼迪回合”关税谈判予以降低。而此时,日本已成为世界钢铁大国,其钢铁工业具有较强的国际竞争力。

在利用税收等手段对幼小产业进行扶植方面,我国政府对光伏产业的扶植政策可以看作产业结构政策在此方面的一个例子。2013年7月4日,国务院颁布了《关于促进光伏产业健康发展的若干意见》。该文件除了在电网建设、土地使用等方面给予优惠的政策支持以外,还明确规定了对光伏发电的电价补贴、对光伏产业的税收优惠、对光伏企业的信贷支持等方面的内容。④ 政府试图通过产业结构政策的保护和扶植,使我国的光伏产业能获得迅速成长。

第四节 衰退产业的调整政策

一、衰退产业特征与调整政策

衰退产业通常是指由于技术进步或需求变化等非主观因素致使市场需求减少、生

① 李斯特. 政治经济学的国民体系[M]. 北京:商务印书馆,1997:89.

② 李斯特. 政治经济学的国民体系[M]. 北京:商务印书馆,1997:97.

③ 小宫隆太郎,奥野正宽,铃村兴太郎. 日本的产业政策[M]. 北京:国际文化出版公司,1988:295.

④ 国务院. 关于促进光伏产业健康发展的若干意见[EB/OL]. [2013-07-15]. http://news.xinhuanet.com/energy/2013-07/15/c_125010780.htm.

产能力过剩且无增长潜力的产业。其中,无增长潜力是衰退产业的一个最本质的特征。它说明该产业所提供的产出在整个国民经济总产出中所占比重大幅度下降,而且产业的增长弹性和收入弹性的指数已经很低,已无大规模增长的潜力。衰退产业的另一些基本特征包括:第一,生产能力过剩,企业开工不足,持续性地供大于求;第二,整个产业生产效益滑坡,亏损面不断增加;第三,资本、人才等生产要素开始退出、转移;第四,企业由于“过度竞争”而被“套牢”。衰退产业调整政策就是对因产业结构升级转换而陷于困境的某些产业进行结构性调整的产业结构政策,也有学者称之为产业结构调整援助政策。

衰退产业调整政策的理论基础可以追溯到20世纪30年代张伯伦提出的“能力过剩”概念以及60年代贝恩提出的“过度竞争”概念。以后日本学者也经常使用这两个概念,并为日本政府制定产业政策提供了理论依据。战后日本最早确定的衰退产业是煤炭业,随后是纺织、造船、有色金属等一批产业,并对这些衰退产业制定了各种调整援助政策和各项法律,取得了一定的效果。欧盟的主要成员国针对能力过剩和过度竞争问题,也先后制定了相应的调整政策,以解决失业和企业亏损等问题。

确定衰退产业,从而进行有效的政策调整,是产业结构政策的重要内容之一。由于研究或处理“能力过剩”“过度竞争”必然涉及“结构性冲击”和“退出障碍”等问题,所以必须在确定衰退产业的同时制定和实施产业调整政策,以减少退出阻力并促进产业结构调整。

二、衰退产业调整政策的目标及实施手段

对衰退产业要不要进行调整,怎样进行调整,这不仅是个理论问题,更是一个政策问题。如果政府不对衰退产业进行调整,或者仅仅依靠市场机制作用,就会影响资源的有效配置,进而影响产业结构的优化和生产要素的合理组合,因此,对衰退产业进行调整是必要的。

衰退产业调整政策的目标,就是政府通过减缓“结构性冲击”和“退出障碍”的政策性措施,对那些单靠市场机制的作用已难以促进其生产要素自由流动的衰退产业进行有序的收缩性调整,以使资源和生产要素优化配置,重新组合。

在实施衰退产业调整政策时,可以根据不同的情况采取不同的手段。这些手段包括法律手段、经济手段和行政手段。

法律手段主要是通过立法形式降低生产要素退出障碍。其主要手段如:第一,规定衰退产业设备报废时间和报废数量,加速固定资产折旧,如日本《工业设备临时措施法》等;第二,勒令某些产业内的企业缩短工作时间或干脆令其停止生产,如对那些污染严重的工业;第三,根据有关法律实施各种调整援助政策,如调整机器设备,加速资

产折旧，清理产品库存，加速资产转换，调整人员结构等。

经济手段主要是通过财政、金融、价格、关税等手段援助衰退产业生产要素的合理流动，其主要手段如：第一，设立产业调整援助基金，援助产业内某些企业退出，某些企业继续生存；第二，通过财税政策，以补偿援助衰退企业的能力过剩和退出障碍。

行政手段主要有：第一，引导生产要素在产业间的梯度转移；第二，引导产业内企业进行重组合并；第三，引导企业内部的资产重组；第四，直接干预区域性产业结构的调整；第五，直接干预社会保障制度的建立与完善等。

上述三种手段是相互联系的。在实现政策目标时，往往交叉运用这三种手段。

上海 20 世纪 90 年代调整纺织工业的案例

在对衰退产业的调整政策的实施方面，上海市在 20 世纪 90 年代对纺织工业的调整政策实施上是较为成功的一个例子。中华人民共和国成立后，上海作为我国重要的纺织工业基地，其纺织工业为上海乃至全国的经济建设都作出了巨大贡献。但由于种种原因，上海纺织工业在 1981 年达到了叠峰后就一直停滞不前，进入 90 年代后上海纺织工业的形势更是令人担忧：生产下降、利润滑坡、亏损面扩大、亏损额增加，一批企业濒临破产、大批职工下岗待业。为此，上海市结合当时对主导产业选择的契机，决心对本市的纺织工业进行收缩性的战略调整。在这次调整中，一个重要的方面是行业总量的压缩，包括生产能力的压缩、员工的分流等措施。在生产能力的压缩方面，在 1992—1999 年间，行业最大的棉纺生产能力压缩了近一半，棉纺锭从 250 多万锭压缩至 127 万锭；从员工分流来看，1992—1997 年间，共分流员工 42 万人。① 至此，上海纺织工业顺利实现了收缩性的调整，可以腾出大量的资源发展当时已确定的六大主导产业。

参考文献

[1] 下河边淳，管家茂．现代日本经济事典[M]．北京：中共中央党校出版社，1992.

[2] 上海统计局．上海统计年鉴·2001[M]．北京：中国统计出版社，2002.

[3] 小宫隆太郎，奥野正宽，铃村兴太郎．日本的产业政策[M]．北京：国际文化出版公司，1988.

[4] 李斯特．政治经济学的国民体系[M]．北京：商务印书馆，1997.

---

① 杨公朴，夏大慰．上海工业发展报告——工业产业结构调整、优化、升级[M]．上海：上海财经大学出版社，2003：321—322.

[5] 杨公朴,夏大慰 . 上海工业发展报告 —— 工业产业结构调整、优化、升级[M]. 上海:上海财经大学出版社,2003.

[6] 杨沐 . 产业政策研究[M]. 上海:上海三联书店,1989.

[7] 阿格拉 . 欧洲共同体经济学[M]. 上海:上海译文出版社,1985.

[8] 国务院 . 关于促进光伏产业健康发展的若干意见[EB/OL]. [2013-07-15]. http: //news. xinhuanet. com/energy/2013-07/15/c_125010780. htm.

[9] 周振华 . 产业结构政策的选择基准:一个新的假说[J]. 经济研究,1989(3).

[10] 查莫斯 · 约翰逊 . 通产省与日本的奇迹[M]. 北京:中共中央党校出版社,1992.

[11] 夏大慰,史东辉 . 产业政策论[M]. 上海:复旦大学出版社,1995.

[12] 龚仰军,应勤俭 . 产业结构与产业政策[M]. 上海:立信会计出版社,1999.

[13] 龚仰军 . 产业结构研究[M]. 上海:上海财经大学出版社,2002.

[14] 赫希曼 . 经济发展战略[M]. 北京:经济科学出版社,1991.

[15] JOHNSON C. *The industrial policy debate*[M]. ICS Press,1984.

[16] 篠原三代平 . 産業構造と投資配分[J]. 東京:一橋大学經濟研究,1957(8).

推荐阅读书目

[1] 邓伟根 . 产业经济:结构与组织[M]. 广州:暨南大学出版社,1990.

[2] 杨沐 . 产业政策研究[M]. 上海:上海三联书店,1989.

[3] 周振华 . 产业结构优化论[M]. 上海:上海人民出版社,1992.

[4] 夏大慰,史东辉 . 产业政策论[M]. 上海:复旦大学出版社,1995.

[5] 龚仰军,应勤俭 . 产业结构与产业政策[M]. 上海:立信会计出版社,1999.

[6] 龚仰军 . 产业结构研究[M]. 上海:上海财经大学出版社,2002.

第六章　市场结构

经济学理论根据市场结构中的变量可以预测卖方行为的系统性差异。① 在哈佛学派的 SCP 分析框架中，市场结构是产业分析的起点和重要内容。市场结构之所以重要，是因为市场结构决定了该产业中企业的市场行为，这种行为又决定了产业的市场绩效状况。在现代分析框架中，市场结构提供了观察产业竞争的初始指标，因为在任一时刻市场结构都会对企业赢利能力产生约束性影响。②

第一节　市场结构的含义

结构通常定义为整体的有机构成，即组成整体的各种要素以及要素之间的关系。市场主体间最基本的关系是竞争关系。因此，市场结构通常定义为对市场竞争性质和价格行为产生战略影响的市场组织特征。③ 具体来说，市场结构是指规定市场的卖者（企业）之间、买者（企业或消费者）之间、买者与卖者之间，以及市场上已有的买者和卖者与准备进入市场的潜在的买者和卖者之间等诸关系的因素及其特征。

根据卖方之间、买卖方之间以及在位卖方与潜在卖方之间的组织特征，可将市场结构划分为四种基本的形态。罗宾逊夫人主要依据同一市场中卖方的结构性因素对竞争和垄断程度的影响，把市场划分为完全竞争、垄断竞争、寡头垄断、完全垄断四种基本形态。④ 相似的市场形态划分者还有贝恩、植草益等，例如谢泼德（Shepherd）对市场结构的具体划分如表 6－1 所示。

---

① 谢勒．产业结构、战略与公共政策[M]．北京：经济科学出版社，2010：4.

② 多纳德·海，德里克·莫瑞斯．产业经济学与组织[M]．北京：经济科学出版社，2001：475.

③ BAIN. *Industrial organization*[M]. New York：John Wiley & Sons Inc.，1968：179.

④ 琼·罗宾逊．不完全竞争经济学[M]．北京：华夏出版社，2012.

表 6—1　　谢泼德对市场结构的划分

市场结构	主要条件
完全垄断	一个企业占有 100%的市场份额
主导企业	一个企业占有 50%～100%的市场份额，没有相抗衡的企业
紧密寡头	前 4 位企业共同占有 60%～100%的市场份额，它们之间很容易串谋固定价格
松散寡头	前 4 位企业共同占有最高 40%的市场份额，它们之间串谋固定价格是不可能的
垄断竞争	存在许多有实力的竞争对手，任一企业都不能占有 10%以上的市场份额
完全竞争	至少存在 50 个以上的竞争者，任一企业的市场份额均微不足道

资料来源：SHEPHERD. *The economics of industrial organization*[M]. Englewood Cliffs: Prentice-Hall，1990.

依据构成某一特定市场的卖者和买者两方的结构性因素对竞争和垄断程度的影响，可以把市场分为完全竞争、单边不完全竞争和双边不完全竞争等基本形态，如卖方垄断、买方垄断、双边垄断。

鲍莫尔在“可竞争市场：产业结构理论的一次革命”发言中，根据潜在进入者进入某一特定市场的条件，还区分了可竞争市场和进入限制市场。①

完全竞争和完全垄断是两种最极端的市场结构形态。在完全竞争和完全垄断之间存在广阔的“中间地带”，现实的市场具有多种复杂的竞争形态，需要从多个维度具体描述某一特定市场影响竞争关系的组织特征，而且不同市场上可能需要不同的市场结构维度来描述竞争的主要组织特征。

在完整的 SCP 分析框架（见图 6—1）中，市场结构大致居于基本状况与市场行为之间，是直接影响市场行为的外部环境因素之一，其核心是竞争者的种类、数量和分布，其中，市场集中度、规模经济、产品差异、进入壁垒等常被用来刻画市场结构的状况。

同一市场上卖方或买方内部一般存在着不同的竞争关系，进行着不同程度的竞争。以卖方为例，同一市场上的不同企业可能面临来自不同的主要竞争对手和边缘竞争对手的竞争。首先，一个产业内生产相同或类似产品的企业相互之间构成了直接的竞争威胁。其次，同一产业内上下游企业的合作方式也直接影响到竞争关系和竞争程度。最后，通过直接投资则在一定程度上打破了市场区隔，形成了市场交叉，扩大了产业竞争的范围，丰富了多层次的竞争关系。

① 鲍莫尔．可竞争市场：产业结构理论的一次革命[R]. 美国经济学会年会，1981.

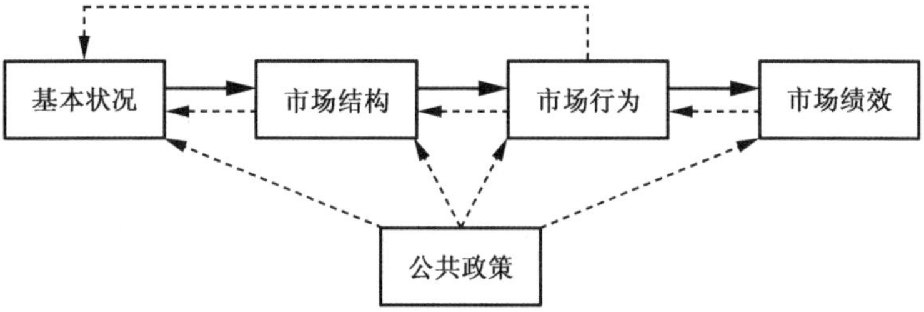

资料来源：谢勒．产业结构、战略与公共政策[M]．北京：经济科学出版社，2010：3.

图6—1　结构—行为—绩效框架

第二节　市场集中度

一、市场集中度的含义

集中度是衡量国民经济或特定产业中少数大企业占有资源（市场）程度的指标，通常可以分为一般集中度和市场集中度。

一般集中度是用于表示在整个国民经济或全部企业的经济活动中，少数最大的上位企业所占的比例，如中国百强企业的资产比重或销售额比重。市场集中度是用于刻画在特定产业或市场中买者或卖者具有如何相对规模结构的指标。市场集中度直接影响在位企业之间的竞争关系和竞争程度。人们在研究产业组织问题时，更多的是研究同一产业内的企业竞争问题，因而通常所说的市场集中度主要是指卖方市场的集中度。

二、影响市场集中度的因素

谢勒发现，在不同的国家，一些产业的市场集中度具有很强的相似性。[①] 在6个国家的酿酒、烟草、纺织、涂料、石油精炼、制鞋、玻璃瓶、水泥、普通钢、润滑轴承、冰箱、蓄电池12个产业中，烟草、玻璃瓶等产业的集中度普遍较高，制鞋、涂料、纺织等产业的集中度一般较低。这种现象说明，各国的市场集中度既具有很大的相似性，也存在一定程度的差异性。工业先行国的市场集中程度的演变过程，可以为工业后发国提供

① SCHERER. *Industrial market structure and economic performance*[M]. Chicago：Rand Mcnally College Publishing Company，1980：70.

某些启示。决定市场集中度的因素，既有国别、市场规模、消费者偏好等方面的不同因素，也有一些共同的因素使得各国之间的市场集中程度具有很强的相关性。

（一）经济因素

一个产业市场集中程度的高低，主要是由该产业的市场容量和生产的技术特点所决定的。而生产的技术特点，又在很大程度上可以由其规模经济性表示出来。因此，市场容量和该产业的规模经济性要求，就是决定一个产业市场集中度的主要因素。

在企业规模经济性不变的前提条件下，市场容量的变化与市场集中度反方向变动。当企业的规模经济性要求不变时，更大的市场容量就意味着能容纳更多的企业，而一个市场中拥有越多的企业，就意味着这个市场的集中度越低。如在现实经济中，当市场需求增加时，就要求有更多的产出来满足增长的市场需求。而此时，若市场中的企业保持原有的生产规模时，就必然需要有新企业进入市场。而更多企业进入市场，必然导致该市场的集中度降低。反之，当同样企业的规模经济性要求不变时，较小的市场容量只能容纳较少的企业，而一个市场中拥有较少的企业，就意味着这个市场的集中度较高。在现实经济中，当市场萧条时，市场需求萎缩，就要求减少供给来适应市场需求的萎缩。当企业的生产规模不变，则必然的结果是部分低效率的、抗风险能力较弱的企业退出市场，而随着市场中企业数量的减少，势必导致该市场的集中度升高。

一般地，一些规模经济要求较高的产业，市场集中度就表现为较高，如大型的加工组装业（包括飞机制造业、大型船舶制造业等）、大型的装置型工业（包括钢铁工业、化工工业等），以及具有网络经济特点的产业（如电力的输送、信息的传输、铁路的运输等）；而一些规模经济性要求较低的产业，市场集中度就往往较低，如餐饮业、旅馆业、广告、家政服务等传统的服务性行业，以及诸如小型印刷业、编织业等所谓的都市型工业。

此外，诸如消费者偏好的多样性、稀缺资源、产品或原材料的运输成本和贮藏条件、初始市场集中度等客观因素也会影响一个产业的市场集中程度。

（二）企业战略和制度因素

首先，从企业战略的角度分析。一般地，企业总是有着扩大其规模的倾向。这是由于企业总是力图采取减少竞争对手，扩大和巩固市场占有份额的战略。同时，企业为达成这样的战略目标，以形成产品差异化和设置进入壁垒而采取的一系列手段，也对企业规模的扩大和市场集中度的提高具有很大影响。在现实的经济中，为了强化自身的垄断势力以获取超额利润，只要企业规模的扩大不会带来单位生产成本的上升从而产生规模的不经济性，企业就会充分运用各种手段，扩大企业规模。而且，有时即使企业规模过大会导致规模的不经济性，但只要能强化垄断地位从而带来超额利润，企业也会通过各种手段来进一步扩大自身的规模。

其次，以国家政策与法律观察。在影响市场集中度的各种政策与法律因素中，有些有利于促进市场集中，而有些则成为限制市场集中的因素。如反垄断政策和法律是一种体现国家维护竞争的政策，在某种程度上是限制集中和垄断的一种因素。此外，保护中小企业合法权益的中小企业政策和法律，也在一定程度上有利于限制市场的过度集中。与此相反，也有一些产业组织政策和法律是有利于集中的。如专利法是维护技术垄断的法律，专利法有利于巩固在位企业的已有优势，促成技术上的进入壁垒。关税和非关税保护政策及限制外资的法律等是限制外国竞争者进入本国市场的因素。此外，政府的订货、税制等方面的优惠政策以及生产许可证制度等也会成为促进市场集中的因素。

三、常用的市场集中度指标

市场集中度的刻画有多种不同的方法。不同的刻画方法，有着各自不同的长处和缺陷。“只有恰当反映市场力量的集中度指标才是良好的集中度指标。”[①]我们在本教材中介绍几种常用的刻画市场集中度的方法。[②]

（一）绝对集中度指标

最常见的刻画市场集中度的指标是绝对集中度指标，通常用在规模上处于前几位的企业的生产、销售、资产或职工的累计数量占整个市场的生产、销售、资产、职工总量的比重来表示。其计算公式为：

$$CR_n = \sum_{i=1}^{n} X_i / \sum_{i=1}^{N} X_i \qquad \text{（公式 6－1）}$$

其中，CR_n 表示市场上规模最大的前 n 位企业的市场集中度（一般来说，n 在 4～8 之间，最常见的是 CR_4，测量市场或产业中最大的 4 个企业的资源份额），X_i 为按照资源份额大小排列的第 i 位企业的生产额或销售额、资产额、职工人数，N 为市场上卖方企业数目（计量买方集中度时指买方的数目），$\sum_{i=1}^{n} X_i$ 表示前 n 位企业的生产额、销售额、资产额或职工人数之和。CR_n 接近于 0，意味着最大的 n 个企业仅供应了市场很小的部分；相反地，CR_n 接近于 1，意味着非常高的集中程度。

在实际使用中，绝对集中度是比较容易测量的，而且这一指标又能较好地反映产业内生产集中的状况，显示市场的垄断和竞争的程度，因而绝对集中度作为市场集中

---

① 王俊豪．产业经济学[M]．北京：高等教育出版社，2008：46.

② 在一些其他的文献中，有着更多的刻画市场集中度的方法，如杨公朴、夏大慰、龚仰军（2008），王俊豪（2008），Miller（1971）等。

度指标使用得非常广泛。但是，绝对集中度指标仅仅反映了产业中规模最大的前几位企业的市场集中程度，单凭这一指标还难以把握产业内全部企业的规模分布状况。

例如，两个产业中最大的 4 个企业的市场集中度都是 0.9，各自 4 个企业的市场份额如表 6—2 所示。产业 A 和产业 B 具有相同的 CR_4，意味着 4 个企业的市场集中度相同。实际上，产业 A 中存在一个主导企业，其市场份额达到 80%；而产业 B 中各企业规模基本相当。在此，4 个企业的市场集中度没有揭示最大 4 个企业中是否有一个或几个企业主导了整个产业。

表 6—2　　两个产业中最大 4 个企业的市场份额

	企业 1	企业 2	企业 3	企业 4
产业 A	0.80	0.05	0.03	0.02
产业 B	0.25	0.23	0.22	0.20

（二）赫希曼—赫菲德尔指数

赫希曼—赫菲德尔指数（Hirschman-Herfindahl Index），简称 H. H. I 或 H 指数。其计算公式为：

$$H.H.I=\sum_{i=1}^{n}\left(\frac{X_i}{X}\right)^2=\sum_{i=1}^{n}S_i^2 \qquad \text{（公式 6—2）}$$

其中，X 代表市场总规模，X_i 代表第 i 个企业的规模，$S_i=X_i/X$ 表示第 i 个企业的市场占有率，n 为该产业内的企业数。实际应用中，人们常用 10 000 乘以份额平方和来便利地表达 H 指数。例如，美国司法部曾在有关的水平合并指南中规定：对于 $H.H.I$ 高于 1 800 的市场，政府有可能对使指数提高 50～100 个点的合并进行干预；对于 $H.H.I$ 在 1 000～1 800 之间的市场，一项合并若使指数提高 100 点，政府就要进行调查；对于 $H.H.I$ 低于 100 的市场，政府不会对合并进行干预。

当市场由一家企业独占，即 $X_1=X$ 时，$H.H.I=1$。当所有的企业规模相同，即 $X_1=X_2=X_3=\cdots=X_n=X/n$ 时，$H.H.I=1/n$。产业内企业的规模越是接近，且企业数越多，H 指数就越接近于零。另外，显然 $H.H.I$ 指数对规模较大的前几家企业市场份额的变化特别敏感。因此，$H.H.I$ 指数在市场集中度的研究中，作为一个能综合反映产业内企业规模分布的指标而被广泛应用。

（三）洛伦茨曲线和基尼系数

洛伦茨曲线描述了某市场中企业数量比例（规模从小到大的企业数量占企业总数的比例）与累计市场占有率之间的关系（参见图 6—2）。在反映洛伦茨曲线的图中，横坐标表示由最小企业开始的企业数累计百分比，纵坐标表示这些企业的累计销售额在全部市场中的占比。

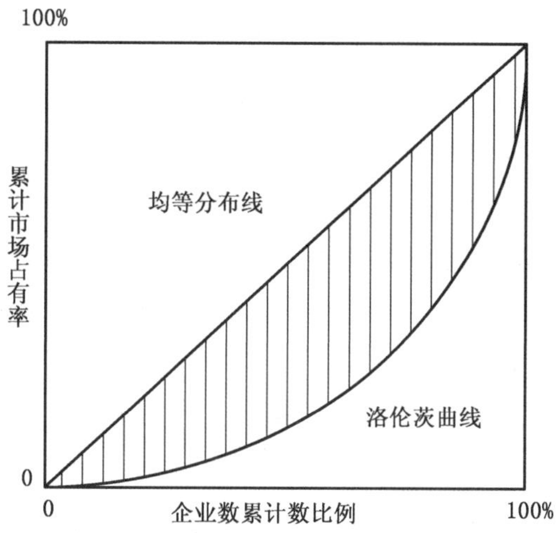

图 6—2　洛伦茨曲线

当某一特定市场上所有企业的规模完全相同时，洛伦茨曲线与图中的对角线（即均等分布线）重合；当企业的规模不完全相同时，洛伦茨曲线是均等分布线下方的一条曲线，曲线越偏离对角线，企业规模分布的不均度也越大；极端地，当市场上只有一家企业时，洛伦茨曲线就变为了下三家形的两条直角边。因此，洛伦茨曲线能够反映产业内全部企业的市场规模分布情况。

基尼系数是建立在洛伦茨曲线基础上的一个相对集中度指标。基尼系数等于均等分布线和洛沦茨曲线之间的面积（以阴影部分表示）与以均等分布线为斜边、以纵横两轴为直角边构成的三角形面积之比，即：

$$\text{基尼系数}=\frac{\text{均等分布线与洛伦茨曲线之间的面积}}{\text{均等分布线以下的三角形面积}} \qquad \text{（公式 6—3）}$$

基尼系数在 0 与 1 之间变动。当基尼系数等于零时，意味着所有企业规模完全相等；反之，当基尼系数越大，意味着阴影部分的面积越大，企业规模分布越不均匀。

用洛伦茨曲线和基尼系数表示的相对集中度指标，可以反映某一特定市场上所有企业的规模分布状况。但是，这种相对集中度指标也有其局限性。当两条不同形状的洛伦茨曲线所围的面积大小相等时，基尼系数也就相同了。因此，基尼系数并不代表某一特定市场中唯一的企业规模分布。此外还要注意，洛伦茨曲线以及相应的基尼系数作为相对集中度的指标，所反映的是特定市场中企业规模分布的不均匀程度，是相对集中度的量度而不是绝对集中度的量度。例如，两家各自拥有 50％市场占有率企业组成的市场，会与 100 家各自拥有 1％市场占有率企业组成的市场具有同样的洛伦茨曲线，它们的基尼系数都为零。然而，这两种情况下的市场结构显然是不同的。

（四）判断市场集中度指标优劣的标准

不同市场集中度指标有着不同的特点。一些学者曾经调查了各种集中度指数在统计上的关系，然而结果并不令人满意，市场集中指数的相关性存在较大的差异。

豪和泰德曼（Hall & Tideman）曾提出了判断市场集中度的六个标准：第一，一维指标；第二，独立于产业规模；第三，符合转移原则（较小企业的市场份额向较大企业转移，将提高集中程度）；第四，如果所有企业都被分成 k 个大小相同的部分，则集中度指标将降低 $1/k$；第五，如果市场有 n 个大小相同的企业，则集中度指数是 n 的减函数；第六，集中度指数在 0 和 1 之间。[①]

罕拉和凯（Hannah & Kay）也提出过判断市场集中度的七个标准：第一，提高 i 个最大企业的总份额将提高集中程度；第二，转移原则成立；第三，低于某些规模的新企业进入将降低集中程度；第四，兼并会提高集中程度；第五，消费者随机地更换品牌将降低集中程度；第六，新企业的规模越小，其对集中程度的影响也将变小；第七，企业成长中的随机因素将提高集中程度。[②]

显然，不同特点的指标有着不同的长处，同样也有不同的缺陷。如在上述绝对集中度指标、H 指数和基尼系数中，绝对集中度指标仅仅考虑了大企业的集中程度而忽略了该产业中中小企业的分布状况；H 指数虽然考虑到企业中小企业的分布，但却对其与大企业等同看待，显然一个产业中大企业的行为对该产业的影响要远远地大于小企业；而基尼系数的计算则要求掌握业内所有企业对资源（市场）的占有状况，这在实际经济活动中是难以满足的。

此外，还要注意的是，大多数市场集中度指标刻画的是某个时点上企业规模分布的特征，也就仅仅都是静态的指标。这对分析现实的动态经济活动是具有一定的局限性的。

四、测量市场集中度的程序

在现实经济中，测量市场集中度的一般流程是：

（一）界定待测产业的范围

在进行市场集中度测量时，首先就是要界定产业的范围。在产业组织理论中，一般将需求交叉弹性高的商品群定义为同一产业。[③] 因此，最终用途具有高度替代性的

---

① HALL, TIDEMAN. Measures of concentration[J]. *Journal of the American Statistical Association*, 1967(62):162—168.

② HANNAH L, KAY J A. The concentration of mergers to concentration growth: a reply to Professor Hart[J]. *Journal of industrial economics*, 1981(29):305—313.

③ 在产业组织理论中，“产业”与“市场”几乎是同义语。

产品常被视为同一产业。当然,在重点研究企业在生产方面的竞争关系时,也常将使用相同原材料或相近工艺的企业归为同一产业。以需求的视角还是以供给的方面来界定产业的范围,没有统一的规定,应当视研究问题的要求而定。

其次是要考虑市场的地理范围,即要测量的市场是区域市场,还是全国市场,甚至是国际市场。当某产品主要是在某一区域进行销售时,若是采用了全国性的数据,可能会低估了该区域的市场集中度(如啤酒的市场即是如此)。当某产品的进口比例很高时,基于国内的集中度指标可能夸大了实际的市场集中程度。

此外,还要考虑产品与企业的关系。市场集中度的指标通常隐含着产品与企业之间存在着清晰的对应关系。但在现实的经济中,这两者并不必然一致。例如,多工厂和多产品企业就难以准确地归属到某个市场。这样,集中度指标就难以真实地反映市场的集中度了。

(二)确定具体的指标变量

企业和市场的规模是衡量集中度的基础。企业规模有多种不同计量基础,例如销售收入、总资产、员工数量等。尽管不同的计量基础测量出来的集中度指标可能高度相关,[①]但仍然可能测量出不同的产业集中度指标,因而选择良好的计量基础仍然是值得注意的问题。

在市场集中度的测定中,一般常用生产额或销售额等指标。而在一般集中度的测定中,除销售额以外,还常采用附加价值额和资本额作为指标变量。

(三)确定具体的测定集中度的统计方法

研究集中度指标的文献至今也没有找到公认的、理想的市场集中指标。而现实中的经济活动是相当复杂的,没有一个集中度指标在任何情况下都优于其他指标。由于分析市场集中度通常是为了进一步分析企业的市场行为,因此只有影响到企业行为的市场集中度才是重要的,由此考察市场集中度的指标要与企业的行为相关。

如在双寡头的市场结构中,两个寡头密切关注彼此间的相互作用,忽略其他竞争者。在这个市场中,相比 H. H. I 考虑所有企业,两企业集中度 CR_2 更能揭示真实的市场状况。另一方面,如果小企业对产业行为发挥重要影响,n 企业集中度指标 CR_n 就不能准确描述市场结构。

具体采用哪种测定市场集中度的统计方法,应根据实际研究的需要来确定。由于各种衡量市场集中度指标的性质特点各不相同,因此应尽可能综合地采用绝对集中度指标、相对集中度指标和 H. H. I 等进行测定,以准确反映产业集中的状况。

---

① BLAIR. Economic concentration: structure, behavior and policy[M]. New York: Harcourt Brace Jovanovitch, 1972.

五、市场集中度的分类标准

对市场集中度的测量和把握，是政府制定有关产业组织政策，维护和健全市场秩序的基础。由于各国国情不同，各国政府对本国产业的垄断程度和竞争类型划分的具体标准也不尽相同。

贝恩最早运用绝对集中度指标进行分类研究，并对当时美国产业的集中程度进行了测定(参见表 6—3)。

表 6—3　　贝恩对美国产业垄断和竞争类型的划分

<table>
<tr><th colspan="2">类　型</th><th>CR_4</th><th>CR_8</th><th>该产业的企业总数</th><th>列入该类型的产业</th></tr>
<tr><td rowspan="2">Ⅰ.极高寡占型</td><td>A</td><td rowspan="2">75%以上</td><td></td><td>20 家以内</td><td>轿车、电解铜、氧化铝</td></tr>
<tr><td>B</td><td></td><td>20～40 家</td><td>卷烟、电灯、石膏制品、平板玻璃</td></tr>
<tr><td colspan="2">Ⅱ.高集中寡占型</td><td>65%～75%</td><td>85%以上</td><td>20～200 家</td><td>轮胎、洋酒、变压器、洗衣机</td></tr>
<tr><td colspan="2">Ⅲ.中(上)集中寡占型</td><td>50%～65%</td><td>75%～85%</td><td>较多</td><td>粗钢、钢琴、轴承</td></tr>
<tr><td colspan="2">Ⅳ.中(下)集中寡占型</td><td>35%～50%</td><td>45%～75%</td><td>很多</td><td>使用肉类制品、壁纸、杀虫剂</td></tr>
<tr><td colspan="2">Ⅴ.低集中寡占型</td><td>30%～35%</td><td>40%～45%</td><td>很多</td><td>面粉、男式鞋、女式鞋、水果和蔬菜罐头、涂料</td></tr>
<tr><td colspan="2">Ⅵ.原子型</td><td></td><td></td><td>极多，不存在集中现象</td><td>妇女服装、纺织、木制品中的大多数</td></tr>
</table>

资料来源：BAIN. *Industrial organization*[M]. New York: John Wiley & Sons Inc.，1968：137—144.

日本学者越后和典根据贝恩的分类方法和日本产业分类的实际情况，将日本产业的垄断和竞争类型分成五类，分类标准参见表 6—4。

表 6—4　　越后和典对日本产业垄断和竞争类型的划分

<table>
<tr><th colspan="2">类　型</th><th>CR_1</th><th>CR_3</th><th>CR_5</th><th>CR_{10}</th></tr>
<tr><td colspan="2">A 型(极高寡占产业)</td><td>≥70%</td><td></td><td></td><td></td></tr>
<tr><td rowspan="2">B 型(高寡占产业)</td><td>Ba</td><td>≥50%</td><td rowspan="2">≥80%</td><td rowspan="2">=100%</td><td></td></tr>
<tr><td>Bb</td><td>Ba 型以外</td><td></td></tr>
<tr><td rowspan="2">C 型(中寡占产业)</td><td>Ca</td><td>≥35%</td><td></td><td></td><td rowspan="2">≥80%</td></tr>
<tr><td>Cb</td><td>Ca 型以外</td><td></td><td></td></tr>
<tr><td colspan="2">D 型(准中寡占产业)</td><td></td><td></td><td></td><td>≥50%</td></tr>
<tr><td colspan="2">E 型(低集中产业)</td><td></td><td></td><td></td><td><50%</td></tr>
</table>

资料来源：夏大慰. 产业组织学[M]. 上海：复旦大学出版社，1994：32.

根据上述分类标准，越后和典对日本 17 个部门 156 个产业的垄断和竞争程度进行了分类。这 156 个产业包括日本工业中的大部分主要产业，其中属于 E 型的仅 21 个产业，加上 D 型也不过 57 个产业，可见日本工业中的绝大多数产业属于寡占产业。集中度高的产业最多的部门是化学工业，而集中度低的产业最多的部门是纤维制品和木材、木制品工业。

第三节　规模经济

在本章第二节中，我们已经阐述了规模经济是影响市场集中度的一个主要经济因素，从而也成为影响市场结构的一个主要因素。

一、规模经济的含义

在一般的经济学教科书中，规模经济通常是指“当生产或经销单一产品的单一经营单位因规模扩大而减少了生产或经销的单位成本时而导致的经济”①，即可简单理解为，随着企业扩大经营规模而降低平均成本，从而提高盈利的过程。规模经济可用图 6—3 来演示。

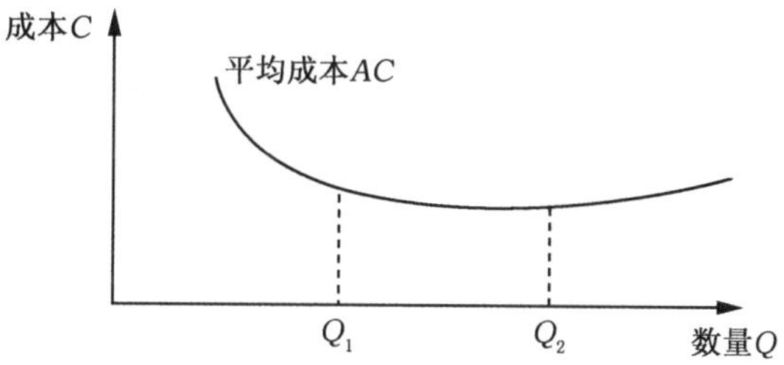

图 6—3　规模经济示意图

在图 6—3 中，当产量 $Q \leqslant Q_1$ 时，平均成本 AC 是不断下降的，表示在此阶段存在着规模经济；在 $Q_1 \leqslant Q \leqslant Q_2$ 时，AC 基本不变，表示此时扩大产量已经享受不到规模经济了；而当 $Q \geqslant Q_2$ 时，表示此时若增加产量，平均成本也将随之上升，此阶段被称之为规模不经济。图 6—3 中的 Q_1 则被称为最小最优规模（MES②）。

---

① 小艾尔雷德·D. 钱德勒．企业规模经济与范围经济[M]．北京：中国社会科学出版社，1999：19.

② MES 为英语 Minimum Efficient Scale 的缩写。

二、规模经济的来源和类别

(一)规模经济的来源

规模经济的来源大体上可归纳为三个:一是生产技术的进步,二是管理效率的提高,三是外部经济所导致。

1. 源自生产技术进步的规模经济

一般地,随着生产技术的进步,更为高效的设备出现了。为了更有效地、更经济地采用高效的设备,就要求生产活动达到一定的规模(即满足高效设备的一定负荷)。普兰顿(Pratten)认为,技术规模经济可带来成本的节约,这主要是由于分工和专业化的利益、固定成本的分摊和学习效应。①

(1)分工和专业化的利益。首先,劳动者可通过分工从事更为专门化的作业,这样有利于劳动熟练程度的提高和产出的增加;其次,分工也可以减少劳动过程中不同作业之间转换所造成的时间损失,从而提高劳动的效率。亚当·斯密在1776年出版的《国富论》中就对此有过论述,并举了一个扣针制造的例子,说明了分工是如何提高产量的。②

(2)固定成本的分摊。随着技术进步,必然会出现更为高效的机器设备。这些机器设备除了高效的特点外,一般投入成本也较高,必然要求有更多的产出来分摊投入成本,而大规模的生产就可以摊薄投入的固定成本。

(3)学习效应。对于一项新出现的技术,人们经过反复的操作,会越来越熟练地掌握。这在管理学中就是所谓的"学习效应"。结合规模经济的内容,学习效应就是指劳动者通过长期生产实践,积累操作经验,通过增加产量导致的单位产品劳动投入量和长期平均成本下降,使企业能够用较低的劳务成本生产较多的产品。

2. 源自管理效率提高的规模经济

大规模的生产,除了来自生产技术的规模经济外,还有源自管理效率提高的规模经济。例如:大规模购买原材料时,往往可以使得企业更具议价能力,从供应商那里获得较低的价格,从而带来成本上的节约;大规模的销售则可以节约广告费用、提升销售渠道的效率,从而降低了单位产品的销售费用;大规模企业在进行研发活动时,一方面比小企业更容易获得资源上的保障,另一方面也有助于研发成本的分摊,从而带来研发效率的提高;大规模企业在管理上可以更易获得较高的管理效率,如能聘请更有经验的管理人员、借助更为高效的管理软件等。

---

① 杜朝晖. 产业组织理论[M]. 北京:中国人民大学出版社,2010:61.

② 亚当·斯密. 国民财富的性质和原因的研究[M]. 北京:商务印书馆,1979.

3. 充分利用外部经济的规模经济

经济学上的外部经济，通常是指本企业以外的其他经济主体的经济活动而导致本企业的收益，本企业作为受益者而不必为此付费。外部规模经济是指当整个产业的产量扩大时，该产业各个企业的平均生产成本下降。外部规模经济理论认为，在其他条件相同的情况下，产业规模较大的地区比规模较小的地区生产更有效率，产业规模的扩大可以引起该地区企业的规模收益递增，这会导致某种产业及其辅助部门在同一或几个地点大规模高度集中，形成外部规模经济。由于这一规模经济来自企业外部，因而“充分利用外部经济”不强调本企业要达到多大规模，而更看重外部环境中该产业的规模和市场表现。

外部规模经济理论由马歇尔于1890年首先提出，后经克鲁格曼（Krugman）等学者的完善而得到发展。马歇尔认为外部经济包括三种类型：第一，市场规模扩大，更有利于企业产品的销售和原材料的选择；第二，劳动力市场供应，形成了规模更大的劳动力供给市场以及具有特定技能的劳动力市场；第三，信息交换和技术扩散，使得企业在获取有关技术和市场信息方面可以更为迅速和成本低廉。[①] 总之，企业外部的各种因素，包括企业离原材料供应地和产品销售市场远近、市场容量的大小、运输通讯的便利程度等，都可导致企业的生产费用的减少。

（二）规模经济的类别

由规模经济的三个来源，可将规模经济分为三种类型，这就是工厂规模经济、企业规模经济和产业规模经济。

1. 工厂规模经济

源自生产技术进步的规模经济，通常是通过高效的机器设备来达到的，而高效的机器设备则是由完成各项作业的功能所组合的。因此，可以认为生产技术进步的规模经济是由于生产活动的不可任意分割性所导致的。一旦生产活动分割了，高效的机器设备也就不复存在了。

工厂规模经济通常表现在高速的流水生产性、大容量的装置型设备、明显的网络设施等方面，因而如汽车生产流水线、长流程的钢铁企业、大型化工装置、火力发电厂、电力输电网、有线通信网等，往往就是工厂规模经济最能体现的场所。

马克西（Maxy）和西尔伯斯通（Silberston）在1959年共同出版的《汽车工业》一书中，依据当时的生产技术水平，研究了汽车生产线的平均费用和产量之间的关系，描绘了汽车生产成本随产量不断下降的一条曲线，这就是闻名的马克西—西尔伯斯通曲

---

① 马歇尔．经济学原理[M]．北京：华夏出版社，2012.

线。① 根据马克西—西尔伯斯通曲线，可知当时汽车工业的 MES 为年产 40 万辆。

2. 企业规模经济

源自于管理效率提高的规模经济，不同于源自生产技术进步的规模经济（即工厂规模经济）。它不是依靠提高生产效率从而减少制造环节的成本，而是通过提高管理效率，在企业经营规模扩大的同时，减少了交易成本，摊薄了整个企业的管理费用，来达到降低企业经营成本的现象。我们把这样的随着企业经营规模扩大，单位产出的经营成本不断下降的现象称为企业规模经济。显然，“企业规模经济效益是建立在工厂规模经济效益基础之上，通过组织等非生产技术领域内的创新和联合所取得的，它是工厂规模经济的进一步扩展”②。

在现实的经济中，一些多产品生产企业较之单产品生产企业更容易显示出企业规模经济的优越性，如炼油企业通常是生产多种油品的，因为这样可以共用其蒸馏设备，提高蒸馏设备的使用率。在企业的兼并活动中，也能很清晰地看到企业规模经济的影子。在跨地区的横向兼并中，工厂规模经济明显不是其兼并的目标。如目前业内比较认同的观点是，采用长流程的炼钢工艺，其 MEC 至少要达到年产 1 000 万吨粗钢。而我国钢铁业巨头之一的河钢集团，是由原唐钢、邯钢、宣钢和承德钢铁等多家企业重组而成的，2018 年的粗钢产量为 4 489 万吨。③ 其中能达到这一 MEC 要求的炼钢企业寥寥无几，显然工厂规模经济不是河钢集团重组的主要目的。

3. 产业规模经济

导致工厂规模经济、企业规模经济的因素都来自一个企业的内部，是该企业的内部规模经济。而当一个企业的长期平均成本下降是由于随着其外部产业规模的扩大而发生时，就称其获得了产业规模经济。

产业规模经济除了一般的外部经济因素以外，对企业长期成本的下降影响较大的因素还包括：由于产业的扩大而导致专业化分工的深化，极大地降低了企业的外部协作成本；由于产业的集中而带来的基础设施进一步完善，也降低了企业的经营成本等。工业开发区的建设，就是利用产业规模经济的典型例子。

三、规模经济的确定

（一）最小最优规模的理论值

在经济学中，我们知道平均成本曲线 AC 会与边际成本曲线 MC 相交，只要 MC

---

① 夏大慰．产业组织学[M]．上海：复旦大学出版社，1994：129.

② 夏大慰．产业组织学[M]．上海：复旦大学出版社，1994：131.

③ 泰科钢铁．2018 年中国钢铁企业粗钢产量排行榜[EB/OL]．https://new.qq.com/omn/20190205/20190205A0CKC8.html.

小于 AC，企业就有扩大生产的意愿，此时就存在规模经济。因此，就可将 AC 与 MC 之比作为判定规模经济的判定系数，即令

$$s=AC/MC \tag{公式 6—3}$$

s 随产量 Q 的变化轨迹是从大于 1 到等于 1 再到小于 1，也即从规模报酬递增（此时存在规模经济），到规模报酬不变，再到规模报酬递减（此时存在规模不经济）。而使得 $s=1$ 的最小 Q 值，就是所谓的 EMS。

但这只是理论上的一个判定系数，在现实经济中，通常采用以下方法来确定企业的最优规模：技术定额法、费用比较法以及适者生存法

（二）技术定额法

所谓技术定额法，是根据生产工艺流程，计算出流程消耗，再根据流程消耗计算出该工艺流程的最佳规模（若一件产品由多道工艺流程构成，可按最小公倍的方法求之）。由于技术定额法按生产工艺流程计算而得，故也有称之为工程法的。

技术定额法的长处是：第一，该方法是按工艺的消耗计算而来，可信度较高；第二，该方法的确定只采用工艺的消耗数据，得到的结论比较客观。

技术定额法的局限性在于：第一，同一种产品可由不同的技术来生产，因此同样的产出可能有不相同的要素消耗，导致了不同的最佳规模；第二，一种定额只适合于一个特定的产业，通用性较低；第三，在现实经济活动中，除了工艺消耗外，其他一些因素（如操作技能、原材料质量、管理水平等）也会对工艺消耗有所影响，而忽略这些因素，可能会影响到最佳规模确定的准确性。

从技术定额法的确定方法来看，显然这种方法比较适合于工厂规模经济的确定。

（三）费用比较法

所谓费用比较法，是比较不同规模企业的生产或经营规模，选择平均费用最低者来确定最小最优规模的方法。对于费用比较法，也有称之为成本比较法的。

费用比较法的长处是：该方法不但考虑了生产成本，还考虑到管理费用，相对技术定额法考虑得更为全面。费用比较法的缺陷是：在采用此方法时隐含了一个前提，即规模经济是影响企业成本的唯一因素。

（四）适者生存法

适者生存法是新自由主义经济学派的斯蒂格勒（Stigler）提出的。斯蒂格勒在 1958 年一篇论文中指出："生存技术既避免了资源的估价问题，又避免了技术研究的假说性质。它的基本假定为：不同规模企业的竞争筛选出了更具效率的企业。"[①]适者生存法秉承了自由主义经济学的一贯思维模式，主张自由竞争，优胜劣汰，认为只要在

---

① 斯蒂格勒．产业组织[M]．上海：上海三联书店，上海人民出版社，2006：94.

长期市场竞争中得以生存的规模就是企业的最佳经济规模。

斯蒂格勒并且给出了用适者生存法来测算最优企业规模的过程，即“将产业中的企业按规模分类，然后计算各时期每类企业的产业产出份额。如果某一类企业的份额下降了，这类企业就是相对无效率的，并且通常来说，份额下降越快，效率越低”[①]。

适者生存法的长处是：第一，充分考虑到企业所处的市场环境和其生存能力，因为能存活下来的企业都是能适应所处环境和具有相应的适应能力的，其企业的规模也是在市场竞争中不断优选淘汰的结果；第二，适者生存法避免了其他方法在收集资料、数据运算方面的难题。适者生存法的缺陷是：没有排除垄断、政府补贴等非竞争的因素，也不能突出特定产业的生产技术特点。

如在 21 世纪头十年，我国不少产业都陷入了产能过剩的境地，钢铁工业也是其中之一。据悉，当时我国有大小钢铁企业 7 000 余家，尽管国家发展和改革委员会在 2005 年出台的钢铁产业政策中，明确要求到 2010 年钢铁业的 CR10 达到 50%，但经多方努力还是没能达到这一要求，还有大量规模在 MES 以下的企业存在。[②] 究其原因，地方政府的保护是其一个重要原因。由于钢铁工业对一地区的经济发展和就业等往往有着举足轻重的影响，不少地政府都采取种种保护措施吸引、发展、保护本地的钢铁工业，致使许多小钢厂还能在产能严重过剩的市场中生存。显然，在这样的保护下生存下来的钢铁企业，既不能反映出企业对市场的适应能力，也没有能够遵循钢铁业的生产技术特点。

四、范围经济

细心的读者可能已经注意到，我们在上文中所定义的规模经济，是指“当生产或经销单一产品的单一经营单位”，而现实经济中的企业往往同时生产多种产品。在这种情况下，我们可以引入“范围经济”的概念。在讨论企业规模经济时，我们实际上已经接触了范围经济的概念。在经济学中，范围经济可以用成本函数来定义：令 $C(Q_1, \cdots, Q_n)$ 为单一企业生产 n 种不同产品时的成本，$C(Q_i)$ 为第 i 个企业生产单一 i 产品时的成本，若此时存在：

$$\sum_{i=1}^{n} C(Q_i) \geqslant C(Q_1, \cdots, Q_n) \qquad \text{(公式 6－4)}$$

(公式 6－4)表明，只要单一企业生产 n 种产品的成本小于由多个企业分别生产 n 种产品的成本之和(这种现象也被称为成本劣加性)，就有范围经济存在。

---

① 斯蒂格勒．产业组织[M]．上海：上海三联书店，上海人民出版社，2006：95.

② 龚仰军，王民．钢铁产业[M]//上海财经大学中国产业发展研究院．2013 中国产业发展报告 —— 产能过剩和产业升级．上海：上海财经大学出版社，2013：148—184.

范围经济是一个与规模经济相联系却又不相同的概念。按钱德勒的观点，规模经济是当生产或经销单一产品的单一经营单位所增加的规模减少了生产或经销的单位成本时而导致的经济；而范围经济是指利用单一经营单位内的生产或销售过程来生产或销售多于一种产品而产生的经济。[①]

第四节　产品差异

产品差异是影响市场集中度从而影响市场结构的重要因素。产品差异在作为影响市场集中度因素的同时，本身也作为一种市场行为的策略，常被企业用于市场竞争。在本章，我们仅将其作为影响市场集中度的因素，不涉及作为市场行为策略部分。作为市场行为的差异化策略，我们在后面的章节中再讨论。

一、产品差异的含义和类型

（一）产品差异的含义

产品差异是指不同企业生产的同类产品存在着足以引起消费者偏好的特殊性，使消费者能将它与其他企业提供的同类产品相区别。用贝恩的话说，产品差异就是指"消费者能够区分、辨别各种竞争性产品或者对其有的特殊偏好"[②]。要提请注意的是，这种差异只需是消费者感觉上的，而非一定要真实存在的。因此，产品差异的实质是指消费者认为产品间的替代不完全的状况。

当消费者对某些企业或某些品牌产生特殊的偏好时，会认为某企业的这些产品"优于"市场上其他同类产品，此时该企业就能在不失去消费者的情况下将价格提高到竞争对手的价格水平之上。反之，"如果一个商标没能开发出（或没能保持住）产品差异，消费者将失去选择该产品而不选择其他产品的基础"[③]。

（二）产品差异、产业分布与市场结构

产品差异又称产品分化。在现实经济生活中，普遍存在着产品差异现象，不同产业中呈现出不同的产品差异程度。贝恩最早对各产业中的产品差异程度进行了系统的研究，部分结果如表 6－5 所示。

---

① 小艾尔雷德・D. 钱德勒．企业规模经济与范围经济[M]．北京：中国社会科学出版社，1999：19.

② BAIN. *Industrial organization*[M]. New York：John Wiley & Sons Inc.，1968.

③ AAKER. The power of the branded differentiator[J]. *Sloan management review*. 2003，45(1)：83—88.

表 6—5　美国制造业中的产品差异与集中类型

产　业	产品差异化的主要手段	产业集中类型
Ⅰ.高度产品差别化产业		
卷烟	广告	极高寡占型
洋酒	广告、质量	高位集中寡占型
汽车	款式和产品评价、顾客服务、广告	极高寡占型
大型农业机械及拖拉机	款式、顾客服务	高位集中寡占型
高级钢笔	广告、款式	极高寡占型
打字机	顾客服务、款式、广告	极高寡占型
Ⅱ.中度产品差别化产业		
石油精炼	广告、顾客服务	高位集中寡占型
轮胎	广告、顾客服务、设计差别	高位集中寡占型
高级男式皮鞋	广告、销售渠道控制与系列化	中位(上)集中寡占型
金属容器	顾客服务、款式	高位集中寡占型
小麦粉(零售)	广告、顾客服务	中位(上)集中寡占型
Ⅲ.轻度产品差别化产业		
钢材	顾客服务	中位(上)集中寡占型
肉类制品	广告、质量	中位(下)集中寡占型
普通钢笔	广告、款式	中位集中寡占型
普通男式皮鞋	广告、销售渠道控制与系列化	低位集中寡占型
Ⅳ. 产品差别化程度可以忽略的产业		
铜		极高寡占型
水泥		中位(下)集中寡占型
尼龙丝		高位集中寡占型
水果和蔬菜罐头		低位集中寡占型
小麦粉(加工用)		低位集中寡占型
肉类(生鲜品)		中位(下)集中寡占型

资料来源：BAIN. *Industrial organization*[M]. New York：John Wiley & Sons，1968：39—30.

一般来说，消费品产业的产品差异程度 > 工业品产业，非耐用消费品产业的产品差异程度 > 耐用消费品产业 > 投资品产业 > 中间品产业。显然，产品差异与产业分布有密切的关系，即越是接近最终产品，差异程度越大；越是接近基础产业，产品的差异程度就越小。

产品差异通过市场集中度影响市场结构，是决定市场结构的一个主要因素。产品差异与市场集中度存在着双向的相互影响。一方面，市场上规模较大的上位企业往往通过扩大产品差异的程度，保持或增加企业在市场上的占有份额，从而提高市场集中度水平。另一方面，市场上相对规模较小的下位企业，也可能因为开发了独自的技术，形成新的产品差异，从原有的市场中分化出新的细分市场，从而降低上位企业的集中度水平或改变产业的规模分布结构。

(三)产品差异化的形成原因

形成产品差异的原因，主要有以下几方面：

1. 产品的物理特性

产品用途基本相同，但不同企业的产品在款式、质量、包装、性能、绩效等方面有所不同，这是形成产品差异的基础。

2. 消费者的主观印象

各个企业的产品基本上都有各自的商标，而消费者对不同商标产品的主观印象是不同的，这是由消费者的偏好、习惯等引起的差异。

3. 销售的地理差别

销售的地理差别可分为两种情况：一种是因生产厂家或销售点与消费者的相对地理位置不同，而带来的购买上的便利或运输费用的节省等差异；另一种是因为销售的特殊地理位置所带来的效应，如在高档商业区开设的商店等。

4. 销售服务的差别

销售服务的差别包括向消费者及时提供信息服务，送货上门，负责安装、维修和技术服务，允许分期付款或赊销，提供培训等。

(四)垂直差异和水平差异

产品差异可按不同的目的进行不同的划分，最常见的就是将其分为垂直差异和水平差异。

垂直差异是指可按消费者公认的、有着可以排序特征的差异。如在其他条件相同的情况下，消费者都愿选择质量高的产品。这里的一个隐含前提是，在垂直差异下，质量高的产品总是排在质量低的产品之前。

水平差异是指产品的某一特征存在着不同的优劣评价，无法进行公认排序的差异。如对两件款式相同，但颜色不一样的服装，就无法进行优劣的排序，这是由于不同的消费者对服装颜色的偏好是不同的，无法就颜色这一特征就行排序。

二、产品差异的测量

(一)需求交叉弹性的方法

同一市场内不同企业提供的产品或服务在一定程度上是可以相互替代的。可替代性越小，产品差异就越大。在理论和实践中，人们常用需求交叉弹性来测量产品或服务的可替代性程度，也即产品差异的程度。

需求交叉弹性又称交叉弹性，是指相关的两种商品中一种商品的需求量变动对另一种商品价格变动的反应程度，用公式表示为：

$$E_{AB}=\frac{dq_A/q_A}{dp_B/p_B}=\frac{dq_A/dp_B}{q_A/p_B} \qquad \text{(公式 6—5)}$$

其中，E_{AB} 表示 A 商品对 B 商品的交叉弹性，dq_A/q_A 表示 A 商品需求量变动的百分比，dp_B/p_B 表示 B 商品价格变动的百分比。对于同一产业内的 A 商品和 B 商品而言，如果 E_{AB} 较大，则说明 A 商品可以较好地替代 B 商品；反之，则说明 A 商品与 B 商品的可替代性相对不足。

美国司法部确定了一个“5%标准”，即只要产品 A、B 的需求交叉弹性不小于 5%，就认定产品 A 和产品 B 处于一个市场。在实际中，因收集相关数据资料的难度较大，需求交叉弹性的应用受到了较大的限制。

（二）霍特林模型的方法

霍特林在 1929 年曾提出过一个关于选址的模型（霍特林选址模型可参见本章附录）。在霍特林选址模型中，若把企业的位置换成产品的差异，即将位置的不同和产品的差异都视为一维特征上的一种差异，霍特林的选址模型就变成了判别产品差异的模型了。

在用霍特林模型解释产品的差异问题时，消费者与商店间的距离就表示为产品与消费者心目中理想产品的差距，而 tx 和 $t(1-x)$ 就分别代表消费者从商店 A 和商店 B 购买产品时的效用损失。从附录的霍特林模型中，我们可以看到：

首先，从（公式 6－7）中可见，消费者认同同类产品间存在一定的差异，且这一差异的效用损失可由产品的价格来弥补。这对解释质量较次的产品可以用较低价格吸引部分消费者有很大的说服力。

同样，从（公式 6－7）中还可见，当 t 趋于 0 时，即两个商店的产品无差异时（效用损失为 0），它们的产品价格也将趋于一致。此时，霍特林模型与伯特兰（Bertrand）模型的结论一致。

（三）其他方法

除此之外，还有一些其他的方法，如熵指数法[①]、广告强度法、享乐价格法[②]等。其中，关于广告强度法我们将在第八章中讨论。

第五节 进入壁垒

进入壁垒是从潜在进入企业进入市场的角度来考察市场关系的调整和变化，考察一个产业内在位企业与潜在进入企业间的竞争关系，反映市场中潜在的竞争强度。

---

① BERN H, MACKENZIE K. Measuring seller unconcentration, segmentation, and product differenation [J]. *Western economic journal*, 1968, 6(12): 395—403.

② LANCASTER K. *Variety, equity and efficiency*[M]. Oxford: Blackwell, 1979.

一、进入壁垒的含义

所谓进入，是指在某产业内出现新的企业。这个新的企业既可以是新设立的企业，也可以是其他产业的企业进入新的产业领域。常用进入率、净进入率、市场渗透率、进入者生存时间等指标反映市场进入的规模和速度。新企业要想进入某一产业，就会与该产业内已有企业产生竞争，并会遇到许多相对于已有企业不利的因素，这些不利因素会成为阻止新企业进入的障碍，这些阻止新企业进入的因素或障碍就称为进入壁垒。在完善的市场体系中，在位企业拥有的相对于进入企业的长期优势，即进入壁垒，只能来自新企业进入某一产业必须承担的、高于在位企业的生产成本。[①] 贝恩认为，从长期看，进入壁垒是影响市场结构的决定性因素。[②]

进入壁垒的高低，往往对市场结构具有直观的、重要的影响。如果进入壁垒很高，新企业就可能无法进入，高集中度的市场结构可以长期维持。当某产业的进入壁垒很低时，即使该产业只有一个卖者，在位企业表面上没有直接的竞争对手，但也只能获得正常利润，因为任何高于资本正常收益的价格都会立即招致大量竞争者的进入。

在阻止新企业进入上，与进入壁垒起到异曲同工作用的是退出壁垒。所谓退出壁垒，是指企业在退出某个市场时所遇到的困难和要付出的代价。因为“如果退出行业的成本高昂，则进入的动机就会减弱。如果存在不能被弥补的沉淀成本，则退出就成为成本高昂了”[③]。

二、进入壁垒的类型

进入壁垒按其形成的原因不同，可以分为五种类型，即规模经济性、必要资本量、产品差别、绝对费用和政策法律制约。

（一）规模经济壁垒

新企业在某产业未取得一定的市场份额之前，由于不能充分享受规模的经济性，相对于产业内已有的企业其生产成本必然较高，这就是规模经济壁垒。

规模经济壁垒的高低主要取决于：(1)市场容量的大小；(2)相对于市场容量而言实现规模经济性所需必要生产量（即 MES）的大小；(3)产量小于 MES 时的成本曲线斜率的大小。一个产业的 MES 越大，且在市场容量中所占的份额越大，那么这样的产业客观上只能容纳少数企业存在，从而新企业进入时的壁垒就越高。同样，产量小

---

① 乔治·J. 施蒂格勒．产业组织和政府管制[M]. 上海：上海人民出版社，上海三联书店，1996：69.

② BAIN. *Industrial organization*[M]. New York：John Wiley & Sons Inc.，1968：252.

③ 丹尼斯·卡尔顿，杰弗里·佩罗夫．现代产业组织[M]. 上海：上海三联书店，上海人民出版社，1998：154.

于MES时的成本曲线的斜率越大，表明建立一个较小规模企业的成本劣势越大，进入壁垒也就越高。

从动态来看，一个特定产业的市场容量较大而且在不断扩大时，进入壁垒就比较低。一般经济发展所带来的收入增加和人口增加会导致国内市场全盘的扩大，同时特定产业的市场容量也会因为产业在该国所处的生命周期的不同阶段而发生变化。因此，在经济增长率较高时期，或是在该产业的初创期和高速成长期，进入壁垒就比较低，新企业进入相对比较容易。

（二）必要资本量壁垒

必要资本量是指新企业进入市场时所必须投入的资本。在不同产业，必要资本量随技术、生产、销售的基本特点不同，差异很大。必要资本量越大，筹资越不容易，新企业进入市场的难度也就越大，这就是必要资本量的壁垒。有些产业，特别是重化工业中的一些产业，新企业创业所需的最低必要资本量往往极其庞大，给资本筹措造成困难，而且资本费用往往也要比市场中的原有企业高。在这些产业中，必要资本量壁垒有时成为新企业的主要进入障碍。

（三）产品差异壁垒

产品差异也是形成进入壁垒的重要因素之一。产品差异壁垒的核心是指在位企业在市场中拥有新进入企业所没有的消费者偏好优势。这种偏好优势是时间的增函数，存在累积效应，这就使先进入市场的在位企业享有一定的优势。

在产品差异明显的产业，原有企业的品牌已为人们所熟悉并有了良好的信誉，它们的广告宣传和推销只需维护这种信誉即可。但新进入企业则需从头开始，要获取或转移消费者偏好就需花费一定的成本。如果广告和销售渠道控制等是引起产品差异的主要因素，那么即使产品销售价格相同，新企业的生产成本和销售成本也都会增加。这种成本劣势越明显，产品差异造成的进入壁垒就越高。

如果新企业拥有独特的新技术，新企业就可能迅速进入市场并得以发展。如果新企业并不拥有新技术，在位企业则以专利或技术秘诀形式拥有在优良产品设计方面的有效控制权，使消费者把控制权与优良的产品等同化，企业成了高品质产品的象征，增加了消费者对该企业产品的偏好度。在位企业通过以往的广告宣传而建立的消费者忠诚以及对销售渠道的控制，使得新进入企业在销售成本上处于劣势。

（四）绝对费用壁垒

所谓绝对费用壁垒，通常是由在位企业拥有的绝对成本优势而形成，在位企业拥有的绝对成本优势是指在位企业在任一产量水平下的平均成本都低于新进入者。在位企业在以下方面具有竞争上的有利性：一是对原料的排斥性占有，如对一些富矿的控制等；二是通过专利或技术秘诀对最新生产工艺的控制；三是销售渠道的控制；四是运输系统的控制；五是特殊的经营能力和专业人才的占有等。绝对费用壁垒致使新企业在进入市场时的生产成本总是高于原有企业，即使新企业选择 MES 水平作为生产规模，其成本与原有企业相比仍处于劣势。

（五）制度壁垒

制度壁垒是指由国家的法律或政府的政策所引起的企业在进入一个新的产业时所遇到的壁垒。如在一些国家和某些产业中，企业进入一个新的产业时，需要经过复杂的许可程序，这些复杂的许可程序形成了巨大的交易成本，就成为新企业进入时的障碍。再如，一些国家的环境保护政策往往对新设企业具有非常严格的要求，同样也形成了企业进入新的产业时的壁垒。一般来说，国家的法律和政府的政策所形成的制度壁垒是企业无法控制的外生变量。

对进入壁垒的类型，学术界也有一些其他的分类方法。如根据进入壁垒的三个主要来源——产业组织政策、产业基本条件和在位企业的行为，相应地将进入壁垒分为政策性进入壁垒、结构性进入壁垒（指企业自身无法支配的、外生的因素形成的进入壁垒，如绝对成本优势、规模经济、外生沉淀成本等）和策略性进入壁垒等。再如，谢泼德把进入壁垒分解为外生和内生两种类型。[①]

三、进入壁垒高度

对产业进入壁垒的程度进行分类通常包括两个层次，首先是根据进入阻止价格水平确定不同产业的进入壁垒程度，然后是根据不同产业具体的进入壁垒因素的高低，分析各种因素对潜在进入者的障碍程度。

根据贝恩的观点，一个特定产业的进入壁垒的高度，应当是"能把价格提高到竞争性价格以上，而又不会招致潜在进入者的进入"[②]。这里用图 6－4 来说明。在图 6－4 中，P_m 为完全垄断下的价格，这一价格可以使垄断企业短期利润最大化（$MC=MR$）。P_c 为完全竞争条件下的价格（$MC=MR$）。所谓高进入壁垒，是指尽管产业内已有企业把价格定在垄断价格 P_m 或接近于 P_m 的水平，新企业也不能或无意进入该产业的状况。而低进入壁垒则是指能有效阻止新企业进入的价格，只能定在略微高于竞争价格 P_c 的水平。这种能阻止新企业进入的价格的最低值，称为最低进入阻止价格。由此可见，一个特定产业的进入壁垒的高低，可以用该产业的最低进入阻止价格高于该产业平均成本的百分比的大小来测定。这一百分比既可反映新企业进入时所遇障碍的大小，又可反映相对于新进入的企业而言产业内已有企业所具有竞争优势的强弱。

---

① SHEPHERD. *The economics of industrial organization*[M]. Englewood Cliffs: Prentice-Hall, 1990: 274.

② BAIN. *Industrial organization*[M]. New York: John Wiley & Sons Inc., 1968: 252.

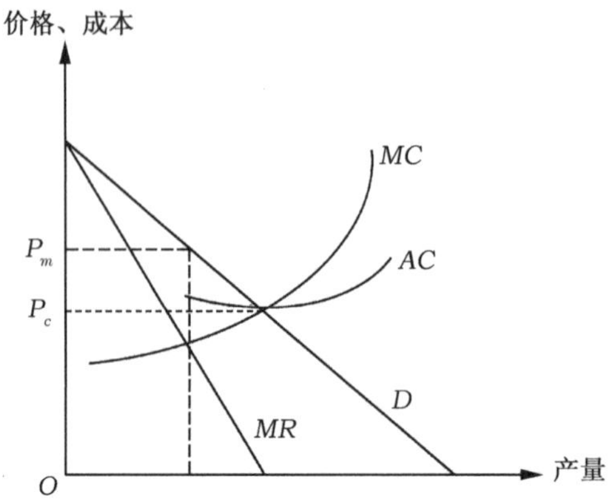

图 6—4 进入壁垒高低的说明

而在一些产业组织问题的实证分析中，关于进入壁垒的程度测定的方法则显得多种多样。在 20 世纪 50 年代，贝恩曾根据价格超过平均费用（包括平均利润）的程度，对美国部分产业的进入壁垒程度进行了分类。[①] 贝恩将销售价格比平均费用高 10％时新企业仍难以进入的行业认定为高度进入壁垒产业，将销售价格比平均费用高 6％～8％时新企业仍难以进入的行业界定为较高壁垒产业，将销售价格比平均费用高 4％时新企业仍难以进入的行业看作是中度壁垒产业，将销售价格高于平均费用 1％～2％时新企业就容易进入的行业认为是低度壁垒产业。

植草益对 20 世纪 70 年代日本 30 个进入壁垒较高的产业的各项进入壁垒进行了具体分析，主要包括如下方面：一是规模经济壁垒标准。当规模障碍系数[②]为 10％～25％时，该产业为高度规模经济障碍；当规模障碍系数为 5％～9％时，该产业为较高规模经济障碍；当规模障碍系数＜5％时，该产业为中等或较低程度规模经济障碍。二是必要资本量壁垒标准。工厂平均固定资产在 500 亿日元以上，属于高度壁垒产业；平均固定资产在 100 亿～500 亿日元，属于较高壁垒产业；平均固定资产在 100 亿日元以下，属于中度和低度壁垒产业。三是产品差异化壁垒标准。以广告强度和广告支出绝对额为标准，划分相应进入壁垒程度。四是绝对费用壁垒标准。综合考虑技术壁垒、销售渠道壁垒和法律行政壁垒，划分相应进入壁垒程度。[③]

---

① BAIN. *Barriers to new competition*[M]. Cambridge：Harvard University Press，1956.

② 规模障碍系数 ＝（最优规模/市场容量）×100％。

③ 植草益．產業組織論[M]．東京：筑摩書房，1982.

附录　霍特林选址模型

一、霍特林选择模型的含义

霍特林的选址模型，是两个厂商假定在一商品的价格相同时对位置的选择模型。如果将其中的位置的不同置换为产品的差异，也可将此模型变为对产品差异的测度模型。

二、霍特林选址模型的分析

在模型中，我们假设消费者均匀地分布在长度为 1 的线性城市中，[①]假设有两家商店 A 和商店 B 出售同样的商品，这两家商店分别位于城市的两端，商店 A 在原点 0 处，商店 B 在横坐标 1 处，如图 6—5 所示。

图 6—5　霍特林选址模型

为计算方便起见，我们假定生产成本为 0，每位消费者只消费 1 单位的产品。为了去商店购买产品，消费者需支付交通成本。假设交通成本是距离的线性函数，单位为 t。现我们分析图 6—5 中位于 x 的消费者。

位于 x 位置的消费者要到商店 A 购买产品的交通成本为 tx，到商店 B 的交通成本为 $t(1-x)$。假定商店 A 和商店 B 的价格分别为 p_A 和 p_B，并以 $\bar{s}$ 表示一个消费者从购买单位产品中获得的消费者剩余。如此，位于 x 的消费者的效用函数为：

$$U_x=\begin{cases}\bar{s}-p_A-tx & \text{如果消费者到商店 A 购买}\\ \bar{s}-p_A-t(1-x) & \text{如果消费者到商店 B 购买}\end{cases}\qquad\text{(公式 6—6)}$$

三、霍特林选址模型的结论

(一)两家商店之间的价格差不超过单位交通成本(即 $p_B-p_A<t$)时

存在一个位于 $\tilde{x}$ 处的边际消费者，该消费者对于从商店 A 或从商店 B 购买是无

① 由此，也有称此模型为霍特林线性城市模型的。

差异的，即：

$$p_A + tx = p_B + t(1-x) \quad \text{（公式 6—7）}$$

由（公式 6—7）可解得 $\tilde{x}$ 位置为：

$$\tilde{x}(p_A, p_B) = \frac{p_B - p_A + t}{2t} \quad \text{（公式 6—8）}$$

可以进一步得知两家商店的需求分别为：

$$D_A(p_A, p_B) = N\tilde{x}(p_A, p_B) \quad \text{（公式 6—9）}$$

$$D_B(p_A, p_B) = N[1-\tilde{x}(p_A, p_B)] \quad \text{（公式 6—10）}$$

其中，N 是消费者总数。（公式 6—9）表示商店 A 的需求由边际消费者所处位置左边的人群构成；而（公式 6—10）则表明商店 B 的需求是边际消费者所处位置右边人群的集合。

（二）两家商店之间的价格差超过单位交通成本（即 $p_B - p_A \geqslant t$）时

此时，商店 B 就没有需求了，而商店 A 的需求要分两种情况讨论：

第一种情况是 $\bar{s} - t \geqslant p_A$ 时，所有的消费者都愿在商店 A 购买产品，此时，商店 A 的需求就是所有的消费者 N，即

$$D_A(p_A, p_B) = N \quad \text{（公式 6—11）}$$

如果 $\bar{s} - t < p_A$，则只有部分消费者剩余大于价格与交通成本之和的消费者愿意在商店 A 购买产品，此时商店 A 的需求为：

$$D_A(p_A, p_B) = N\,\frac{\bar{s} - p_A}{t} \quad \text{（公式 6—12）}$$

参考文献

[1] 小艾尔雷德·D. 钱德勒．企业规模经济与范围经济[M]. 北京：中国社会科学出版社，1999.

[2] 马歇尔．经济学原理[M]. 北京:华夏出版社，2012.

[3] 王俊豪．产业经济学[M]. 北京:高等教育出版社，2008.

[4] 丹尼斯·卡尔顿，杰弗里·佩罗夫．现代产业组织[M]. 上海:上海三联书店，上海人民出版社，1998.

[5] 亚当·斯密．国民财富的性质和原因的研究[M]. 北京:商务印书馆，1979.

[6] 乔治·J. 斯蒂格勒．产业组织[M]. 上海:上海三联书店，上海人民出版社，2006.

[7] 乔治·J. 斯蒂格勒．产业组织与政府管制[M]. 上海:上海三联书店，1989.

[8] 多纳德·海，德里克·莫瑞斯．产业经济学与组织[M]. 北京:经济科学出版社，2001.

[9] 杜朝晖．产业组织理论[M]. 北京:中国人民大学出版社,2010.

[10] 杨公朴,夏大慰,龚仰军．产业经济学教程[M]. 3 版．上海:上海财经大学出版社,2008.

[11] 夏大慰．产业组织学[M]. 上海:复旦大学出版社,1994.

[12] 龚仰军,王民．钢铁产业[M]//上海财经大学中国产业发展研究院．2013 中国产业发展报告 —— 产能过剩和产业升级．上海:上海财经大学出版社,2013.

[13] 琼·罗宾逊．不完全竞争经济学[M]. 北京:华夏出版社,2012.

[14] 谢勒．产业结构、战略与公共政策[M]. 北京:经济科学出版社,2010.

[15] 鲍莫尔．可竞争市场:产业结构理论的一次革命[R]. 美国经济学会年会,1981(12).

[16] AAKER. The power of the branded differentiator[J]. *Sloan management review*. 2003,45(1).

[17] BAIN. *Barriers to new competition*[M]. Cambridge: Harvard University Press,1956.

[18] BAIN. *Industrial organization*[M]. New York: John Wiley & Sons Inc. ,1968.

[19] BERN H, MACKENZIE K. Measuring seller unconcentration, segmentation, and product differenation[J]. *Western economic journal*,1968,6(12).

[20] BLAIR. *Economic concentration: structure, behavior and policy*[M]. New York: Harcourt Brace Jovanovitch,1972.

[21] HALL, TIDEMAN. Measures of concentration[J]. *Journal of the American Statistical Association*,1967(62).

[22] HANNAH K. The concentration of mergers to concentration growth: a reply to Professor Hart[J]. *Journal of industrial economics*,1981(29).

[23] HOTELLING H. Stability in competition[J]. *Economic journal*,1929(39).

[24] LANCASTER K. *Variety, equity and efficiency*[M]. Oxford: Blackwell,1979.

[25] SCHERER. *Industrial market structure and economic performance*[M]. Chicago: Rand Mcnally College Publishing Company,1980.

[26] SHEPHERD. *The economics of industrial organization*[M]. Englewood Cliffs: Prentice-Hall,1990.

[27] 植草益．產業組織論[M]. 東京:筑摩書房,1982.

推荐阅读书目

[1] 王俊豪．产业经济学[M]. 北京:高等教育出版社,2008.

[2] 乔治·J. 斯蒂格勒．产业组织[M]. 上海:上海三联书店,上海人民出版社,2006.

[3] 夏大慰．产业组织学[M]. 上海:复旦大学出版社,1994.

[4] 邓伟根．产业经济:结构与组织[M]. 广州:暨南大学出版社,1990.

[5] 杨公朴．产业经济学[M]. 上海:复旦大学出版社,2005.

[6] 杨治．产业经济学导论[M]. 北京:中国人民大学出版社,1985.

第七章　市场行为:价格策略

企业最重要的市场行为之一便是定价行为。企业制定的价格很大程度上取决于市场结构。如在完全竞争的市场结构下,每个企业都是价格接受者,他们只能接受市场给定的价格,并在利润最大化要求下,制定其在市场价格等于自身边际成本条件下的产量。因此,在完全竞争的市场结构下,单个企业无法制定价格,每个企业都没有市场势力。而在不完全竞争市场上的企业面临向下倾斜的需求曲线,所以每个企业都具有制定价格的能力,换句话说,每个企业都具有一定程度的市场势力。因此,本章先介绍企业的基本定价策略,然后介绍两个寡头市场结构下企业的价格行为,最后介绍一些不完全竞争条件下(主要是垄断者)的企业定价策略。

第一节　基本定价策略

垄断市场的统一定价是最简单的企业定价形式。假定市场上只有一家垄断企业,其面对的需求曲线为 $D(Q)$,边际收益曲线为 MR,垄断者的边际成本为 MC,如图 7—1 所示。根据利润最大化的一阶条件,垄断企业在 $MR=MC$ 处生产垄断产量 Q_m,并在需求曲线上制定相应的垄断价格 P_m。这一价格又被称为垄断者的统一定价,即对每一产量都销售相同的价格 P_m。因此,由于价格大于边际成本,因而垄断者具有市场势力。

事实上,根据边际收益等于边际成本的定价原则,只要企业面临向下倾斜的需求曲线,任何一个不完全竞争市场上,每个企业都具有一定程度的市场势力。在现实中,由于边际成本难以衡量,所以不完全竞争市场上企业的统一定价策略在操作中通常用成本加成来替代。按照这一定价策略,企业通常简单地把单位成本与目标利润或所谓正常利润相加,便可得出价格。至于目标利润或正常利润如何确定,则存在多种途径。成本加成定价的惯常做法可以用公式表示为:

$$P=\frac{rK}{Q}+\frac{C}{Q} \qquad \text{(公式 7—1)}$$

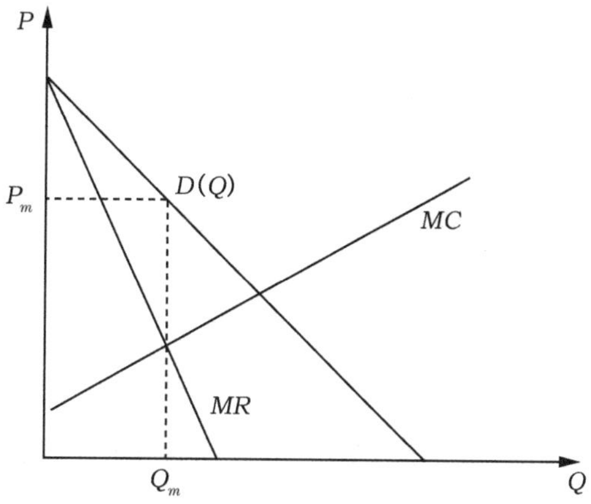

图 7—1　垄断者的统一定价策略

其中,K 为资本,Q 为产量,r 为企业的目标资本回报率,C 为生产该产量的总成本。因此,该等式右边第一项为单位产品的利润,第二项为单位产品的成本。

成本加成定价方法在现实中为企业所普遍采用,大致有以下几方面的原因:(1)企业事实上对自身面临的需求函数和弹性的估计存在困难。(2)企业的边际成本很难评估。因此,企业很难根据利润最大化的统一定价原则来计算出价格,只能采用经验的数据进行估计。由于成本加成定价只需制定一个目标的资本回报率,所以相对容易实施。如谢勒和罗斯(Ross)的案例研究表明,①从 20 世纪 20 年代至 70 年代末,通用汽车公司几乎一直成功地采用成本加成定价方法。其基本的定价模型是,以 80%的开工率为标准,计算出单位成本后,再加上一个能够使税后资本回报率达到 15%的单位产品利润。在此基础上,通用公司再根据市场竞争、潜在竞争压力、长期战略目标以及宏观经济形势等市场条件,对各类产品价格进行适当的微调。事实上,一些学者的研究也认为,采用成本加成定价所获得的利润与可能的最大利润之间也颇为接近。如鲍莫尔和夸得特(Quandt)的研究表明,②由成本加成定价获得的企业利润大约相当于最大可能利润的 80%左右。

① SCHERER F M, ROSS D. *Industrial market structure and economic performance*[M]. Boston: Houghton Mifflin Company, 1990.

② BAUMOL Q. Rules of thumb and optimally imperfect decisions[J]. *American economic review*, 1964, (5): 23—46.

第二节 双寡头市场结构下的企业定价策略

双寡头市场是我们已经熟悉了的一种市场结构。在双寡头的市场下,企业将会采取怎样的价格策略呢?

一、伯特兰模型

伯特兰(Bertrand)模型是伯特兰在1883年所提出的一个不同于古诺(Cournot)模型的非合作寡占模型。[①] 在伯特兰模型中,存在两家生产同质产品的寡头企业。伯特兰给定了一些假定条件,最后得到了这两家企业是怎样通过价格的竞争来达到市场的均衡的。[②]

(一)伯特兰模型的假定条件和结论

市场上只有两家企业,且这两家企业间不存在合谋,是一个典型的双寡头市场;这两家企业生产的是同质的无差异产品,且产品是不可储存的,即只考虑单时期的状况;为模型的简单起见,假定两家企业的边际生产成本是常数,即 $MC=m$;两家企业的产品供给都可满足市场的需求,且有如 $Q=a-bp$ 形式的市场需求曲线;在一个企业进行决策时,都假定竞争对手的价格是固定的。

在上述条件下,伯特兰模型的结论是:经过反复的竞争,最后市场能得到唯一的纳什(Nash)均衡是两家企业的价格均为其边际成本 m。

这一结论意味着即使在寡头市场结构中,只要两个寡头不进行合谋(当然还满足其他的模型假定),其最终的市场价格也会均衡到完全竞争市场时一样。

(二)伯特兰模型的一个例子

沃德曼和詹森在他们的一本教科书[③]中,以美国航空市场上的一个实例,描述了伯特兰模型在现实经济中的应用。案例分析了美国航空公司某一天的票价(参见表7—1)。

---

① BERTRAND. Théorre mathématique de la richesse sociale[J]. *Journal des Savants*, 1883, (9): 49—508.

② 完整的伯特兰模型证明可参见本章的附录一。

③ 唐·E.沃德曼,伊丽莎白·J.詹森. 产业组织:理论与实践[M]. 北京:机械工业出版社,2009:181.

表 7—1 美国航空公司 2008 年 8 月 28 日的网上票价

航 线	美国航空公司提前购买的往返最低票价	西南航空公司提前购买的往返最低票价
锡拉丘茨 → 巴尔的摩	173 美元	无航班
奥尔巴尼 → 巴尔的摩	115 美元	120 美元
锡拉丘茨 → 罗利丹汉	216 美元	无航班
奥尔巴尼 → 罗利丹汉	167 美元	172 美元

资料来源:唐·E. 沃德曼,伊丽莎白·J. 詹森. 产业组织:理论与实践[M]. 北京:机械工业出版社,2009:182.

从锡拉丘茨或从奥尔巴尼到巴尔的摩的距离几乎是相等的。在奥尔巴尼的市场上,美国航空公司的价格与西南航空公司的基本相同。而在锡拉丘茨市场上,美国航空公司在去巴尔的摩和罗利丹汉的航线上则是一个垄断者。

美国航空公司从锡拉丘茨到巴尔的摩的最低价格比从奥尔巴尼到巴尔的摩的价格高出了 50.4%;从锡拉丘茨到罗利丹汉的最低价格比从奥尔巴尼到罗利丹汉的价格高出了 22.7%。

如果西南航空公司的定价接近边际成本,奥尔巴尼的市场价格就可以解释为伯特兰均衡价格。因为在奥尔巴尼市场上,如果美国航空公司的价格高于西南航空公司,它将可能导致较高的空载率(如果西南航空公司的运载力能满足市场的话,它甚至可能失去所有的旅客)。

二、埃奇沃斯模型

伯特兰模型的结论在很多场合会遇到人们的质疑:在寡头垄断的市场下,其价格怎么会出现如同完全竞争市场结构中的纳什均衡(这就是所谓的伯特兰悖论)?

我们知道,经济学中的模型都依赖于其假定条件。不同的假定条件,会得到不同的演绎结果。如在伯特兰模型中,我们改变企业的生产能力条件,假定任一个寡头的生产能力不足以满足整个市场的需求,且允许市场在某一时刻可以存在两个不同的价格,市场又会呈现出怎样的竞争结果呢?埃奇沃斯(Edgeworth)模型试图回答的就是这样的一个问题。①

埃奇沃斯模型的结论是,寡头垄断价格在两个不同的价格(即附录二中的 P_1 与 P_C)之间来回波动,没有一个稳定的纳什均衡,但是有一个一定范围内的可能价格和产出。

① 完整的埃奇沃斯模型证明可参见本章的附录二。

埃奇沃斯模型放松了伯特兰模型的假定条件，使其能适应更大的范畴（显然，当寡头企业的生产能力足够大时，附录二中的 P_1 就向 P_C 逼近，埃奇沃斯模型也就与伯特兰模型一致了）。

第三节　价格歧视

价格策略是企业最基本的竞争策略。线性的统一定价是最基本的定价形式，在线性定价下，企业对销售的每一个相同的商品制定相同的价格。然而，在现实中，企业广泛地采用了不同于线性定价的差别定价策略。如游客们会发现，在一些旅游景点，不同身份的游客购买门票的价格是不一样的。老年人或学生往往有优惠价格。而当消费者走进超市中，他们经常会发现购买一箱可口可乐的单价要低于仅仅购买一瓶的单价。尽管旅游门票的定价和超市可口可乐的定价形式不尽相同，但是这些定价策略有一个共同之处，那就是企业针对不同消费者制定的价格是不同的。用产业组织学的语言说，就是企业采取了价格歧视行为。

所谓价格歧视，是指同一企业就同一种商品，对不同的买者，制定不同的价格。相对于统一的线性定价而言，价格歧视的定价体系更为复杂。然而，企业采用价格歧视会比采用统一定价获得更多的利润，这正是企业采用价格歧视策略的动机所在。

一、价格歧视的前提条件

虽然所有的企业都愿意采用价格歧视策略，但并不是所有的企业都有能力做到这一点。成功地实施价格歧视需要满足以下条件：

首先，企业必须具有市场势力，即将价格制定在边际成本以上的能力，这意味着企业所处的必须是不完全竞争的市场结构，必须具有一定的垄断力量。因为在一个完全竞争的市场上，每个企业都不能收取超过边际成本的价格。

其次，不同购买群体的需求弹性有很大的不同，并且企业能够依据需求弹性识别和隔离购买者。由此企业就可以将购买者分为不同的群体，对需求弹性较小的买者索取更高的价格，而对需求弹性较大的买者索取较低的价格。

再者，企业必须能够阻止或限制买者的转售行为，即阻止或限制以低价格购买商品的买者向支付更高价格的买者转售的行为发生。如果存在转售的话，意味着任何向两个不同群体索取不同价格的歧视行为遭到了失败。因此，限制转售行为是价格歧视的必要条件。

在现实中，转售行为有时很难实施，其原因就在于不能控制住转售行为的发生。

而以下措施被认为是阻止转售行为的良好工具:一是服务商品。服务商品一般是不可转售的,因为大多数服务的特征是生产和消费同时发生,如医生的服务、修理服务等。因此,相对于可贸易的商品,服务产品的价格歧视现象更为普遍。二是售后承诺。生产商品的企业可以规定如果商品被转售的话,就不提供售后服务,这实质上是增加了转售的成本,使得转售行为减少发生。三是交易成本。如果消费者在转售商品时需承担一个高昂的交易成本,转售也就很难发生。如果一个消费者需要将自己购买的体积庞大的冰箱通过邮寄卖给另一个消费者,而邮寄费用又很高,则转售就很难发生。四是政府干预。政府有时会颁布法律来阻止转售。例如,电力的转售在一些国家是非法的。

二、价格歧视的类型

价格歧视具有多种表现形式,最常见的是由英国经济学家庇古(Pigou)区分的一级价格歧视、二级价格歧视和三级价格歧视。[①] 此外,还存在其他非线性形式的价格歧视。这些价格歧视的本质都是获得尽可能多的消费者剩余。

(一)一级价格歧视

一级价格歧视也被称为完全价格歧视。在一级价格歧视下,作为卖者的企业为每一单位的产品制定不同的销售价格。如果卖者能够对每一个消费者购买的每一单位产品收取该消费者愿意支付的价格(即支付意愿),这种定价方式就被称为一级价格歧视。在一级价格歧视下,卖者获得了所有的消费者剩余,如图 7－2 所示。假定市场上只有一家垄断企业,其面对的需求曲线为 $D(Q)$,每一个消费者都愿意买一个单位的产品,但是市场上不同消费者为一个单位产品的支付意愿是不同的。边际收益曲线为 MR,垄断者的边际成本为一个恒定的常数 m,即边际成本曲线 MC 为水平线。对于垄断者而言,如果它制定统一的垄断价格 P_m,垄断产量为 Q_m,则消费者将获得部分消费者剩余。如果他可以成功实施一级价格歧视,则他卖出的商品数量 Q^* 与完全竞争时的商品数量相同。所不同的是,垄断者对最后一个边际消费者制定了等于边际成本的价格 P^*。同时,对于垄断者所销售的每一个产量,它都在需求曲线上定价,这是因为需求曲线的每一点都对应这一边际消费者的支付意愿,最终每个购买了商品的买者的消费者剩余均为零。

在现实经济中,企业很少能够实施一级价格歧视的定价策略。其困难在于:第一,一级价格歧视要求企业了解每一个消费者对每一个边际单位商品的支付意愿,这样企业才可以识别哪些消费者愿意支付更高的价格。但由于信息不对称,企业很难了解到

---

① 庇古.福利经济学[M].北京:华夏出版社,2013.

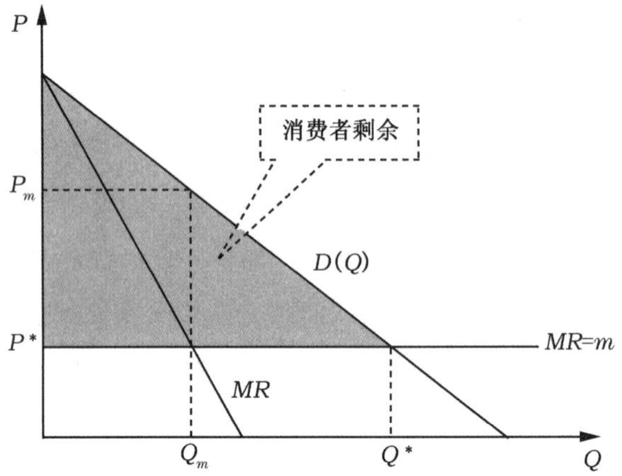

图 7—2　非价格歧视和一级价格歧视

每一个消费者的支付意愿。第二，卖者具有足够的市场势力，甚至卖者是一个垄断者。在现实中，一级价格歧视的近似例子是某些商品市场中的议价行为。

（二）二级价格歧视

如果消费者购买商品的单位价格取决于其购买数量，这类定价方式就被称为二级价格歧视。通常二级价格歧视主要是数量折扣，即企业根据消费者购买数量的不同制定不同的单价，企业向购买数量较多的消费者收取更低的单价，而向购买数量较少的消费者收取较高的单价（如对于大客户的优惠折扣）。如图 7—3 所示，假定市场上只有一家企业 1，需求曲线为 D，MR 为边际收益曲线，MC 为边际成本曲线，AC 为平均成本曲线，P_c 为完全竞争的市场价格，P_m 为垄断价格。企业 1 实施二级价格歧视，当购买量为 Q_i 时，企业 1 的定价为 P_i，$i=1,2,3,4,\cdots,n$，并且 $P_n=P_c$；购买量越多的买者，其所支付的价格越低，即 $Q_i<Q_{i+1}$，$P_i>P_{i+1}$。相对于垄断价格而言，企业实施数量折扣这种二级价格歧视会获得更多的利润，同时由于卖出的数量比垄断数量更多，因而这种二级价格歧视下的社会总福利比垄断定价时的社会福利要更大。

基于购买数量的二级价格歧视其核心是通过消费者购买的数量差异识别出不同的消费者，从而为这些不同的消费者制定不同的价格。因此，这样的价格歧视实质上是基于消费者的自我选择机制。对于企业而言，如果它不能确切地知道每个消费者的支付意愿，就无法实施一级价格歧视。虽然企业并不能确切地判断任意一个消费者的类型和特征，但是企业知道面对不同类型的消费者，他们的需求特征是不一样的。为了在不同类型的消费者中实施价格歧视，企业就必须通过设计不同的价格，让消费者自己去选择不同的价格，从而让消费者暴露自己的类型和特征。因此，针对同一种产品制定不同的单价，而让消费者自由去选择价格的定价方式都属于二级价格歧视的类

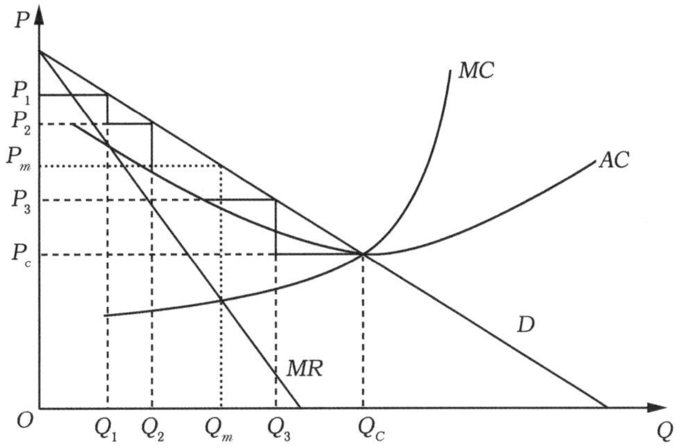

图 7—3　二级价格歧视

型。例如,通信公司提供不同的套餐价格。因此,二级价格歧视指的是诱导消费者在其所提供的不同产品的不同价格之间进行自我选择的价格歧视形式。

(三)三级价格歧视

三级价格歧视是指卖者依据消费者的特征将购买者分组,对不同组的消费者制定不同的价格,而拥有相同特征的同组消费者的支付价格相同。在三级价格歧视下,对消费者特征的划分主要依据消费者的需求弹性来进行区分。

如果卖者能够识别出消费者的特征,则实行三级价格歧视是容易的。三级价格歧视广泛地存在于旅游、机票和电影院等的定价中。

我们可以采用一个简单的模型来阐述三级价格歧视的思想。假定一个垄断者可以区分不同的消费者,他面临消费者 A 和消费者 B。这两类消费者的需求曲线是不相同的,因而他们的需求弹性不同。第一类消费者的需求曲线为 $D_1(p_1)$,第二类消费者的需求曲线为 $D_2(p_2)$。假定第一类消费者需求的价格弹性要小于第二类消费者,此时垄断者的定价准则依然为实行利润最大化的价格策略。

垄断者的利润函数为:

$$\Pi(p_1,p_2)=p_1 D_1(p_1)+p_2 D_2(p_2)-C[D_1(p_1)+D_2(p_2)] \qquad (公式 7-1)$$

根据利润最大化的一阶条件,对 p_1 和 p_2 分别求一阶偏导,得:

$$MR_1=MC \text{ 和 } MR_2=MC \qquad (公式 7-2)$$

当 $MR_1=MR_2=MC$ 时,企业实现了利润最大化。

根据弹性法则 $MR_1=p_1\left[1-\frac{1}{\varepsilon_1}\right]$,$MR_2=p_2\left[1-\frac{1}{\varepsilon_2}\right]$,可得:

$$p_1\left[1-\frac{1}{\varepsilon_1}\right]=p_2\left[1-\frac{1}{\varepsilon_2}\right] \qquad (公式 7-3)$$

其中，$\varepsilon_i=-\frac{\partial q_i}{\partial p_i}\frac{p_i}{q_i}$为需求价格弹性。因此，三级价格歧视的定价原则是所谓的弹性法则，即卖者在价格弹性大的市场内必须实行低价策略，而对价格弹性小的市场则可制定较高的价格。

三级价格歧视的例子如图 7－4 所示。假定垄断者具有不变的边际生产成本 MC，并知道自己的消费者类型有两类。类型 A 的消费者的市场需求为 $P_A=36-4Q_A$，类型 B 的消费者的市场需求为 $P_B=24-4Q_B$，所以 A 市场的边际收益为 $MR_A=36-8Q_A$，B 市场的边际收益为 $MR_B=24-8Q_B$。根据三级价格歧视的定价原则，可得到垄断者对 A 类型的消费者的定价为 $P_A^*=20$，利润最大化的产量为 $Q_A^*=4$；对 B 类型的消费者的定价为 $P_B^*=14$，利润最大化的产量为 $Q_B^*=2.5$。

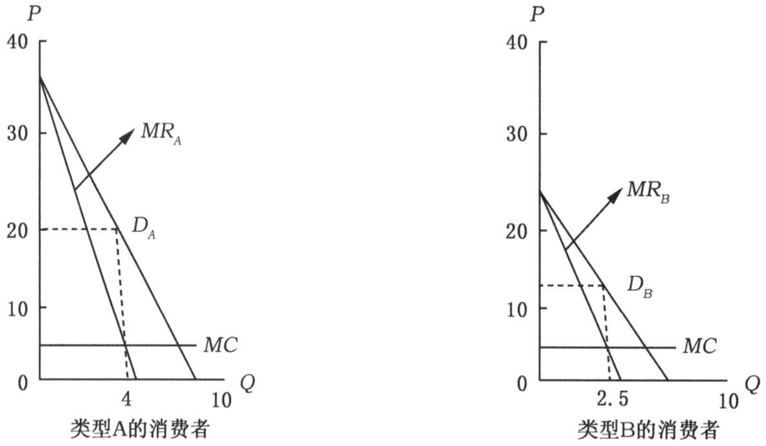

图 7—4　三级价格歧视

三级价格歧视的一个要求是卖者能够对消费者的特征进行分组，具有相同特征的消费者组成一个市场。因此，卖者对处于不同市场的消费者实施不同的价格，这种定价行为有时也被称为市场分割。市场分割不仅可以依据消费者的身份来划分，也可以由消费者所处的地理位置来区分市场。在这种情形下，卖者对处于不同地理位置的消费者制定不同的价格。一个典型的例子是茅台酒的国内外价格差异。由于出口市场的需求弹性大大高于国内市场的需求弹性，茅台酒在国外的市场价格较国内市场的价格要低得多。

三、价格歧视的福利效应和公共政策

企业选择歧视性定价而不是单一价格的主要目的在于从各种不同的消费者中获得最大的利润。但是，对于整体的社会福利而言，不同的价格歧视有不同的福利结果。

因此,政府有必要对其实行一定的公共政策[①]进行监督和管理。

(一)价格歧视的福利效应

在一级价格歧视下,企业对最后一个边际产量的售价等于边际成本,此时垄断企业的产量为社会最优的产量水平。但是由于企业对一个边际产量的售价等于消费者的支付意愿,因此,在一级价格歧视下,消费者的总剩余为0,而企业获得了全部的剩余。因此,从效率的角度看,一级价格歧视实现了社会福利的最大化,达到了帕累托最优状态。但是,由于它完全剥夺了消费者剩余,从而影响了收入的分配。

经济学理论认为,单一的垄断定价形式限制了企业生产社会最优的产量水平,从而导致了社会福利的无谓损失。而价格歧视则可以部分地缓解垄断企业在单一定价下的产量限制,因为垄断企业可以选择性地降低自身的商品价格,使得那些在单一的垄断定价下不能购买的消费者现在可以购买商品,因此,价格歧视提供给垄断者提高产量的激励。在二级价格歧视下,垄断者也会选择生产比单一垄断定价时更多的产量,因而降低了垄断势力带来的无谓损失。从这个角度看,二级价格歧视的社会福利相对于单一垄断定价时的社会福利要更好。

三级价格歧视的福利效应是更复杂的。相对于完全竞争,消费者在三级价格歧视下的剩余更少。并且由于三级价格歧视下的企业定价高于边际成本,因此,与完全竞争和一级价格歧视相比,三级价格歧视的社会总福利更小,是效率更低的定价方式。与此同时,相对于非歧视性的统一的垄断定价,三级价格歧视的效率可能更高,也可能更低,这取决于需求曲线和成本曲线的形状。如果在三级价格歧视下总产量比统一的垄断定价时的产量更高,那么三级价格歧视的福利将比非歧视的垄断定价的福利更高。但是,由于三级价格歧视是对两个或两个以上的分离市场分别制定统一的垄断价格,当三级价格歧视的产量之和相对于统一的垄断定价的产量更小时,社会福利会下降。

(二)价格歧视的公共政策

从效率的角度看,一级和二级价格歧视相对于统一的垄断定价的社会福利更高,但是三级价格歧视的福利效应是不定的。因此,理论学术界对在公共政策中是否禁止价格歧视持保留态度。

但与此同时,价格歧视使得消费者的剩余转移给了垄断企业,因此,价格歧视会导致收入分配的恶化,从而对潜在的经济效率产生负面影响。如果政府更关注分配的不平等问题,那么价格歧视将会受到干预;但如果政府更关注的是效率,那么政府对价格歧视的态度会更为宽容,允许特定的价格歧视的存在。

---

① 在产业组织学中,产业组织政策也常被称为公共政策。

在美国,对价格歧视进行干预的公共政策有很长的历史。1887年,美国州际商业法案首次对价格歧视进行了关注,要求禁止在铁路运费上的过度价格歧视,在相似的条件下不允许对长途客户实行更低的运输单价,而对短途客户实施更高的运输单价,但这一法案只被限定于铁路行业中。而在1914年《克莱顿法案》[①]通过后,美国对价格歧视的干预扩张到所有产业中。该法案在第2章规定禁止对不同的消费者制定不同的价格,因为这种价格歧视行为"可能会潜在地削弱竞争和创造垄断"的效应。但是,在该法案中,对于基于商品等级、质量、数量等的价格歧视被豁免。这样的豁免影响了在1914—1936年间对价格歧视的法律实施力。为此,1936年美国通过了《罗宾逊—帕特曼反价格歧视法案》[②]。该法案修正了克莱顿法案的第2章,明令禁止任何形式的对不同消费者的价格歧视行为,因为这种价格歧视行为产生了"在任何商业活动中可能潜在地削弱竞争和创造垄断,或者伤害、有损、阻止竞争"的效应。因此,《罗宾逊—帕特曼反价格歧视法案》将有害的价格歧视扩展为对该市场的其他卖者造成伤害,这一针对价格歧视的法案修订导致了更多关于价格歧视的反垄断诉讼。

作为《罗宾逊— 帕特曼反价格歧视法案》下价格歧视的一个案例,20世纪90年代美国制药行业的一次诉讼案具有相当的代表性。90年代早期,美国一些独立的药剂连锁店发起了一场针对四大主要制药公司的反垄断诉讼,声称这些大制药公司的双重定价系统日渐出格,制药公司以更低的价格将他们的药品销售给大的护理公司和卫生保健组织,而对药店和大型药剂连锁店却制定一系列的高价。这些大制药公司对这种价格差异的存在没有任何争议,但是问题在于这些价格差异的合法性问题。独立的药剂连锁店认为,大制药公司的歧视性的定价行为伤害了竞争,因为这种价格歧视使他们很难与新兴起的护理公司竞争。最终,在1996年6月,联邦法官查尔斯·科克莱斯(Charles P. Kocoras)批准了双方的和解方式,四大制药公司同意支付给这些药剂连锁店3.5亿美元并停止他们的价格歧视行为。

我国于2007年正式出台《中华人民共和国反垄断法》[③]。这一法案对非法的价格歧视行为进行了规定,即"没有正当理由,对条件相同的交易相对人在交易价格等交易条件上实行差别待遇"是非法的。由于我国实施反垄断法的历史相对较短,有关部门对这些条例并没有给出进一步的解释。

---

① 美国国会. The Clayton Antitrust Act[EB/OL]. [2005-06-20]. http://cplaw.cupl.edu.cn/show.aspx?id=64&cid=31.

② 美国国会. 罗宾逊—帕特曼反价格歧视法案[EB/OL]. [2005-07-06]. http://www.competitionlaw.cn/n442c31.aspx.

③ 全国人民代表大会常务委员会. 中华人民共和国反垄断法[EB/OL]. [2007-08-30]. http://news.xinhuanet.com/newscenter/2007-08/30/content_6635143.htm.

第四节　限制性定价

一、限制性定价的含义

限制性定价是指一个在位企业制定一个价格和产量使得进入者不能获得足够的需求以实现盈利,从而使得进入者不能进入该市场。最早的限制性定价模型由贝恩、[①]莫迪格里安尼(Modigliani)[②]和索罗斯—拉比尼(Sylos-Labini)[③]建立。其模型假定行业中有一家主导性的在位企业和一个边缘的潜在进入者。潜在进入者相信,在位者在新的企业进入市场后不会改变自己的产量(这样的假定也称为贝恩—索罗斯假定),因而它进入后市场的总产量等于它自己的产量加上当前在位者的产量。进入者额外的产量将导致价格下降。因此,在位企业可以制定一个限制性的价格 P_0 以消除所有进入者的进入威胁。

二、限制性定价的理论解释

最初的限制性定价模型实质上是一个斯坦克尔伯格(Stackelberg)模型。[④] 该模型假定某产业中只有一家在位企业 A 和一家潜在进入企业 B。企业 B 要决定它是否进入以及进入后的产量。限制性定价的思想如图 7—5 所示。在位者是一个斯坦克尔伯格领导者,它率先决定自己的产量。在图 7—5 中,在位者在潜在进入者进入之前率先承诺的一个适当的产量水平为 $\overline{Q}$。如果在位者生产这一产量,则市场的价格为 $\overline{P}$。如果潜在进入者进入了市场,那么情况将会怎样? 由于潜在进入者相信在位者在它进入市场后仍然将产量维持在 $\overline{Q}$,潜在进入者在进入市场后任意一个给定的市场价格下面临的需求为总的市场需求量 $D(P)$ 减去在位者的产量 $\overline{Q}$。因此,在位者面临一条剩余需求曲线 R_e,在图形上,这条剩余需求曲线仅仅是将市场的总需求曲线向左平移 $\overline{Q}$ 个单位。相应地,我们可以得到进入者的边际收益曲线 MR_e。进入者根据边际收益等于边际成本选择它的利润最大化的产量 q_e。进入者的产量加上在位者的产量 $\overline{Q}$ 导致的市场总产量使得市场价格下降为 p_0,该市场价格仅能弥补进入者的平均成本。

---

① BAIN. *Barriers to new competition*[M]. Cambridge: Harvard University Press, 1956.

② MODIGLIANI. New developments on the oligopoly[J]. *Journal of political economy*, 1958, 66: 215—232.

③ SYLOS L. *Paolo*, *oligopoly and technical progress*[M]. Cambridge: Harvard University Press, 1962.

④ 关于斯坦克尔伯格模型见本教材第八章。

换句话说，在位者通过承诺生产一个产量 $\overline{Q}$，使得所有意图进入市场的潜在进入者只能获得零利润，从而消除了进入者愿意进入市场的激励。

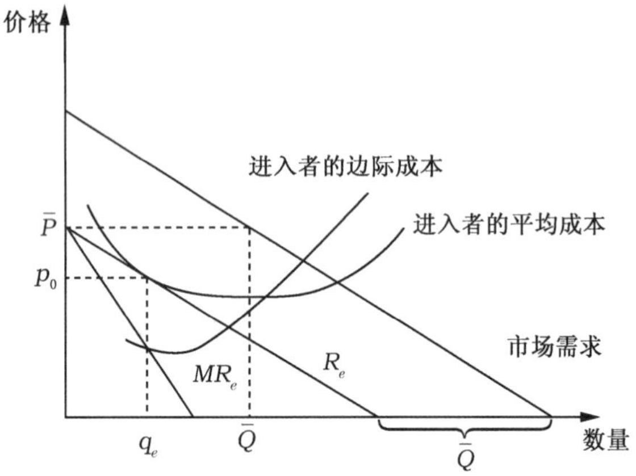

图 7—5　限制性定价

然而，限制性定价能否成功阻止进入，关键在于潜在进入者对在位者关于产量的承诺的信念，即在位者被潜在进入者认为会始终生产一个确定的产量 $\overline{Q}$ 以维持限制性价格 p_0。因此，限制性定价模型的核心问题在于：为什么进入者会相信在位者在它进入后仍然不会改变产量，而将产量保持在进入之前的产量水平？即在位者即使在进入者进入后仍然坚持生产 $\overline{Q}$ 的产量是合理的吗？

事实上，贝恩和索罗斯—拉比尼并没有从博弈论的角度来分析限制性定价模型，但是他们从信息的角度认识到可信性的问题。他们对此的解释是假定在位者的产量 $\overline{Q}$ 是成本高昂以至于很难进行调整的。因此，进入者假定在位者的产量仍然保持在 $\overline{Q}$ 是对的，因为产量 $\overline{Q}$ 调整的成本很高。换句话说，在位者高昂的产量调整成本表明其生产的产量 $\overline{Q}$ 是一个可置信的承诺。

从博弈论的观点看，要使限制性定价成为可信的策略，就要使得在位者对所生产的产量进行承诺，使得进入者确信在位者在进入者进入市场后不会改变他自身的产量决策。因此，在进入者决定进入之前，在位者必须选择生产能力。只有当生产能力的成本很高且是沉没成本时，限制性定价才是可信的战略。

为了使限制性定价可信及有效，在位者必须要寻求一个策略，使得即使在进入者进入后，生产一个给定的产量 q 并制定限制性定价仍然是最优的。为此，可通过一个二阶段的动态博弈来说明。假定在第一阶段存在一个在位者和一个潜在的进入者。在位者决定要建立它的工厂。潜在进入者只有在第二阶段才能决定是否要建立一个工厂来进入市场。进一步，假定在位者面临两个决策，其一为采用非灵活的技术，建立一个新工厂只能生产确切的产量 $\overline{Q}$。一旦这样一个工厂建成,潜在进入者毫不怀疑无论进入是否发生在位者都会生产 $\overline{Q}$ 的产量。其二为采用灵活的技术,允许在位者在一个很大的产量区间内生产。博弈的扩展形式如图 7—6 所示,括号内数字表示收益矩阵,其中第一个数字是在位者的收益,第二个数字为进入者的收益。

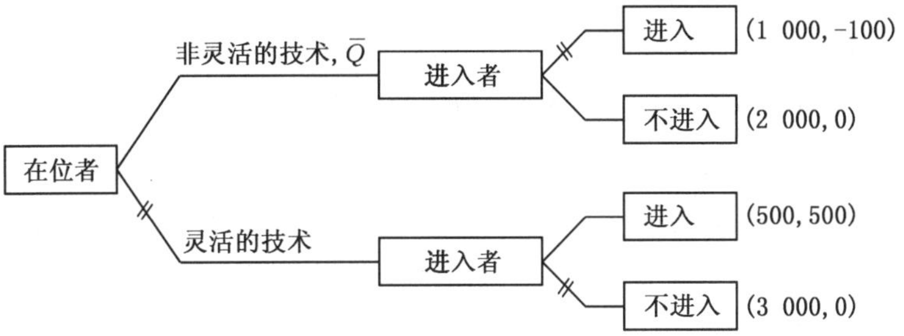

图 7—6　限制性定价博弈的扩展形式

在第一阶段,在位者在采用非灵活的技术和灵活的技术之间进行选择。如果它采用灵活的技术,就可以在一个很宽幅度的产量区间生产。如果它采用非灵活的技术来建立一个新工厂,那么它只能生产确切的产量 $\overline{Q}$,这样的产量 $\overline{Q}$ 将会阻止进入发生。在第二阶段,潜在进入者决定是否进入。为此,可以采用逆向归纳法来分析在位者在第一阶段的最优策略。

首先来看进入者在第二个阶段的选择。如果在位者选择非灵活的技术,生产 $\overline{Q}$ 的产量并制定限制性价格 p_0,潜在进入者的最优决策是不进入。因为当潜在进入者不进入时,它没有任何损失,收益为 0,而在位者的收益为 2 000;如果在位者选择灵活的技术,则潜在进入者的最优决策是进入,此时,潜在进入者进入后的收益为 500,而在位者的收益同样为 500。

现在回到第一阶段,如果在位者选择非灵活的技术,实施限制性定价,那么潜在进入者不会进入,在位者的收益是 2 000;但是如果在位者选择灵活的技术,那么潜在进入者会进入,在位者的收益将为 500。因此,选择非灵活的技术,实施限制性定价的利润更高。

在这一博弈中,在位者选择非灵活的技术,实施限制性定价是最优的选择,因为此时限制性定价的威胁是可信的。这意味着在位者通过进行一个投资,建立一个产量为 $\overline{Q}$ 的工厂进行了可置信的承诺,从而阻止了进入的发生。

三、限制性定价的一个案例

作为限制性定价的一个案例,美国铝业公司曾采用扩张生产能力来阻止其他企业进入铝和铝制品的市场。1945年，美国法院作出一个美国历史上最著名的反托拉斯决定。这一案件是美国铝业公司被控非法垄断了美国国内的铝和铝制品市场。美国铝业公司早在1912年就卷入过反托拉斯案件，当时它由于限制竞争和反竞争的行为而被认定有罪。1945年，美国铝业公司再次以上述原因受到指控。并且，法庭还认为这次美国铝业公司最重要的反垄断行为是通过扩张生产能力来阻止竞争者进入市场。法庭注意到在1912—1934年间，美国铝业公司将其生产能力扩张了8倍。曾经有一到两个企业试图进入该市场，但都以失败告终，原因是遭遇了美国铝业公司的有效地阻止。法庭认为，没有什么其他的排他性方法比将新的生产能力注入一个巨大的企业来面对新的进入者更为有效了。法庭针对这一案件最终的裁决是将美国铝业公司建立的铝工厂卖给两个新的公司——恺撒铝及化学公司和雷诺金属公司，由此创造一个更为竞争的市场结构。

第五节　掠夺性定价

一、掠夺性定价的定义

掠夺性定价被视为企业的一种策略性行为，也是产业组织中较为常见的一种企业定价理论。掠夺性定价是指一个在位企业通过降低自身产品的价格以达到将竞争对手赶出市场并阻碍潜在的进入者进入市场。一旦竞争对手退出市场，在位者将提高市场价格。一般而言，企业在掠夺期内制定的掠夺性定价往往会低于自身的成本（当然也低于竞争对手的成本），实施掠夺性定价的在位者为了获得长期的利益而不惜牺牲短期的损失。

二、掠夺性定价成功实施的条件

在位者在实施掠夺性定价行为时如何才能成功地将竞争对手赶出市场？产业组织理论的研究表明这需要满足如下的条件：第一，掠夺者必须要使竞争对手确信它制定的低价格会一直持续下去，直到竞争对手退出市场。这意味着在位者将比竞争对手在低价格下“活”得更长，以至于竞争对手无法在掠夺期坚持下来。这就要求掠夺者必须拥有足够的财务资源，这样才有能力承受整个掠夺过程的损失。在现实中，一些掠夺性定价策略性行为失败的原因便在于在位者无法让竞争对手相信它能够维持低价到将竞争对手赶出市场。第二，如果在位者成功地将当前的竞争对手赶出市场并随后提高市场价格，那么新的竞争者将进入市场，在位者必须重新降价以赶出进入者。为避免出现这种情况，在位者必须要树立"强硬的"声誉，使所有的潜在进入者相信它们进入后会导致在位者实施掠夺性定价，从而进入是无利可图的。第三，如果掠夺者成功地迫使进入者破产，那么，在位者应该尽量获得进入者的资产控制权，或者确保进入者永久地退出市场，否则一旦在位者重新提高价格，进入者将重新进入市场和在位者竞争。

三、掠夺性定价是否理性的争论

（一）掠夺性定价是非理性的行为

现实中是否存在掠夺性定价一直是一个充满争议的话题，因为上述条件非常苛刻。对于在位者而言，掠夺是否理性首先要考虑一个在位者和进入者完全相同情况下的掠夺。假定市场上存在两个企业，一个为一直存在于这个市场的在位者，另一个为最近的进入者。两个企业的成本函数完全相同，如图 7—7 所示。在位者降低市场价格至 P^*，市场的产量为 q^*，在这个低价格下，进入者面临亏损，而在位者意图通过这一亏损迫使进入者退出市场。

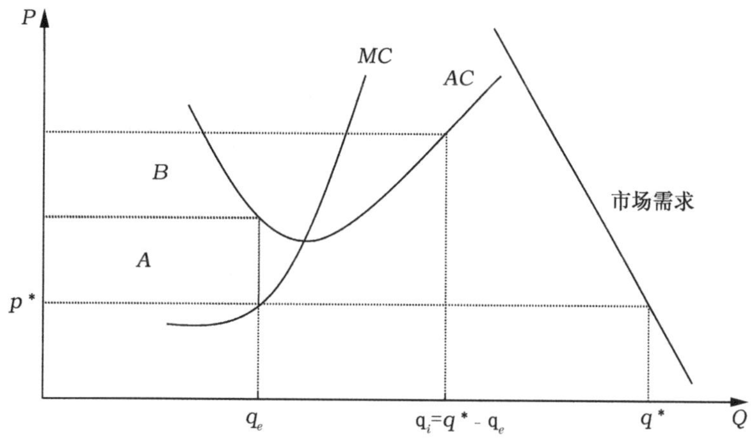

图 7—7　掠夺性定价

如果进入者不退出市场，由于其为价格接受者，根据价格 P^* 等于边际成本，进入者生产 q_e 的产量，并承担面积为 A 的亏损。而为了将价格保持在 P^*，在位者在生产 $q_i=q^*-q_e$ 的产量。因此，相对于进入者，在位者在产量 q_i 处的边际收益和边际成本更高，并且承受了面积为 B 的亏损，这一亏损将比 A 更大。

消费者在掠夺期内将会受益，因为他们将以远远低于垄断定价的掠夺性低价 P^* 购买商品。如果掠夺性定价是成功的，那么在位者将会在进入者被赶出市场后将价格提高至垄断定价的水平，导致消费者福利的损失。

因此，在位者在掠夺期遭受的损失要大于进入者。如果掠夺性定价是有效的，那么进入者必须相信在位者会一直保在这一低价格直到进入者退出市场。但是，当两个企业完全相同时，进入者没有理由会相信在位者在相当长的时期内愿意承受比自己大得多的巨额损失，只为将自己赶出市场。因为在位者这种掠夺性定价行为在进入者看来是不理性的，那么掠夺性定价就不是一个可信的威胁。

芝加哥学派就认为，理性的进入者在被掠夺时是不会退出市场的。因此，理性的掠夺者绝对不会采取掠夺性行为。美国最高法院关于日本松下电器的一项裁决可以看作是这一观点的一个案例。1986 年，美国最高法院对真力时无线电公司等诉日本松下电器公司的掠夺性定价案作出裁决。以真力时无线电公司为主的美国生产商起诉松下电器在美国市场坚持以低于成本的价格销售电器产品长达 20 年，其目的是为了将美国企业赶出市场。美国最高法院认为对任何一个企业而言，为了将竞争对手赶出市场而不惜承受 20 年的亏损是不可能的事情。最终美国最高法院裁决掠夺性定价不是低价格的原因，正当的竞争可以更好地解释为什么日本企业能够将价格制定在低于美国企业的水平上。

（二）掠夺性定价是理性的行为

然而，许多新产业组织的学者认为芝加哥学派关于掠夺性定价是非理性的观点过分依赖完全信息和理性假定。在不完全信息下，如果两个企业之间是不对称的，一个企业比另一个企业更具有优势，那么在位者的掠夺性定价有可能性是理性的，主要原因为：

1. 鼓鼓钱袋理论

假定进入者具有财务约束，以至于其没有足够的财力弥补掠夺期的损失，而在位者则没有财务约束，能够承受掠夺期的损失，那么在位者的掠夺对于进入者是可置信的威胁，因而掠夺性定价是理性的，这一理论被称为鼓鼓钱袋理论。

2. 低成本的信号

无论在位者是一个高成本的或是低成本的企业，假定只有在位者自己知道其成本究竟是如何的。面对进入者的进入，在位者会基于以下两个原因降低价格。首先，如果在位者是低成本的，那么在位者降低价格仅仅是针对激烈竞争的正常反应，如果新进入者也是一个低成本企业，但其成本仍然高于在位者，那么低成本在位者仍然能够获得利润；但是如果在位者是高成本的企业，那么在位者在进入者进入时降低价格的行为属于掠夺性定价行为。进入者将会观察在它进入后在位者的定价行为，如果在位者面对进入制定的价格越低，那么进入者认为在位者是低成本企业的概率就越大。因此，通过在进入者进入市场后制定一个很低的价格，在位者向进入者传递了自身是低成本企业的信号，表明这个市场已经没有其他进入者的利润空间了。换句话说，在位者通过掠夺性定价成功地影响了进入者对在位者成本类型的信念。

3. 强硬的名声

通过采用富有攻击性的定价战略,在位企业会获得一个“强硬”的名声,那么将来(或在其他市场上)就不会再发生潜在进入者的进入行为。这其中的原因仍然是基本不完全信息。因为在位者的定价历史会被今后的其他进入者看成一个指示器,从而判断在位者的成本类型。如果在位者通过掠夺性定价建立了强硬的声誉,那么在位者的这种定价历史也会向其他潜在进入企业传递其成本类型的信号,以阻止潜在进入者未来在该市场以及其他市场的进入。

4. 成长的市场

如果一个市场一开始就要求占有很大的市场份额才能保证长期成功,那么在这样的市场上,在位者面对潜在进入者进入时采取掠夺性定价是理性的行为。这样的成长市场包括那些具有网络效应的市场、具有更高转移成本的市场,以及自然垄断的市场。例如,在“共享单车”市场,开始时企业拥有大量的用户决定了其能否在市场中生存和成功,这就使得在位者面对进入者的进入时会采取掠夺性定价的方式,从而阻止进入者获得在市场中存活所必要的市场份额。

四、针对掠夺性定价的公共政策

(一)掠夺性定价的鉴别

无论是在经济领域还是在法律领域,人们对实践中如何鉴别掠夺性定价进行了大量的讨论。在美国,许多法庭的判决采用了由阿瑞达(Areeda)和特纳(Turner)在1975年提出的方法①:如果一个企业的定价低于其自身的短期边际成本时,这一定价将被视为掠夺性定价。这一判断标准背后的逻辑在于,除非该企业有策略性的目的,否则没有一个追求利润最大化的企业会选择将其定价低于其短期边际成本。这里的“策略性目的”就包括掠夺性定价,即在位者可能通过制定一个低价将进入者赶出市场,从而实现最终的利润最大化目标。因为对企业而言,如果没有对未来利润的追求,价格低于边际成本是没有意义的。在具体的操作上,阿瑞达和特纳建议在数据限制的情况下,采用平均可变成本作为对短期边际成本的一个代理衡量变量,这意味着价格低于平均成本并不是掠夺性定价的证据。

(二)掠夺性定价的福利判断

掠夺性定价是否非法取决于对于掠夺性定价的福利判断。掠夺性定价意味着进

---

① AREEDA P, TURNER D F. Predatory pricing and related practices under section 2 of the Sherman Act [J]. *Harvard law review*, 1975, 88(2): 687—733.

入者有可能退出市场，使掠夺者拥有垄断地位。因此，对于掠夺性定价的福利判断可以分为掠夺期和进入者退出时期。在掠夺期阶段，进入者存在于市场中，掠夺性定价意味着行业中的企业竞争更为激烈，市场价格下降，产量增加，消费者剩余增加，从而社会福利增长。而如果掠夺成功，进入者会退出市场，在位者会提高价格，从而导致掠夺后社会福利下降。

因此，掠夺性定价的福利判断有一个权衡，如果掠夺成功了，并且在位者在进入者退出市场后将价格大幅度提高，那么掠夺性定价将会导致社会福利的下降。但是，如果掠夺不成功，进入者仍然持续待在这个市场上，那么掠夺性定价将不会有损于社会福利。

一些学者认为，很多关于掠夺性定价的反垄断案例都是关于一个企业将掠夺性定价作为反对其竞争对手的手段。这些原告企业抱怨的不是价格低于成本，而是来自有效率的竞争者的价格竞争压力。如果一个企业比另一个企业更有效率，那么有效率的企业将会以更低的价格夺取竞争者的市场份额。事实上，这些有效率的企业的市场价格会低于没有效率的企业，但会等于或高于更有效率的企业。因此，掠夺性定价的诉讼有可能是那些没有效率的企业保护自身的市场地位的一种策略。如果严厉的掠夺性定价法案实施阻止了有效率的企业降低自身的价格，那么这将伤害消费者，而不是有利于消费者。正因为此，伊斯特布鲁克(Easterbrook)建议只有当一个厂商将竞争对手赶出市场并随后提高了自身的价格后，法庭才应该考虑受理掠夺性定价的诉讼，只有这样才能判断一个竞争者被赶出市场是掠夺还是激烈竞争的结果。①

美国西北航空公司在底特律至费城航线上的竞争行为，可以看作是其实施了掠夺性定价的一个案例。精神航空公司是美国的一家小型航空公司，该公司于 1995 年 12 月涉足底特律至费城的航线市场，每天有一趟往返航班。在精神航空公司进入底特律至费城的航线市场之前，身为大型航空公司的美国西北航空公司在这条航线上的单程票价平均高于 170 美元，而精神航空公司的单程票价仅为 49 美元。1996 年 6 月 20 日，西北航空公司将该航线的所有票价降至 49 美元，并且将其更多的运力集中于该航线，增加了 30%的客位。在此价格的竞争下，9 月 30 日，精神航空公司宣布退出这条航线。而在精神航空公司宣布退出这条航线后不久的 1997 年第一季度，西北航空公司就将其单程票价平均提升至 230 美元。同时，西北航空公司为这条航线所提供的客位也下降了。

---

① EASTERBROOK F H. Predatory strategies and counterstrategies[J]. *University of Chicago law review*, 1981, 48 (2): 263—337.

附　录

一、伯特兰模型

伯特兰模型是伯特兰在1883年所提出的一个不同于古诺模型的非合作寡占模型。在伯特兰模型中,每一个厂商都假定竞争对手的价格是固定的,因而它可以通过改变价格来达到自身的利润最大化。

(一)伯特兰模型的假定条件

(1)市场上只有两家厂商,没有其他厂商进入。

(2)两家厂商生产的是同质的无差异产品。

(3)产品是不可储存的,即只考虑单时期的状况。

(4)市场需求曲线是线性的,记为:$Q=a-bp$。

(5)两家厂商的边际生产成本是常数,即$MC=m$。

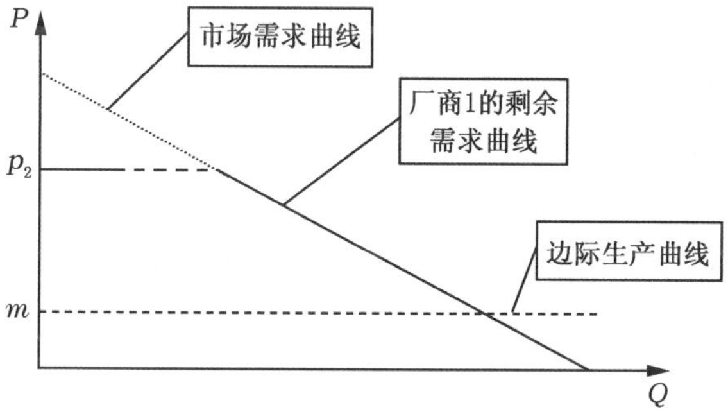

图7—8　伯特兰模型中厂商1所面临的剩余需求

(二)伯特兰模型的结论——伯特兰均衡

在图7—8中,假定厂商2将价格定在p_2,且$p_2>m$。

若$p_1>p_2$,则由于产品的无差异性,厂商1将失去所有的消费者;反之,厂商2将被挤出市场。如果$p_1=p_2$,则它们将瓜分整个市场。因此,厂商1有图7—8中粗实线所示的剩余需求曲线。

显然,在该模型中,唯一可能的纳什均衡是$p_1=p_2=m$。

(三)伯特兰厂商的最佳反应函数

伯特兰厂商的最佳反应函数如图7—9所示。

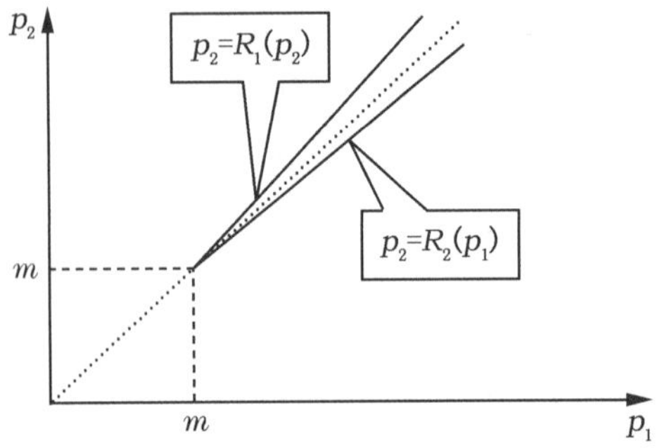

图 7—9 伯特兰模型的最佳反映函数

伯特兰德厂商的最佳反应函数为略小于竞争对手的定价。

二、埃奇沃斯模型

(一)埃奇沃斯模型的含义

如在伯特兰模型中,一个寡头企业的生产能力不足以满足整个市场的需求时,企业将会采用怎样的价格竞争战略?市场又会呈现出怎样的竞争结果呢?

埃奇沃斯模型试图回答的就是这样一个问题。

(二)埃奇沃斯模型的假定条件

埃奇沃斯对伯特兰德模型的假定进行了如下修改:

(1)两个企业的生产能力是有限的。在一定的价格水平条件下,某一个寡头的产量不可能满足这一价格水平条件下的市场需求量,从而导致另一企业可以获得市场残余需求量。

(2)在一定的时间段,市场上可以同时存在两个价格。

(3)当某一寡头选择某一价格水平时,另一寡头不会立即作出价格反应。

(三)埃奇沃斯模型的分析过程

在图 7—10 中,三角形的两斜边分别代表 A 企业和 B 企业的需求曲线,纵轴是其共同的价格轴,横轴 Q_A+Q_B 代表市场总需求量,HE 是两企业的边际成本线。$P_CH=OQ_A$ 是 A 企业的最大生产能力,$P_CE=OQ_B$ 表示 B 企业的最大生产量。

假定事先 A 企业按边际成本等于边际收益,确定价格在 P_1 水平,相应的产量在 Q_1。此时,B 企业进入,将价格确定在 P_2,即 $P_2<P_1$,并按它的最大生产能力向市场提供产品,即产量为 $CD=P_CE$,由于 B 企业的定价低于 A 企业,使一部分消费者转移购买 B 企业的产品。这样,A 企业的市场份额下降,只能获得 B 企业的残余需求量。此时的市场存在两种价格,即 P_1 和 P_2。在 P_2 价格水平上,B 企业以最大生产能力

向市场提供产品。而 A 企业按 P_1 价格出售产品但市场需求量下降。

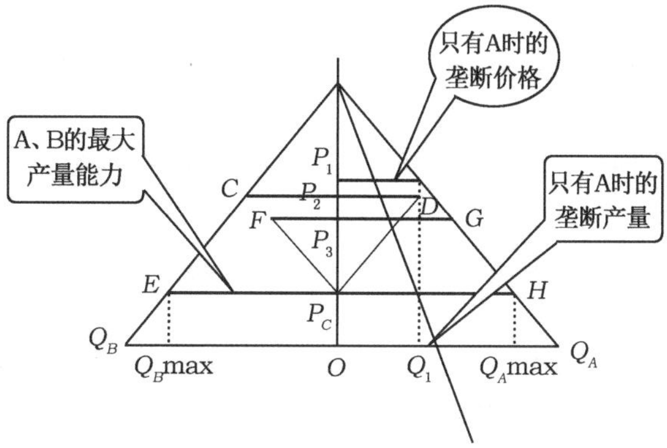

图 7－10 埃奇沃斯模型分析图

A 企业为了扩大产销量,将价格调低到 P_3,使 $P_3 < P_2$,这一策略将使 B 企业的部分消费者转向 A 企业,使得 B 企业的市场销售量下降。于是,B 企业采取进一步降价战略……如此往复的博弈,使得价格降至 P_C 水平,各个厂商可以按最大生产能力供应产品,并且市场可以完全出清。

(四)埃奇沃斯模型的结论

埃奇沃斯模型说明,寡头垄断价格在 P_1 与 P_C 之间来回波动,没有一个稳定的纳什均衡,但是有一个一定范围内的可能价格和产出。

参考文献

[1] 全国人民代表大会常务委员会．中华人民共和国反垄断法[EB/OL].[2007-08-30]http://news.xinhuanet.com/newscenter/2007-08/30/content_6635143.htm.

[2] 庇古．福利经济学[M]. 北京:华夏出版社,2013.

[3] 美国国会．The Clayton Antitrust Act[EB/OL].[2005-06-20]. http://cplaw.cupl.edu.cn/show.aspx? id=64&cid=31.

[4] 美国国会．罗宾逊—帕特曼反价格歧视法案[EB/OL].[2005-07-06]http://www.competitionlaw.cn/n442c31.aspx.

[5] 唐·E. 沃德曼,伊丽莎白·J. 詹森．产业组织:理论与实践[M]. 北京:机械工业出版社,2009.

[6] AREEDA P,TURNER D F. Predatory pricing and related practices under section 2 of the Sherman Act[J]. *Harvard law review*,1975,88(2).

[7] BAIN. *Barriers to new competition*[M]. Cambridge: Harvard University Press, 1956.

[8] BAUMOL QUANDT. Rules of thumb and optimally imperfect decisions[J]. *American economic review*, 1964, (5).

[9] BERTRAND. Théorre mathématique de la richesse sociale[J]. *Journal des Savants*, 1883, (9).

[10] EASTERBROOK F H. Predatory strategies and counterstrategies[J]. *University of Chicago law review*, 1981, 48 (2).

[11] MODIGLIANI. New developments on the oligopoly[J]. *Journal of political economy*, 1958, 66.

[12] SCHERER F M, ROSS D. *Industrial market structure and economic performance*[M]. Boston: Houghton Mifflin Company, 1990.

[13] SYLOS L. *Paolo, oligopoly and technical progress*[M]. Cambridge: Harvard University Press, 1962.

推荐阅读书目

[1] 全国人民代表大会常务委员会．中华人民共和国反垄断法[EB/OL]. [2007-08-31]. http://www.china.com.cn/policy/txt/2007-08/31/content_8775335.htm.

[2] 中国国家工商行政管理总局公平交易局，中国社会科学院国际法学研究中心．反垄断法典型案例及中国反垄断执法调查[M]. 北京：法律出版社，2007.

[3] 丹尼斯·卡尔顿，杰弗里·佩罗夫．现代产业组织[M]. 上海：上海三联书店，上海人民出版社，1998.

[4] 范合君．产业组织理论[M]. 北京：经济管理出版社，2010.

[5] 美国国会．罗宾逊—帕特曼反价格歧视法案[EB/OL]. [2005-07-06]. http://www.competitionlaw.cn/n442c31.aspx.

第八章　市场行为：产量和阻止进入策略

在企业的策略性行为中，通过产量与对手进行竞争，也是企业可采用的策略之一。在此，我们首先介绍两个在产业组织理论中较为经典的在寡头市场中适用的模型，即古诺模型和斯坦克尔伯格模型，然后再介绍两个利用设置生产能力来阻止潜在进入者进入市场的策略，即斯宾塞模型和迪克西特模型。

第一节　寡头市场中的产量竞争策略

一、古诺模型

（一）古诺模型的假定条件和结论

古诺模型是古诺在1838年出版的《〈财富论〉的数学原理研究》一书中所提出的一个非合作寡占模型。[①] 该模型在产业组织理论的发展中有着极其重要的地位，熊彼特(Schumpeter)称其为"一切有关寡占深入研究的基石"[②]。在古诺模型中，企业用于竞争的不是价格，而是产量。古诺模型首先假定这是一个双寡头的市场，市场中的每一个企业都独立行动，并保持着非合作状态。两个寡头企业都试图通过产量的选择达到自身的利润最大化。

在对古诺模型论证的过程中，首先也是对模型所涉条件的假定，这些假定包括：第一，市场上只有两个寡头企业，且企业之间不存在串谋行为；第二，两个企业生产的是同质的无差异产品；第三，两个企业都根据竞争对手的行动来作出自己的决策，并认为无论自己生产多少，竞争对手的产量是不变的；第四，产品是不可储存的，即只考虑单时期的状况；第五，假定两个企业的边际成本为常数，即 $MC=m$；第六，假定市场的需求函数是线性的，记为 $Q=a-bp$，其中 a、b 均大于 0。

---

① COURNOT. *Recherches sur les principes mathémtiques de la théories des richesses*[M]. Paris: Librairie Philosophique J. Vrin, 1838.

② 约瑟夫·熊彼特. 经济分析史[M]. 北京：商务印书馆，2008.

通过对古诺模型的分析求解[①]，我们可以得知，古诺模型是有纳什均衡的。古诺模型的纳什均衡为：

$$Q_1 = Q_2 = \frac{a - bm}{3} \qquad \text{（公式 8—1）}$$

即通过竞争，当两家企业的产量都为$(a-b)/3$时，竞争双方达到均衡状态，此时市场的总产出为$2(a-bm)/3$。稍深一步地研究还可知，古诺均衡的产量大于完全垄断时的产量而低于完全竞争市场；同时古诺均衡的价格也介于完全垄断市场与完全竞争市场之间。

进一步研究[②]还表明，适当放宽古诺假定，将古诺假定中的两家企业放宽至n家企业，只要其他假定条件不变，就可得到这n家企业的产量均为：

$$Q_1 = Q_2 = \cdots = Q_n = \frac{a - bm}{n+1} \qquad \text{（公式 8—2）}$$

（二）古诺模型的例子

1."两桶油"加油站市场的竞争

随着我国国民收入水平的提高，轿车作为消费品，越来越多地走进了老百姓的家庭，从而加油站也越来越为人们所熟悉。提起我国的加油站，人们可能都听说过"两桶油"。这"两桶油"是指中石化和中石油，是我国石油产业链中直接面对消费者的下游环节。

一些资料表明，至2018年底，我国的加油站数量已超过11万座，其中中石化和中石油占据了半壁江山，分别为3.07万座和2.18万座；而在2007年，两家的加油站数量分别为2.88万座和1.82万座。[③]

考虑到这两家企业是1998年由石油部下辖的企业经体制改变而来，故生产技术、管理体制和企业文化等基本相同，也就是基本满足了古诺假定中有关生产成本相同以及产品同质的假定。再联系当初在分家时，中石油主要是在北方，上游环节的石油开采成分多些，加油站相对少些；而中石化则多在南方，得到下游的炼油资产等更多一些，加油站也更多一些。因此，在加油站环节，必然是中石油的动力更大一些，故基本上可以将"两桶油"在加油站环节的竞争看作是一种古诺竞争。

2. 真实市场中的古诺均衡

岩田在20世纪70年代对日本的平板玻璃市场进行了研究，[④]发现该市场被两个

---

① 关于古诺模型的分析求解过程可参见本章附录一。

② 唐·E. 沃德曼，伊丽莎白·J. 詹森. 产业组织：理论与实践[M]. 北京：机械工业出版社，2009：164—166.

③ 根据两家公司的上市年报。

④ 唐·E. 沃德曼，伊丽莎白·J. 詹森. 产业组织：理论与实践[M]. 北京：机械工业出版社，2009：168.

企业(朝日和立邦)所控制，行业的总产量处于古诺均衡产量和完全垄断市场的产量之间。岩田无法否认该行业古诺模型的行为，也即在这段时期，日本的平板玻璃市场总是显示为时而有合谋，时而又无法否认两个寡头间存在着古诺条件下的竞争。

二、斯坦克尔伯格模型

(一)斯坦克尔伯格模型的含义和结论

如同我们在讨论伯特兰模型时所说的，在经济学模型中，不同的假定条件，会得到不同的演绎结果。当我们改变伯特兰假定，设一个寡头的生产能力不足以满足整个市场的需求，且允许市场在某一时刻可以存在两个不同的价格，此时的伯特兰模型就转换为埃奇沃斯模型了。现在我们改变古诺模型的一个假定，将两个寡头分为领导者和跟随者，则古诺模型就转化为斯坦克尔伯格模型了。

斯坦克尔伯格模型是德国经济学家斯坦克尔伯格在 1934 年出版的《形式与平衡》[①]一书中提出的一个双寡头垄断模型，但这两个寡头不是对称的，一个在模型中为支配者，也称为领导者，另一个是跟随者。领导者首先行动，然后跟随者再行动。在现实经济中，那些实力雄厚、具有核心开发能力、率先行动的企业就往往成为业内的领导者，而那些规模较小的企业则只能在给定领导者产出水平和技术工艺的基础上，以跟随者的身份选择它们的最优产出，斯坦克尔伯格模型就是分析这类企业竞争关系的寡占模型。

通过对模型的分析[②]，我们可知如果记 $q_{领导者}$ 和 $q_{跟随者}$ 分别为领导者和跟随者的产量，令逆需求函数为 $P(Q)=a-q_{领导者}-q_{跟随者}$，两家企业有相同的不变单位成本 c，则斯坦克尔伯格模型有纳什均衡点，此时领导者和跟随者的产量分别为：

$$Q_{领导者}=(a-c)/2 \qquad \text{(公式 8—3)}$$

$$Q_{跟随者}=(a-c)/4 \qquad \text{(公式 8—4)}$$

(二)斯坦克尔伯格模型的例子

在现实经济中，当一个寡头市场呈现两个寡头不一致时，或在市场上的表现一强一弱，或进入市场的时机为一前一后时，往往就可用斯坦克尔伯格模型来解释。如“在美国汽车产业发展史中的某些阶段，通用汽车就曾扮演过这种领导者的角色。作为追随者的企业，比如有福特、克莱斯勒等(作为跟随者的企业可以有多个)”[③]。

1. 两家洋快餐在上海市场的发展历程

尽管在美国本土，麦当劳和肯德基是两种不同的快餐。对于美国人来说，它们不

---

① STACKELBERG. *Marktform und gleichgewicht*[M]. Vienna：Julius Springer，1934.

② 对斯坦克尔伯格模型的分析过程可参见本章附录二。

③ 吴先锋，左玉帅．双头垄断产出的博弈分析及领导者领先策略[J]. 集团经济研究，2007(25)：272.

但口味有差异，所体现的企业文化也不同，但进入中国后，对于习惯了本国口味的中国人来说，总爱把这两者放在一起，视作同质的“炸鸡腿”或“炸鸡翅”。在美国本土，麦当劳无论是店铺数还是影响力，都要比肯德基更胜一筹。在上海，情况就不同了。上海的第一家肯德基，是1989年开在外滩的东风饭店门店，6年之后的1995年，麦当劳在中山公园开了第一家上海的门店。也就是说，对于中国人视为同质的“洋炸鸡”，在上海市场上肯德基是领导者，而麦当劳则是追随者。据一份2005年对洋快餐的调查，[①]在2005年，上海有肯德基门店158家，而麦当劳门店为73家，麦当劳门店是肯德基门店的一半左右。上海市场上肯德基和麦当劳的发展过程，正好可用斯坦克尔伯格模型来解释。

2. 西班牙化肥市场的斯坦克尔伯格均衡

帕佐(Pazo)和朱曼(Jaumandreu)曾研究了西班牙1976—1988年的氮肥市场。[②]在这一时期，由于高关税和非关税壁垒，西班牙政府对该产业实施了一些特殊政策，使之成为一个在政府保护下的国内寡头垄断产业。在西班牙的氮肥市场上，存在着三家寡头企业，分别是国有的ENFERSA(控制了42%的市场)、ERT(拥有18%的市场)和CSOS(拥有10%的市场)。帕佐和朱曼通过市场的需求、生产成本、价格表现等的研究，认为三寡头的价格与斯坦克尔伯格模型的均衡产量和价格相当接近，ENFERSA的行为与斯坦克尔伯格模型中领导者的行为一致，说明了这一时期的西班牙氮肥市场是一个可由斯坦克尔伯格模型来描述的市场。

第二节　过剩生产能力模型

在第七章关于限制性定价的介绍中，我们已知，在位企业往往利用生产能力的手段，影响阻止潜在进入者进入市场的意愿，达到其进入市场的目的。在利用限制性定价策略时，在位者不必真实地进行产量的扩张，可以利用市场信息不对称的特点，使潜在进入者相信在位者对产量扩张的承诺。然而，在信息完全对称的市场中，在位者对生产能力扩张的承诺就必须真正地实施，必须用“过剩生产能力”来让潜在进入者深信，它进入市场后将会遇到一个供给扩张的竞争对手，会大规模地缩减进入者进入市场后的利润空间，甚至无利可图。

过剩生产能力模型是在基于贝恩—索罗斯假定的限制性定价上提出的，后来斯宾

① 陈立勤，丁理．上海洋快餐调查[J]. 上海采风，2005(9)：34—41.

② 唐·E. 沃德曼，伊丽莎白·J. 詹森．产业组织：理论与实践[M]. 北京：机械工业出版社，2009：178.

塞(Spennce)、迪克西特(Dixit)等人对其进行了拓展。

一、斯宾塞模型

斯宾塞在信息不对称基础上的贝恩—索罗斯假定进行了拓展，于 1977 年在《进入、投资和寡头政治》一文中提出了斯宾塞模型。[①] 斯宾塞模型认为在位企业先前所做的不可改变的生产能力投资也属于对产量扩张的承诺，并在贝恩—索罗斯假定限制性定价模型的基础上加上了生产能力变量。

通过模型的分析[②]，我们可知，当在位企业的生产能力 $\overline{k}$ 达到如(公式 8—5)所示的水平，便可起到阻止潜在进入者进入市场的意愿。

$$\overline{k}=S_{c+r}-2\sqrt{F/b} \qquad \text{(公式 8—5)}$$

其中，S_{c+r} 是当价格为 $c+r$ 的需求量，F 为除资本费用外的固定成本，r 为资本费用的单位成本，c 是除资本外的生产要素的单位可变成本，b 为反需求函数中的系数。

二、迪克西特模型

迪克西特 1980 年在《投资在阻止进入中的作用》一文中提出了一个不同于斯宾塞模型思路的迪克西特模型。[③] 在模型中，迪克西特放弃了斯宾塞模型中关于生产能力不变的假定，而将在位企业视作一个斯坦克尔伯格模型中的领导者，潜在进入者是否进入市场，取决于它对进入市场之后的纳什均衡状态的判断。

通过分析[④]，迪克西特认为，在位者的不可改变的投资承诺对进入的阻止作用，可通过有利于在位者的方式，改变进入后博弈的初始状态而实现。在位者作为斯坦克尔伯格模型中的领导者，可通过对生产能力投资的选择，将均衡维持在有利于自己的水平，而不必维持过度的生产能力。

三、过剩生产能力模型的例子

(一)世界汽车市场中的过剩生产能力

詹姆斯·R. 麦圭根等在一本教材中举了一个汽车市场上的过剩生产能力的例子：通用汽车、福特和宝马都在韩国建立了新的工厂。[⑤] 韩国的现代—起亚、大宇、三洋和三星的汽车生产能力达 600 万辆/年，尽管它们在韩国国内的销售量只有 150 万

---

① SPENCE. Entry, investment and oligopolistic[J]. *Bell journal of economics*, 1977, 8(2): 534—544.

② 斯宾塞模型的分析过程可参见本章附录三。

③ DIXIT. The role of investment in entry-deterrence[J]. *Economics journal*, 1980(3): 95—106.

④ 迪克西特模型的分析过程可参见本章附录四。

⑤ 詹姆斯·R. 麦圭根，R. 查尔斯·莫耶，弗雷德里克·H·B. 哈里斯．管理经济学[M]. 北京：机械工业出版社，2003.

辆/年，在全世界的销售量也只有350万辆/年。通用—菲亚特和福特对于通过收购大宇进入这一市场也都表现出了兴趣。韩国三星也刚刚投资50亿美元新建了一家年产50万辆汽车并装备了机器人的工厂。可以预见，韩国汽车市场的价格还会下降，因为隐约出现的生产能力过剩会迫使利润降到该产业不再吸收新的投资的水平上，但这可能只是人们的一种推测。产业中的现有企业希望阻止潜在进入者对此市场的进一步进入，通过以足够的生产能力进行事先承诺，就可以很容易地享受这个亚洲新兴的增长市场，因为潜在进入者不会怀疑在位者将采用大力削价的手段来保护其在市场的占有。

（二）杜邦二氧化钛生产能力的扩张

霍尔认为，杜邦公司在20世纪70年代曾在二氧化钛的生产中投入过多生产能力以阻止潜在进入者。① 二氧化钛是一种用来生产白色或不透明印刷品和纸张的化学漂白剂。在20世纪60年代，生产二氧化钛有三种不同的工艺，即硫酸盐法、类氯化物法和氯化物法。其中氯化物法是杜邦公司所开发的，具有专有权。在70年代，美国实施了更为严厉的污染控制法规，采用硫酸盐法和类氯化物法的工艺受到了制约，而杜邦公司所采用的氯化物法工艺没受到影响，使得杜邦公司的氯化物法成为业内生产成本最低的生产工艺。

霍尔运用计量经济学的方法，测算出杜邦公司在1972—1977年间采用的资本增长趋势是一种排挤潜在进入者的策略。杜邦公司在这一期间采用其专有的氯化物法生产工艺的生产能力扩大了114%，而同时期，其他两种生产工艺的生产能力的扩大甚至不足1%。这一现象充分说明了杜邦公司运用了过剩生产能力的模型来排挤其他同行。

附　录

一、古诺模型

古诺模型是古诺在1838年所提出的一个非合作寡占模型。在古诺模型中，假定每一个企业都独立行动，并试图通过产量的选择达到自身的利润最大化。

（一）古诺模型的假定条件

（1）市场上只有两个寡头企业，且企业之间不存在串谋行为。

---

① 唐·E. 沃德曼，伊丽莎白·J. 詹森．产业组织：理论与实践[M]．北京：机械工业出版社，2009：266—267.

(2)两个企业生产的是同质的无差异产品。

(3)两个企业都根据竞争对手的行动来作出自己的决策，并认为无论自己生产多少，竞争对手的产量是不变的。

(4)产品是不可储存的，即只考虑单时期的状况。

(5)假定两个企业的边际成本为常数，即 $MC=m$。

(6)假定市场的需求函数是线性的，记为 $Q=a-bp$。

(二)企业 1 所面临的剩余需求

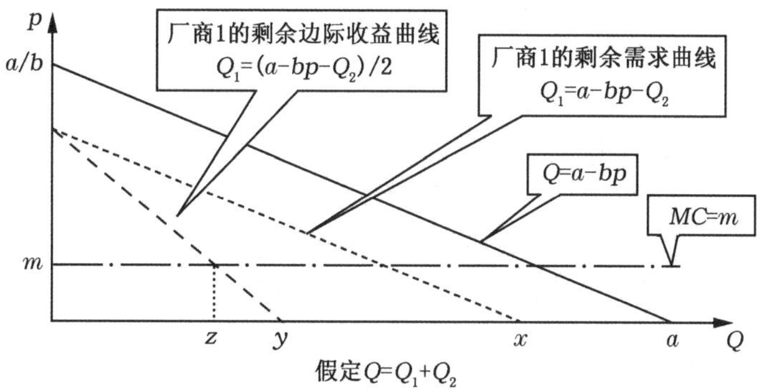

图 8—1　古诺模型中企业 1 所面临的剩余需求

(三)古诺企业的最佳反应函数

所谓的最佳反应函数是指一企业针对对手行为的选择而采取的最佳行动。

在古诺模型中，企业 1 的最佳反应函数即是当 Q_2 给定后，Q_1 的剩余需求曲线相对应的剩余边际收益与 MC 所决定的产量，可记作 $Q_1=R_1(Q_2)$。

(四)古诺模型的结论 —— 古诺均衡点

在上述古诺模型中，企业 1 的最佳产量选择为：

$$Q_1=R_1(Q_2)=\frac{a-bm-q_2}{2} \quad \text{(公式 8—6)}$$

同理，企业 2 的古诺均衡点为：

$$Q_2=R_2(Q_1)=\frac{a-bm-q_1}{2} \quad \text{(公式 8—7)}$$

联解(公式 8—6)和(公式 8—7)，即

$$\begin{cases} Q_1=\dfrac{a-bm-q_2}{2} \\ Q_2=\dfrac{a-bm-q_1}{2} \end{cases} \quad \text{(公式 8—8)}$$

$$\Rightarrow \quad Q_1 = \frac{a - bm}{3} \qquad \text{（公式 8—9）}$$

同理，可得：

$$Q_2 = \frac{a - bm}{3} \qquad \text{（公式 8—10）}$$

由此，可得到古诺模型的纳什均衡点为：

$$Q_1 = Q_2 = \frac{a - bm}{3} \qquad \text{（公式 8—11）}$$

古诺均衡点如图 8—2 所示。

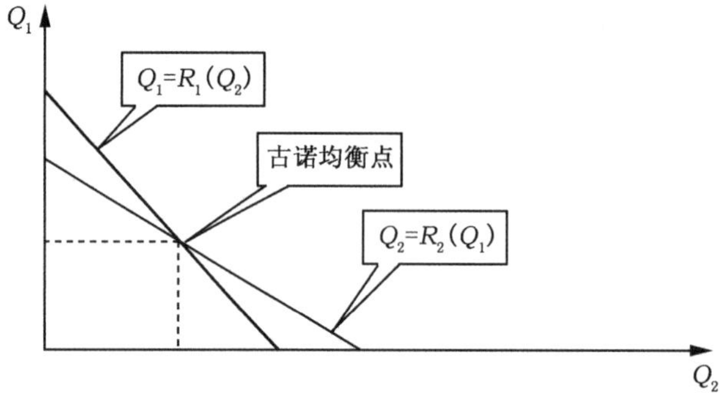

图 8—2　古诺均衡点

二、斯坦克尔伯格模型

（一）斯坦克尔伯格模型的含义和假定条件

在讨论古诺时，我们设定的双寡头是对称的，即双方同时行动（在博弈论中称之为静态博弈）。然而，德国经济学家斯坦克尔伯格在 1934 年提出了一个双头垄断的动态模型，其中一个支配企业（领导者）首先行动，然后跟随者再行动。

在现实经济中，那些实力雄厚、具有核心开发能力、率先行动的企业就成为产业内的领导者，而那些规模较小的企业则只能在给定领导者产出水平和技术工艺的基础上以跟随者的身份选择它们的最优产出，斯坦克尔伯格模型即是分析这类企业竞争关系的寡占模型。

在斯坦克尔伯格模型的假定条件中，除了将两个寡头分为领导者和跟随者外，其他与古诺模型的假设相同。

（二）斯坦克尔伯格模型的分析

企业 1（领导者）首先选择产量 q_1，企业 2（跟随者）观测到 q_1，然后选择自己的产量 q_2，这是一个完美信息动态博弈。

假定逆需求函数 $P(Q)=a-q_1-q_2$，两家企业有相同的不变单位成本 c，那么利润函数为：

$$\Pi_i=q_i[P(Q)-c](i=1,2) \quad \text{（公式 8—12）}$$

在给定 q_1 下，企业 2 的最优选择问题是：

$$\max\Pi_2=q_2(a-q_1-q_2-c) \quad \text{（公式 8—13）}$$

最优化一阶条件，并令其为 0，则意味着企业 2 的边际收益等于边际成本，利润最大化，得出其反应曲线为：

$$q_2=(a-q_1-c)/2 \quad \text{（公式 8—14）}$$

这里 q_2 是当企业 1 选择 q_1 时企业 2 的实际情况。同理，可算出企业 1 的收益，把 q_2 代入，并求一阶条件得：

$$q_1=(a-c)/2 \quad \text{（公式 8—15）}$$

代入企业 2 的反应函数，则得：

$$q_2=(a-c)/4 \quad \text{（公式 8—16）}$$

综上，企业 1 和企业 2 的产量分别为：

$$\begin{cases} q_1=(a-c)/2 \\ q_2=(a-c)/4 \end{cases} \quad \text{（公式 8—17）}$$

这也是斯坦克尔伯格模型的纳什均衡点。

三、斯宾塞模型

斯宾塞建立了一个须在投资之前就事先设置好的生产能力模型。此生产能力一旦设定，就意味着能让潜在进入者明白，如果进入发生，在位企业就会充分利用已设置好的生产能力来进行阻止。

（一）斯宾塞模型的分析

在斯宾塞模型中，成本函数的形式为；

$$C(q)=F+rk+cq \quad \text{（公式 8—18）}$$

其中，F 为除资本费用外的固定成本，r 为资本费用的单位成本，k 为生产能力，c 是除资本外的生产要素的单位可变成本（也是边际成本）。生产能力用于产量一致的单位表示，并假定 1 个单位的生产能力可生产 1 单位的产量。生产的约束条件为 $q\leqslant k$。

因为在位企业的生产能力是预先设置好的，故资本费用对于在位企业而言是固定成本，在位企业在产量区间 $0\leqslant q\leqslant k$ 上的每单位边际成本为 c。而对于潜在进入者来说，如果进入发生，一方面进入者可生产它所选择的产量，另一方面进入者的每单位边际成本为 $c+r$。

现记 q_1 为在位企业的产量，k 为在位企业的生产能力，q_2 为潜在进入者的产量。

假设一潜在进入者考虑进入具有如(公式 8—19)形式的反需求函数的市场。

$$p=a-b(q_1-q_2) \tag{公式 8—19}$$

潜在进入者相信，自己一旦进入市场，在位者的生产能力会被充分利用。此时，进入者若要进入，则必将选择 q_2，并使其期望利润最大化，即

$$\Pi_2=[p-(c+r)]q_2-F=b(S_{c+r}-k-q_1)q_2-F \tag{公式 8—20}$$

其中，$S_{c+r}=\dfrac{a-(c+r)}{b}$是价格为 $c+r$ 时的需求量。

使(公式 8—20)最大化，可求得进入者的最佳反应函数：

$$q_2=(S_{c+r}-k)/2 \tag{公式 8—21}$$

由此，可求得进入者所期望的进入后利润为：

$$\Pi_2=\frac{b(S_{c+r}-k)^2}{4}-F \tag{公式 8—22}$$

(二)斯宾塞模型的结论和进一步分析的提示

由以上分析可知，在位者前置的生产能力 k 越大，进入者的期望利润 Π_2 就越低。令(公式 8—22)中的 $\Pi_2=0$，就可得到阻止进入的生产能力 $\bar{k}$ 为：

$$\bar{k}=S_{c+r}-2\sqrt{F/b} \tag{公式 8—23}$$

斯宾塞模型还可在此基础上作进一步分析，分析在不同水平的 F 下在位者前置生产能力的情况。鉴于本教材前置的数学课程，在此就不再介绍了。①

四、迪克西特模型

迪克西特模型不同于斯宾塞模型，它的生产能力不是刚性的，是可以被随意扩大的。在迪克西特模型中，潜在进入者最终是否进入市场，取决于它在最终的斯坦克尔伯格均衡中是否能够获得利润。

(一)迪克西特模型的分析

在迪克西特模型中，潜在进入者相信贝恩—索罗斯假定，即当进入发生后，在位企业将保持产量不变。

对迪克西特模型的分析，利用的是斯坦克尔伯格模型，其中在位企业是斯坦克尔伯格模型中的领先者，潜在进入者为跟随者。整个分析过程从图 8—3 开始。

在图 8—3 中，进入者的每单位边际成本是 $c+r$。在进入者利润大于 0 时，进入者的最佳反应函数(即企业 2 的最佳反应函数)是点$(0,S_{c+r}/2)$和点$(S_{c+r},0)$的连线。

从纵轴开始，沿企业 2 的最佳反应函数向右下方移动，在位者的产量上升，进入者

① 感兴趣者可参见：廖进球．产业组织理论[M]．上海：上海财经大学出版社，2012：239—241.

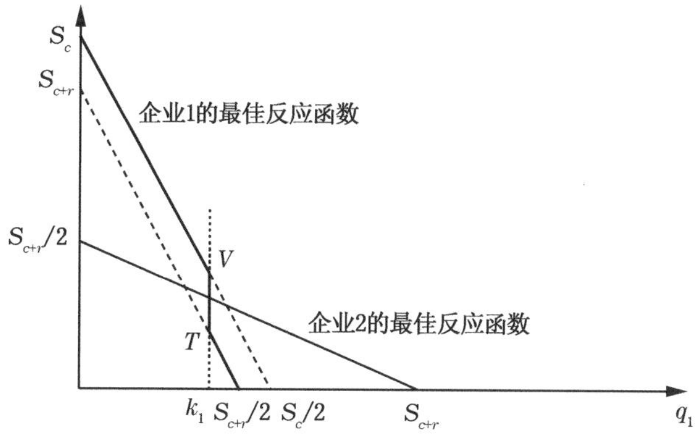

图 8—3 迪克西特模型分析

的产量下降，且总产量增加，价格下降。此时，进入者的利润也是下降的。当在位者的产量上升到一定阶段，必然导致进入者的利润为 0。

根据所设置的生产能力，分析在位者的最佳反应函数（即企业 1 的最佳反应函数），可以分成两个部分。当设置的生产能力为 k_1 时，在位者的成本函数有以下形式：

$$C(q_1)=\begin{cases}F+rk_1+cq_1 & \text{当 } q_1\leqslant k_1 \text{ 时}\\ F+(r+c)q_1 & \text{当 } q_1>k_1 \text{ 时}\end{cases} \qquad \text{（公式 8—24）}$$

当产量 $q_1\leqslant k_1$ 时，在位者的资本费用是固定的，每单位产量的可变成本和边际成本都是 c。在该产量区间，在位者的最佳反应函数与点$(0,S_c)$和点$(S_c/2,0)$的连线重合。

若要在设置的生产能力水平上生产，在位者就须扩大生产能力，扩大生产能力的每单位边际成本为 r。当 $q_1>k_1$ 时，每单位边际成本为 $c+r$。在此产量区间，在位者的最佳反应函数与点$(0,S_{c+r})$和点$(S_{c+r}/2,0)$的连线重合。

（二）迪克西特模型的结论

（1）在位者的最佳反应函数是一条折线，其折点在 $q_1=k_1$ 处。这一折点反映了在位者的边际成本在 $q_1\leqslant k_1$ 时为 c，在 $q_1>k_1$ 时为 $c+r$。

（2）在位者可以通过选择 k_1 来决定折点的位置。它还可以决定最佳反应函数的折线段（即图 8—3 中的 TV）。

（3）进入者的利润为：

$$X_2=\frac{b}{4}(S_{c+r}-q_1)^2-F \qquad \text{（公式 8—25）}$$

进入者的利润随 T 移动到 V 而逐渐下降。其可能出现的结果取决于固定成本的大小，也即取决于在位者能否将进入者进入后的利润降至 0。

参考文献

[1] 约瑟夫·熊彼特．经济分析史[M]．北京：商务印书馆，2008.

[2] 吴先锋，左玉帅．双头垄断产出的博弈分析及领导者领先策略[J]．集团经济研究，2007(25).

[3] 陈立勤，丁理．上海洋快餐调查[J]．上海采风，2005(9).

[4] 唐·E. 沃德曼，伊丽莎白·J. 詹森．产业组织：理论与实践[M]．北京：机械工业出版社，2009.

[5] 廖进球．产业组织理论[M]．上海：上海财经大学出版社，2012.

[6] 詹姆斯·R. 麦圭根，R. 查尔斯·莫耶，弗雷德里克·H. B. 哈里斯．管理经济学[M]．北京：机械工业出版社，2003.

[7] COURNOT. *Recherches sur les principes mathémtiques de la théories des richesses*[M]. Paris：Librairie Philosophique J. Vrin，1838.

[8] DIXIT. The role of investment in entry-deterrence[J]. *Economics journal*，1980(3).

[9] SPENCE. Entry，investment and oligopolistic[J]. *Bell journal of economics*，1977，8(2).

[10] STACKELBERG. Marktform und gleichgewich[M]. Vienna：Julius Springer，1934.

推荐阅读书目

[1] 干春晖．产业经济学：教程与案例[M]．北京：机械工业出版社，2015.

[2] 范合君．产业组织理论[M]．北京：经济管理出版社，2010.

[3] 唐·E. 沃德曼，伊丽莎白·J. 詹森．产业组织：理论与实践[M]．北京：机械工业出版社，2009.

第九章　市场行为:广告策略

在第六章我们已经对产品差异作了定义,认为产品差异是指不同企业生产的同类产品存在着足以引起消费者偏好的特殊性,使消费者能将它与其他企业提供的同类产品相区别,其实质是指消费者认为产品间的替代不完全的状况。为了引起这样的特殊的偏好,企业就要在市场上与同行进行差异化的竞争,而广告就是企业进行差异化竞争的最主要手段。本章就集中介绍如何运用广告在市场竞争中的一些策略。

第一节　广告概述

一、产品信息、差异化策略与广告

尼尔逊(Nelson)认为,消费者面对的大多数产品,按其获得产品信息的方式,可以分为搜寻品和经验品。[①] 所谓搜寻品(也有的称之为先验品),是指消费者在购买此产品前,通过检验就可知道产品的某些特征,如质量、尺寸、款式等,像服装、家具等产品就是常见的搜寻品;所谓经验品(也有将其称之为后验品),是指须经消费者亲自使用或消费后才能确定其某些特征的产品,如食品、洗涤用品以及大多数的服务类产品。

然而,对于产品的一些特征,或者说是关于产品的信息,消费者是不能完全了解的。这可能源于信息传递过程中的扭曲、信息收集的高成本、对信息加工的能力等诸多方面的原因。总之,对于产品的信息,作为其生产者的企业和作为其消费者的个人,对其的掌握是不对称的。

为了消除信息的不对称性,就有必要借助于广告。所谓广告,就是通过一定的媒体,将某一事物或事件的情况或状态告知公众,它是向大众传播信息的一种手段。市场竞争中的企业,为了争取潜在消费者,就会利用广告这一工具,向潜在消费者告知产品的有关信息,增加他们对本企业产品的购买欲望。特别是为增强本企业的市场影

---

① NELSON. Information and consumer behavior[J]. *Journal of political economy*, 1970, 78(5).

响，采取差异化的策略，向潜在消费者传达本企业产品的特点以及与市场上其他同类商品的区别，将消费者购买同行产品的意愿转向自己的企业。最早系统地将广告纳入相关经济理论的是张伯仑和罗宾逊夫人。张伯仑在1933年出版的《垄断竞争理论》中，将广告作为销售成本的一个因素，进而指出广告改变了需求曲线，最终导致了产品的差异化。[①] 罗宾逊夫人同样在1933年出版的《不完全竞争经济学》一书中，认为消费者会受广告的影响，广告通过消费者的学习技能而影响消费者的心理，使其更喜欢某个生产者的产品。[②]

二、告知型广告与劝导型广告

与产品可分为搜寻品和经验品相对应，学术界也将广告分为告知型广告和劝导型广告。

告知型广告主要是描述产品的客观性质，如产品的特征（包括重量、规格、形状、质量、功能等）以及销售条件（包括价格、售后服务等）。搜寻品更多的是使用告知型广告。

劝导型广告则以试图改变消费者的消费偏好、增加消费者的购买意愿为目的，以吸引更多的消费者对本企业的产品感兴趣。罗宾逊夫人早在1933年出版的《不完全竞争经济学》一书中就有这方面的论述。[③] 经验品对使用劝导型广告更为偏好。

不同类型的产品对于广告的"需求"是不同的。对于搜寻品而言，广告提供的是消费者在购买前可以观察到的一些产品属性，广告的真实性较大，可信度较高；而对于经验品，广告传递的是一些劝诱性的信息，主要目的是劝诱消费者购买本企业生产的"不同于"同行企业的同类产品。尼尔逊的一些研究表明，相对于销售收入，经验品的广告支出通常是搜寻品的3倍。[④]

自20世纪初以来，广告就成为经济学研究的一个热点，不少经济学家对广告在经济中的作用，广告是如何影响需求曲线和生产成本的，消费者会对广告作何反应等问题进行了孜孜不倦的探讨，大致形成了三种不同的观点。[⑤] 第一种观点：广告能够提供更多的信息。这种观点认为：许多市场的特点是消费者只有不完全的信息，而广告可以弥补市场信息不足的问题。因此，企业做广告，可使消费者以低成本接受更多的信息，由此也就促进了企业间的竞争。从这个意义上来说，广告具有促进竞争的效应。

---

① 爱德华·张伯仑．垄断竞争理论[M]．北京：华夏出版社，2009.

② 琼·罗宾逊．不完全竞争经济学[M]．北京：华夏出版社，2012.

③ 琼·罗宾逊．不完全竞争经济学[M]．北京：华夏出版社，2012.

④ NELSON. Advertising as information[J]. *Journal of political economy*，1974，82(8)：729—753.

⑤ 廖进球．产业组织理论[M]．上海：上海财经大学出版社，2012：166—170.

第二种观点：广告具有劝说性效应。这种观点认为，广告能改变消费者的消费偏好，并建立“虚假的差异化”。此外，企业的广告也可能导致新的进入壁垒。因此，劝说性的广告不利于市场的竞争。第三种观点：广告对其产品具有补充性。这种观点否认上述两种观点的结论，认为广告给产品增加了时尚等因素，对产品构成了补充，从而使消费者更乐意购买。

三、广告强度

（一）多夫曼—斯坦纳模型

为了更深入地对广告在经济中的作用进行研究，多夫曼（Dorfman）和斯坦纳（Steine）对布坎南（Buchanan）的价格—广告模型进行了量化处理和发展，以弹性理论为基础，提出了反映广告投入和销售收入关系的多夫曼—斯坦纳模型。①

在多夫曼—斯坦纳模型中，假设企业通过选择价格 p 和广告水平 a 使利润最大化。记广告的单位成本为 k，产品的需求函数为 $q=q(p,a)$，且 $\frac{\delta q}{\delta p}>0$，$\frac{\delta q}{\delta a}>0$。生产成本（不含广告成本）为 $C[q(p,a)]$，$C'>0$。

由此，可得到企业的利润函数为：

$$\pi(p,a)=pq(p,a)-C[q(p,a)]-ka \qquad \text{（公式 9—1）}$$

由企业利润最大化的条件，可以得到：

$$\begin{cases} \pi a=(p-C')\frac{\delta q}{\delta a}-k=0 & \text{（公式 9—2）} \\ \pi p=(p-C')\frac{\delta q}{\delta p}+q=0 & \text{（公式 9—3）} \end{cases}$$

记需求价格弹性 $\varepsilon_p=\frac{p\delta q}{q\delta p}$，需求广告弹性 $\varepsilon_a=\frac{a\delta q}{q\delta a}$，经代入整理后可得：

$$\frac{ka}{pq}=\frac{\varepsilon a}{\varepsilon p} \qquad \text{（公式 9—4）}$$

（公式 9—4）的等式左面，分子为广告的投入，分母为销售收入。若将广告投入与销售收入之比定义为广告强度，则（公式 9—4）表示为了实现利润最大化，企业的广告强度应该等于其产品的广告需求弹性与价格需求弹性之比。（公式 9—4）还可表示，广告强度与广告需求弹性成正比，与价格需求弹性成反比。

① DORFMAN，STEINE. Optimal advertising and optimal quality[J]. *American economic review*，1954(44)：826—836.

（二）多夫曼—斯坦纳模型的实例

保罗·贝拉弗雷姆和马丁·佩泽在他们的一本教科书（参见表9－1）[①]中举例说明了一些广告需求弹性较大企业的广告强度。

表9－1　美国2006年广告强度前十位企业

企业名称	广告投入（百万美元）	销售收入（百万美元）	广告强度（%）
宝洁	4 898	68 222	7.18
时代华纳	3 089	44 224	6.98
迪士尼	2 320	34 285	6.77
葛兰素史克	2 444	42 543	5.75
美国电话电报公司	3 345	63 055	5.30
强生	2 291	53 324	4.30
联合利华	2 098	49 543	4.23
威讯通信	2 822	88 144	3.20
福特汽车	2 577	160 100	1.61
通用汽车	3 296	207 349	1.59

资料来源：保罗·贝拉弗雷姆，马丁·佩泽．产业组织：市场与策略[M]．上海：格致出版社，上海三联书店，上海人民出版社，2015：120.

这一实例也证实，一些对广告需求弹性较大的产业，如娱乐业、保健品、化妆品等产业，其广告强度通常也会较高；而一些广告需求弹性较小的产业，如食盐等生活必需品、公共交通、城市的自来水和电力供应、水泥黄沙建筑材料等产业，就很少在媒体上看到它们的广告。

第二节　广告与市场结构

一、广告与市场集中度

在广告与市场集中度关系的研究上，大体经历了两个阶段。第一个阶段是20世纪50—70年代，研究主要是市场集中度对广告投入的影响，其特点是将市场集中度作

① 保罗·贝拉弗雷姆，马丁·佩泽．产业组织论：市场与策略[M]．上海：格致出版社，上海三联书店，上海人民出版社，2015：120.

为外生的解释变量来对广告投入这一被解释变量进行实证分析。第二个阶段是 20 世纪 80 年代以后，开始研究市场集中度与广告投入间的相互影响关系。

（一）市场集中度作为解释变量的研究

第一阶段的研究是以市场集中度作为外生的解释变量来对广告投入这一被解释变量进行实证分析的。在这一阶段的研究中，曼斯（Mans）等人于 1967 年首先对 14 个四位 SIC 码[①]产业的 42 个企业进行了分析，认为市场集中度与广告强度之间存在着明显的正相关关系。[②] 之后，如贝恩、穆勒（Mueller）和罗格（Rogers）、尼尔森等人的一些研究也都支持了市场集中度与广告强度之间存在着正相关关系的结论。

市场集中度与广告强度之间存在着正相关关系可从以下方面进行解释：市场占有率较大的企业凭借着广告本身的规模经济优势和其他的有利条件，占有了更多的市场份额。而更高的市场占有率带来了更多的销售量和利润，这就使得这些企业可以有更多的广告投入。如此，就造成了广告投入和市场集中度的正相关关系。

（二）市场集中度与广告投入相互影响的研究

第一阶段的研究主要是基于线性的、解释变量对被解释变量的影响基础之上的；到了第二阶段，人们试图跳出这些限制，以便在更大的范围内对市场集中度和广告强度的关系进行研究。在第二阶段的研究中，格瑞尔（Greer）在 1971 年首次提出了二次函数的假说，[③]即市场集中度与广告强度间的双向因果关系的假说。以后，又有多位学者如萨顿（Sutton）对此进行了研究，得到的一个结论是在市场集中度与广告强度间存在着倒 U 字形的关系。即若以市场集中度为横轴，以广告强度为纵轴，则广告强度开始是随着市场集中度的上升而上升，在达到了一定的阈值之后，就开始随着市场集中度的继续上升而逐渐下降。

对于两者的如此关系，可作如下解释：在广告强度的上升阶段，如同第一阶段的结果一般。但在广告强度推动市场集中度达到一定程度时，由于市场上的企业数量已经不多，企业间的相互依存性加大，价格竞争逐渐让位于非价格竞争。作为非价格竞争的差异化竞争日趋激烈，而广告的竞争就往往成为差异化竞争的首选。在达到阈值后，较高的市场集中度开始对广告投入产生“反馈效应”，广告的规模经济效应开始凸显，企业对广告投入的依赖性随之降低，在不致影响其销售的前提下缩减广告投入，导致广告强度下降。

---

① SIC 码是标准产业分类（Standard Industrial Classification）代码的英语缩写。

② MANN，HENNING，MEEHAN. Advertising and concentration：an empirical investigation[J]. *Journal of industrial economics*，1967(16)：34—45.

③ GREER. Advertising and market concentration[J]. *Southern economic journal*，1971(38)：19—32.

二、广告与产品差异

企业实施广告策略的一个重要目标就是达成产品差异，因而广告与产品差异有着千丝万缕的联系。

（一）产品差异对广告投入的影响

从多夫曼—斯坦纳模型可知，产品差异可通过产品的需求价格弹性 ε_p 和需求广告弹性 ε_a 来影响广告强度和广告投入。一般地，产品差异越大，该产品的替代品就越少，当产品价格变化时，其需求量的变动也就越小，即该产品的需求价格弹性 ε_p 也就越小。而随着需求价格弹性 ε_p 变小，由（公式 9—4）可知，此时的广告强度增强；反之亦然。因此，可知产品差异与广告强度成正相关关系：当产品差异增大时，广告强度也随之增强；当产品差异减少时，广告强度也随之降低。

日本学者植草益曾对日本部分产品的产品差异和广告强度做过一个研究[①]，结果见表 9—2。从表 9—2 中可以看出，非耐用消费品的广告强度是最高的，其次是耐用消费品，而一般消费品—中间品的广告强度最低。

表 9—2　　日本部分企业的广告强度与产品差异

产业	广告强度（%）	产品差异化程度	产业	广告强度（%）	产品差异化程度
化妆品、牙膏	10.2	极高	速用咖喱粉	9.4	极高
肥皂、洗衣粉	8.9	极高	医药品	7.9	极高
清凉饮料	4.6	极高	方便面	4.2	极高
酱油	4.1	极高	照相胶卷	3.9	极高
蒸馏酒	3.3	高度	点心	3.0	高度
调味汁	2.4	高度	鱼肉肠	1.9	极高
面包	1.7	高度	乳制品	1.5	高度
肉制品	1.1	高度			
非耐用消费品小计				4.5	
啤酒	1.5	极高	橡胶轮胎	1.0	高度
涂料	0.7	中度	食用油	0.7	中度
人造黄油	0.6	中度	面粉	0.3	中度
砂糖	0.1	中度			
一般消费品—中间品小计				0.7	

① 植草益．產業組織論[M]．東京：筑摩書房，1982．

续表

产业	广告强度（%）	产品差异化程度	产业	广告强度（%）	产品差异化程度
音响设备	4.0	极高	照相机	3.7	极高
手表	3.3	极高	家用缝纫机	2.8	极高
钢琴、风琴	2.6	极高	摩托车	1.7	
民用电器	1.6	极高	办公机械	1.2	中度
轿车	0.9	极高			
耐用消费品小计				2.4	

资料来源：植草益．產業組織論[M]．東京：筑摩書房，1982：82.

（二）不同类型的广告与产品差异

告知型广告主要描述产品的客观性质和销售条件，这对于消费者了解产品的特征有很大的帮助，有助于缓解关于产品信息的不对称状况。企业利用告知型广告的动机，就是为了扩大产品知晓度，增加产品销售量，从而获取更多的利润。一般地，当消费者通过告知型广告知晓并购买产品后，广告就建立了品牌效应，最终导致产品差异的增加。

告知型广告在让消费者了解产品特征时，也会使消费者认识到该产品有哪些特征是不适合自己的，从而转向购买同类的其他产品。此时，企业为了争夺更多的消费者，往往会在更多的媒体、更多的场合上做更多的广告，引发市场上出现过度的告知型广告，导致社会资源的浪费。

劝导型广告本身就是试图改变消费者的消费偏好，以吸引更多的消费者对本企业的产品感兴趣。也就是说，劝导型广告就是为加剧产品的差异化而生存的，是形成产品差异化的一个重要原因。

三、广告与进入壁垒

一个产品从广告投入到此广告对该产品的促销产生作用，不但有时间上的滞后效应，而且还有广告投入量上的规模效应。当广告的投入低于一定的规模，广告对产品促销起不到积极作用；只有当广告投入高于这一规模，才能体现广告对销售的促进作用。这样的规模可以称为广告的阈限效应值。显然，广告的阈限效应值就类似于企业的必要资本量。一个企业只有逾越了必要资本量的壁垒，才能在市场中生存和发展。广告投入也是如此，广告的投入只有逾越了阈限效应值，才能对产品的销售起到促进作用。这里，广告的阈限效应值就成为一种进入壁垒。

广告除了阈限效应值能起到进入壁垒的作用外，其累积效应也能起到进入壁垒的作用。企业长期的广告投入会在消费者心目中形成一定的偏好。以后，在一定的时期内，企业即使减少或停止该广告的投入，其广告的影响仍然会在一定时期内在消费者中得到维持，这就是广告的累积效应。显然，这种累积效应对于新进入该市场的企业而言，会起到一定的阻碍作用，也即起到进入壁垒的效果。

第三节 广告与价格竞争

一、广告竞争对价格竞争的替代效应

在市场竞争中，价格竞争和差异化竞争是最为常见的两种竞争手段。通常，在产品竞争初期，由于各企业在工艺技术、原材料采购、生产规模等方面的不同，导致生产成本的不同。在此阶段，企业在产品的竞争上主要体现为价格的竞争。随着市场竞争和产业的发展，原先的产品差异和成本差距会逐步缩小，价格竞争就逐步让位于差异化竞争。而在差异化竞争阶段，广告竞争就成为企业间竞争的主要手段，广告竞争对价格竞争的替代效应也就由此而凸显出来了(当然，在实际竞争中，广告竞争也往往需要价格竞争与之相互配合)。

世界两大碳酸饮料 —— 可口可乐和百事可乐之间的竞争，较好地反映出广告竞争对价格竞争的这种替代关系。1886 年，第一瓶可口可乐上市。这种神奇的饮料以它不可抗拒的魅力征服了全世界数以亿计的消费者，成为“世界饮料之王”。但在可口可乐如日中天之时，百事可乐公司在 1898 年竟然同样高举“可乐”大旗，敢于向其提出挑战，宣称要成为“全世界顾客最喜欢的公司”，并且在与可口可乐公司的交锋中越战越强，最终形成了两者分庭抗礼的局面。两者的交锋，首先是从价格战开始的。在 20 世纪 30 年代，百事可乐公司首次将当时最高价为 10 美分的百事饮料降价 50%，拉开了价格战的序幕。在这以后的几十年中，两家企业经过多次价格较量，都没占到大的便宜，价格战对双方都造成了较强的负效应，最终结果是两家企业的利润都因此而受到损失。在意识到这一点后，双方不约而同地将竞争转到了广告上。事实上，作为碳酸饮料，这两个产品在味觉上很难分辨孰优孰劣(互联网上的一份调查显示，有 44.3%的被调查者对这两种品牌没有特别喜好，认为没有什么差别)，因此，竞争的焦点便在塑造产品特征的广告上了(也就是前文所说的制造“虚假的差异化”)。[①]

---

① 佚名. 百事可乐和可口可乐的对比[EB/OL].[2019-05-16]. https://wenku.baidu.com/view/9bb051dd6f1aff00bed51ead.html.

可口可乐公司一直非常重视广告的宣传,1901 年,公司广告预算已达 10 万美元。可口可乐公司的前老板伍德拉夫(Woodruff)有一句名言:可口可乐 99.61%是碳酸、糖浆和水。如果不进行广告宣传,那还有谁会喝它呢? 从历史上看,可口可乐也是以投入巨额广告而取胜的。如今公司每年在全球的广告费已超过了 6 亿美元。起初,可口可乐凭借着行业领先者的地位和在国民中良好的印象,采取的是无差异市场,"世界上最好的饮料""只有可口可乐"都曾是公司的广告口号。然而,包括可口可乐在内的全球饮料巨头们不得不面对的尴尬事实是,随着可选择范围的增多,碳酸饮料的霸主地位已经被撼动,新一代年轻人对碳酸饮料并不买账。对可口可乐而言,新一代消费者的培养是重中之重。如在中国市场上,为迎合年轻消费者,可口可乐公司于 2013 年悄然推出新包装,在一贯的红色包装上,"可口可乐"四个大字已经被诸如"文艺青年""高富帅""白富美""天然呆"等网络流行语所取代。"活力永远是可口可乐"这一面向新一代消费者的口号也已取代了以往针对无差异市场的口号。

1983 年,百事可乐公司聘请罗杰·恩里克(Roger Enrico)担任总裁,他一上任就把目光盯在了广告上。其定位是从年轻人身上发现市场,把自己定位为新生代的可乐。他选择合适的品牌代言人,邀请新生代喜欢的超级巨星作为自己的品牌代言人,把品牌人格化形象通过新一代年轻人的偶像情节开始了文化的改造。围绕这一主题,百事可乐的合作伙伴 BBDO 为百事创作了许多极富想象力的电视广告。这些广告,针对第二次世界大战后生殖高峰期出生的美国青年,倡导"新鲜刺激,独树一帜",鲜明地区别于老一代,提出"新一代"的消费品味及生活方式,结果使百事可乐的销售量扶摇直上。1984 年,百事可乐投入 500 万美元聘请了流行乐坛巨星麦克尔·杰克逊(Michael Jackson)拍摄广告片,此举被誉为有史以来最大手笔的广告运动。把最流行的音乐文化贯穿到企业和产品之中,开启了百事可乐的音乐之旅。从此以后,百事可乐驶入销售的快车道,音乐体育双剑合璧,同时这一攻势集中而明确,都围绕"新的一代"而展开,从而使文化传播具有明确的指向性。

二、告知型广告的降价效应

告知型广告的主要功能就是将产品的一些客观特征传递给公众,尽可能地完善原本不够完善的信息,使那些潜在的消费者通过广告对产品有进一步的了解,从而从潜在的消费者转变为现实的消费者。

一件产品,当通过告知型广告使其特征为更多公众知晓时,将会使消费者对该产品的选择余地增加,从而使该产品的需求价格弹性增大。因此,告知型广告竞争的结果就是导致市场上同类产品向价格更低、质量更好者转移。在经过一段时期的竞争后,市场上同类产品的市场价格将会有所下降。

一些实证的研究也支持了这样的结论，如本哈姆(Benham)论证了美国在禁止广告的州，眼镜的价格就显著地要高于不禁止广告的那些州。①

三、劝导型广告的提价效应

劝导型广告的特点是扩大、制造产品的差异。产品差异增大的结果是使得消费者更偏好于该产品、锁定于该产品，对产品的需求价格弹性变小。而需求价格弹性变小，就使得需求曲线更为陡峭，即使企业稍微涨价，也不会因此而失去更多的消费者。而对于那些新进入市场的企业来说，由于广告的进入壁垒效应，新进企业需花费更多的广告投入才能在市场上站住脚，赢得一定的市场。因此，劝导型广告对市场而言，无论是现有企业还是新进企业，都有一定的提价效应，会使市场的产品价格上升。

劝导型广告的提价效应还可按如下逻辑来解释：假如两家企业生产高度可替换的同类产品，在没做广告前，消费者难以区分它们的差别，将它们视为同质产品。此时它们的价格竞争可用伯特兰模型来解释，竞争的结果是趋向于边际成本。当引入劝导型广告的条件后，两家企业产品的特征分别凸显，在消费者面前展现的是在某些方面不再可替代的产品。此时，伯特兰模型不再适用，而可用霍特林模型对此进行解释。根据霍特林模型我们可知，产品的定价将高于边际成本，也即劝导型广告在此起到了提价的作用。

第四节　广告与市场绩效

一、广告与利润水平

企业实施广告策略，投入广告是为了获取更多的利润，这是一个不争的事实。一些学者的实证分析也证实了这一点，如科马诺(Comanor)和威尔逊(Wilson)对美国消费品市场的广告强度和利润率的分析表明，高强度广告竞争产业的平均市场利润率为12%，而美国全部产业的平均市场利润率只有8%。②

以下结合图9—1解释企业是如何在广告投入下取得利润最大化的。在图9—1中，假设企业投入广告总是能扩大产品的销售。现在企业的广告投入从α增加到α'，

---

① BENHAM. The effect of advertising on the eyeglasses[J]. *Journal of law and economics*, 1972(15): 337—352.

② COMANOR, WILSON. *Advertising and market power* [M]. Cambridge Mass: Harvard University Press, 1974.

导致企业的需求曲线从 $D(q,\alpha)$ 向外右移到 $D(q,\alpha')$。相应地，边际收益曲线也由原来的 $MR(q,\alpha)$ 变为 $MR(q,\alpha')$。企业为了达到利润最大化，必须使得 $MR(q,\alpha')$ 等于 MC。

企业由于增加了广告投入，导致需求曲线右移而增加了利润（未扣除广告投入）。增加的利润（未扣除广告投入）包括：阴影 A，这是由于销售价格的提高（p 增加到 p'）带来的利润增加；阴影 B，这是由于企业的销量增加（从 q 增加到 q'）而得到的；而阴影 C，则既是销售量的增加（$q'-q$），又是销售价格上升（$p'-p$）的结果。

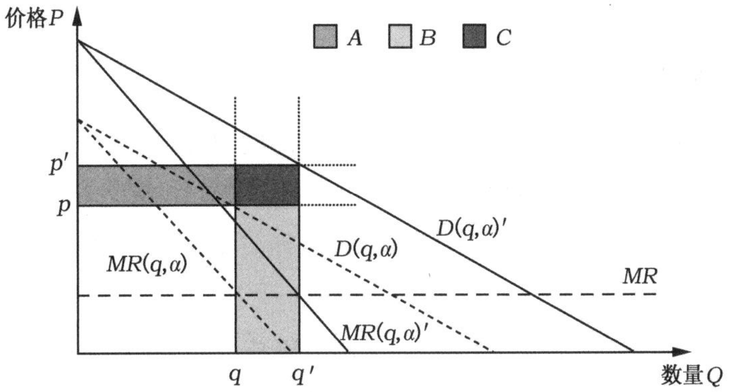

图 9—1　企业广告与利润的分析

如果广告投入的增加 $\alpha'-\alpha$ 小于利润的增加 $A+B+C$，表明增加的广告投入为企业带来了更多的利润。进一步，如果 $A+B+C$ 上升的幅度大于 $\alpha'-\alpha$，广告投入可以再增加，直至“最后花在广告上的 1 元钱所带来的利润，扣除广告成本后正好是 1 元钱”①。这样，该企业的广告投入就取得了利润极大化的结果。

二、广告与产品质量

产品质量是反映市场绩效的一个方面。那么，广告与产品质量又有怎样的关系呢？一些研究表明，广告投入可以通过其信号的传递作用，向市场传递本企业产品是高质量产品这一信号。正如尼尔逊所描述的那样，“我们是最好的，不然我们不会花费大量资金做广告”②。

这里会产生一个疑问，即高质量企业能做广告，那么低质量企业是否也可以做广告，向消费者传递自己也是“高质量”企业的信号？要解答这一疑问，首先要厘清高质

---

① 丹尼斯·卡尔顿，杰弗里·佩罗夫．现代产业组织[M]．上海：上海三联书店，上海人民出版社，1998：890．证明过程可参见本章附录一。

② NELSON. Advertising as information[J]. *Journal of political economy*, 1974, (82)8: 729—753.

量企业是通过怎样的机制来获得高利润的，而这样的机制能否同时将它与低质量企业加以区分。

高质量企业通过广告投入，传递了其产品质量与低质量产品的差异，然后通过较高的售价得到高于低质量产品的回报，在此过程中，“企业提供高质量产品的动机是引致反复购买”①，从消费者的反复购买中获得更多的收益，而低质量产品则不能得到这样的反复购买。也就是说，高质量产品有更大的广告投入动机，因为它可以引致反复销售，从而长期获利；②而低质量产品不愿进行较大的广告投入，因为它不能引致反复销售，只能得到当期的销售。

三、广告与福利影响

广告对社会福利的影响，是一个争议较大的问题，难点在于对福利函数的定义和量化上。在此，我们采用迪克西特和诺曼(Norman)的观点，将广告的福利效应用消费者偏好来测度，通过比较广告投入前后消费者偏好的变化，来说明广告对社会福利的影响。

迪克西特和诺曼建立了一个模型③，分析了包括垄断、寡头和垄断竞争三种市场结构，得到劝导型广告总是过度的，并且从垄断到寡头到垄断竞争，广告被过度提供的市场扭曲程度也越来越严重。

附 录

一、利润极大化的广告投入

假设企业产出为 Q，广告投入为 α。价格 P 是 Q 和 α 的函数，即 $P=P(Q,\alpha)$。它的收入为 R，有 $R=P(Q,\alpha)Q$，记为 $R(Q,\alpha)$，即 $R\equiv R(Q,\alpha)$。

企业的生产成本为 $C(Q)$，广告成本为 α(假设 1 元的广告投入的成本是 1 元)，有

$$\Pi=R(Q,\alpha)-C(Q)-\alpha \quad \text{(公式 9—5)}$$

由利润最大化的条件，即令 $\frac{\delta\Pi}{\delta\alpha}=\frac{\delta\Pi}{\delta Q}=0$。由(公式 9—5)，可得：

---

① KLEIN, BENJAMIN, LEFFLER. The role of market forces in assuring contractual performance[J]. *Journal of political economy*, 1981(89): 615—641.

② 对于高质量产品能够获得反复销售的质量保证效应的证明过程可参见本章附录二。

③ DIXIT, NORMAN. Advertising and welfare[J]. *The Bell journal of economics*, 1978(9): 1—17. 迪克西特—诺曼模型的证明可参见本章附录三。

$$\begin{cases}\dfrac{\delta\Pi}{\delta Q}=\dfrac{\delta R}{\delta Q}-C'=0 & \text{（公式 9—6）}\\ \dfrac{\delta\Pi}{\delta\alpha}=\dfrac{\delta R}{\delta\alpha}-1=0 & \text{（公式 9—7）}\end{cases}$$

最佳的 Q 和 α 必须同时满足（公式 9—6）和（公式 9—7）。按（公式 9—6），边际产出＝边际成本；按（公式 9—7），广告的边际投入＝1。

二、质量保证效应

（一）企业愿意提供高质量产品的 P 和 A 组合

要保证有反复销售，企业就要建立长期的目标，变短期单次获利为长期多次获利。为此，考虑一个无限重复博弈。

在每一时期，企业选择一个价格为 P、广告水平为 A、质量为 t 的组合，这里质量可能为高（H），也有可能为低（L）。消费者能观察到 P 和 A，但观察不到 t。在消费者对企业选择高质量产品的信念为概率 b 时，需求为 $D(P,A,b)$，如果考虑到消费者的消费经验，则企业的利润函数为：

$$\Pi(P,A,b,t)\equiv[P-c(t)]D(P,A,b)-kA \qquad \text{（公式 9—8）}$$

且消费者在消费后能够观察到企业提供的质量水平 t。

假设产品的质量越高，边际生产成本也越高，即有 $c(H)>c(L)$。进一步假定消费者不会故意购买低质量产品，即 $D(P,A,0)=0$。有了这些假设，阶段性的博弈就可无限重复进行，企业在每个时期都选择相同的价格、广告水平和质量。

如果博弈不是重复的，在静态的模型中，对于任何给定的 P 和 A 并具有一定的需求，企业会提供低质量的产品，因为这样可在不影响需求量的前提下节约成本。这样的推理同样可以适用于有限的 n 次重复博弈：企业可以在最后一次博弈中用低质量的产品“欺骗”消费者。但这样一来，就不会发生第 $n+1$ 次购买行为。显然，若是在无限重复博弈中，就意味着提供低质量产品所节约短期成本的代价是失去了以后的购买和长期声誉。

当且仅当企业的 P 和 A 组合下降到质量担保范围之前，如果企业一直提供高质量的产品，消费者就会相信该企业的产品是高质量的。对于一个有声誉的企业来说，质量是声誉的保证。

$$\Pi(Q,A,1,L)-\Pi(P,A,1,H)\leqslant\sum_{t=1}^{\infty}\delta\Pi(P,A,1,H) \qquad \text{（公式 9—9）}$$

这里 $\delta\in(0,1)$，是折现因子。（公式 9—9）的左边表示企业提供低质量产品时所节约的短期成本；右边表示企业建立长期声誉的成本，当企业欺骗了消费者，就会失去企业的声誉和以后的反复购买。由此得到结论：如果企业的 P 和 A 组合满足了（公式 9—

9)的不等式，企业就有积极性提供高质量的产品。

(二)P 和 A 组合是如何实现质量担保效应的

(公式 9—9)中的激励约束也可以表示为：

$$[c(H)-c(L)]D(P,A,1)\leqslant\frac{\delta}{1-\delta}\{[P-c(H)]D(P,A,1)-kA\}$$

(公式 9—10)

令 $r=\frac{1-\delta}{\delta}$，并代入(公式 9—10)，有：

$$\{[P-c(H)+r(c(H)-c(L))]\}D(P,A,1)-kA\geqslant 0$$ (公式 9—11)

(公式 9—11)表示，当且仅当企业选择的 P 和 A 组合带来的利润为非负，并假设企业的边际成本为 $c(H)+r[c(H)-c(L)]$时，若消费者相信产品是高质量的，企业才有提供高质量产品的激励。

三、迪克西特—诺曼模型

迪克西特—诺曼模型分别分析了垄断、寡头和垄断竞争三种市场结构，为简洁起见，在此仅对最简单的垄断结构进行分析。

在图 9—2 中，D 是无广告投入时的需求曲线，D_A 是广告投入时的需求曲线。广告投入增加了需求，将最大利润化时的产量由 q_0 增加到 q_A，价格则由 p_0 增加到 p_A。

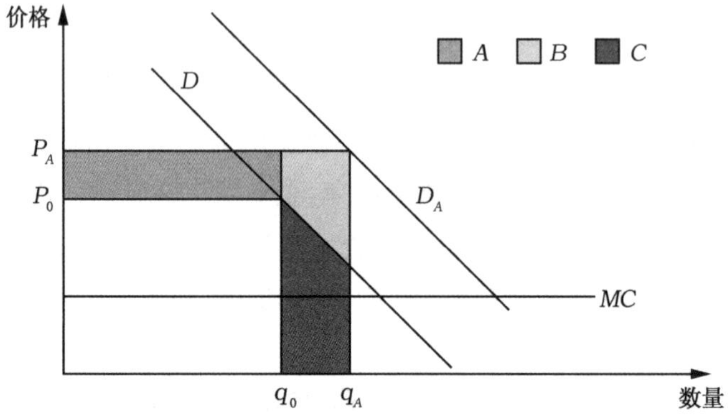

图 9—2　迪克西特—诺曼模型中广告投入对福利的影响

在图 9—2 中，广告投入时的垄断利润为阴影面积 $A+B+C$，记支出为 E。因此，由利润改变为 $\Delta\pi=A+B+C-E$，但价格从 p_0 到 p_A 的增加则导致了消费者福利的减少，其面积为 A，且 $A=q_0(p_A-p_0)=q_0\Delta p$。可以推出，广告投入使得福利变化为：

$$\Delta W=\Delta\pi-q_0\Delta p \qquad (公式\ 9-12)$$

在(公式 9—12)中,如果企业仅追求利润极大化的广告投入水平,广告投入带来的边际收入等于广告的边际支出,也即 $\Delta(A+B+C)=\Delta E$,则有 $\Delta\pi=0$。由于 $q_0\Delta p$ 是大于 0 的,当 $\Delta\pi=0$ 时,$\Delta W<0$。因此,当且仅当企业利润增加幅度大于消费者支付费用的增加幅度时,福利才会得到增加。

参考文献

[1] 丹尼斯·卡尔顿,杰弗里·佩罗夫. 现代产业组织[M]. 上海:上海三联书店,上海人民出版社,1998.

[2] 保罗·贝拉弗雷姆,马丁·佩泽. 产业组织:市场与策略[M]. 上海:格致出版社,上海三联书店,上海人民出版社,2015.

[3] 爱德华·张伯仑. 垄断竞争理论[M]. 北京:华夏出版社,2009.

[4] 琼·罗宾逊. 不完全竞争经济学[M]. 北京:华夏出版社,2012.

[5] 廖进球. 产业组织理论[M]. 上海:上海财经大学出版社,2012.

[6] 佚名. 可口可乐的广告策略分析[EB/OL]. [2019-05-16]. https://wenku.baidu.com/view/7ec7ffd476eeaeaad1f33044.html.

[7] 佚名. 百事可乐和可口可乐的对比[EB/OL]. [2019-05-16]. https://wenku.baidu.com/view/9bb051dd6f1aff00bed51ead.html.

[8] BENHAM. The effect of advertising on the eyeglasses[J]. *Journal of law and economics*, 1972(15).

[9] COMANOR, WILSON. *Advertising and market power* [M]. Cambridge Mass: Harvard University Press, 1974.

[10] DIXIT, NORMAN. Advertising and welfare[J]. *The Bell journal of economics*, 1978(9).

[11] DORFMAN, STEINE. Optimal advertising and optimal quality[J]. *American economic review*, 1954(44): 826—836.

[12] GREER. Advertising and market concentration[J]. *Southern economic journal*, 1971(38).

[13] KLEIN, BENJAMIN, LEFFLER. The role of market forces in assuring contractual performance[J]. *Journal of political economy*, 1981(89).

[14] MANN, HENNING, MEEHAN. Advertising and concentration: an empirical investigation [J]. *Journal of industrial economics*, 1967(16)

[15] NELSON. Information and consumer behavior[J]. *Journal of political economy*, 1970, 78(5).

[16] NELSON. Advertising as information[J]. *Journal of political economy*, 1974, 8(8).

[17] 植草益. 產業組織論[M]. 東京:筑摩書房,1982.

推荐阅读书目

[1] 卢山冰. 中国广告产业发展研究——一个关于广告业的经济分析框架[M]. 西安:陕西人民出版社,2005.

[2] 杜朝晖. 产业组织理论[M]. 北京:中国人民大学出版社,2010.

[3] 肖兴志. 产业经济学[M]. 北京:中国人民大学出版社,2016.

[4] 林虎. 广告强度与市场结构关系的实证研究[D]. 南京:东南大学,2005.

[5] 夏大慰. 产业组织学[M]. 上海:复旦大学出版社,1994.

[6] 蒋传海. 广告信息不对称与消费者行为选择[J]. 外国经济与管理,2003(7).

第十章　市场行为:并购、纵向控制与卡特尔

本章所介绍的三个主题,即并购、纵向控制与卡特尔在大多数教科书中都被分置在不同的章节,因为它们有着各自的知识系统。在本教程中,我们将其放置在同一章内,也是因为它们有着在本学科的共同特点,即通过并购、控制其他企业,将市场势力延伸到更大的范围,采用限制竞争以及共谋的竞争手段来获取更多的利润。

第一节　并　购

一、并购的含义和类型

(一)并购的含义

并购,包含兼并与收购。所谓兼并,是指两家或更多不同法人的企业合并成一家的行为。而所谓收购,是指一家企业通过对另一家企业资产或股份的购买,从而取得控制权的行为。

兼并与收购在法律等领域存在着一定的差别,但在产业组织学的领域,其结果基本上是相同的,其实质都是企业控制权的出让和受让。因此,在本教程中,我们对这两个概念不再加以区别,统一使用“并购”这一概念。

企业在并购过程中,控制权的受让方通过控制权的受让而获得新的更大范围的控制权,从而得到期望中相应的未来受益;而一般来说,控制权的出让方通过控制权的出让,得到了相应的当期回报。

(二)并购的类型

按不同的目的和视角,对并购有着不同的分类。如从法律的角度,依据《中华人民共和国公司法》,并购可以分为新设并购、吸收并购以及控股并购;按并购双方的合作意愿,可分为善意并购和敌意并购;按并购双方是否是同一国企业,可分为国内并购和跨国并购,同理,也有省内并购和跨省并购等概念;按并购过程的操作方法划分,可分为直接并购、间接并购、杠杆并购以及要约并购等形式。

在此，我们着重介绍在产业组织领域中被广泛应用的，按照企业控制权转移双方的产业特征分类的方法，即将并购分为横向并购、纵向并购和混合并购。

1. 横向并购

横向并购又称为水平并购，是指并购双方的产品为高度可替换的同类产品，也就是说并购活动是在同一产业内发生的，是同一市场竞争者之间的并购行为。

在19世纪末至20世纪初的全球第一次并购大潮中，多数并购就是以横向并购为特征的。这次并购大潮后，产生了诸如美国烟草公司、美国钢铁公司、杜邦公司、美国橡胶公司等一批大型的托拉斯组织。

在我国，也有不少的横向并购的案例。如在2009年我国推出《汽车产业调整和振兴规划》后，为获得产业政策的支持，兵装集团所属的长安汽车与中航汽车旗下的哈飞汽车、昌河汽车、东安动力、东安三菱进行了资产的整合，组成了新的长安集团。

2. 纵向并购

纵向并购又称为垂直并购，是指生产某一产品不同阶段企业间的并购活动。也就是说，按生产流程，并购是发生在同一产品的不同流程间。按纵向并购的方向，若受让企业是对自身的上游企业进行并购，就称之为后向并购；若是对自身下游的企业进行并购，则称之为前向并购。

发生在20世纪20年代的全球第二次并购大潮，就是以纵向并购居多。据相关资料揭示，"在20世纪的并购高潮中，有85%的企业并购属于企业由生产到流通和分销等各个在生产环节的结合，在美国最大的278家公司中，有236家公司都是把原料、生产、运输和销售等生产工序组成统一的整体进行运转"[①]。

自1998年以来，国内的纵向并购事件也不断增加，并且并购的目标已跨越到国外。如在2018年，根据宝武钢铁集团与澳大利亚阿奎拉资源公司[②]签署的股权合作协议，宝钢以现金2.86亿澳元(相当于人民币17.94亿元)收购阿奎拉资源公司15%的股权，成为其第二大股东。并购完成后，宝武钢铁集团的主要原料——铁矿石的供应价格将趋于稳定。

3. 混合并购

混合并购是指既非竞争对手又非上下游环节间的企业并购。在20世纪50—60年代的并购大潮中，主要就是混合并购唱了主角。混合并购包括相关产品市场上企业间的产品扩张型并购、以渗透为目的的向外区渗透的市场扩张型并购以及与受让企业

---

① 干春晖．并购经济学[M]．北京：清华大学出版社，2004：9.

② 阿奎拉资源公司，英语简称Aquila。Aquila是澳大利亚一家矿业资源性勘探和开发上市公司，主营铁矿石、煤炭和锰矿，主要矿山资产包括澳大利亚昆士兰州博文盆地煤炭、西澳州皮尔巴拉地区铁矿和南非锰矿及铁矿资源项目资产。

的生产和经营毫无关系的“纯粹”混合并购。

发生在世纪之交的联想电脑与赢时通的并购案，就是相关产品市场上企业间的产品扩张型并购。联想电脑是主营生产各类个人电脑、服务器等产品的企业，但在其发展战略中，有从传统的个人电脑供应商向网络服务商转型的设想。而赢时通的主要业务则是证券电子商务平台、移动电子商务平台和一些专业的财经网站，其中公司的证券电子商务平台为当时全国最大，移动电子商务平台则是全国第一家。在此次并购中，受让方联想电脑以 3 537 万美元获得了赢时通 40%的股份，成为其最大的股东，达成了联想电脑的战略设想。

1998 年世界汽车巨头德国的戴姆勒—奔驰和美国的克莱斯勒并购案有着深刻的以渗透为目的向外区市场扩张的背景。尽管两家公司当时都有着不错的经营业绩(1997 年戴姆勒—奔驰的销售额为 1 240 亿马克，克莱斯勒的销售额为 1 060 亿马克)，但同时也都存在着市场方面的缺陷。克莱斯勒 97%的市场在北美，而戴姆勒—奔驰在北美市场上的份额只占其销售额的 21%。两者一个要打进北美市场，而另一个要走出北美，于是两者优劣势互补，一拍即合，在 4 个月不到的时间内就完成了这项涉及资本高达 920 亿美元的并购，组成了新的戴姆勒—克莱斯勒汽车公司。

1993 年曾在中国股市上引起强烈反响的“宝延风波”，若从并购的角度来看，是一桩典型的与受让企业的生产和经营毫无关系的“纯粹”混合并购案例。并购的受让方深圳宝安是一家主要经营房地产、“三来一补”的加工业、仓储、贸易等多领域的多元化企业，而出让方延中实业则是一家主营办公机械、塑料制品等的多元化企业，两者并无经营上的竞争与合作关系。通过反复“争吵”，最终深圳宝安终于成功控股了延中实业。

二、并购的动机

根据一些研究，企业的并购动机有很多。如沃德曼和詹森的教材①列举了 7 个动机，干春晖的《并购经济学》②中则总结了 9 个并购动因。这些动因包括管理效率(包括财务效率)的提高，也包括管理者的利益驱动，等等。在此，我们重点介绍来自如何提高市场竞争力方面的动机。

(一)增强市场控制力

市场中的企业都有获利的动机，因而都有做大市场直至控制市场的愿望。如何可以迅速地做大市场？并购提供了一条“捷径”。正如产业组织学大师施蒂格勒所说：

---

① 唐·E. 沃德曼，伊丽莎白·J. 詹森. 产业组织：理论与实践[M]. 北京：机械工业出版社，2009：81—82.

② 干春晖. 并购经济学[M]. 北京：清华大学出版社，2004：25—35.

“没有哪一个大型美国企业不是或多或少通过兼并。”[①]因此，通过并购扩大企业规模，提高市场占有率，增强市场控制力，是企业并购特别是横向并购的主要动机。

通过横向并购，可直接减少市场上生产同类产品的企业数量，迅速提高市场占有率，与此同时，也提高了市场集中度，增强企业对市场的控制力，创造有利于合谋的环境(尽管合谋通常是违法的)。

企业通过横向并购，扩大生产规模，还可以使那些原本尚未达到MES的企业快速达到MES的要求，从而获得规模经济的效益。

(二)降低交易费用

对于纵向并购来说，最大的动机基本都可归结到降低交易费用之中。所谓交易费用，是指企业用于寻找交易对象、订立合同、执行交易、洽谈交易、监督交易等方面的费用，主要由搜索成本、谈判成本、签约成本与监督成本构成。

纵向并购的实质是生产同一产品的不同阶段间企业的并购。影响其中交易费用高低的主要包括资产的专用性、交易的不确定性以及交易的发生频率。当资产的专业化程度与不确定性很高时，通过市场进行交易产生机会主义行为的概率较大。此时，就须花费更高的代价用于对交易的监督。当这样的费用达到一定程度时，根据科斯的企业理论，就必然会发生用企业的内部交易来替代市场的外部交易，于是纵向并购行为就产生了。[②]

具体地说，企业通过纵向并购，除了可以有效地降低交易费用外，还可能起到增强市场控制力、确保原材料等投入品的稳定供应、纠正外部性引起的市场失灵、解除出让方企业的亏损等作用。

(三)分散经营风险

混合并购的动机，很大一部分可以归纳为分散经营风险。如何来解释混合并购的并购动机，一些研究告诉我们，多元化经营是分散经营风险的一个常用的手段。多元化经营分散经营风险的原理就是将一个产业的风险分散到多个不同的产业中去，形象地讲也就是“不要把鸡蛋放在一个篮子里”。如一个企业具有了多元化经营的能力，就有可能在一个产业遭受不景气时，通过多元化的其他产业来维持企业经营的稳定性，从而分散某产业不景气带来的波动。

混合并购除了分散经营风险的动机之外，还有充分利用各类资源、追求范围经营以及节省交易费用等方面的动机。

---

① 乔治・J. 施蒂格勒. 产业组织[M]. 上海：上海三联书店，上海人民出版社，2006：124.

② 科斯. 企业的性质[M]//科斯. 论生产的制度结构. 上海：上海三联书店，1994.

第二节　纵向控制

一、纵向一体化

(一)纵向一体化与纵向分离

纵向一体化即纵向并购。如果硬要将两者加以区别，“纵向并购”可能更着重于并购行为过程，而“纵向一体化”可能更在乎并购行为的结果。

纵向一体化固然能为一体化企业带来一些利益(稍后有分析)，但也会带来一些成本的增加。如随着企业规模的扩大，经营范围也有所增加，此时不但可能导致生产效率降低(从事了一些并非企业自身擅长的业务)，而且会带来企业管理难度的增加以及管理成本的上升，容易产生所谓的 X 非效率现象。此外，纵向一体化也容易招致政府有关反垄断当局的注意。

纵向一体化的对立面是纵向分离。顾名思义，纵向分离就是按产业链进行分离。进入 21 世纪后，随着技术的进步，分工越加深化，企业纵向一体化的收益日渐缩小，纵向分离的现象也越发增多。如美国的思科是全球领先的网络解决方案供应商，由思科公司制造的路由器、交换机曾经承载了全球 80%的互联网通信。而如今，思科已进行了纵向分离，将路由器和交换机的制造业务分离给了伟创力和捷普科技，自身专职于路由器和交换机的设计与销售，并协调其供应链。据一项调查表明，全球产品制造中约有 56%外包给了专门从事制造的企业。[①]

(二)纵向一体化的收益

1. 降低交易成本

关于纵向一体化可降低交易成本，我们在本章第一节有关纵向并购的部分已有阐述，在此不再赘述。

2. 保证重要原材料的稳定供应

企业的一些重要原材料如果依靠市场来保障供应，由于各类市场存在经营风险、机会主义行为和道德风险，就会导致一系列不可控的风险，给企业的经营造成损失。此时，根据科斯的有关理论，企业可用企业的内部交易来替代市场的外部交易。而此时的企业内部交易就是指通过纵向一体化的行为，将原材料供应的市场变为企业的一分子。上文所举的宝武钢铁集团与澳大利亚阿奎拉资源公司的并购案例，就是一个很

① GARR D. Inside outsourcing[J]. *Fortune*, 2002, (142)1.

好的例子。

3. 消除外部性

企业的纵向一体化可将外部经济性转为内部化，这对纵向一体化的企业来说，可以节约交易成本（如可减少对原合约的修订以及监督），也可便于对产品质量的控制（如我们在世界任何一家麦当劳连锁店，都可获得基本一致的质量保证）。

4. 增加垄断势力

实行纵向一体化，一是可以将原先分散在不同企业的价值增值环节合并为一，增强了一体化企业的市场势力。二是在某一环节具有垄断势力的企业，可以通过前项（后向）一体化的行为，将其垄断势力拓展至前项（后向）环节。三是通过一体化战略，使得企业具备了实施价格歧视的能力，从而可获得更多的垄断利润。

5. 消除市场力量

如果一些企业可以通纵向一体化来拓展市场势力，同样地，另一些企业也可通过纵向一体化来消除这样的市场势力。如当一家企业 A 只有唯一的一家上游企业 B 向其供货，为了消除原材料供应商的市场势力威胁，这家 A 企业可通过后向一体化并购这家 B 企业。

6. 躲避政府干预

纵向一体化的企业可以通过内部价格来调整上下游的利润，从而达到避税的目的。如在跨国公司中，经常可见通过较低的内部定价，将上游部门的零部件从税率较高的地区卖给税率较低的下游部门，以节省整个集团的税收。

又如，在一个纵向一体化企业中，若其某一个环节的价格受政府规制，它可以通过不受价格规制的其他环节来获取超额垄断利润。如在当年，通话费是受政府规制的，而电话机则不在规制范围内。但若想要安装电话，就必须从电话公司购置电话机。电话公司就是通过抬高电话机的价格来弥补通话费的规制价格。

7. 消除双重边际化，提高社会福利

我们通过图 10—1 来分析纵向一体化是如何能够消除双重边际化，从而提高社会福利的。

我们先假设上下游企业都是垄断企业，假定垄断企业 A 是制造企业，企业 B 是零售企业。企业 A 的产品全部由企业 B 销售且企业 B 也只销售企业 A 的产品。

由于假定了企业 A 和企业 B 都是垄断企业，若 MC 是企业 A 的边际成本，斜线 AF 为市场的需求曲线，也是企业 B 的需求曲线，因此，可以画出企业 B 的边际收益曲线 AG。

由于假设了企业 A 的产出全部销售给了企业 B，那么企业 B 的边际收益曲线 AG 也就成了企业 A 的需求曲线，这样也可画出企业 A 的边际收益曲线 AH。依据利润

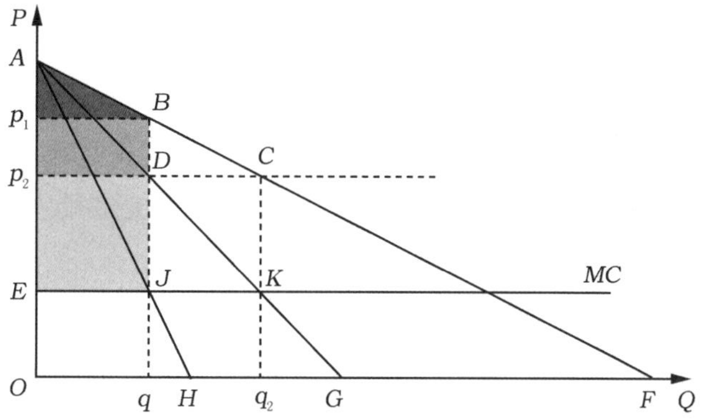

图 10—1　双重边际化分析

最大化的原则，企业 A 的定价应在 p_2 处，产量为 q，垄断利润为面积 p_2DJE。

为了分析问题方便起见，企业 B 除了承担企业 A 的批发价以外，不再另有其他成本。因此，p_2C 就成了企业 B 的边际成本曲线。同样，由利润最大化的原则，企业 B 的定价应在 p_1 处，销量为 q，垄断利润为面积 p_1BDp_2。

显然，此时两家垄断企业的总利润为：面积 p_2DJE + 面积 p_1BDp_2 = 面积 p_1BJE。而此时的市场绩效是：市场价格为 p_1，市场供给量为 q，消费者剩余为面积 ABp_1。这样的状况就称为双重边际化。[①]

我们现在再假设企业 A 和企业 B 进行了纵向一体化的合并，那么此时对于同样的市场需求曲线 AF 和边际成本曲线 MC，一体化的企业的边际收益曲线为 AG，由利润最大化的原则，不难判断出此垄断企业会将产量和价格的组合设在点 $C(q_2,p_2)$处。

与非一体化时相比，一体化后的价格有所下降($p_1 \to p_2$)，产量有所增加($q \to q_2$)，消费者剩余(面积 $ABp_1 \to$ 面积 ACp_2)和社会总福利(面积 $ABJE \to$ 面积 $ACKE$)也有了增加。

二、纵向控制的含义

纵向一体化是企业的一种制度安排，但有时实施这种制度安排的成本是相当高的，甚至会受到政府反垄断政策的制约。因此，能否有一种既不是产权制度上的一体化，又能起到一体化效果的方式来控制其上(下)游企业的经营活动？这样的方式就是纵向控制。[②]

如果对纵向控制下个定义，那么所谓的纵向约束就是指在具有纵向关系的产业链

---

① 也有的文献称“双重边际化”为“双重加成定价”。

② 在有些文献中，也有称“纵向控制”为“纵向约束”“垂直控制”或“垂直约束”的。

中，一个企业利用所在市场的垄断势力来影响其上游或下游的竞争状态，达到有利于延伸自身垄断势力的目的。

三、纵向控制的作用

纵向控制除了我们在纵向一体化部分已经论述的可为企业带来一定的收益之外，还对整个社会的经济福利提高起到一定的作用。

(一)消除了“搭便车”行为

在纵向关系中，如果在某一个环节存在竞争，就会导致外部性的产生，造成所谓的“搭便车”问题。外部性的存在会导致行为主体不能将经济活动的消极或积极的后果完全内部化。不管是正外部性还是负外部性，其结果都会导致经济活动缺乏效率或使资源配置远离最优状态。

1. 制造环节是垄断的，而销售环节是竞争时

几家独立的销售商销售一家制造商的产品。此时，产品的售前服务对顾客选择有着重要影响。销售商为了销售更多的产品，需要付出大量的成本，如产品信息的售前说明、产品使用的售前指导和培训、销售现场的产品展示与环境布置、对销售人员的岗位培训等。这时就容易产生外部效应以及“搭便车”行为，付出努力的一部分成果帮助了其他销售商。不提供这些服务的销售商则由于成本优势反而会在竞争中取胜，而进行了这些努力的销售商则在竞争中由于付出额外成本反而处于劣势地位。这样一来，任何销售商都缺乏足够的动力从事必要的售前服务，最终使整个产品的销售受到不利影响。“到隔壁看，来本店买”就是这种行为的最好写照。

除了售前服务，广告也存在明显的外部性。无论是制造商还是销售商，只要彼此间存在竞争，广告就是一项重要的竞争手段。与售前服务类似，广告成本的分摊会使企业成本上升。广告效用的外部溢出又不能使企业获得做广告的全部好处。于是，企业会缩减广告开支，并影响到产品的销售。

消除这种“搭便车”行为的一个有效方法就是纵向控制。对于销售环节竞争的场合，常见的消除“搭便车”的行为包括地区独家经销代理、转售价格维持、制造商统一进行广告宣传等方式。这些行为的作业各有千秋，应根据具体情况加以选择。

2. 销售环节是垄断的，而制造环节是竞争时

当制造环节是竞争的，而销售环节是垄断时，竞争性的制造商也可能产生“搭便车”的行为。这种“搭便车”同样表现在售前服务等领域。在消费品零售市场上，一家制造商通过售前服务吸引消费者。商场中可能会陈列着其他竞争性企业的产品，这时，售前服务的费用分摊在该制造商的每件商品上，而其他竞争性企业的产品就有了成本和价格优势。此外，对于物理特性差别较小的竞争性产品，如果一家制造商通过

售前服务传播或解释其产品的物理性能，就很容易使其他同类型企业因为“搭便车”而增进顾客对其产品的了解。

纵向控制同样可用于消除这种“搭便车”行为。此时制造商一般会要求销售商只销售自己的产品，也即采取所谓的专卖策略，我们在现实社会中看到的专卖店就是其中的一种形式。

（二）提高了实施者的市场竞争力

企业依靠纵向控制的市场势力，采用诸如价格压榨、排他性交易等策略，还可起到增加竞争对手的生产成本、提高市场的进入壁垒、挤占竞争对手的市场等作用。当然，在采用价格压榨、排他性交易等策略时，应十分注意采用这些策略是否会受到有关法规的规制，因为这些策略通常会受到有关反垄断当局的制裁。

1. 价格压榨

所谓价格压榨，是指在初级产品市场上占有市场支配地位的企业将部分初级产品加工为深加工产品，与此同时，它也将部分初级产品在市场上出售，但其定价却使购买方无法通过加工过程获得足够利润，从而保护其在深加工产品市场上的竞争力。

价格压榨往往是纵向控制企业利用其在上游市场的垄断地位，控制下游竞争对手在生产时的必要投入要素，并利用对其在上游市场上的市场支配地位，抬高下游企业的投入成本，使其在下游市场上占据有利竞争地位的行为。

一些学者的研究表明，纵向控制下的价格压榨对于实施者来讲可以有如下有利的作用：(1)价格压榨可以产生市场封锁效应，从而排挤其他潜在竞争者进入下游市场；[①](2)价格压榨可以使其实施者在上游市场的垄断势力扩展到下游市场。[②]

在现实经济中，有关价格压榨的案例也较多。

1999年德国电信案例

德国电信是一家经营固定电话网络基础设施的运营商。在德国电信业私有化之前，它是垄断固话业务的国有企业。政府对德国电信放松管制、进行私有化改革之后，德国电信的一些下游业务被剥离了出去，但德国电信仍完全垄断着上游的必要基础设施——本地通话网络。下游的其他运营商只有依靠本地通话网络才能服务最终用户。因此，可以将德国电信的业务分为两类：一类是向下游运营商提供批发业务，另一类是为普通用户提供零售服务。也就是说，德国电信和下游运营商既存在上下游关系，又存在竞争关系。另外，需要说明的是，德国电信的批发价格是受到有关部门规制

① VICKERS. Competition and regulation in vertically related markets[J]. *Review of economic studies*. 1995,65(1).

② TIROLE. *The theory of industrial organization*[M]. MIT Press,1988.

的。

1999 年，德国电信下游市场的 15 家运营商针对德国电信定价行为向欧盟委员会提起诉讼，指出德国电信向其收取较高的本地回路的批发价格，阻碍了下游市场的充分竞争。欧盟委员会于 2003 年 5 月对该案进行了判定，认为德国电信的定价行为属于价格挤压，违反了相关法律关于滥用市场支配地位的规定。2003 年德国电信向欧盟初审法院提起诉讼，认为其并没有滥用市场支配地位，因为在价格受管制的情况下，德国电信并没有足够的空间来规避价格挤压的发生，欧盟委员会价格挤压的计算存在错误，它并不能证明所确定的价格挤压对市场具有反竞争的效果。但欧盟初审法院最终没有支持德国电信的说法，于 2008 年 4 月 10 日作出了支持欧盟委员会的判决。并且针对德国电信的起诉的理由，欧盟初审法院形成了以下论断：受管制行业的垄断企业，其定价仍不能违反《欧盟基础条约》的规定，即尽管德国电信的上游批发价格需要事先得到有关规制部门的批准，但这并不能成为其免于欧盟委员会调查的理由；另外，在零售价格本身并不存在滥用的情况下，也可能产生价格挤压。唯一需要确定的问题是批发和零售价格之差的公平性。之后德国电信又向欧盟高级法院提出诉讼，但高级法院作出了与初审法院一样的裁决。

2011 年我国固网宽带接入市场案例

在 21 世纪 10 年代初，我国的宽带接入市场的网络运营商可以分为三个层级：一是骨干网络运营商或称为主导网络运营商，包括中国电信和中国联通，它们构成了一级市场，完全垄断了全国宽带接入骨干网，可实现全国性和全球性的互联网接入；二是二级运营商或称为非主导运营商，包括一些全国性的中型运营商以及驻地运营商，如广电、铁通、长城宽带等，它们没有自己的骨干网络，只能通过租借骨干运营商的宽带来从事互联网接入服务，它们与骨干网运营商互联互通，提供转接服务，从而形成批发市场；三是中国电信和中国联通及其下游的二级运营商是直接为终端客户提供宽带接入服务，形成最终的零售市场。

我们可把上游市场称为“批发市场”，把中国电信和中国联通为二级网络运营商提供网络接入服务而收取的价格称为“批发价格”。下游市场，即为最终消费者提供宽带服务的市场被称为“零售市场”，消费者支付的价格为“零售价格”。

中国电信和中国联通是我国固网宽带接入市场上游的两家垄断电信骨干网络的运营商，下游的其他网络运营商必须在接入骨干网后才能向最终消费者提供服务。中国电信和中国联通也会在下游市场直接为最终消费者提供宽带接入服务。因此，中国电信和中国联通在下游零售市场与其他网络运营商存在竞争关系。由此，对于中国电信和中国联通来说，其骨干接入用户可以分为两种：一种就是跟它们有直接竞争关系的网络运营商，如广电、铁通等企业；还有一种是与它们没有竞争关系的网络服务商，如新浪、搜狐、腾讯等企业。网间结算是各互联单位在进行互联网骨干网网间互联时根据《互联网交换中心网间结算办法》[①]协商确定的结算方式和结算费用。下游市场的二级运营商在转接其骨干网提供给终端客户时若产生流量，二级运营商必须向中国电信和中国联通进行单向结算。因此，中国电信和中国联通凭借在上游市场的垄断势力完全可以通过提高出售给二级网络运营商的批发价格或降低下游市场的零售价格来达到挤压二级网络运营商的目的。如中国电信给予在下游零售市场有直接竞争关系的企业，比如铁通、广电等二级运营商的批发价格一般在每月 100 万元/G 以上，而对于其他不具有竞争关系的接入用户，电信和联通则给予较低的价格，比如给予互联网增值服务商的价格一般为每月 10 万～30 万元/G，内容服务商的价格一般每月只有 3 万～10 万元/G。显然，中国电信实施了价格压榨的策略（中国联通也有类似的策略），最终，中国电信和中国联通都受到了我国反垄断部门的罚款。

2. 排他性交易

排他性交易行为是指实施者禁止其上游企业（下游企业）与具有竞争关系销售者（生产者）进行交易的行为。实施者通常都是具有相当市场势力的企业，而有能力进行纵向控制的企业，正式采取排他性交易的主要实施者。在排他性交易中，实施对象是上游企业的称为“排他性销售行为”，实施对象是下游企业的称为“排他性购买行为”。

虽然有的学者提出排他性交易行为能使制造商和经销商形成长期稳定的供销渠道，降低交易成本，有利于企业效率的提高的论述，但总体上排他性交易行为还是限制了市场的竞争。因此，在许多场合，排他性交易还是会受到反垄断的制约。在现实经济中，关于排他性交易也有许多案例。

英特尔的案例

CPU 的销售渠道主要包括主机生产商和渠道销售商，英特尔（Intel）对渠道的控制完全体现了排他性策略，它通过以其占市场支配地位的优势，强迫主机生产商只能安装 Intel 的产品。在这种强势抢占下，超威半导体（AMD）和威盛电子（VIA）的销售通道基本被堵塞住。从国内情形看，这种情况更加明显。AMD 的主机 OEM[②] 只有为数有限的几家，而国内居于前列的联想、方正、TCL 等都是迫于 Intel 的压力，不敢与 AMD 合作。

---

① 该办法由信息产业部于 2008 年制定。

② OEM，英语 Original Equipment Manufacturer 的缩写，即原始设备制造商，俗称代工。

太平洋百货与百盛店庆的案例[①]

我国改革开放的初期，市场经济不成熟，相关法律也不健全，市场上也出现过较为典型的排他性交易案例。如2001年的晚春，在上海市场上就发生过同在淮海路上的太平洋百货与老对手百盛的一场冲突。当时，正逢百盛4周年店庆，百盛举行了“满199送80”[②]的优惠活动。正当消费者兴高采烈地在选购时，却不知此时有太平洋百货的工作人员在展销柜台前反复转悠，对展销商品的品牌和生产厂家特别感兴趣。而在距百盛不远的太平洋百货的店堂里，与展销相同的商品被太平洋百货的管理人员贴上了“满200送80”的招牌，而这些商品无一例外的都是参加了百盛店庆活动的商品品牌。

更为甚者，太平洋百货声称，这些参加百盛店庆活动的供应商如果不马上退出百盛店庆的送券活动，则必须立即从太平洋百货在上海的三家分店“撤柜”—— 这是不可商量的“最后通牒”。不过据说，太平洋百货在向供应商“挥动大棒”的同时，也给了这些供应商“胡萝卜”，答应这些供应商在目前与百盛的合约期满后如果不再续签约的话，太平洋百货将为其提供更为优惠的合作条件。

太平洋百货掀起的这场“台风”，很快就在上海市场上形成了“台风效应”，对百盛的经营起到了较大的破坏作用：在“台风”到来的前期，百盛的店堂出现了分化，一些商品开始封柜，当有消费者前来求购时，往往被告知“没货了”。遇到好心的售货员，还会介绍消费者到附近的二百永兴去购买。在“台风”中心到来时，一批供应商在百盛店庆时突然“釜底抽薪”，在已布置好的货架上撤出了自己的商品，使原本琳琅满目的货架看上去就像人脸上突然患上了“白癜风”。百盛无奈地只能在这些地方布置上鲜花以遮人耳目。

百盛在这次遭遇“太平洋台风”中，采取的反击策略是以“弱者”的身份，通过向新闻媒体陈述此次店庆所遭受的“冤情”，以期博得社会和商业界同行的同情和支持，最终的结果是百盛得到了社会以及商业界同行给予的舆论支持。在这场冲突中，太平洋百货采用了较为典型的排他性交易策略。

四、纵向控制策略

作为纵向控制的策略，除了上文已介绍过的价格压榨和排他性交易外，还有以下介绍的各种策略。

---

① 龚仰军．“太平洋”并不太平[R]．课堂案例，2001．

② 这是指消费满199元，送80元商场购物券。

（一）转售价格维持

转售价格维持通常是指上游企业凭借竞争市场优势对下游企业实施纵向控制的一种策略性行为。通常是上游企业以契约的形式，要求下游企业以其限定的价格进行再销售。如果下游企业不按限定的价格进行再销售，上游企业就将对其采取停止供货的处罚。转售价格维持行为经常出现在批发商与零售商之间。

转售价格维持的行为既有反竞争的消极效应，也有其提高企业效率的积极效应。转售价格维持的反竞争效应体现在两个方面：一是限制下游企业的定价自由权，削弱市场竞争；二是实施转售价格维持行为的上下游企业容易形成卡特尔。提高企业效率的积极效应表现为可消除下游经销商在广告等投入上“搭便车”的现象，等等。

1911 年迈尔斯医生案①

1911 年的迈尔斯医生案是当时美国影响较大的一个案例。迈尔斯医生按照私有秘方生产药品，药品按书面协议出售给批发商和零售商，协议规定了销售商必须按迈尔斯医生设定的价格销售。派克是一个拒绝签订这份含有转售价格维持条款的批发商，派克还劝说一些已签订协议的批发商打折出售迈尔斯医生的药品。当派克做了广告并打折出售药品时，迈尔斯医生向法院起诉了派克。法院判定这样的协议触犯了有关的反托拉斯法，休斯法官认为：迈尔斯医生“按有利于自己的价格出售商品，但公众在随后的交易中却失去了竞争可能带来的任何好处”。

2013 年茅台“限价令”案例②

高端白酒近十多年来在我国可以说是“黄金发展期”，其销售价是一涨再涨。以下两个数据可以从不同的方面反映出这一事实：2006 年，我国高端白酒的销量约占整个白酒行业销量的 1.2%左右，但销售收入却占整个行业的 15%以上；近年来，我国白酒产量平均每年下降约 50 万吨，降幅在 7.5%左右，但高端白酒的年消费量却每年保持 15%左右的增长幅度。高端白酒的消费市场主要是以公务、商务为主。随着“十八大”以来中央一系列政策的出台，公务消费受到进一步限制，商务消费也由此而受到很大冲击，高端白酒的销售量急剧下滑。

以高端白酒的第一品牌——茅台为例，据茅台酒业 2012 年的年报揭示，2011 年的营业收入同比增长 58.91%，而 2012 年同一指标为 43.76%，下降了 15.25 个百分点。在此背景下，茅台集团推出了“限价令”的措施。根据该“限价令”规定，53°茅台的

① 唐·E. 沃德曼，伊丽莎白·J. 詹森. 产业组织：理论与实践[M]. 北京：机械工业出版社，2009，395.

② 龚仰军. 茅台、五粮液吃罚单了[R]. 课堂案例，2013.

零售价不能低于1 519元/瓶，而团购价不能低于1 400元/瓶，任何经销商若违反这一价格，将会受到严厉的处罚。据称，这一“限价令”出台以后，也确有一些经销商因触犯规定而受到了茅台集团的处罚。如重庆永川区黄卓商贸有限公司、西藏亚雄名酒食品经营部、玉林百兴盛酒业有限公司就因低价和跨区域销售而被暂停与茅台的供货计划，加以扣减20%保证金，并给予其“黄牌警告”的处罚。茅台的“限价令”不仅仅是针对小型经销商的，一些较大实力的经销商一旦触犯该规定，同样也会受到处罚。如大型酒类经销商吉林白山方大集团，也因触犯“限价令”而被处以永久性削减年配额30%，并处罚保证金的30%。

2013年2月，贵州省物价局对茅台集团进行了反垄断调查。根据《中华人民共和国反垄断法》第十四条的规定，最终认定茅台集团的“限价令”违反了上述法律。茅台集团被处以上一年销售额的1%即2.47亿元的巨额罚款。

（二）数量限定和地域限定

1. 数量限定

在纵向控制关系中，如果上游企业限定了下游企业购买产品的数量，就称之为数量限定。数量限定一般规定了下游企业购买或转售的数量，包括数量强制、数量配给。这里，所谓的数量强制是指强制购买最低的数量；而数量配给是规定的最大的配额。

数量限定、数量配给与转售价格维持有密切的关系。当需求一定时，能销售的量就取决于销售价格。此时，数量强制就相当于规定了价格上限，而数量配额就等同于转售价格维持。

2. 地域限定

地域限定，顾名思义就是纵向控制的控制方（制造企业）对销售企业的销售地域进行了限定。地域限定也有多种形式：一是销售区域限制。制造企业限定销售企业只能在某一区域销售其产品。二是排他性交易。我们已在前文进行过阐述。排他性交易是一种变相的独占性购买。制造企业要求销售企业只能从自己这里购买产品，而不得从他处购买。三是独占区域。生产企业授予销售企业一个独家的销售区域，承诺不会允许其他销售商涉足该区域。四是进货地点限制。制造企业对销售企业虽然不限制销售区域，但规定了进货的地点。五是主要责任限制。制造企业要求销售企业出资在某一特定的区域进行促销活动，满足这一条件的销售企业可以跨区经营。六是利润补偿。销售企业可以跨区销售，但需返回所获部分利润到其他区域作为跨区销售的补偿。

（三）特许经营

特许经营是指纵向控制者作为特许方，向受许方“出售已被证明可行的业务经营方法或只出售拥有授予特许者品牌的权利”①,而受许方按协议约定,在统一经营体系下进行经营,并向授权方支付许可费。

特许经营最早起源于美国。1851 年,胜家缝纫机公司为了拓展其缝纫机业务,开始在美国各地设置加盟店,授予缝纫机经销权,撰写了第一份标准的特许经营合同书,在业界被公认为现代意义上的商业特许经营起源。目前,特许经营这种方式是越来越普及了。如麦当劳就是一个例子,麦当劳自 1955 年开设第一家门店以来,至今已有超过 265 000 家门店分布在世界各地。这些门店多数都是得到麦当劳特许经营许可的加盟店。

广义地讲,专卖也属于特许经营。专卖是指销售企业销售并只销售纵向控制者的品牌商品的行为,如我们在市场上经常可以看到的专卖店或专卖柜台。专卖带来的一个重要作用是能够保证产品的质量,如汽车修理的 4S 店,能保证其所用的零部件来自与原车相同的供货商。

(四)通道费

在大多数教科书中,纵向控制是指制造企业控制销售企业。但在现实经济中,也有销售企业作为强势一方控制制造企业的。通道费就是一种较为典型的销售企业控制制造企业的行为 。所谓通道费,是制造企业支付给销售企业以便让企业产品上架销售的费用。

2003 年家乐福的炒货风波案②

2002 年家乐福的商业零售额达到 650 多亿美元,是世界第二大零售商,在全球 30 多个国家拥有 9 483 家门店,家乐福也是最早进入上海的大型国外零售企业。1996 年,家乐福就在上海的曲阳地区开设了第一家中外合资的大型超市,将一些国外先进的营销理念和管理经验引入我国,对上海大型超市的发展和商业整体形象的提升作出了较大的贡献。

然而,在 2003 年上半年,家乐福因“进场费”问题,与上海炒货协会成员企业发生了争执,导致炒货供应商集体停止向家乐福供货。在此期间,上海炒货协会两次致函家乐福,均被家乐福以“技术问题”拒绝。同年 6 月 13 日,双方的第二次谈判又宣告破裂。随即上海炒货协会所属的 11 家企业开始实施“暂停供货、暂停签约”的“双停”措施。这些供应商的产品包括在沪上炒货业较为有名的阿明、台丰、恰恰、正林、阿里山、大好大、小刘等品牌。家乐福与上海炒货协会之争受到了国内外媒体的广泛注意,媒

---

① 丹尼斯・卡尔顿,杰弗里・佩罗夫. 现代产业组织[M]. 上海:上海三联书店,上海人民出版社,1998,786.

② 龚仰军. 家乐福遇到了点小麻烦[R]. 课堂案例,2003.

体纷纷报道了该事件。家乐福与上海炒货协会关于“进场费”的争执，多多少少给这一年上海闷热的黄梅天气加了把“火”。

家乐福与上海炒货协会的争执，虽然涉及供应商在大型超市上市销售是否应该收“进场费”的问题，但其焦点是家乐福是否凭借相对强势的市场势力，拟向炒货企业收取的“进场费”过高了。虽然双方的分歧相差较远，但经多次谈判，最后在有关部门的协调下，还是达成了一份协议，就是新一年的“进场费”在原有基础上降低50%。

第三节　卡特尔

一、卡特尔的含义

卡特尔是由一系列生产或销售某一同类商品的企业，为垄断市场，获取高额利润，通过在商品价格、产量和销售等方面订立协定而形成的同盟。卡特尔是垄断组织的形式之一。垄断利益集团、垄断联盟、企业联合、同业联盟也称为卡特尔。

卡特尔为法语 cartel 的音译，原意为协定或同盟，是资本主义垄断组织的一种重要形式。1865 年最早产生于德国，第一次世界大战后在各资本主义国家迅速发展。卡特尔按协议内容可以分为规定销售条件的卡特尔、规定销售价格的卡特尔、规定产品产量的卡特尔、规定利润分配的卡特尔、规定原料产地分配的卡特尔等。随着垄断资本的国际化，又产生了国际卡特尔。

卡特尔成员各自在法律上保持其法人资格，独立进行生产经营，但必须遵守协议所规定的内容。卡特尔成立时，有的签订书面协议，有的采取口头协议形式。成员企业共同选出卡特尔委员会，其职责是监督协议的执行，保管和使用卡特尔基金等。由于成员企业之间的经济实力对比会因经济发展而变化，卡特尔的垄断联合缺乏稳定性和持久性，经常需要重新签订协议，甚至会因成员企业在争取销售市场和扩大产销限额的竞争中违反协议而瓦解。

由于卡特尔在许多国家都被禁止，因而在经济界讨论卡特尔时，将一些即使没有签订协议，但采取统一行动的行为也称为卡特尔行为或串谋、合谋。

二、卡特尔的组织形式及其特点

(一)卡特尔的主要组织形式

卡特尔主要有三种组织形式：

第一种是协议的形式，也称为明确卡特尔。卡特尔成员签订一个卡特尔协议，协议规定成员就有关产品的价格、产量和销售等方面如何采取共同的行动，以及各自应承担怎样的责任。

第二种是协同行为与君子协定，又称为默认卡特尔。协同行为与协议的区别在于，当事人对卡特尔行为虽有所合意，但由于种种原因，成员不愿签订协议。君子协定是口头协议，由于其表现形式和查证方式与协同行为类似，所以一般都将二者视为同等事项。

第三种是行业协会等经济社团的决议、建议。除了会员大会的有效决议外，行业协会等经济社团的决议、建议也可能对卡特尔成员的共同行动起到一定作用。

（二）卡特尔组织的特点

卡特尔作为一种垄断组织，其一个很大的特点是组织的不稳定性。卡特尔组织的不稳定性主要是由以下几个原因所导致：

一是卡特尔各成员都是独立的利益主体。按经济学的假设，每个利益主体都有自身利益最大化的选择。而每个独立利益主体的目标与卡特尔组织的目标并不完全一致，当卡特尔组织的目标偏离某个利益主体的目标时，该利益主体就会有脱离卡特尔组织的倾向。

二是卡特尔组织是一个松散的组织。卡特尔组织虽有协议（或甚至连协议都没有），但这协议基本上对成员没有太大的约束力。卡特尔成员即使违反了协议，被组织惩罚的力度也不大，最大的"惩罚"也就是被排挤出卡特尔组织。因此，卡特尔组织成员违约被开除出组织或者自己退出组织就是十分常见的了。

三是存在机会主义行为和道德风险。新制度经济学认为，人们在经济活动中总是尽最大能力保护和增加自己的利益，自私且不惜损人，只要有机会，就会损人利己。在信息不对称的经济现实中，当有利于某个卡特尔成员的机会出现时，这种机会主义行为和道德风险就会出现，即使这种行为会导致被开除出卡特尔组织乃至卡特尔组织瓦解。

三、卡特尔组织的作用与评价

亚当·斯密曾说过："进行同一种贸易活动的人们甚至为了娱乐或消遣也很少聚集在一起，但他们聚会的结果，往往不是阴谋对付公众便是筹划抬高价格。"[①]这句话一针见血地表明了人们对卡特尔的普遍怀疑态度。但是，关于卡特尔对经济活动的作用，还得具体分析。

---

① 亚当·斯密．国民财富的性质和原因的研究[M]．北京：商务印书馆，1981：122.

(一)卡特尔的积极作用

卡特尔作为垄断组织参与经济活动的一方,也有必要和积极的作用。市场存在竞争,有时也需要联合,激烈的竞争推动走向复杂的联合,有时合作比竞争更有助于提高效率、促进社会福利。

一些卡特尔或卡特尔行为可能是有益的,是促进竞争的,可以提高效率、降低风险、创造新的产品或销售方式,可以为昂贵的创新活动提供资金、降低成本,可以帮助处于困境的行业早日复苏。具体而言,下列卡特尔或卡特尔行为的作用是积极的:

1. 标准化卡特尔

标准化卡特尔是指经营者为降低成本、改良品质或提高效率,统一商品规格或型号的共同行为。统一商品规格或型号有助于企业从事大规模生产和标准化生产,也有助于提高产品质量和社会资源的节约。

2. 专业化卡特尔

专业化卡特尔是指经营者为促进生产经营合理化而进行专业化分工协作的行为。专业化卡特尔兼有节约成本和规模效益的好处,有助于提高原料、质量管理的效率。

3. 开拓型卡特尔

开拓型卡特尔就是通常所说的共同研发,是指经营者为提高技术、改良品质、降低成本或提高效率,共同研究开发商品或者共同开拓市场的行为。开拓型卡特尔可以发挥参与企业的比较优势,实现优势互补,提高产品研发和市场开拓的效率,可以从事任何一方都没有财力单独进行的活动。但也有反对的意见,认为"当厂商集会同意投资于研究,并分享现存知识时,政府可能会怀疑它们也在共谋将新产品价格定至垄断水平"①。

4. 中小企业卡特尔

中小企业卡特尔是指中小企业为提高经营效率、增强竞争能力缔结的卡特尔。中小企业卡特尔有利于市场力量之间的平衡,进而促进竞争,防止剥夺中小企业行为的发生。

(二)卡特尔的消极作用

尽管卡特尔或卡特尔行为会对经济发展起到一定的积极作用,但卡特尔在市场中与生俱来的共同行为会限制正常的市场竞争,使得市场上经营者之间原本相互竞争的局面消失或受到严重限制,限制或减少参与者在价格、质量、产量、服务或者创新等方面独立进行竞争的能力和热情。卡特尔使得参与者不经竞争就获得优越的市场地位,

---

① 丹尼斯·卡尔顿,杰弗里·佩罗夫.现代产业组织[M].上海:上海三联书店,上海人民出版社,1998:1014.

并倾向于对消费者和其他经营者进行剥夺或排斥。这些都严重损害竞争机制，导致效率低下和消费者福利的损失。具体而言，下列卡特尔或卡特尔行为的作用主要是消极的，尤其是前三种卡特尔，限制竞争的目的和效果尤为明显，以至于被称为“赤裸裸的剥削行为”。

1. 价格卡特尔

价格卡特尔是指经营者共同确定、维持或者变更商品价格的行为。价格竞争是最基本的竞争方式，因而消除或限制价格竞争的卡特尔是最严重的限制竞争行为，是被各国反垄断规制的主要对象。

2. 产量卡特尔

产量卡特尔是指经营者联合限制市场上商品产销量的行为，其目的在于通过限制产销量来操纵市场价格。

3. 市场卡特尔

市场卡特尔是指经营者为限制竞争，联合划分彼此销售或采购的区域、客户或产品的行为。市场分割卡特尔使得经营者在相关市场取得了类似独占的地位，人为限制甚至消除了相关市场的竞争。

4. 限制革新卡特尔

限制革新卡特尔是指经营者之间限制购买新技术或新设备的行为。限制革新卡特尔限制了企业改进品质、提高产量、提高效率、开拓未来市场的能力以及阻碍了技术的进步。

5. 联合抵制卡特尔

联合抵制卡特尔是指经营者以限制竞争为目的，联合起来不与其他竞争对手、供应商或者客户进行交易的行为。

四、卡特尔的合作策略性行为

在产业经济学中，一般将合作的策略性行为视同卡特尔行为。明确合作策略性行为是指寡头企业通过公开或秘密的协议（书面或秘密会谈）来协调行为以使合作组织利润最大化的一种行为。

（一）明确合作策略性行为

明确合作策略性行为是指寡头企业通过公开或秘密的协议来协调行为，以使卡特尔组织利润最大化的一种行为。常见的明确合作策略性行为包括：

1. 共同成本手册与多产品定价公式

在寡头企业明确合谋中，一个显而易见的难题是产品的异质性问题。这种异质性可以有以下两种情形：第一，不同企业的产品是不完全替代品；第二，企业生产多种型号的产品。

前一种情形在现实生活中是难以避免的，企业也已经习惯了制定产品差别化的策略。在这种情况下，合谋企业可以使用共同成本手册来制定价格。产品是由零部件构成的，零部件一般是标准化的，企业可以通过规定零部件的价格加总来计算产品的价格。使用共同成本手册的企业保证了生产者价格基准的同一性，违反这一基准就被视为背叛行为。后一种情形可以用多产品公式定价法来解决。企业可以协定一个基本单元价格，这个基本单元价格在合谋企业间是通用的，价格的变动是同比例的。

两家电气公司的共同成本手册案①

通用电气是一家屡受反垄断指控的公司。1977 年，通用电气又被美国有关当局强制中止了其与西屋电气共同使用的成本手册。根据美国司法部的指控，通用电气和西屋电气两家企业存在合谋，它们使用了共同成本手册。司法部认定，这两家公司在 1963—1964 年间通过有意识地采用和公布同一价格策略来消除竞争。涡轮发动机一般是根据顾客的要求定制的，所以不可避免地存在着差异性，但这两家公司公布了一个共同手册（手册内容包括：所有制造发动机过程中可能用到的零部件价格，如何使用这些零部件来计算相关的发动机价格，使用上述方法的详尽例子，价格乘数），这样虽然使得发动机价格稳定于两家企业可控的水平上，但却消除了竞争。

2. 价格卡特尔行为

价格卡特尔成立的目的是希望通过限制产量，从而提高价格，进而增加卡特尔成员的利润。通常一个价格卡特尔若要成功，则必须满足以下条件：(1)卡特尔能够控制大部分的产量，不存在来自卡特尔以外的有效竞争；(2)卡特尔产品的需求价格弹性较低，且不存在有效的替代产品。这样，对卡特尔产品的需求就是相对稳定的了。

欧佩克的案例

价格卡特尔的典型案例是石油输出国组织，即欧佩克。② 在 1960 年之前，全球原油市场被西方财团所垄断，西方的“石油七姐妹”③不仅控制着大量原油产能，而且垄断市场交易，左右全球油价。多数石油生产国虽然拥有巨大的产能，却只能获得很少

---

① COOPER. Most facored customer policy and tacit collusion[J]. *Rand journal of economics*, 1986, 65: 297—322.

② 欧佩克是 OPEC 的音译。OPEC 是英语 Organization of the Petroleum Exporting Countries 的缩写，石油输出国组织之意。欧佩克组织成员控制全球约 78%以上的石油储量，并提供 40%以上的石油消费量，产油量和出口量分别占全球的 40%和 50%。

③ “石油七姐妹”是指当时西方的 7 家石油寡头：新泽西标准石油、纽约标准石油、加利福尼亚标准石油、德士古、海湾石油、英国波斯石油公司、壳牌公司。

的收益。1960年9月，伊朗、伊拉克、沙特阿拉伯、科威特和委内瑞拉五国达成一致，决定建立一个协调小组，达成产量和价格的同盟，借以打破西方财团的垄断。

欧佩克成立伊始，并未引起西方石油寡头的重视。直到20世纪70年代，欧佩克成员国曾实施了持续5个月的石油禁运，以遏制西方国家在第四次中东战争中支持以色列。1973年10月16日，欧佩克突然宣布将石油价格从每桶3.01美元提高到5.11美元，大涨70%。第二天，欧佩克组织中的阿拉伯成员国宣布停止向美国和荷兰等欧洲国家出口石油。自1973年10月至1974年3月，油价在短短5个月里翻了四番，导致欧美经济受到严重冲击，被认为是第二次世界大战后最大规模经济危机的导火索。

此后，石油市场的话语权逐步转到欧佩克手中，而这个最初的"价格小组"也逐渐进化成对世界经济乃至政治局势具有重大影响力的跨国组织。"它的每一次会议、每一个动作都为全世界关注，甚至它的任何一名代表在维也纳吃蛋糕时的随意言论，都足以让石油交易员手忙脚乱。"

3. 价格领导制

价格领导制是指行业的价格变化总是由业内一个企业率先作出，然后这个变化立即被其他企业所采纳，领导者的价格就是合谋的价格。

很多行业都表现出这种模式：一家或少数几家企业正式决定价格，其他企业则跟随。由领导企业发起的价格变动有很大的凝聚力，并且不存在阻碍作用或者不同意见的企业时，有效的价格领导制就顺利实施了。行业中企业的数量越少，价格领导制就越有效。常见的价格领导制包括支配式价格领导制和晴雨表价格领导制两种主要的形式。

在支配式价格领导制下，一家业内市场势力最大的企业充当价格领导者，它首先调整价格，业内其他企业则随后领导企业的行动相应进行调整，导致整个行业犹如只有一家垄断者一样地控制价格。

在晴雨表价格领导制下，一家企业宣布价格变动，并希望被其他企业所接受，这个价格领导企业不必是业内最大企业，它只是正确地首先对变化的需求和成本条件作出反应，从而使提出的价格变动能够被接受。

美国钢铁公司曾是钢铁业的价格领导者

美国钢铁公司成立于1901年。在1911年声名狼藉的"加里(Gary)晚宴"上，美国钢铁公司决定制定一个行业多数企业都能接受的价格水平。自此，美国钢铁公司就成为行业公认的价格领导者。第二次世界大战后，美国钢铁公司逐步失去了业界老大的位置，但仍然是行业的价格领导者。只不过此时美国钢铁公司从支配式价格领导者转变为晴雨表价格领导者，这样的状况一直持续到1958年。

4. 转售价格维持

转售价格维持是指在供应商与零售商之间的上下游价格控制关系下，如果零售商不按供应商的建议价格销售商品，供应商就拒绝供货。关于转售价格维持，我们在本章第二节中已有阐述，在此不再赘述。

5. 基点定价

基点定价是指总的交货价格等于交货基点的市场价格加上从该地始计的运费。这样可以防止成员企业将折扣暗含在运费当中，从而使卡特尔合谋的价格由于成员的机会主义行为而流产。基点定价实质上解决了由于企业所处地点不同所带来的合谋的困难。

美国木材业的基点定价①

20世纪60年代之前，美国所有的夹板均产自美国西北的太平洋沿岸。60年代早期，美国南部也开始输出夹板，且几年之后输出数量就相当可观。南部夹板的价格总是等于木材价格加上运输费之和，而运费的基点总以美欧西北的太平洋沿岸为起点。实施这种木材价格的厂商们声称这种价格策略只是一种方便的工具，用来比较南部和西北部的报价。他们还声称南部的离岸价不同于西北太平洋沿岸的离岸价。也就是说，两地的离岸价均由供求力量决定。

6. 一致—竞争条款

通常，一致—竞争条款有两种不同的形式。一种是“不一致就解除”式条款，即供应商与顾客间签订协议，规定供应商将与竞争对手的价格一致，若不一致，就可解除消费者购买的行为，以便消费者寻找更优惠的供应商。另一种是所谓的“不解除”条款，即供应商对消费者的承诺以合同的形式保存下来，但是没有解除的条款。一致—竞争条款实质上是将消费者作为监督人，这种机制可激励消费者去监督竞争对手的价格。

7. 最惠消费者条款

最惠消费者条款，也称为低价担保。最惠消费者条款向所有的消费者承诺，销售商不会以更低的价格将同样的商品卖给其他购买者。有追溯效力的条款保证了现行的消费者也可以因未来的价格折扣而获利。这种类型的最惠待遇条款具有双重效力。首先，它类似于企业的一种保险条款，“我不会打折扣，因为一旦打折扣，我还必须将这部分折扣返还给原来的消费者”，这就增加了惩罚的力度。同时，它增加了消费者监督的激励，因为消费者一旦发现企业向别的消费者提供折扣，就有追索的权利，这就降低了企业降价的动力。

---

① 干春晖．企业策略性行为研究[M]．北京：经济管理出版社，2005：235.

8. 预告价格变动

预告价格变动是先行提价的企业在市场上提前通知同行，它将调整产品的价格，该行业的其他企业可以在提价生效前决定是否跟从。如果对手均决定不跟进，提倡提价的企业就可以不实施提价。在需求下降的情况下，首先削价的企业相对会获利更多。因此，每家企业会争相降价。由于提前通知价格下调，保证没有企业会从先行削价中获利，这样就能缓和企业的削价冲动。

预告价格变动实际上减小了率先实行价格变动的企业负担的风险。一个企业率先提价面临着其他企业不跟进的风险，那么其市场份额就会大大减小。如果先行提价的企业要比跟随而动的对手企业多承担一笔损失的话，就没有哪家企业愿意充当价格领袖，预告价格变动就是解决这个问题的一种方法。

美联邦贸易委员会诉伊思尔等公司案[①]

1979 年，美联邦贸易委员会(FTC)对杜邦、伊思尔、纳尔科和 PPG 四家公司提出起诉，FTC 认为这四家公司的某些行为具有共谋的嫌疑，如提前 30 天向买方发出提价通知。为此，FTC 作出了禁止这些行为的禁令，但上诉法庭推翻了这一判决，认为对提价的提前通知有利于买方事先做好规划，这是一个能够提高企业效率的行为。可见在预告价格变动的认识上，看法也不完全一致。

9. 分割市场与固定市场份额

有些寡头企业通过分配给每一个企业一定的购买者或者地理区域从而成功地维系了合谋。因为一旦有企业降价，那么某一地区的销量就会减少，其背叛行为易于被察觉。“波斯纳发现 7.8%的反托拉斯案例涉及客户的分配。”[②]

10. 交换信息

一般认为，企业间互有的信息越完全，达成和维持合谋协议就相对容易。不确定性使得协议维持较难，而交换信息减少了信息的不确定性，使协定的制定变得更加容易。但交换信息也不是一定就有利于卡特尔的，如波斯纳就认为，在不同的市场上，交换价格信息会产生不同的效果。如果市场上卖方众多，信息不透明，则交换价格信息有利于企业合理确定价格，从而对竞争具有促进作用。但如果市场集中度高，市场信息相对透明，交换价格信息往往就被视为同谋的方式和维护的手段。[③]

---

① 丹尼斯·卡尔顿，杰弗里·佩罗夫. 现代产业组织[M]. 上海：上海三联书店，上海人民出版社，1998：606.

② 干春晖. 企业策略性行为研究[M]. 北京：经济管理出版社，2005：241.

③ 理查德·A. 波斯纳. 反托拉斯法[M]. 北京：中国政法大学出版社，2003：92—108.

11. 行业协会

行业协会的功能是多重的，包括代表行业中所有企业与政府沟通，游说使得价格变动的提案获得大多数企业认可，公布产品的标准，发布行业数据，设立道德标准，出版行业期刊，定期集会等。可以说行业协会从它诞生的那一天起就是与卡特尔紧密相关的，是最常见的企业明确合谋的手段。

2009 年连云港预拌混凝土行业反垄断案①

江苏省工商行政管理局在国家工商行政管理总局的指导下，最近办结了全国第一起反垄断案件。2009 年 3 月，连云港市建筑材料和建筑机械行业协会混凝土委员会组织市区 16 家预拌混凝土企业共同订立“预拌混凝土企业行业自律条款”“检查处罚规定”等共同约定，以协调预拌混凝土行业的竞争关系。通过对会员企业的生产线、搅拌车、泵送设备进行打分，确定各成员单位的市场份额，划分市区销售市场。江苏省工商行政管理局有关人士指出，该行业协会已违反了《中华人民共和国反垄断法》和《反垄断价格规定》，这些法律禁止具有竞争关系的经营者达成价格垄断协议，禁止具有市场支配地位的经营者使用价格手段排除、限制竞争。据了解，江苏省工商行政管理局已完成对连云港市预拌混凝土行业垄断协议的查处，相关当事人被处以没收违法所得 136 481.21 元、罚款 730 723.19 元。

（二）默契合作策略性行为

1. 重复博弈与“富有的窘境”

纳什认为，合作行动是局中人之间某种讨价还价过程的结果，并且在这个讨价还价的过程中，可以预期每个局中人都应该按照某个讨价还价策略来行动，以满足个人效用最大化的准则，就像在任何其他的博弈局势中一样。② 默契合作的过程就像纳什所说的“讨价还价”，并且是反复“讨价还价”的结果。

反复“讨价还价”，用博弈论的语言说就是“重复博弈”。重复博弈被广泛地运用于研究默契合谋中。重复博弈属于动态博弈的范畴，它是指同样的博弈重复多次，其中每次博弈称作“阶段博弈”。重复博弈最重要的特征是阶段博弈之间没有“物质”上的联系，也即后一阶段博弈的结构并不因前一阶段博弈而改变。但是，这并不意味着博弈的参与人观察不到对手的历史，相反，假定参与人在 t 时期的价格选择依赖于以前的价格选择历史。

参与人在重复博弈中的战略空间远远大于每一个阶段博弈中的战略空间。重复

---

① 佚名．江苏查处首起预拌混凝土行业反垄断案[J]．混凝土，2001(4)：42.

② NASH. Noncooperative games[J]．*Annals of mathematics*，1951，54：289—295.

博弈会带来一些额外的均衡结果，这些均衡结果在一次博弈中从来不会出现。这正是分析重复博弈的意义所在。① 事实上，重复博弈理论在解释默契合谋方面存在着均衡过多的问题，即陷入了“富有的窘境”。无名氏定理②就揭示了子博弈完美纳什均衡可能有无数多个。

2. 冷酷策略

冷酷策略又称为扳机策略，是指在重复博弈中，只要所有的人都采取合作的策略，那么就一直合作下去，如果有一方背叛了合作，比如提高产量，那么合作就永远终止，所有的人对此行为加以惩罚，大家都提高产量。在此策略中，某一成员的背叛是一个触发点，在此之后，卡特尔成员间都采取不合作的策略，所以在此意义上冷酷策略又称为扳机策略。

3. 胡萝卜加大棒策略

冷酷策略是通过一个严酷的威胁来维系合作的。如果任何一个参与人从合作的路径上偏离而采用背叛策略的话，其他所有参与人都用不再合作来惩罚背叛者。而胡萝卜加大棒策略则是一个较为温和的策略，开始所有的卡特尔成员都生产一个合作的低产量，相应地利润也较高。但是，一旦有成员背离了这个策略生产高产量时，所有的成员都调整为高产量去惩罚背叛者。

如果有一个成员在惩罚期采取了不惩罚的行为(对于不执行惩罚策略的成员给予惩罚是给予惩罚者的一个“胡萝卜”)，惩罚期重新开始。如果没有成员在惩罚期不惩罚，合作期又重新开始。

参考文献

[1] 干春晖．企业策略性行为研究[M]. 北京：经济管理出版社，2005.

[2] 干春晖．并购经济学[M]. 北京：清华大学出版社，2004.

[3] 丹尼斯・卡尔顿，杰弗里・佩罗夫．现代产业组织[M]. 上海：上海三联书店，上海人民出版社，1998.

[4] 亚当・斯密．国民财富的性质和原因的研究[M]. 北京：商务印书馆，1981.

[5] 乔治・J. 施蒂格勒．产业组织[M]. 上海：上海三联书店，上海人民出版社，2006.

[6] 全国人民代表大会常务委员会．中华人民共和国公司法[M]. 北京：法律出版社，2018.

[7] 张维迎．博弈论与信息经济学[M]. 上海：上海三联书店，上海人民出版社，1996.

---

① 张维迎．博弈论与信息经济学[M]. 上海：上海三联书店，上海人民出版社，1996：208—209.

② 无名氏定理表明在重复博弈中，只要博弈人具有足够的耐心(贴现因子足够大)，那么在满足博弈人个人理性约束的前提下，博弈人之间就总有多种可能达成合作均衡。

[8] 科斯．企业的性质[M]//科斯．论生产的制度结构．上海:上海三联书店,1994.

[9] 唐·E. 沃德曼,伊丽莎白·J. 詹森．产业组织:理论与实践[M]. 北京:机械工业出版社,2009.

[10] 理查德·A. 波斯纳．反托拉斯法[M]. 北京:中国政法大学出版社,2003.

[11] 龚仰军．"太平洋"并不太平[R]. 课堂案例,2001.

[12] 龚仰军．茅台、五粮液吃罚单了[R]. 课堂案例,2013.

[13] 龚仰军．家乐福遇到了点小麻烦[R]. 课堂案例,2003.

[14] 佚名．江苏查处首起预拌混凝土行业反垄断案[J]. 混凝土,2001,4.

[15] COOPER. Most facored customer policy and tacit collusion[J]. *Rand journal of economics*,1986,65.

[16] GARR D. Inside outsourcing[J]. *Fortune*,2002,(142).

[17] NASH. Noncooperative games[J]. *Annuals of mathematics*,1951,54.

[18] TIROLE. *The theory of industrial organization*[M]. MIT Press,1988.

[19] VICKERS. Competition and regulation in vertically related markets[J]. *Review of economic studies*,1995,65(1).

推荐阅读书目

[1] 干春晖．并购经济学[M]. 北京:清华大学出版社,2004.

[2] 丹尼斯·卡尔顿,杰弗里·佩罗夫．现代产业组织[M]. 上海:上海三联书店,上海人民出版社,1998.

[3] 杨公朴,夏大慰,龚仰军．产业经济学教程[M]. 3 版．上海:上海财经大学出版社,2008.

[4] 范合君．产业组织理论[M]. 北京:经济管理出版社,2010.

[5] 唐·E. 沃德曼,伊丽莎白·J. 詹森．产业组织:理论与实践[M]. 北京:机械工业出版社,2009.

第十一章　市场行为:研发、创新与专利

由创新引起的技术进步已成为一国经济增长的重要源泉。索罗(Solow)曾估计,美国经济增长的 80%～90%是由技术变动引起的。[①] 因此,只有不断创新,才能保证经济的持续增长。而以企业为主体、以逐利为目的的商业性研发活动为持续的创新提供了坚实的物质和技术基础。与此同时,专利制度也为创新提供了制度保障,没有专利制度,很少有人愿意从事研发与创新的活动。

第一节　研发与创新

一、研究与开发

研究与开发,一般可简称为研发。研发是为了获得科学技术的新知识,创造性地运用新知识,并将新知识转化为创新性的产品、材料、装置、工艺和服务的系统性活动。经济合作与发展组织(OECD)对研究与开发的定义为:研究与开发是为了增加知识存量(人力资本、文化和社会资本等)而进行的创造性工作,以及利用现有知识开发新的应用和用途。[②] 研发按其目的可以分为三个层次,即基础研究、应用研究和开发研究。

基础研究是指为了获得关于现象和可观察事实的基本原理的新知识而进行的实验性或理论性研究。基础研究揭示客观事物的本质、运动规律,获得新发现、新学说。基础研究不以任何专门或特定的应用或使用为目的,其成果以科学论文和科学著作为主要形式,用来反映知识的原始创新能力。

应用研究是指为获得新知识而进行的创造性研究,主要针对某一特定的目的或目标。应用研究是为了确定基础研究成果可能的用途,或是为达到预定的目标探索应采

---

① SOLOW. Technological change and the aggregate production function[J]. *Review of economics and statistics*, 1957(39), 8: 312—320.

② OECD. Main definitions and conventions for the measurement of research and experimental development [R]. Paris: OECD, 1994(4).

取的新方法或新途径。其成果形式以科学论文、专著、原理性模型或发明专利为主，用来反映对基础研究成果应用途径的探索。

开发研究是指利用从基础研究、应用研究和实际经验所获得的现有知识，为产生新的产品、材料和装置，建立新的工艺、系统和服务，以及对已产生和建立的上述各项作实质性的改进而进行的系统性工作。其成果形式主要是专利、专有技术、具有新产品基本特征的产品原型或具有新装置基本特征的原始样机等。

根据研发各个阶段的目的，决定了不同研发阶段投资者身份是不同的。(1)在基础研究阶段，其研究成果不以特定的应用为目的的，其成果又是完全公开的。这就决定了该阶段研发的投资者必然以政府为主体。(2)在应用研究阶段，研发的目的有了预定的目标，可能成为一项全创新的产品。因此，除了政府以外，一些有实力的大企业也会介入此阶段的研发。(3)在开发研究阶段，研发的目的已经明确为某一类产品或某一项工艺，研发的成果已具有明显的商业化意义，因而到了研发的此阶段，研发主体角色基本已由企业担当，企业替代了政府，成为研发的主要投资者。

二、创新

在经济学上，创新是指把一种新的生产要素和生产条件的“新结合”引入生产体系。熊彼特在研究资本主义发展进程时，认为发展实际上可以定义为执行新的生产组合，而这种新组合就是“创新”，并给出了“新组合”的五种情况：一是引进新产品；二是引进新技术，即新的生产方法；三是开辟新市场；四是控制原材料的新供应来源；五是实现企业的新组织。① 按照熊彼特的看法，“创新”是一个“内在的因素”，经济发展也就是来自内部自身创造性的关于经济生活的一种变动。随着经济社会实践的不断发展，创新的经济学意义在熊彼特创新理论的基础上逐步深化，形成了技术创新理论、制度创新理论和知识创新理论，但在产业经济学中，创新研究的重点是技术创新。

技术创新是企业家抓住市场潜在的盈利机会，以获得商业利益为目标，重新组合生产条件、生产要素和组织，建立效能更强、效率更高和生产费用更低的生产经营系统，从而推出新的产品、新的生产(工艺)方法、开辟新的市场、获得新的原材料或半成品供给来源或建立企业的新的组织，它是包括科技、组织、商业和金融等一系列活动的综合过程。② 在这个过程中，企业是技术创新的主体，是创新要素投入的主体，也是创新收益的受益主体。

技术创新的过程是一个创造性的毁灭过程。按熊彼特的观点，这一过程可以分为

① 熊彼特．经济发展理论[M]．北京：商务印书馆，1991：73.

② 傅家骥．技术创新学[M]．北京：清华大学出版社，1998.

三个阶段:(1)发明。发明是构思新产品或新的生产方法和解决相关技术问题的行为。(2)创新。创新是新产品或新技术的首次商业化应用,这涉及企业家职能,其关键在于能否把握住原始的发明,并将这些发明付诸实施。(3)模仿。当新产品或新技术被广泛应用时,就产生了这些新产品和新技术的模仿和扩散。①

从研发到创新再到商业化的一个典型例子是瓦特(Watt)的蒸汽机。

蒸汽机从发明到商业化的案例

1765 年,瓦特发明了蒸汽机。但在一个相当长的时间里,瓦特由于筹不到必要的资金,因而无法继续下一个阶段的研究,从而将发明的机器进行商业化的市场推广。瓦特想尽了办法。在这期间,瓦特在格拉斯哥大学开过数学仪器商店,向朋友借过钱。直到 1776 年,在得到两位实业家提供的资金支持以及开发所需的企业媒介后,瓦特的蒸汽机才由发明变成了商品。

三、研发与创新的动因

对研发与创新的动因,主要有三种学说,即利润动机说、需求拉动说和市场结构说。

(一)利润动机说

熊彼特认为,经济增长的目的就是创新者进行创新活动的目的,也就是为了谋取利润。企业家之所以愿意投资于某个新的技术领域,正是因为他们看到了其他人没有看到的,或者虽然看到而不敢投资于其中的盈利机会。因此,没有盈利机会,也就不可能有创新。新的技术发明及其应用,不管它来自企业内部还是外部,谋求高额利润都是企业家进行研发与创新的基本推动力。利润动机是熊彼特创新源思想的一个重要假设。

(二)需求拉动说

研发与创新源于需求的思想最早是由施穆克勒(SchmookieL)提出来的。他在 1966 年出版的《发明与经济增长》一书中,通过研究发现投资和专利的时间序列表现出高度的同步效应,并且投资序列趋向于领先专利序列。他认为,需求是解释投资波动的一个重要因素,发明活动的高涨也响应了需求的高涨。② 阿曼(Amann)和库珀(Cooper)也认为,需求拉动对技术创新的激励具有普遍性,对某种特殊产品或生产工艺过程的需求,是创新的最基本动因。③ 他们在考察了英国和西方其他工业化国家近

---

① 肯尼斯·克拉克森,罗杰·勒鲁瓦·米勒[M]. 上海:上海三联书店,1989:594.

② SCHMOOKIE. *Invention and economic growth*[M]. Cambridge:Harvard University Press,1966.

③ 谢光亚. 技术创新[M]. 长沙:湖南科学技术出版社,2000:48—53.

代重大技术创新成果后得出结论：全部创新的 2/3～3/4 是需求拉动的结果。需求拉动说在很大程度上被一些实证研究所证实。

（三）市场结构说

熊彼特曾指出，完全竞争条件下的企业在技术进步方面的成就不如垄断企业，其经济效率也可能不如垄断企业。但熊彼特并未对技术创新与市场结构的关系展开论述。卡曼（Kamien）和施瓦茨（Schwartz）从垄断竞争的角度对技术创新动因进行了探讨。[①] 他们认为，竞争程度、企业规模和垄断力量这三个变量决定着技术创新。因为技术创新能使“创新者”在与对手们的竞争中获取较多的利润。企业规模影响一种技术上“创新”所开辟的市场前景的大小。企业的生产规模越大，它在技术上的创新“所开辟的市场就越大”。垄断力量影响着技术创新的持久性。就是说，企业的垄断程度越高，对市场的控制能力就越强，它所进行的创新也越持久。卡曼和施瓦茨从市场结构角度分析企业技术创新动因，从而拓宽了技术创新起源的范围。但是，他们认为竞争程度高低和垄断力量大小都与企业创新动机成正比，即竞争性越强和垄断程度越高，企业技术创新动机就越强。可见，这两种因素在促进技术创新过程中存在矛盾性。实际上，竞争因素决定着技术创新的广泛性，而垄断因素决定着技术创新的持久性。

四、研发、创新与企业规模

熊彼特曾认为，拥有垄断力量的大公司较有可能提高产业技术，因为它们在维持研究和开发实验室方面，能够轻而易举地获得资本，拥有集聚风险的能力，而且具有规模经济。[②] 这就引出了熊彼特的第一个假说：企业规模越大，技术创新就越有效率。也就是说，大企业比小企业更具创新性。对于企业规模与研发、创新的关系问题一直存在分歧，有些学者支持熊彼特的观点，认为大企业对研发与创新活动更为有效，有些则认为并非如此，小企业对于创新活动更具有积极性。阿克斯（Acs）和奥特利奇（Audreretsch）对熊彼特假说进行了检验，认为“在以不完全竞争为特征的市场上，大企业具有创新的优势，但是在更近似于竞争模型的市场上，小企业则拥有创新优势”[③]。

以下分析表明，大企业的优势主要体现在规模经济和研发能力上，而中小企业的优势则体现在创新动力和效率上。因此，在企业规模和研发、创新的关系上，以下三点得到了更多的认同：第一，在创新投入方面，大企业比中小企业有更大的优势。这种优

---

① KAMIEN, SCHWARTZ. *Market structure and innovation* [M]. Cambridge: Cambridge University Press, 1982.

② SCHUMPETER. *Capitalist, socialist, and democracy*[M]. 3rd ed. New York: Harper and Row, 1950.

③ ACS, AUDRERETSCH. Innovation, market structure, and firm size[J]. *Review of economics and statistics*, 1987, (68)4: 567.

势表现在资金投入、人员投入与信息资源投入方面。第二，在创新效率方面，从动态角度来看，中小企业或许优于大企业。中小企业对非连续性技术创新的捕捉能力要强于大企业。这说明在技术创新管理方面，大企业比中小企业更容易出现低效率的问题。第三，在分散投资分析方面，大企业可以把技术创新经费投向不同的项目来分散风险。此外，大企业也可以雇用不同领域的专家，相互分工协作，来从事利用单一学科知识无法完成的研究项目，提高研发项目的成功率。

（一）大企业的研发和创新优劣势分析

大企业的研发和创新优势主要来源于研发活动的规模经济性，这体现在以下几个方面：

首先，由于资本市场的不完全性和研发活动的不确定性，企业很难通过资本市场为自己的研发项目融资，主要依靠企业内部留利为研发提供资金。而大企业的利润保证了研发项目投入有充足和稳定的资金来源。

其次，大企业可利用研发具有的专业化和分工的利益，发挥规模经济的作用。大企业可建立设施完善的实验室，购买昂贵的专用性设备，这可使研发更为有效。大企业也可以雇用不同领域的专家，相互分工协作，来从事利用单一学科知识无法完成的研究项目。

再次，大企业能够将研发的固定费用分摊到各种各样的项目中，通过同时进行多项研究项目来分散研发风险。

再者，大企业可充分利用研发与企业其他活动之间的互补关系，有效利用研究开发成果。当企业的研发取得成功后，大企业可利用自己在市场份额、销售渠道、促销和运输等活动中的规模经济性，有效利用研发的成果，充分实现创新的市场价值。

最后，大企业在过程创新上具有优势。能够降低平均生产成本的新生产工艺可使大规模生产的企业节约更多的成本。

第二次世界大战后，在西方发达国家的经济发展过程中，大企业对技术创新的贡献部分印证了上述观点。比如，AT&T 一直到 20 世纪 80 年代都是一家垄断企业，它的研究机构 —— 贝尔实验室完成了一些在 20 世纪最为重要的发明，包括晶体管和激光器。在 OECD 的范围内，全部工业技术创新支出的 2/3 左右都是由那些雇员人数超过 1 万人的大企业完成的。统计显示，20 世纪 80 年代前半期，美国的大企业技术创新投入占全国企业技术创新投入的 95%，其中最大的 15 家企业占了 40%。根据对英国工业各种规模企业在 1945—1983 年完成的创新数量的调查发现：在整个被调查时期，雇员人数超过 1 000 人的企业，其创新占全部工业创新的 2/3。①

---

① 克利斯・弗里曼，罗克・苏特．工业创新经济学[M]．北京：北京大学出版社，2004：301—302.

大企业在研发和创新方面也存在一定的劣势，这主要表现在两个方面：第一，研发过程也需要管理，随着企业研发规模扩大，在研究项目之间的资源分配及创新项目的选择等方面，由于大企业的决策过程复杂而耗时，造成大企业的研发效率不高。第二，大企业，尤其是在该产业中拥有很大市场权力的企业，由于有较好的技术基础，现有产品在市场上占有垄断地位，因而缺乏竞争压力和技术创新动力，大企业为了保护其现有投资的价值，通常会推迟引入新工艺或推广新产品。

(二)中小企业的研发和创新优劣势分析

中小企业在研发和创新上的优势通常体现在以下几个方面：第一，激烈的市场竞争压力以及对垄断利润的预期，使中小企业有充分的激励和动力来进行研发和创新活动。第二，中小企业能及时适应市场和用户需求的变化，具有很大的灵活性，善于捕捉市场机会。如在20世纪70年代兴起的苹果计算机公司和其他小公司先开发出微型计算机技术，并敏锐地捕捉到具有很大潜力的计算机市场，结果创造出一个新型行业——微型计算机业，随之又带动了软件开发业和多媒体技术等行业的发展。第三，中小企业组织机构较为简单，管理层次少，企业内部成员之间能进行有效的沟通，上下级之间的关系较为融洽，能够减少信息传递过程中的损失，组织效率高，决策更加有效。因此，在创新效率和实现创新的时间上，小企业较大企业更有优势。

中小企业具有更高的技术创新敏感性，对新兴产业的研究开发更具有活力。例如，20世纪中小企业对一些新兴产业的技术创新作出了很大贡献，如计算机、真空管、飞机、复印机、心脏起搏器、生物合成胰岛素、调频收音机、机器人等等，都是中小企业发明的。中小企业往往也是最新技术向产业转化的尝试者，是新产业的先驱，例如，仙童半导体、EMI、苹果公司、索尼、微软、雅虎等都是在中小企业时期分别成为半导体、人体扫描仪、个人计算机、半导体收音机、操作系统和网络企业的先驱。中小企业的创新效率也可能比大企业高。

当然，中小企业在研发和创新上也有自己的劣势，比如受自身资源条件的限制，不具有研发的规模经济性，承担风险的能力较差等。

五、研发、创新与市场结构

熊彼特早年认为，在完全竞争条件下，任何企业都没有利润来支持技术创新。而垄断企业能够承担创新风险，因而垄断的市场结构有利于技术创新。这就是熊彼特的第二个假说：技术创新与市场集中度之间存在正相关性，在保证技术创新成果方面，市场支配力是必需的。

一个企业要进行研发，必须既要有动力，又要有能力。完全竞争型企业虽有一定的研发动力，但缺乏相应的研发能力；完全垄断型企业虽有研发的能力，但缺乏研发的动力。“寡头垄断企业既有研究与开发的能力，也有研究与开发的动力。这是因为寡头垄断企业成为新产品先行者后，便有了先行优势，而仿造品层出不穷的出现又激励了寡头垄断企业不断对研究与开发进行投资。而且寡头垄断企业往往在长期内可获得正的经济利润。”[①]熊彼特发展了一个关于技术进步率和市场结构的模型，通过该模型，熊彼特认为，在较大范围的成本和收支情况下，寡头垄断企业的技术进步率最大。[②] 在熊彼特之后，也有不少学者赞成在动态地考虑时，一定程度的市场势力也许是有效的。

阿罗(Arrow)的研究则表明了相对于垄断型企业，竞争型企业会对非剧烈的工艺创新有更多的投资。[③] 这是因为对于创新前的市场而言，创新成果对于垄断型企业只是“锦上添花”，只是增加了利润；而对于竞争型企业而言，创新成果则改变了它原先在市场中只能勉强生存的局面，能起到“雪中送炭”的效果，并且“这种现象在剧烈创新时更为明显”[④]。

可见，对于熊彼特的第二个假说，学术界也是有不同看法的。

第二节　专　利

一、专利的概念和作用

专利是指专有的权利和利益。“专利”一词来源于拉丁语 litterae patentes，意为公开的信件或公共文献，是中世纪的君主用来颁布某种特权的证明，后来指英国国王亲自签署的独占权利证书。在现代，专利是由政府有关部门根据申请而颁发的一种文件，这种文件记载了发明创造的内容，并且在一定时期内给予专利申请人获有专利发明的独享权益。

专利的两个最基本的特征就是“独占”与“公开”，以“公开”换取“独占”是专利制度最基本的核心，这分别代表了权利与义务的两面。“独占”是指法律授予专利发明人在一段时间内享有排他性的独占权利；“公开”是指专利发明人作为对法律授予其独占权

---

① 唐·E. 沃德曼，伊丽莎白·J. 詹森．产业组织：理论与实践[M]. 北京：机械工业出版社，2009，321.

② 此模型的证明篇幅较长，感兴趣者可参见：唐·E. 沃德曼，伊丽莎白·J. 詹森．产业组织：理论与实践[M]. 北京：机械工业出版社，2009：321—323.

③ ARROW. Economic welfare and the allocation of resources for inventions[M]//NELSON R R. *The rate and direction of inventive activity*. Princeton University Press，1962.

④ 马丁·佩泽．产业组织：市场和策略[M]. 上海：格致出版社，上海三联书店，上海人民出版社，2015：422.

的回报而将其技术公之于众人，使社会公众可以通过正常的渠道获得有关专利技术的信息。除专利拥有者外的任何个人或组织使用专利，都必须通过专利权拥有者的授权许可才能使用。

"发明从根本上来说是一种信息，而信息是一种公共产品。"[①]要让发明和创新活动能够长久，就要对其进行激励，而专利制度就是这样的一种激励制度。专利使作为公共产品的发明在一定的时期内去其非排他性，转化为私人产品。在专利的有效期内，除发明人外的任何个人或组织使用该发明，均须付出一定的费用。而该发明使用人所付出的费用，就可成为发明人(也即专利拥有者)的收益，从而激励和促进发明和创新活动。从这个意义上说，专利鼓励发明和创新。

二、专利与市场竞争

虽说专利鼓励了创新，但专利毕竟是一种"垄断"。我们已经知道，垄断不利于竞争。下面我们分析专利是怎样影响竞争的。

(一)无专利竞赛时的研发、创新激励

首先，我们以过程创新为例来说明在没有专利竞赛的情况下，同一发明专利对竞争型企业的价值更大，因此，竞争型企业有更强的研发创新动机。[②]

1. 创新的社会价值

假设一家唯一适合发明的企业认为若自己不发明新工艺，没有任何其他企业会发明。新工艺是一个非剧烈过程创新，实现创新后企业获得专利，成为该新工艺的唯一拥有者。如图 11－1 所示，创新使企业的边际成本从 MC_1 下降到 MC_2。从价格等于边际成本的社会福利最大化原则看，创新使社会福利增加，净增加量为面积 $BCEF$，记为 π^s，即图中的阴影部分，这也是这一创新的全部社会价值。

2. 创新对竞争型企业的价值

对于竞争型企业来说，它通过创新获得了成本优势。由于是非剧烈创新，创新者并不能成为市场的完全垄断者。成功实现过程创新后，创新者可把价格 p_1 定在 MC_1 的水平上(实际上比 MC_1 略低)，而使其他企业退出市场，创新企业满足价格 p_1 下的全部需求，其利润为面积 $BDEF$。在实现创新前，企业是在一个完全竞争市场上，其利润为零，因此，创新使竞争型企业利润的净增量为面积 $BDEF$，记为 π^c，即图 11－2 中的阴影部分，这也是创新对竞争型企业的价值。

---

① 丹尼斯·卡尔顿，杰弗里·佩罗夫．现代产业组织[M]. 上海：上海三联书店，上海人民出版社，1998：990.

② ARROW. Economic welfare and the allocation of resources for inventions[C]//NELSON R R. *The rate and direction of inventive activity*. Princeton University Press，1962.

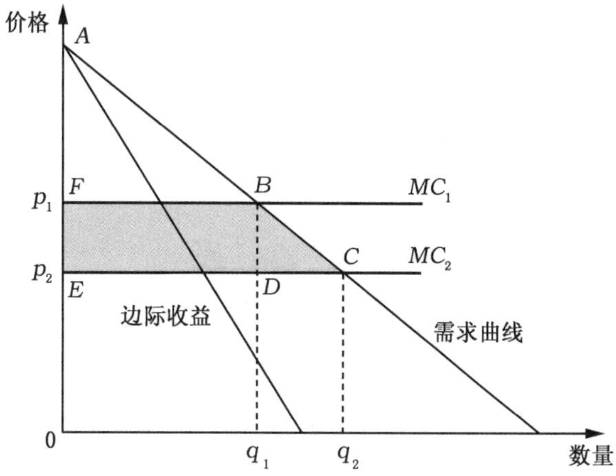

图 11－1　创新对社会的价值

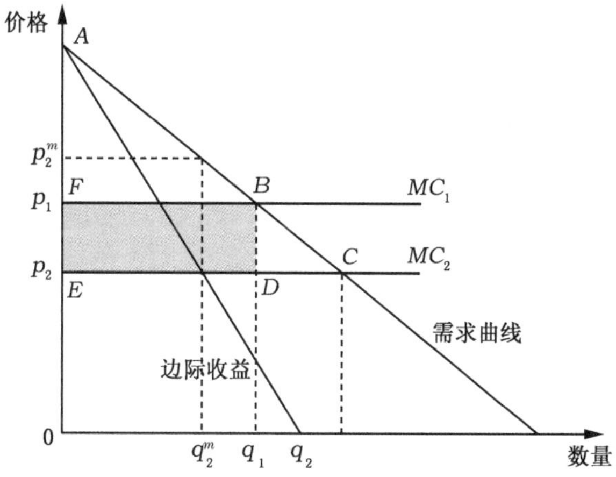

图 11－2　创新对竞争型企业的价值

3. 创新对垄断型企业的价值

对于一个垄断者来说，创新前它垄断市场并获取垄断利润 π_1，实现创新后，它仍然是垄断者，并获取垄断利润 π_2。因此，创新对垄断者来说只不过意味着用新工艺的垄断利润 π_2 去替代起初的垄断利润 π_1，这就是所谓的更新效应。由于存在更新效应，创新对垄断者的价值降低了。如图 11－3 所示，创新前的边际成本为 MC_1，市场垄断价格为 p_1^m，垄断者的利润 π_1 为面积 $MLFN$；成功创新后，边际成本为 MC_2，市场的垄断价格为 p_2^m，垄断企业的利润 π_2 为面积 $GHEK$。因此，创新使垄断型企业的利润净增加的大小为图 11－3 中阴影部分的面积，记这一面积为 π^m，这是创新对垄断者的价值。

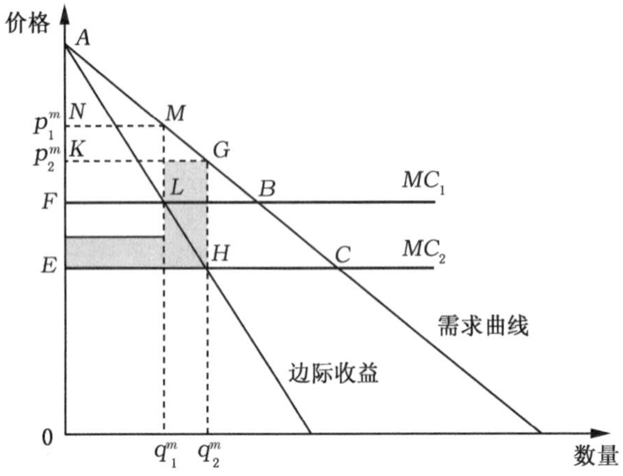

图 11—3　创新对垄断型企业的价值

通过比较可以看出，$\pi^s > \pi^c > \pi^m$，也就是说，在无专利竞赛的情况下，由于更新效应，创新对竞争型企业的价值比垄断型企业的价值高，因此，竞争性的市场对企业的创新激励更强。同时也说明由于专利允许市场势力存在，因此，即使是在一个竞争性市场上，当企业成功实现创新后，也就拥有了一定的市场势力，它制定的价格高于自己的边际成本，从而造成社会福利的损失。

（二）专利竞赛与研发、创新激励

现假设垄断型企业害怕其潜在的竞争对手会发明一种相似的新工艺或新产品从而进入市场，因此，垄断型企业和潜在竞争对手都具有创新的动机。如果垄断型企业首先实现创新，它就维持了垄断地位。如果潜在的竞争对手首先实现创新，它就必须与现有企业竞争（因为是非剧烈创新），双寡头的市场结构就产生了。因此，报酬是非对称的：垄断型企业若不能首先创新的话，其损失比其潜在竞争对手的损失要大。若在专利竞赛中失利，竞争对手仅损失它的研发成本，而垄断型企业损失它的研发成本及一部分垄断利润。在这样一个专利竞赛中，不输是垄断型企业的主要目标，它并不特别在意自己是否能成功实现创新，它只是关注自己的竞争对手是否实现创新。如果垄断型企业首先成功创新并获得了专利，它可能会让它的专利“沉睡”。[①] 也就是说，垄断者为自己的创新成果先申请专利，但并不使用这一专利成果，其目的仅仅是为了防止其他企业通过创新申请类似的专利。

垄断型企业如何才能保证在这一竞争中不输并维持它的垄断地位呢？方法之一

① 丹尼斯·卡尔顿，杰弗里·佩罗夫．现代产业组织[M]．上海：上海三联书店，上海人民出版社，1998：1042—1045.

就是在专利竞赛一开始就遥遥领先，使得所有的潜在竞争对手不得不退出竞赛。在这种情况下，垄断型企业可继续维持它的垄断地位，但它可能被迫进行快于它意愿的发明，这也可能是许多垄断型企业拥有大量专利的原因之一。

以上分析表明，竞争性市场或潜在竞争给企业的研发和创新以更大的激励，从而刺激企业从事更多的研发和创新。因此，创造一个提供平等机会的竞争性（现实竞争或潜在竞争）市场环境，将使社会从更多的创新中获益。

三、政府激励与研发

如果说专利制度是政府鼓励和激励企业进行研发与创新的一种手段，政府还可以采取其他措施来刺激研发和创新。

（一）政府奖励

政府可以设立资金，以奖励那些成功的发明者。政府奖励可以在降低风险的情况下吸引企业从事研发活动，因为如果企业的研发没有获得成功，政府就不会有任何付出。而一旦创新获得成功，政府在支付预定的奖金后，任何人都可利用这一创新成果，从而使新知识发挥最大的社会效益。政府设立的奖金数额越高，企业投资于研发的激励就越大。如果政府恰当地确定奖金数，就会吸引最优数目的企业进行竞赛来赢得奖金。

如果企业是风险中性的，只要它预期的奖励至少等于从事研发的成本，那么它就会选择从事研发来赢取奖金。进行竞争以赢得奖金的企业数是由政府的奖励力度来决定的。设从事研发的最优企业数量为 n^*，其中至少有一家企业发明成功的概率为 $p(n^*)$，研发的成本为 m，政府设立的奖金为 x。如果每家企业认为自己有平等的机会在发明竞赛中获胜，那么最优奖金数额 x^* 由下式决定：

$$x^* p(n^*) = m \quad \text{（公式 11－1）}$$

如果同时有几家企业都取得成功，则奖金可平均分配或随机分配给其中的一家。当政府提供的奖金小于最优数额时，参与奖金竞争的企业数量就会不足；而政府的奖励超过最优奖金额时，就会吸引更多的企业参与竞赛。从社会福利的角度看，尽管研发成功的概率提高了，但是研发的社会成本也提高了，社会净收益因此而下降。

（二）研发补贴

政府可通过补贴研发成本来鼓励更多的创新。政府可给予研发支出一定的税收减免，政府也可直接付款给企业以资助其进行研发。比如，美国给予研发支出 20％的税收减免。2002 年，美国联邦政府提供了占研发支出（约为 2 640 亿美元）28％的补贴。2001 年，日本通产省在研发上的支出为 5 700 亿日元，占日本研发总支出的 1/8

～1/2。[①] 2018年，我国的研发经费支出为19 657亿元[②]，同一年，我国财政的科学技术支出为8 322亿元，约占同年财政支出220 906亿元的3.8%[③]。如果政府知道研发的真实成本和预期收益，那么它就可以选择最优数目的企业，同它们签订合同，资助其从事研发。在政府资助的研发中，如何处理研发过程中产生的知识产权是一个重要的问题。一种观点认为，政府应当获得相关创新的知识产权，并由政府免费对公众开放，以保证来自公众投资所产生的技术创新成果能最大限度地实现扩散，服务于公众；另一种观点则认为，政府应允许研发合同的合约人（即研发活动的主体）拥有知识产权或者持有独占性许可，以激励其创新积极性。[④]

由于专利允许垄断而导致效率损失，如果政府有充分的信息来吸引最优数量的研究，那么政府提供的奖金和研发合同就是一种比专利更有效率的激励机制。但是政府通常只有有限信息，它无法确定最优的奖金数量和研发合同，因此，专利制度是世界各国普遍采取的创新激励机制。

四、专利竞赛

知识是外部性很强的产品，工艺创新、产品变革的知识都有可能“外溢”到对手手中。因此，若没有知识产权的保护，对手便会比较容易地得到企业研发的成果，从而使研发成本得不到补偿，进而没有企业会从事研发，整个社会的技术创新速度便会大大下降。专利制度的应运而生，成为企业获得合法的垄断地位的制度壁垒，从而能激励企业为争夺市场地位展开竞争。

吉伯特（Gilbert）和纽伯瑞（Newbery）讨论了在位者与进入者进行专利竞赛的情形，表明抢先获得专利是激励的源泉。[⑤] 激励问题并不是市场失灵的结果，威廉姆森把激励问题看成垄断企业避免竞争的保护伞。[⑥] 不过，若没有预先假定存在一个垄断型企业，且有潜在的进入力量，则市场的运行是有效率的。如果潜在进入者理性地预期到垄断型企业将吞噬该产业的所有利润，那么进入很可能不会发生，而垄断地位得

① CARLTON D W，PERLOFF J M. *Modern industrial organization*［M］. 4th ed. New York：Addison-Wesley，2005：543—544.

② 国家统计局．中华人民共和国2018年国民经济和社会发展统计公报［R/OL］.［2019-02-28］. http://www.gov.cn/xinwen/2019-02/28/content_5369270.htm.

③ 财政部新闻办公室．财政部发布2018年全国财政收支情况［EB/OL］.［2019-01-23］. http://www.mof.gov.cn/zhengwuxinxi/caizhengxinwen/201901/t20190123_3131193.htm.

④ 顾金亮．美国政府资助R&D计划与我国国家科技计划知识产权管理的比较［J］. 科学学与科学技术管理，2004(1)：15—19.

⑤ GILBERT，NEWBERY. Preemptive patenting and the persistence of monopoly［J］. *American economic review*，1982(72)：514—526.

⑥ WILLIAMSON，OLIVE. Predatory pricing—a strategic and welfare analysis［J］. *Yale law journal*，1977(87)：284—340.

以保持。这要求对潜在进入者有某种预期，同时，暗含的假定是：潜在的进入者有足够的力量影响整个产业的总利润。

（一）垄断型企业在专利竞赛下的策略

通过抢先获得专利，垄断型企业得以阻碍进入并保持垄断地位。如果潜在进入者认为这是垄断者的理性反应，则潜在进入者将会放弃在研发上的努力。这就引出另一个问题：垄断者是否或在什么条件下会抢先获得专利？也就是说，抢先获得专利的威胁在什么时候是可信的？

1. 垄断型企业在研发上的支出

当垄断者不用花太大的额外成本或太多的时间就能加速其研发的进程，并回应潜在进入者的研发行动时，潜在进入者的行动就不会影响到垄断者在研发上的投入，从而垄断者将“旁若无人”地进行研发，潜在进入者也会“知趣”地退出专利竞赛，因为他们知道在这种情况下，抢先获得专利的威胁是可信的。相应地，如果垄断者需要花较多的成本加速其研发的进程，以回应潜在进入者的研发行动，则垄断者的策略通常是：当潜在进入者进行研发的成本超过了抢先获得专利的收益时，垄断者将被迫实施研发。因此，在这种情况下，研发会在竞争的强烈“催促”下进行，这一行动是由垄断者实施的。

2. 抢先获得专利与“沉睡的专利”

“沉睡的专利”是指已注册但未进入商业用途的专利。在一个确定性的世界，垄断者阻止进入的有效手段就是从不投入资源生产“沉睡的专利”，然而一个沉睡的专利却是由垄断者抢先行动获得的。[①] 让专利沉睡的可能性强化了垄断者会抢先出手的论点。给定垄断者的产量决策，让专利沉睡是有效率的。如果对手使用专利，由于无效率的产量或价格竞争，使进入导致产业的总利润降低，这都会刺激垄断者抢先出手。垄断者抢先出手以阻止竞争者进入，这决定了创新的时间。而垄断者使用专利的时间则取决于新技术的特性和资本市场的性质。

3. 管理的不经济性

如果垄断者不能与对手进行同样有效率的研发，则会存在管理不经济的现象。从形式上看，管理不经济对垄断者的决策并不造成什么影响，当保护专利的成本小于注册专利后的垄断利润与进入发生时的垄断利润之差时，抢先出手是一个理性战略。

但显而易见的是，当管理不经济的成本很高时，是不会发生抢先出手情况的。更为重要的是，在这种情况下，垄断者会把利润投入到最有效率的研究团队。因为只有

---

① GILBERT，NEWBERY. Preemptive patenting and the persistence of monopoly[J]. *American economic review*，1982(72)：514—526.

这样，垄断者才能有效地实施抢先出手战略。

（二）策略性行为、不确定性与多种竞争威胁

垄断者可以采取使潜在进入者利润更低的策略，从而使专利的价值和创新的进程由于不确定性的存在而前景不明。在现实中，可能存在多种专利的替代产品，因此，一个专利能够提供的保护也会受到配套创新能力和专利模仿的限制。

在现实中，垄断企业还会利用进入壁垒等战略作为抢先获得专利战略的补充，尤其是当即使抢先获得专利也不能有效阻止进入时。由于存在不确定性，故很难预期潜在进入者的成功，所以垄断企业有必要抢先出手。但正是由于这种不确定性，潜在进入者有可能在垄断者之前获得成功。此外，多种专利替代产品的存在也对垄断企业可能获得的最大利润形成了比较大的威胁，但是这些并不会改变垄断者抢先获得专利的行动。

1. 策略性行为

在只有单一替代品时，企业的战略仅仅是决定产品价格并在此价格下生产出与需求相适应的产量。这样的处理忽视了在位者采取策略性行为阻止进入或减少竞争带来的损失的可能性。这表明在只有单一替代品的竞争威胁中，策略性行为并没有改变对垄断者抢先出手的激励。降低潜在进入者期望利润的战略使抢先出手的战略更有吸引力，因为抢先出手可以通过降低研发成本来实现。尽管有时候仅仅策略性投资行为就足以阻止对手进入，但策略性投资行为与抢先出手战略一般会在在位者的战略空间中成对出现。

可以抢先获得专利的可能性改变了对垄断企业在产出能力上进行策略性投资的激励。只要竞争带来的损失是正的，抢先出手的利润就会超过不抢先出手的利润。如果由竞争带来的损失并没有随着产出能力的增加而增加，则垄断企业为抢先出手战略而付出的产出能力的边际价值就会更低，因此，如果考虑到抢先出手，垄断企业对最优产出能力的投资会减少。

2. 不确定性

很多方面的不确定性都可能影响专利竞赛。创新的进程、创新本身的性质和市场的特点、进入者的竞争策略以及在位者的反应都具有某种程度的不确定性。创新进程中的不确定性意味着获得专利的时间不是关于研发投入的确定的函数。创新本身的性质和竞争者进入后的策略都会影响到新获得专利的价值。

如果竞争带来的期望利润的损失是正的，则抢先出手是必须的。如果进入后的总期望收益小于无进入时垄断者的期望收益，则定义垄断者和潜在进入者的期望是稳定的。如果对最优的进入者的预期是稳定的，则垄断者抢先出手会更好。如果预期不稳定，垄断者与进入者都有可能达不到最优。在前面的例子中，垄断者意识到抢先出手

时利润更大。接下来的讨论是关于“赢者诅咒”，即进入者意识到利润低于预期并且不足以补偿研发专利的成本。

当然，垄断者不必也很难搞清楚潜在进入者的预期，甚至即便所有预期都是稳定的，关于竞争者的预期的不稳定性也会导致垄断者以正的概率允许进入。举例来说，假定进入者的期望利润是 100 美元，且这个预期是稳定的，但垄断者认为潜在进入者对利润的预期不会超过 50 美元，这时针对“预期不超过 50 美元”的抢先出手策略就不如针对“所有预期都是稳定的”策略好；如果任一潜在进入者“对利润的预期超过 50 美元”的概率很小，则垄断者将会获得较高的期望利润。

波特(Porter)和斯宾塞(Spence)的分析表明：风险规避改变了对抢先出手的激励。风险规避会导致与管理不经济同样的结果，两种情况都意味着较低的期望回报。①

如果我们改用一个更为一般的随机函数来描述日期 T 获得专利的可能性，而不再使用上述确定的专利获得日期，也会得到相同的结论。很多学者的模型都认为竞争均衡应描述为：多个企业进行专利竞赛，如果某一企业胜出，则期望利润足以补偿失败的风险。这样的模型暗示了垄断者不能保证能抢先获得专利，但事实或许不是这样，至少我们的分析认为，如果预期是稳定的，那么在研发上的投入是可观察的并且没有管理不经济的存在，我们就有理由认为垄断者能保证让每一个进入者的期望利润为负值，如果知道这一点，潜在进入者便不会进行研发。

3. 多种竞争威胁

实际上，认为仅仅是专利就能阻碍对手进入的假设比较方便而简单地突出了专利作为进入壁垒的重要作用。如果竞争者仅仅是在现有产品的基础上进行一些小小的改动并避免违反与专利有关的法律，专利作为进入壁垒则不会发生很大作用。而且与专利有关的诉讼成本是如此之高，以至于垄断者不会将这类行为诉诸法律。另外，潜在的进入者会联合起来使用彼此之间的专利，则一方面促进了专利的交叉注册和使用，另一方面削弱了专利的限制进入能力。最后，任何一种由专利引起的垄断势力，如果不进行持续的技术创新，其存活时间都是短暂的。

参考文献

[1] 马丁·佩泽. 产业组织：市场和策略[M]. 上海：格致出版社，上海三联书店，上海人民出版

---

① PORTER，SPENCE. Vertical integration and different inputs[C]//Department of Economics. The Warwick Economics Research Paper Series(TWERPS) 120. Coventry：University of Warwick，1977.

社,2015.

[2] 丹尼斯·卡尔顿,杰弗里·佩罗夫. 现代产业组织[M]. 上海:上海三联书店,上海人民出版社,1998.

[3] 克利斯·弗里曼,罗克·苏特. 工业创新经济学[M]. 北京:北京大学出版社,2004.

[4] 财政部新闻办公室. 财政部发布 2018 年全国财政收支情况[EB/OL]. [2019-01-23]. http://www.mof.gov.cn/zhengwuxinxi/caizhengxinwen/201901/t20190123_3131193.htm.

[5] 肯尼斯·克拉克森,罗杰·勒鲁瓦·米勒[M]. 上海:上海三联书店,1989.

[6] 国家统计局. 中华人民共和国 2018 年国民经济和社会发展统计公报[R/OL]. [2019-02-28]. http://www.gov.cn/xinwen/2019-02/28/content_5369270.htm.

[7] 顾金亮. 美国政府资助 R&D 计划与我国国家科技计划知识产权管理的比较[J]. 科学学与科学技术管理,2004(1).

[8] 唐·E. 沃德曼,伊丽莎白·J. 詹森. 产业组织:理论与实践[M]. 北京:机械工业出版社,2009.

[9] 傅家骥. 技术创新学[M]. 北京:清华大学出版社,1998.

[10] 谢光亚. 技术创新[M]. 长沙:湖南科学技术出版社,2000.

[11] 熊彼特. 经济发展理论[M]. 北京:商务印书馆,1991.

[12] ACS, AUDRERETSCH. Innovation, market structure, and firm size[J]. *Review of economics and statistics*, 1987, 68(4).

[13] ARROW. Economic welfare and the allocation of resources for inventions[M]//NELSON R R. *The rate and direction of inventive activity*. Princeton University Press, 1962.

[14] CARLTON D W, PERLOFF J M. *Modern industrial organization*[M]. 4th ed. New York: Addison-Wesley, 2005.

[15] GILBERT, NEWBERY. Preemptive patenting and the persistence of monopoly[J]. *American economic review*, 1982(72).

[16] KAMIEN, SCHWARTZ. *Market structure and innovation*[M]. Cambridge: Cambridge University Press, 1982.

[17] OECD. Main definitions and conventions for the measurement of research and experimental development[R]. Paris: OECD, 1994(4).

[18] PORTER, SPENCE. Vertical integration and different inputs[C]//Department of Economics. The Warwick Economics Research Paper Series (TWERPS) 120. Coventry: University of Warwick, 1977.

[19] SCHMOOKIE. *Invention and economic growth*[M]. Cambridge: Harvard University Press, 1966.

[20] SCHUMPETER. *Capitalist, socialist, and democracy*[M]. 3rd ed. New York: Harper and Row, 1950.

[21] SOLOW. Technological change and the aggregate production function[J]. *Review of economics and statistics*, 1957, 39(8).

[22] WILLIAMSON, OLIVE. Predatory pricing—a strategic and welfare analysis[J]. *Yale law*

journal, 1977 (87).

推荐阅读书目

[1] 田亚新．关于技术创新研究的文献综述[J]. 科技信息，2008(8).
[2] 庄卫民，龚仰军．产业技术创新[M]. 上海：东方出版中心，2005.
[3] 齐建国．技术创新的理论概述[J]. 数量经济技术经济研究，1992(3).
[4] 傅家骥．技术创新学[M]. 北京：清华大学出版社，1998.
[5] 熊彼特．经济发展理论[M]. 北京：商务印书馆，1991.

第十二章　市场绩效

第一节　市场绩效的含义与构成

一、市场绩效的含义

"绩"乃功业与成效,"效"字本身包含有"交",即事物之间的比试、角力所达成的结果。绩效的含义蕴含有事物构成要素之间相互影响及相互作用、相互制约所达成的效果与成就,那么市场绩效的题中之意就是市场的各构成要素相互作用及影响所达到的效果。

产业经济学关于市场绩效的研究一直以贝恩的学说为基础,主要体现在资源配置效率、规模结构效率、产业技术进步等方面。具体而言,市场绩效是指在一定的市场结构下,一定的企业行为使某一产业在价格、产量、成本、利润、产品质量、品种以及技术进步等方面所达到的状态。

也有学者将市场绩效的含义扩展到更广阔的范围上,认为市场绩效还应包括公平的分配及竞争过程本身所带来的其他社会目标,如竞争的社会价值体现为对于个人努力和技能的平等的机会和回报,以及个人自由的选择、风险的规避和多元化等多重目标。因为产业经济学的研究体现对竞争的分析,那么,竞争所带来的社会影响也应是市场绩效的内容之一。从另一个角度讲,增进社会福利是产业经济学主要的目标,而社会福利本身包含了效率、公平、稳定与进步等多重含义在内。所以,对市场绩效的分析应从多个方面来进行。

二、市场绩效的构成

市场的构成要素中包含多个利益主体,也就有多个利益主体的行为活动,市场绩效就有了利益主体期望达到的目标在内。市场主体的多元性决定了经济活动目标的多元性,对经济绩效的构成及评价标准也应该从多重角度去理解和分析。

此外，对市场结构的分析，除了可为市场中的利益主体——企业所用以外，还可以作为政府制定产业组织政策的依据。而政府的产业组织政策，其目标就是妥善处理马歇尔冲突，即充分竞争和规模经济这对矛盾。因此，考量充分竞争和规模经济以及对规模经济起到主导作用的技术进步，也就自然而然地成为市场绩效关注的对象。

三、市场结构、市场行为与市场绩效的关系

自贝恩提出了市场结构—市场绩效的范式以来，对市场势力(集中度)的分析和衡量以及它对市场绩效的影响就成为产业组织学研究的重点内容之一。贝恩当年调查了 42 个产业，并根据 $CR_8 \geqslant 70\%$和 $CR_8 < 70\%$将 42 个产业分成两组进行比较，发现集中度较低的产业组的收益率为 7.5%，而集中度较高的产业组的收益率达到 11.8%。[①] 为此，贝恩提出了著名的假说：在高集中率和高进入壁垒产业中，利润应该比较高。

对贝恩提出的假说，不少学者都做过实证研究。[②] 美国联邦贸易委员会也对集中度与盈利性之间的关系进行过调查，使用的是 1949—1953 年间的 125 个食品制造商的样本，从经过修正的地方性市场上看，利润率与最大 4 家企业的加权平均集中率之间存在着明显的正相关关系。[③]

市场行为在 SCP 分析范式中是市场结构与市场绩效的“桥梁”。一方面，它被作为既定市场结构中企业行为的依据。企业在进行行为策略决策时，市场结构是其重要的依据；另一方面，市场行为又是市场绩效的缘由，哈佛学派认为，有怎样的市场行为，就会呈现怎样的市场绩效。

由此，“集中度—利润率假说”成为 SCP 框架的主要分析路径(可参见图 12—1)。SCP 范式的逻辑思路为：首先是市场结构、市场行为与市场绩效之间关系的分析；其次是关于测定 SCP 范式的统计学工具选择与应用；再者是通过哪些方面对市场绩效进行测量，并对测量结果进行分析的问题；最后是关于这一问题其他的观点及理论的发展。

四、市场绩效的实证研究

(一)测定 SCP 范式的统计学工具

为了研究市场结构与绩效之间的关系，经济学中最广泛使用的统计学方法是回归

---

① BAIN. Barriers to new competition[R]. Cambridge, Mass: Harvard University Press, 1956.

② 丹尼斯·卡尔顿，杰弗里·佩洛夫. 现代产业组织[M]. 上海：上海三联书店，上海人民出版社，1998：500—504.

③ FEDERAL TRADE COMMISSION. Economic report on the influence of market share on the profit performance of food manufacturing industries[R]. Washington D. C.: U. S. Government Printing Office, 1969, 9.

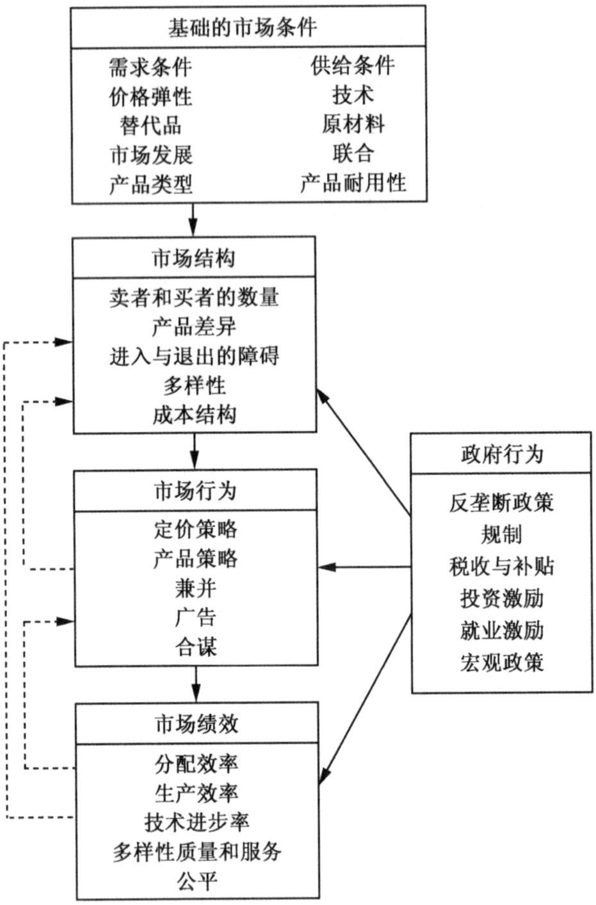

图 12—1　结构—行为—绩效理论范式

分析，即通过数据来测试经济变量之间的关系。

如令 X_1 代表市场结构，Y 代表经济利润，用线性方程表示市场结构与利润之间的关系：

$$Y=\alpha_0+\alpha_1 X_1 \quad \text{（公式 12—1）}$$

其中，Y 是因变量，X_1 是自变量，α 是方程的参数。如果市场结构与利润之间的关系假设是正确的，则 α_1 是正值。

由于利润不仅取决于市场结构，还取决于其他许多变量，包括观察不到的变量（如管理等），所以将没有考虑在内的因素在方程中用 ε 表示，代表误差，上述方程式重新表述为：

$$Y=\alpha_0+\alpha_1 X_1+\varepsilon \quad \text{（公式 12—2）}$$

利用统计学的知识，可以用最小方差回归法来确定最优的一条直线，使其所有残差的平方和最小，并得出 α_0 和 α_1 的值。

当存在多个自变量时，也可以使用最小方差回归法。如规模经济是利润的一个重要决定因素，令 X_2 代表规模经济，那么表达式就可以写成：

$$Y=\alpha_0+\alpha_1 X_1+\alpha_2 X_2+\varepsilon \quad \text{（公式 12－3）}$$

其中，α_1 代表的是当规模经济为常数时市场集中度对利润的影响；同样，α_2 表示当市场集中度为常数时规模经济对利润的影响。

（二）实证测量的内容

产业组织理论对市场绩效的实证测量主要遵循 SCP 范式进行。但由于市场行为本身难以具体测量，因而对市场绩效的研究主要集中在对市场结构与绩效之间关系的验证。在第六章我们讨论了市场结构的度量方法，本章又介绍了市场绩效的一系列衡量指标，计量经济学家使用跨产业的观测值来对各种结构度量指标和绩效指标进行回归，以解释不同产业市场绩效的差异。

第二节　资源配置效率

一、资源配置效率的含义

资源配置是市场经济主要的功能，产业资源配置效率自然就是评价市场绩效的最基本的指标。在新古典经济学中，完全竞争的市场结构意味着资源的最优配置，而资源的最优配置是通过社会总剩余或社会福利（消费者剩余与生产者剩余之和）的最大化表现出来。按照这一逻辑，任何偏离完全竞争这一市场条件的市场结构，都会导致社会总福利的减少，降低资源配置效率。

在 SCP 范式分析中，对资源配置效率评价的主要依据是市场结构。如果市场结构接近于完全竞争市场，就可以推断其资源配置的效率优于较大偏离完全竞争市场的市场结构。在这样的理论基础上，形成了通过一个产业的利润率和社会平均利润率水平来测量产业资源配置效率的传统。

当一个产业的利润率长期高于社会平均利润率时，可以认为该产业是资源配置不足，从而导致供给不足，在制定产业政策时，资源配置理应向该产业倾斜。当然，这一现象通常与垄断相关。因此，政策制定者出于对资源分配效率的关注，也应注意到垄断的问题。

而当一个产业的利润率长期低于社会平均利润率时，可以认为该产业的资源配置是过剩的，在制定产业政策时，“去产能”可能是其重要的考虑对象。

二、衡量资源配置效率的常用指标

(一)社会平均利润率

社会平均利润率理论上为全社会剩余价值总额与社会总资本的比率。社会平均利润率表明在一定时期投资的社会平均收益率。当资源配置最为有效时,理想的状况应当是投资在任何产业能得到的回报都是相同的,也就是能获得的就是社会平均利润率。因此,社会平均利润率是理想的检验资源配置效率的指标。

然而,在现实经济中,社会平均利润率这一指标的数据难以采集,人们常用易获取的一些指标取而代之。常见的替代指标如:

1. 贷款基准利率

贷款基准利率是央行发布的给商业银行存款的指导性利率,是央行实现货币政策目标的重要手段之一。贷款基准利率在金融市场上具有普遍参照作用,其他利率水平或金融资产价格均可根据这一基准利率水平来确定。提高基准利率意味着收缩信贷,降低社会流动性,提高信贷成本,缓和经济发展速度。反之,当调低基准利率时,意味着放大社会的资金流动,能起到加速经济发展的作用。显然,贷款基准利率具有反映社会资金成本的作用,也就能够充当社会平均利润率的替代指标。

2. 再贴现率

再贴现率是商业银行用已同客户办理过贴现的未到期合格商业票据向中央银行再贴现时所支付的利率。[①] 再贴现是央行对商业银行提供贷款的一种特别形式,也是央行控制信贷规模和货币供给量的一个重要手段。当出现通货膨胀趋势或已有的通货膨胀加剧时,央行就提高再贴现率,加重商业银行的筹资成本,迫使其紧缩信贷,从而抑制物价上升。央行规定的再贴现率左右商业银行的筹资方向,实际上也就成为衡量商业银行资金成本高低的标准之一。再贴现率是"衡量商业银行资金成本高低的标准"这一性质,就决定了再贴现率可以在不能方便获取贷款基准利率时,作为社会平均利润率的替代指标。

(二)利润率

在完全竞争市场的假定中,由于资源在产业间自由流动,各产业的利润率趋于平均化,企业也只能获得正常利润,不存在超额利润。理论上超额利润的来源不外乎以下四种情况:一是垄断利润;二是由不可预期的需求和成本变化形成的预期外利润;三是承担风险所获得的利润;四是创新利润。从较长的时期来看,后三种超额利润具有不可维持性,因此,长期的高额利润一般总是与产业的垄断状况有关。

---

① 我国央行于 1988 年 9 月 1 日首次公布再贴现率。

依据产业是否存在相对稳定的超过正常利润的利润率，可以对产业内市场结构效率是否最优作出基本判断。这里，利润率指标所指的利润，是经济利润，即收入减去机会成本后的利润。用公式表示为：

$$F=100\times\frac{\pi-T}{E} \qquad \text{（公式 12－4）}$$

式中，F 为税后资本收益率，π 是税前利润，T 是税收额，E 是自有资本或股东的资产净值。

但利润率指标在使用中会遇到几个方面的问题：第一，企业资产净值的回报率对净资产负债率的变化很敏感。债务和股票是企业两种不同的资产，如果企业陷入财务危机，那么债权人获得优于股东的结清权利。随着净资产负债率的提高，股东所承担的不能结清的风险也提高了。为了补偿风险，具有高净资产负债率的产业的股东所要求的回报率高于低净资产负债率产业所获得的回报率。第二，公开的会计利润导致对利润率的错误测算。尽管经济理论预测了经济利润，但公开的数据只是会计利润。使用会计利润会导致对回报率的偏差估计，因为会计利润和经济利润在一些情况下是不同的。理论上，经济利润等于收益减去投入的机会成本。收益、劳动力成本等可能有较完备的实际数据，但要准确地估计长期资产像厂房、设备、广告和研发经费等的每年成本是很困难的。因为这里涉及重置成本和企业资产折旧的估算问题，而这两个方面在实际测算中容易产生偏差。第三，会计数据所引起的广告费用和研发费用问题。与厂房和设备一样，花在广告和研发方面的费用所带来的效应会持续一段时间。一个成功的广告可以影响后面几年的需求。同样，研发费用也可以影响未来几年的需求。而会计程序在某一年会将全部的广告和研发费用扣除，未来几年不再扣除这方面的费用。如果是这样，回报率在第一年将会被低估，而在未来的几年会被高估。第四，由通货膨胀所引起的会计数据问题。在比较回报率时，还需要确认利率是实际利率还是名义利率。为了计算回报的真实利率，分子和分母的价值必须将物价的上涨考虑进去。这些问题每一个都很重要，当这些问题集中在一起时，就导致利润率测算变得困难。

（三）勒纳指数

市场绩效的测量总是与市场结构关联在一起的，勒纳指数就是以市场势力为基础的计算市场结构的方法，由价格与边际成本的偏离程度来表示。其计算公式为：

$$L=\frac{P-MC}{P} \qquad \text{（公式 12－5）}$$

其中，L 为勒纳指数，P 为价格，MC 为边际成本。

勒纳指数 L 的数值在 0 和 1 之间变动。在完全竞争市场中，由于价格等于边际成本，勒纳指数 L 为 0；完全垄断市场中，勒纳指数会大些，但不会超过 1。因为 $P\geqslant$

MC，且为正值，所以，勒纳指数 L 值越大，表明单个企业的市场势力越大。

勒纳指数隐含了简明的、可以通过对价格的观察来判断企业市场势力的方法。但实际中勒纳指数由于两个方面的原因变得很难估算：一是关于企业或产业准确的边际成本数据难以获得，通常用平均成本替代，导致指标计算失真。二是分母的价格在进行多种商品的比较时难以获得，这使得勒纳指数只能是对市场中单个企业实际垄断势力的计量，没有计算该企业潜在的垄断行为。另外，勒纳指数仅反映当市场存在支配能力时价格与边际成本的偏离程度，但是无法反映企业为了谋取或巩固垄断地位而采取的限制性定价和掠夺性定价的行为。①

(四)贝恩指数

贝恩认为，如果一个市场持续存在超额利润，一般就能反映出该市场垄断因素的存在。② 因此，他提出可以通过对利润的考察来反映垄断企业市场势力的大小。相较于勒纳指数中边际成本等数据的不易获得，计算利润率所要求的基础数据相对比较容易取得，产生系统性偏差的可能性也因此而减少了。这里，贝恩把利润分为会计利润和经济利润两种。会计利润的计算公式为：

$$\pi_a = R - C - D \qquad (公式 12-6)$$

其中，π_a 为会计利润，R 为总收益，C 为即期总成本，D 为折旧。

经济利润的计算公式为：

$$\pi_s = \pi_a - iv \qquad (公式 12-7)$$

在(公式 12—7)中，π_s 为经济利润，i 为正常投资收益率，v 是投资总额。这样，贝恩指数 B 就可以表示为：

$$B = \frac{\pi_s}{v} \qquad (公式 12-8)$$

贝恩指数实际上是对产业超额利润率的测算。虽然避免了勒纳指数对基础数据获取的困难，但对贝恩指数的计算依然存在着不确定性的问题。如对具有市场势力的企业的成本计算出现过高的情况，则会低估垄断的真实程度；有时企业或产业高利润的获得并不一定是通过垄断力量获得的，而那些确实存在垄断力量的市场的这些指标也不一定表现得更高，因为垄断厂商为驱逐竞争对手或阻止潜在进入者，有可能制定低价策略而使整个市场无利可图。

(五)托宾 q 值

托宾 q 值是另一种测量市场绩效的指标，是指一家企业资产的市场价值(主要通过其已公开发行并出售的股票和债券来衡量)与该企业资产的重置成本的比率。用公

① 在这两种情况下，勒纳指数接近 0，但是不表明该市场是一个竞争性的市场。

② BAIN. *Industrial organization*[M]. New York：John Wiley，1959.

式表示为：

$$q=\frac{R_1+R_2}{Q} \qquad (公式12-9)$$

式中，q 为托宾指数，R_1 是股票的市值，R_2 为债券的市值，Q 表示企业资产的重置成本。

托宾 q 值是根据企业资产价值的变化来对市场绩效进行测量的。如果 $q>1$，即企业的市场价值大于其重置成本，意味着该企业在市场中获得了超额利润。也就是说，托宾 q 值越大，企业获得的超额利润越多，该企业造成的社会福利损失越大，市场绩效也越低。

托宾 q 值的优点在于 q 的分子是市场价值，反映了预期的市场利润，而会计数据反映的是过去的利润。同时，一个企业的市场价值部分依赖于风险的大小，所以 q 包含了对风险的评估。除此之外，相对于利润率指标，会计数据对它的各个组成部分的测量错误并不敏感。

然而，对于托宾 q 值来说，其理论意义可能要大于实际的应用。因为托宾值虽然避免了估计收益率或勒纳指数中边际成本的困难，但又遇到企业重置成本数据估算的困难，故此这一数据相比较其他方法应用较少。

第三节　规模结构效率

马歇尔冲突的两端，一端是充分竞争，另一端就是规模经济，两者都是提高资源配置效率的利器。因此，考察既定市场结构规模经济状况，自然就成为市场绩效的考察对象之一。规模结构效率是指一个产业中有多少产出是由达到或接近最小最优规模的企业提供，而不是由更大或更小规模的低效率企业提供。

规模结构效率主要表现为两个方面：一是规模经济的实现程度，即产业内的企业达到或接近于最优规模的程度，或者产业总产量中由至少是近似于最优规模企业提供的比例。二是产业规模能力的利用程度，即产业内企业达到或接近于工厂设施利用的最佳效率水平的程度。

在贝恩对美国20多个产业的调查中，达到规模经济的企业是市场的主要供给者，约有70％～90％的产品是由达到规模经济的企业生产的[①]，特别是在规模经济性显著的产业，如钢铁、石化、汽车及家电等产业中，主要企业都是达到了规模经济的企业。

---

① BAIN. *Barriers to new competition*[M]. Cambridge: Harvard University Press, 1956.

过犹不及的是，相当部分的产业存在着超规模经济的过度集中。在这种情况下，企业的生产成本并没有因为企业的超经济规模而降低，超规模经济的存在只是加强了这些大企业控制市场的能力，这种情况实际上降低了产业的技术效率。

与之相反，也有部分产业存在着低效率的小规模生产。日本学者越后和典将这种未达到规模经济，但仍然能够获得相当利润的低效率、小规模生产的企业得以生存的原因归结为两个方面：一是产品差别化的影响。对于一些具有产品差别化优势的企业，与其引进大规模生产技术以降低成本，不如维持原有低效率设备通过高价销售商品更为有利。二是廉价劳动力的存在。由于小企业可以以很低的工资水平雇用到劳动力，因而小规模低效率生产设备所导致的成本上升因素可以通过低工资来转嫁。①

另一个规模结构效率不高的表现是生产能力的过剩。在经济周期性循环发展过程中，需求和供给并不是总能保持某种均衡的，因此，在一定时期内，一定程度的设备过剩现象存在应该说是不可避免的。但如果某一产业长期存在生产能力过剩现象，则可视作资源浪费的表现。长期开工不足，生产能力过剩，意味着该产业内存在着阻碍生产要素流出的因素。就其原因看，一方面，越是固定资产投资比重大的产业，客观上生产要素的流出就越困难。另一方面，越是进入壁垒低或者集中度高的产业，就越有可能出现生产能力过剩的现象。进入壁垒低，在经济景气时，新企业容易进入市场；而一旦出现经济不景气，由于集中度高，因而寡头企业之间容易通过各种协调行为，如共同减产提价等方式，确保一定的价格和利润水平，从而阻碍生产要素从该产业的流出。

第四节 技术进步

经济学中的技术进步含义广泛。按新古典经济学的解释，除资本和劳动投入以外，诸如发明创造、结构调整、组织创新、教育水平提高等一切有利于提高经济发展水平和效率的因素都属于技术进步的范畴。

一、技术进步与市场结构

技术进步是经济增长的基本源泉，自然也是测量市场绩效的重要尺度之一。由于任何产业的技术进步都是在一定的市场结构条件下通过一定的市场行为所产生的，因此，在市场绩效的分析中论及技术进步时，主要是研究市场结构处于何种状态时，产业的技术进步能够以令人满意的速度进行。在这个问题上，经济学中存在两种彼此对立

① 越後和典．規模の経済性[M]．東京：新評論，1969.

的观点。

以熊彼特和加尔布雷斯(Galbraith)为代表的观点认为,大企业是技术进步的主要推动力量。他们认为,与中小企业相比,大企业在以下方面更符合现代产业技术进步的需要:第一,研究开发新技术需要巨额资金;第二,研究开发需要高度的科学知识和复合的技术积累;第三,研究开发存在很大的风险性;第四,研究开发设备的建设、利用方面也存在着规模经济性。在他们看来,寡占产业中对研究开发费用的回收可以通过对市场的支配和控制来加以保证,因而一定程度的产业集中可以保护和促进技术进步。①

与之相反的观点所持的理由是:第一,只有富于竞争的市场结构才有利于技术进步,因为竞争才是技术进步的原动力;第二,尽管技术进步是促进集中乃至形成垄断和寡占的重要原因,但是市场势力一旦形成,与其说是技术进步的动力,不如说是限制技术进步的条件;第三,企业规模也不是越大越有利于研究开发,在许多产业中,中小企业也能对研究开发作出重要的贡献。企业规模过大会降低效率,并不利于产业的技术进步。②

以上两种观点各执一词,且都有实证研究支持自己的观点,长期争执不下。迄今为止,仍没有足够的证据可以充分支持或反对其中任何一种观点。综合已有研究,可以得出的结论是:第一,在一定的规模临界点以内,研发投入(研发费用和人数)随企业规模扩大而增长,研发成果也随之增加。这种规模临界点因产业而异,一旦超过这一临界点,研发投入不再随规模扩大而比例增长,研发成果反而下降。第二,大中小企业在发明、革新方面作用的大小,与产业类别、技术进步阶段特点、专业化分工程度以及政府政策都有密切联系,很难一概而论。第三,大企业和小企业的作用经常是互相补充和联系的。创新活动比较活跃的小企业,往往是从大企业或大学研究所派生出来的。多数新出现的产业,通常有一个对大企业来说不经济的专门市场。一些小企业常随着发明革新的出现而诞生和发展,之后或成长为大企业,或被兼并及至消失。当大小企业面临同样的比较大的市场时,两者的活动常是互补的,如大企业从事产品主体的市场和研发,而小企业则进行零部件的市场及细分技术的开发。因此,大企业和小企业在技术进步过程中的作用孰优孰劣,不能一概而论。但无论是大企业还是小企业,如果完全排斥了市场竞争,也就丧失了技术进步的动力。

---

① 熊彼特.资本主义、社会主义与民主[M].北京:商务印书馆,1999.

② ARROW K. Economic welfare and the allocation of resources for invention[C]//NEEDHAM D. *Reading in the economics of industrial organization*. New York:Holt,Rinehart and Winston,1970.

二、技术进步率与全要素生产率

技术进步率就是生产的效率，表示某一产出指标与相应的一种或多种要素投入量指标的比率。经济的增长依赖要素投入的增加和要素生产率的提高两个方面的因素，而要素生产率的提高反映了技术进步的状况，即技术的进步通过资本和劳动两个要素体现出来。自索洛将技术的进步和变化独立出来并以全要素生产率表示后，经济学一般以全要素生产率对技术进步进行测量。

全要素生产率是指因技术进步而使所有生产要素的效率得到了提高，通常采用柯布一道格拉斯(Cobb-Douglas)生产函数作为分析经济增长因素的工具，具体如下：

$$Y=AL^{\alpha}K^{\beta} \qquad \text{（公式 12—10）}$$

式中，Y 表示总产量；L、K 分别表示劳动和资本的投入量；A 表示技术状况；参数 α、β 分别表示劳动和资本在收入中的份额权数，反映它们的投入在经济增长中的重要性。

通过推导，从（公式 12—10）还可得到如（公式 12—11）所示的形式：

$$\frac{\Delta Y}{Y}=\alpha\frac{\Delta L}{L}+\beta\frac{\Delta K}{K}+\frac{\Delta A}{A} \qquad \text{（公式 12—11）}$$

（公式 12—11）表明，经济增长率由劳动投入增长率、资本投入增长率和全要素增长率三部分组成，由此可得到（公式 12—12）：

$$\frac{\Delta A}{A}=\frac{\Delta Y}{Y}-\left(\alpha\frac{\Delta L}{L}+\beta\frac{\Delta K}{K}\right) \qquad \text{（公式 12—12）}$$

由（公式 12—12）可以求出全要素生产率对经济增长率的相对贡献。

全要素生产率测量方法面临的困难主要有两个方面：一是对投入要素的测量和选择问题。按照劳动力数量测量还是按照工作的总时数测量？对资本的投入是依照资本的重置成本还是原始成本进行测量？如果有了先进的设备，那么当前设备的自身价值会发生怎样的变化？不管是劳动力还是资本，与生产率指标的使用相关的一个主要问题是：它们不反映投入要素的质量的差别。它们通常假定劳动力和资本是同质的生产要素。二是产出的测量问题。如利用物价平减指数校正总体价格水平的变化只能部分解决价格上涨引发的问题。价格上涨可能源于质量的改进和汇率的变化，也可能与国内通货膨胀有关。

尽管绩效的生产率测算存在许多问题，全要素生产率方法还是被应用于大量的、用不同方式测算绩效的不同方面的研究中。

第五节 其他方面

尽管市场绩效主要考量的是资源配置效率、规模结构效率以及技术进步等方面，但基于市场绩效的根本在于社会福利的提高(由于种种原因，社会福利的直接测度较为困难，故用资源配置等来替代)，因此，一些有关社会福利方面可以观察到的现象都可能成为市场绩效考量的对象，如常见的企业效率、广告包装、产品质量和品种、社会公平等。

一、企业内部效率

企业内部效率评价是 1966 年莱宾斯坦(Leeibenstein)首先提出的，即尽可能将成本保持在最低水平。[①] 企业内部效率可以通过企业内部的有效组织和管理来实现，如成本的节约、激励等，使企业沿平均成本曲线生产。

X—低效率是指在垄断企业的大组织内部存在着资源配置的低效率状态，即企业生产成本高于平均成本曲线。莱宾斯坦提出这个概念的目的，就是要说明免受竞争压力的保护不但会产生市场配置的低效率，而且会产生另外一种类型的低效率，即存在明显超额的单位生产成本。因为这种的低效率的性质当时尚不明了，所以称为 X—低效率。大企业存在低非效率的主要原因大致分为：第一，企业内不同集团的利益目标不一致；第二，企业规模扩大导致组织层次增加、信息沟通的数量和质量下降，从而使企业的管理成本上升、效率下降；第三，垄断企业在没有竞争压力的条件下，缺乏成本最小化的动机。

X—效率与配置效率不同，但它们具有相关性。配置效率的改进，如取消垄断将使价格下降，会进而导致 X—效率的改进。但莱宾斯坦认为，从配置效率增长中得到的福利收益要远远小于从 X—效率改进中得到的福利收益。

二、广告费用

从产业组织角度看，广告宣传具有两重性：一方面，它向消费者提供信息和服务，从而有扩大销售、促进竞争的积极作用；另一方面，过度的广告活动也会造成资源浪费，而且这种过度的广告活动又常常是和夸大甚至虚假宣传联系在一起的。因此，广告活动的有效性和合理性也是评价市场绩效优劣的一个方面。但是，如同生产能力过

---

① LEEIBENSTEIN. Allocative efficiency vs. “x-efficiency”[J]. *American economic review*, 1966: 58—69.

剩一样，要判断广告活动是合理的还是过度的，也只能作一些抽象的分析，难以找到有效的评价标准和方法。

三、公平

虽然效率和创新是产业组织理论关注市场绩效的主要方面，但也有经济学家认为，竞争本身就具有广泛的价值，公平、竞争以及多元化的选择也是市场绩效的内容之一。公平意味着财富、收入或机会的平等。公平或平等与效率及创新未必总是一致的。虽然公平的含义是复杂而抽象的，但从经济学角度看，竞争赋予了公平不言而喻的重要性。公平而有效的竞争能够提供广泛的机会、选择的自由和对高绩效的激励。

参考文献

[1] 丹尼斯·卡尔顿，杰弗里·佩洛夫．现代产业组织[M]．上海：上海三联书店，上海人民出版社，1998.

[2] 熊彼特．资本主义、社会主义与民主[M]．北京：商务印书馆，1999.

[3] FEDERAL TRADE COMMISSION. Economic report on the influence of market share on the profit performance of food manufacturing industries[R]. Washington D. C.：U. S. Government Printing Office，1969，9.

[4] BAIN. *Barriers to new competition*[M]. Cambridge：Harvard University Press，1956.

[5] BAIN. *Industrial organization*[M]. New York：John Wiley，1959.

[6] ARROW K. Economic welfare and the allocation of resources for invention[C]//NEEDHAM D. *Reading in the economics of industrial organization*. New York：Holt，Rinehart and Winston，1970.

[7] LEEIBENSTEIN. Allocative efficiency vs. "x-efficiency"[J]. *American economic review*，1966.

[8] 越後和典．規模の経済性[M]．東京：新評論，1969.

推荐阅读书目

[1] 丹尼斯·卡尔顿，杰弗里·佩洛夫．现代产业组织[M]．上海：上海三联书店，上海人民出版社，1998.

[2] 杨公朴，夏大慰，龚仰军．产业经济学教程[M]．3 版．上海：上海财经大学出版社，2008.

第十三章　产业组织政策

第一节　产业组织政策概述

产业组织政策是指政府为了获得理想的市场效果所制定的干预和调整市场结构和市场行为的产业政策。产业组织政策的核心是通过协调竞争与规模经济的关系，处理好所谓的“马歇尔冲突”问题，即一方面试图缓解垄断对市场经济运行造成的危害，另一方面又保持一定的规模经济水平，从而达到所谓有效竞争的状态。

一、产业组织政策的基本目标

市场经济本质是一种竞争经济。从现代产业组织理论的角度而言，高效率的竞争应是规模经济与竞争活力相兼容的有效竞争。所以，有效竞争是政府制定与实施产业组织政策的目标导向。

（一）有效竞争概念的提出

1890 年，马歇尔在其名著《经济学原理》中提出了被后人称为“马歇尔冲突”的规模经济和垄断的弊病之间的矛盾。[①] 他认为，完全竞争市场在现实中是不存在的，企业追求规模经济的结果导致垄断，而垄断会扼杀自由竞争这一经济运行的原动力，使市场价格受到人为要素的操纵，而且使经济丧失活力，也不利于资源的合理配置。“马歇尔冲突”所提出的竞争的活力和规模经济之间的关系，可以看作是有效竞争问题研究的最初萌芽。

1933 年张伯伦的《垄断竞争》[②]和琼·罗宾逊的《不完全竞争经济学》[③]出版，这两本书提出了垄断竞争的理论。如张伯伦认为，完全竞争和纯粹垄断只是两种极端的市场形态，现实经济则是介于这二者之间的“中间地带”，现实的市场中既存在竞争因素，

---

① 马歇尔．经济学原理[M]．北京：商务印书馆，1964.

② 张伯伦．垄断竞争理论[M]．北京：华夏出版社，2009.

③ 琼·罗宾逊．不完全竞争经济学[M]．北京：华夏出版社，2012.

也存在垄断因素，二者的并存与交织形成了所谓“垄断竞争”格局。其根本原因在于：每个企业提供的产品具有一定的差异性，所以它在一定程度上是个垄断者；但该产品又具有一定的替代性，因而对生产同类产品的其他企业来说，它又是一个竞争者。于是，垄断竞争市场便形成了。[①]

1940 年 6 月，克拉克在《有效竞争的概念》一文中首次提出了有效竞争的概念。[②]当时，席卷资本主义世界的经济危机使人们不再相信自由市场机制。一方面，人们批判完全竞争理论的不现实，认为在这种市场结构下势必出现生产过剩和产品成本过高的问题；另一方面，人们虽然已经认识到规模生产的必要性，但又担心过度的企业合并会导致经济的集中和垄断。在此背景下，克拉克提出了有效竞争理论。按照克拉克的观点，如果一种竞争在经济上是有益的，并且根据市场的现实条件又是可实现的，那么这种竞争就是有效竞争。他是从长期均衡和短期均衡相互关系的角度提出有效竞争问题的。在长期中，随着需求的增长，要实现经济运行的长期均衡，必须要有供给能力的持续扩张。由于规模经济的存在，在供给能力的扩张过程中，单个企业的规模经济就会扩大，而大企业又可能会成为垄断者，出于自身利益，他们会控制价格、限制竞争。短期均衡是指在总供给能力不变的情况下，依靠自由竞争的价格机制来引导资源配置，从而实现供需平衡。显然，要实现长期均衡，就要出现大企业，而大企业可能控制价格、限制竞争，这就破坏了价格机制的作用，从而影响了短期均衡。如此表明，长期均衡和短期均衡两者的实现条件往往不协调。克拉克认为，为了研究现实条件下缩小这种不协调的手段和方法，有必要明确有效竞争的概念。所谓有效竞争，就是能协调好长期均衡和短期均衡竞争格局，能将竞争的活力和规模经济结合起来，其中政府的公共政策将成为协调两者关系的主要方法和手段。

梅森将有关有效竞争的定义和实现有效竞争的条件的论述归纳为两大类：一是寻求维护有效竞争的市场结构，以及形成这种市场结构的条件，被称为有效竞争的“市场结构基准”；另一种是从竞争可望得到的效果出发，寻求竞争的有效性，称为有效竞争的“市场效果基准”。

1958 年，索斯尼克(Sosnick)对以前的研究工作作了总结，他认为有效竞争是一个解释市场实际运行状态的概念，如果某产业市场的一些特定的可以实现的竞争性特征是为了满足合理的公共利益的要求所必要而且是充分的，并且这些特征的更好实现代表了更大的公共利益，这些特征得到了最大程度的实现，那么，就可以认为该产业是处

---

① 张伯仑．垄断竞争理论[M]．北京：三联书店，1958.

② CLARK. Toward a concept of workable competition[J]. *American economic review*, 1940(30): 6.

于有效竞争状态的。[①]

(二)有效竞争的含义和衡量标准

1. 有效竞争的含义

综合前人对有效竞争概念的研究，简而言之，有效竞争是短期均衡和长期均衡的协调统一，是规模经济和竞争活力的协调统一，是市场机制同政府政策的协调统一。

从有效竞争的含义可知，有效竞争的两个决定因素是规模经济与竞争活力。规模经济是指企业随着规模的扩大而降低单位产品成本的一种经济现象，它是实现社会资源有效使用、提高经济效率的手段和途径。而竞争活力的经济意义表现为它与价格机制、供求机制综合作用，产生市场经济自组织功能，实现社会资源的优化配置，从而提高经济效率。可见，规模经济和竞争活力在有效使用和优化配置社会资源、提高经济效率上达到了统一，即规模经济和竞争活力是以不同的途径谋求统一目标。

然而，规模经济与竞争活力具有相互排斥性，特别是那些规模经济比较显著的产业，两者的相互排斥性就表现得更加明显。其表现形式是：企业规模的扩大引起生产集中，而生产集中发展到一定阶段就会自然地走向垄断。垄断则是对市场竞争的否定，它会导致经济缺乏竞争活力。因此，可以认为，有效竞争兼顾规模经济和竞争活力，是使二者相互协调的一种理想状态，其协调点是合理界定规模经济和竞争活力的"度"，其协调目标要达到规模经济和竞争活力所发挥的综合作用使社会经济效率极大化。由此可以得出这样一个结论，有效竞争问题就是经济效率问题，有效竞争的实质就是追求较高的经济效率。

2. 有效竞争的衡量标准

有效竞争的衡量标准也称为有效性标准。该标准从早期梅森的二分法发展到目前较为流行的三分法。有效竞争标准三分法是索斯尼克依据 SCP 分析范式进行概括的，包括结构标准(不存在进入和流动的人为限制、存在对上市产品质量差异的价格敏感性、交易者的数量符合规模经济的要求)，行为标准(企业间不相互勾结、企业不使用排外的或掠夺性的或高压性的手段、在推销时不搞欺诈、不存在有害的价格歧视、竞争者对于其对手是否会追随其价格调整没有完全的信息)，以及绩效标准(利润水平刚好足够酬报创新和效率以及投资、产品质量和产量随消费者需求的变化而变化、企业竭力引入技术上更先进的产品和技术流程、不存在"过度"的销售开支、每个企业的生产过程是有效率的、消费者和生产者都得到了最满意的效用、价格变化不会加剧经济周

---

① SOSNICK S H. A critique of concepts of workable competition[J]. *Quarterly journal of economics*, 1958,72(8):380—423.

期的不稳定)。[①]

二、产业组织政策的特征

(一)二元性特征

在同一市场上,既能保证使规模经济得到充分发挥,又能保证竞争效益得到充分施展,从而实现规模经济和竞争效益的统一,这是产业组织政策的完美目标——产业有效竞争状态。规模经济和竞争效益构成产业绩效上的一对矛盾,也是产业组织政策上的两难选择。过分强调竞争效益可能损伤规模经济;反之,过分强调规模经济又可能损伤竞争效益。因此,在政策操作上需要综合各方面的情况作随机处理。换句话说,就是一方面存在着维护市场充分竞争秩序的产业组织政策,另一方面又存在着推进生产与市场集中的产业组织政策。这两种方向相反的产业组织政策往往都是同时存在的。从世界各国产业组织政策的历史来看,无不在这两种倾向之间游移。在不同的国家,不同的经济发展阶段,不同的产业,不同的经济运行态势下,处理这两种政策的倾向性和侧重点有所不同。从产业组织政策的整体上看,竞争和规模的二元目标的选择随时间、地点、条件的变化而变化,其主要方向和力度有所游移。深入掌握这一规律,才能使以维护竞争为目标的产业组织政策同以追求规模为目标的产业组织政策实现符合实际的有效组合。

(二)行业性差异

在不同的产业中,产业组织状况有很大差异。因此,市场的集中度在不同产业间又大不相同。通常,中小企业占主导地位的产业领域主要集中在生产消费资料为主的加工制造业中,这些产业多为劳动集约型或劳动技术集约型产业,因而进入这些产业的规模壁垒较低,其结果是产业内的竞争较为激烈。而大企业居于主导地位的产业领域,主要集中在石油化工、煤炭、冶金等装置型和船舶、汽车制造等装配型产业。这些产业都是资本集约型的产业,进入壁垒较高,产业的规模经济非常显著,极易形成寡头垄断的市场结构。大企业和中小企业在不同产业间的分布状况说明,不可能用同一的产业组织政策贯彻于不同的产业。对不同产业的产业组织结构调整应实行分类指导。对那些规模经济不明显、经济规模不大的产业,产业组织政策的重点应放在维护合理、适度和正当的市场竞争秩序上,避免过度竞争,更不能盲目地鼓励企业扩大规模。过度的竞争行为尤其是价格竞争行为不仅会弱化企业体质,还将严重影响到整个产业的效益。对那些规模经济显著、经济规模庞大的产业,产业组织政策的重点则应放在推

---

① 肯尼斯·W. 克拉克森,罗杰·勒鲁瓦·米勒. 产业组织:理论、证据和公共政策[M]. 上海:上海三联书店,1989:170.

进大规模集中投资和鼓励集中生产上，同时维护企业将保持适度的竞争秩序，避免产生“垄断不经济”的损失。

（三）时代性特征

产业组织政策的整体倾向性，也就是在推进资源的聚集以寻求规模经济，还是分散市场结构以维护竞争效益上，更多地突出哪一个方面，这在工业化的不同阶段、不同时点上是有所区别的。

在工业化的起步期，在劳动集约型的轻纺工业居于主导地位的时代，产业组织政策并不被人们所重视，在经济政策体系中无显著地位。当工业化进入扩张期，即资本集约型的基础工业成为工业化进程的火车头后，产业组织政策才真正被纳入经济政策中，并越来越居于重要的地位。之所以如此，首先是因为基础工业的经济效益主要依靠规模经济；其次是因为随着工业技术的进步，大量生产体制几乎占据了全部的生产体系，对同一类商品的需求是建立在大量消费的基础上的。在这一经济发展阶段，其消费结构有利于诸多产业规模生产的实现。因此，可以说工业化的重工业阶段是规模经济的时代，从而在诸多的产业中，市场的集中度急剧提高，其后果就是产业内的规模结构和竞争结构之间的矛盾逐步激化。而规模结构和竞争结构之间的矛盾，非有政府的介入才能有所调整，这就是产业组织政策问世的根据。

有意推进重工业化进程的经济政策，必须要注重可以发挥规模经济作用的政策措施。这种政策措施主要出现于后发工业国。后发工业国必须从经济发展战略的高度看待规模经济的问题，只有这样，才能创造出与先行工业国相抗衡的国际竞争力。与此同时，随着经济规模的发展、市场集中度的逐步提高，垄断的不经济效应也会逐步积累，维护必要的市场竞争活力问题将逐步提上产业组织政策的议事日程。但在这个工业化阶段，对后发工业国而言，发展规模经济应是产业组织政策的总体倾向性和主旋律。当工业化进入成熟期时，工业的整体规模、国民经济的整体规模都得到足够的扩张，人们的消费追求趋向个性化、多样化，整个工业生产方式将建立在小批量、多品种乃至定制生产的基础上，这使规模经济的重要性将逐步让位给多样化的效益。届时产业组织政策的主旋律将会放在更加重视和维护竞争效益上。

三、产业组织政策体系的构成及国际比较

（一）产业组织政策体系

产业组织政策可分为两大类：一类为追求规模经济产业组织政策，通常称为产业组织合理化政策，包括企业兼并政策、企业联合政策、经济规模政策；另一类为增强竞

争活力的产业组织政策，一般称为产业竞争政策，包括反垄断政策和中小企业政策[①]（具体见图 13—1）。

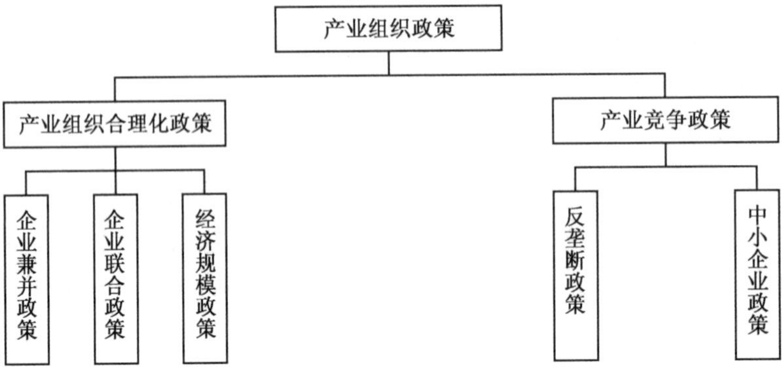

图 13—1　产业组织政策体系

（二）产业组织政策的国际比较

美、英、德、法等先行工业国也是市场经济最发达的国家。这几个国家的产业组织政策以反垄断和中小企业政策为主，以增强竞争活力为目的。而后发工业国如日本和韩国的产业组织政策指向则一开始就是如何提高规模经济水平。这使得后发工业国的产业组织政策模式具有不同于先行工业国的地方。后发工业国与先行工业国之所以在产业组织政策模式上存在如此重大的差异，是由这些国家在发展经济过程中的内外部条件所决定的，这些条件或原因如下：

1. 文化差异

以美、日两国为例。美国是一个移民国家，崇尚个人主义，信奉“不自由毋宁死”的哲学。这在很大程度上决定了美国文化的一个特征——崇尚个人主义式的英雄，认为社会不过是个人的集合体，而团体与社会会阻碍个人的发展。1776 年，亚当·斯密的《国富论》出版；同年，美国独立。这两个史实的偶然巧合，使这部经济学著作及其中崇尚自由竞争的思想与美国迅速交融在一起，成为美国经济自由的大宪章。美国人的经验是，企业合作就代表着企业的怠惰和腐化。因此，19 世纪末以后生产集中基础上垄断的发展，与美国文化精神马上产生了矛盾。1890 年，美国的《谢尔曼法》问世，这是世界上第一部反垄断法。从此，以反垄断政策为核心实施产业组织政策在美国就是理所当然的。

① 中小企业政策具有两方面的功能，在不同的政策导向下，它既可发挥增强竞争活力的作用，也可作为追求规模经济的手段。但从产业组织的角度而言，产业内存在大量中小企业往往有利于保持和增强竞争活力，因而在此我们把它归入增强竞争活力产业组织政策体系。

与美国的文化传统相反,以日本为代表的后起工业国家(主要是东亚国家)的文化传统恰恰是团体的,追求个人目标与团体的和谐一致性,人与人之间在竞争中合作,在合作中竞争。这样一种文化传统在其产业组织政策上的表现为:如官民一体推动企业合并,联合组成企业集团,推动大企业、大集团发展,在反垄断问题上表现出灵活性和实用主义的态度。如日本虽然在战后的 1947 年就制定了《禁止私人垄断和确保公平交易法》[①](以下简称《禁止垄断法》),但那是在美国占领当局的强制下制定的,并没有真正得到执行。当美国结束对日占领,日本政府重新掌控国内政策的主动权后,日本就一直以追赶欧美为目标,对产业合理化政策的重视程度明显超过竞争政策。20 世纪 50—60 年代,处于快速追赶中的日本政府出台一系列产业政策。在推进重化工业化的过程中,日本为保护国内产业、降低企业成本、增强企业规模和竞争力,对《禁止垄断法》作了缓和性修改,为一批大型企业集团的形成提供了条件。日本《禁止垄断法》出现缓和性修改的时期,正是日本经济恢复和高速增长阶段。在产业组织政策方面,倾斜的重点是合理化政策优先于竞争政策,迎合了包括大企业在内的民间企业寻求发展的诉求。进入 20 世纪 70 年代,日本逐步完成了工业化的追赶任务,政府对竞争政策的态度才发生了变化,开始对《禁止垄断法》进行强化性修改并形成趋势,以适应国际形势及自身经济发展的需要。

2. 后发工业国与先行工业国不同的经济起点

与先行工业国从 19 世纪末开始实施以反垄断为核心的产业组织政策时的产业组织状况不同,后发工业国在经济发展的起步阶段,主要产业部门并不存在长期竞争中形成的所谓居垄断地位的大企业,而以数量众多的中小企业为主。个别国家即使存在着国内市场上的垄断势力,也相当有限,其中甚至有相当一部分所谓的垄断企业实质上远未达到经济规模,只不过是在本国市场容量极其有限条件下的一种相对市场优势而已。后发工业国在发展经济的过程中首要任务是赶超先行工业国,提高产业的国际竞争力。因此,提高规模经济水平、鼓励企业集中就必然成为政府产业组织政策的首选。以日本战后所流行的"下请制"[②]生产体制为例,实际上就是扶植大企业,引导中小企业纳入以大企业为核心的金字塔式的系列承包生产体制。

3. 幼稚产业的扶持与保护

后发工业国现实的选择是通过适当的保护措施,使国内具有发展潜力的幼小产业不至于因为外国产业一时的竞争优势而失去进一步发展的可能。同时,政府还必须采取比贸易保护更为积极的措施,扶持和促进这些幼小产业的成长,使之能在较短的时

① 日本国会.禁止私人垄断和确保公平交易法[EB/OL].[2013-12-11]. http://www.japanlawinfo.sdu.edu.cn/html/zhongyiribenfa/20071202/425.html.

② 下请制的基本含义是承包制,可参见:植草益.產業組織論[M].東京:筑摩書房,1982:120—129.

间内具备与外国竞争者相抗衡的能力，甚至成为优势产业。① 后发工业国幼小产业保护政策的根本意义就在于通过贸易保护、政策扶持手段，为企业自发追求规模经济行为的启动和持续提供有限的时间支持，增强其在国际国内市场竞争力的战略表现形式。

4. 学习效应

后发工业国在发展经济的过程中可以从先行工业国的发展经验和教训中学习到许多有益的东西。美国是世界上执行反垄断政策最为严格的国家，当它们运用反托拉斯法禁止企业间的联合和并购时，日本的企业却在政府的组织下成功地联合开发了超大规模集成电路。后发工业国注意到了先行工业国在反垄断问题上的尴尬，充分认识到弊端禁止要比不加区分地运用反垄断法（原则禁止）更贴近现实，更容易收到实效。因此，后发工业国往往低调地对待反垄断法，或在坚持反垄断原则的基础上规定了许多反垄断的豁免条款及个别立法；在适用反垄断政策时，也往往是在垄断势力蔓延之前采取比较审慎的态度。②

第二节 垄断与反垄断政策

一、反垄断政策的理论基础

（一）垄断概念的演变

在主流经济学中关于垄断的理解，长期以来都是与反竞争性质紧密联系在一起的。因此，要剖析垄断的机理，为反垄断提供理论依据，首先必须回顾前人的理论，弄清垄断与竞争的关系。

在《国富论》中，亚当·斯密认为垄断就是君主就某种商品的制造、进口或销售而赐予的专营权。显然，此时的垄断是与政府行为联系在一起的。特别是亚当·斯密根据自己的垄断观，把整个重商主义体系判定为垄断，“确实，这种或那种的垄断，看来就是重商主义的唯一手段”③。

与亚当·斯密相比，李嘉图的垄断观似乎对垄断与政府行为的关系并不感兴趣，

---

① 这正是日本学者小岛清的边际产业扩张理论，可参见：小島清．海外直接投資論[M]. ダイヤモンド社，1977.

② 谢地．产业组织政策模式的国际比较与借鉴[J]. 经济学动态，2003(9).

③ SMITH. *An inquiry into the nature and causes of the wealth of nations* [M]. London: METHUEN, 1776:129.

他更为关注的是与垄断相关的某种生产要素的限制，尤其是土地的有限供给。在李嘉图看来，谁拥有了稀缺的生产要素，谁就具有了垄断地位。[①]

1838年，古诺在他的《财富理论的数学原理的研究》中，[②]一方面继承了自亚当·斯密以来的竞争观点，并为把其上升到完全竞争概念奠定了基础；另一方面也发展了自亚当·斯密以来的垄断观点，并第一个提出了卖方寡头垄断理论。值得特别指出的是，在古诺的思想中，垄断和竞争并不像斯密认为的那样具有根本对立性，因为根据古诺的卖方寡头垄断理论，随着同类生产者数量的增多，价格中超过边际成本的部分将趋于零。

埃奇沃斯是试图对完全竞争概念下系统而严格定义的垄断第一位经济学家。在他所开列的一系列条件中，埃奇沃斯实际上最主要地强调"古诺条件"和"杰文斯(Jevons)条件"。[③] 到19世纪末和20世纪初期，完全竞争概念的所有要素均已尘埃落定，并在发展成为价格理论和资源配置的基本部分的同时，还获得了一种日趋重要的作用，即作为判断实际市场效率的比较标准。根据这一标准，凡是与之不相符合的商业形式或行为，往往就被斥为垄断。这是新古典学派中最为基本的组成部分之一。

新古典经济学的代表人物马歇尔将垄断界定为"一个人或一个集团有权规定所销售商品的数量或销售价格"[④]，即现代经济学中所定义的完全垄断。在马歇尔之后，随着垄断因素的不断增长，越来越多的经济学家意识到，原来作为理论前提的完全竞争，与完全垄断一样是特例，不是经济生活中的一般现象，现实经济往往是处于完全竞争与完全垄断之间的"中间地带"。20世纪30年代初期，张伯伦和罗宾逊夫人提出不完全竞争或垄断竞争概念。张伯伦认为(罗宾逊夫人也有类似的看法)，"垄断的普遍意义是对供给的控制，因之同时也就控制了价格"[⑤]，而造成垄断的决定因素是产品差别，产品差别的存在决定了垄断的存在，产品的差别越大，垄断的程度就越高。可见，在张伯伦和罗宾逊夫人看来，任何一个与众不同的商品的生产者和销售者都是市场上的垄断者，自从有了商品交换和市场，就有了垄断，垄断是商品经济的伴生品。

20世纪60年代，在产业领域内关于市场支配力的讨论占据主导地位。这类论述一般具有经验主义性质的哈佛传统，即"结构—绩效"范式。其研究往往把企业规模或形式的变化与为了获得市场支配力的垄断倾向联系在一起，而不太注意这种变化引致的效率。他们强调市场结构决定企业的行为，行为又在效率、进步性以及其他方面影

---

① 李嘉图．政治经济学及赋税原理[M]．北京：光明日报出版社，2009.

② 古诺．财富理论的数学原理的研究[M]．北京：商务印书馆，1994.

③ EDGEWORTH F Y. *Mathematical psychics*[M]. London: Kegan Paul, 1881: 17—19.

④ 马歇尔．经济学原理：下卷[M]．北京：商务印书馆，1964: 155.

⑤ 张伯仑．垄断竞争理论[M]．北京：三联书店，1958: 5.

响企业的经济绩效。而市场支配力来自市场结构要素和其他一些行为，往往大大超过了技术效率所要求的程度，并带来种种重大的经济损失和社会损失，由此推论出严厉的反托拉斯政策的重要性。① 他们的研究框架如下：

以哈佛学派为代表的传统的产业组织理论认为，市场中的企业数量越少，或者说企业的市场份额越大，企业越容易产生市场势力，因此，高市场份额或高市场集中度是垄断的表现。② 但是，20 世纪 80 年代以后，这种结构主义的反垄断政策在美国逐步失去其主导地位，为芝加哥学派所代替。

芝加哥学派的基本理论主张是维护市场竞争机制，鼓励竞争，反对政府干预。他们认为，现实经济生活中并不存在哈佛学派所认为的那种垄断问题，生产日益集中在大企业手中，有利于提高规模经济效益和生产效率，大公司的高利润完全可能是经营活动效率的结果，而与垄断势力的大小无关，因为不是建立在高效率经营基础上的高利润将招致其他企业的大量进入而使利润率降到平均水平。③ 因此，芝加哥学派反对哈佛学派所主张的对长期存在的过度集中的大企业采取分割政策和实行严格的兼并限制的方法，主张反垄断政策的重点应该是对企业的市场行为进行干预，其中主要是对卡特尔等企业间价格协调行为和分配市场的协调行为实行严格的控制。

（二）垄断的福利损失

作为微观经济学的基石，静态效率是指在给定技术条件下资源配置的效率，它是由社会总剩余的大小来衡量的，而社会总剩余又是生产者剩余和消费者剩余的总和。按照新古典经济学的观点，在完全竞争市场结构下，资源配置效率或者说静态效率可以实现最大化，因此，竞争改进了资源配置效率，任何促进资源配置效率最大化的制度改进都符合帕累托改进原则，应该鼓励。

新古典经济学把垄断和竞争当成对立的两个极端，并在理论上将二者进行比较，这是从 19 世纪晚期逐渐发展起来的一种研究方法。到了 20 世纪 50 年代，在这种研究方法的指导下，达到了对所谓垄断的社会成本作验证计量的阶段，其中最有影响的研究是由哈伯格（Harberger）作出的。④ 他的基本观点可以简述如下（参见图 13－2）：

假定长期平均成本对于企业和产业都不变，并通过直线 $MC=AC$ 来表示。完全竞争条件下的产出将为 Q_C。在这一个产量点，MC 与需求曲线 DD 相交。如果卖方是一个垄断者，他可以生产 Q_M 并按价格 P 出售而获得最大利润。他的垄断利润可

① 威廉·格·谢佩德：市场势力与经济福利导论[M]. 北京：商务印书馆，1980.

② 夏大慰. 产业组织与公共政策：哈佛学派[J]. 外国经济与管理，1999(8)：3—5.

③ 夏大慰. 产业组织与公共政策：芝加哥学派[J]. 外国经济与管理，1999(9)：3—6.

④ HARBERGER. Monopoly and resource allocation[J]. *American Economic Association papers and proceedings*，1954，44(5)：77—87.

用矩形 $ABCP$ 表示。消费者剩余损失则以梯形 $AECP$ 计量。但是，$ABCP$ 表示的这个区域并非是损失的福利，而只是财富从消费者转移到了垄断者手中，社会整体由于垄断而造成的净损失为“福利三角形”ABE。

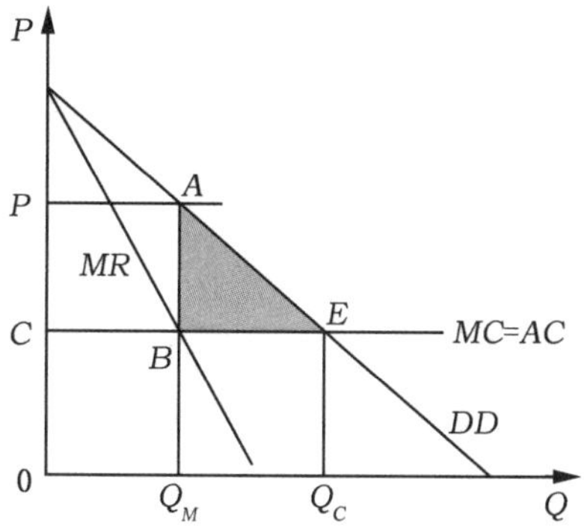

图 13—2　哈伯格福利三角

事实上，当哈伯格用自己的模型对垄断的社会成本进行估计①时，其相关结论受到了后来的一些经济学家的诘难，认为哈伯格的测算是严重低估了。施蒂格勒提出的反对意见是：第一，垄断者通常在价格大于 1 的范围内生产；第二，垄断的某些利益已包括在资产的账面成本中，因而导致了报告利润的低估。② 后来的研究采纳了施蒂格勒的反对意见，其报告的垄断社会成本比哈伯格高得多。例如，D. R. 卡默申(Kamerschen)提出，1956—1961 年间，由于垄断造成的年福利损失大约为国民收入的 6%。③

1966 年，莱宾斯坦提出 X—非效率理论。④ 莱宾斯坦指出，在垄断企业内部存在着资源配置上的非效率性，处在竞争市场上的企业为了争取生存，企业内各要素会相对团结地去提高效率；而在垄断条件下，由于享有垄断利润，企业内各组成部分的行为就会偏离争取最大限度利润的目标，而出现企业组织内部追求各部门(或小集团)自身的利益，从而导致企业效率的下降。X—非效率的存在导致垄断企业获得的部分垄断高利在企业的低效率生产或管理过程中被耗散，这也是有些企业虽然占据垄断地位，但其实际经营绩效并不好的原因之一，从而也造成社会福利的更大损失。

---

① 哈伯格为此作出了许多假定，特别是假定所有产业的边际成本都不变，需求的价格弹性处处都等于 1，然后估计美国制造业部门在 20 世纪 20 年代的年福利损失为 5 900 万美元，这占当时美国国民收入的千分之一。

② STIGLER. The statistics of monopoly and merge[J]. *Journal of political economy*，1956，64(2)：33—40.

③ KAMERSCHEN D R. An estimation of the“welfare losses” from monopoly in the american economy[J]. *Western economic journal*，1966，4 (Summer)：221—236.

④ LEEIBENSTEIN. Allocative efficiency vs. “x-efficiency”[J]. *American economic review*，1966(6)：58—69.

新古典经济学认为，垄断势力还会造成其他的社会成本。企业可能会以一种对整个社会来说是不经济的方式去获取资源，保持或实施它的垄断势力。这包括广告、游说和合法的努力去避免政府管制以及反托拉斯调查所损失的资源。这些资源代表社会的成本，就像传统的"无谓损失"和任何的 X－非效率损失一样。企业间的这种寻求租金的竞争被称为寻租行为。一些简单的模型表明，如果寻租者间存在着完全竞争（即存在许多完全相同的厂商），那么所有的租金将被全部耗光。①

二、反垄断政策

垄断会带来整个社会福利的损失，并且垄断者获取的垄断利润会以消费者损失为代价。因此，政府为了提高经济效率和实现社会福利最大化，通常会采取旨在抑制垄断势力的各种反垄断政策。②

垄断法是政府通过制定法规来限制垄断企业行为的垄断管制方式。更具体地说，反垄断法是调整竞争关系，防范和控制垄断企业以合谋、滥用经济优势等方式限制和破坏竞争，以保护和促进竞争的法规。

反垄断法的主要作用体现在：第一，保护竞争者的合法利益。反垄断法的这一作用非常明显。由于垄断等限制竞争行为的直接受害者首先是同行业的竞争对手，因而反垄断法通过对这种行为的禁止或限制便可有效地保护竞争者的合法权益。第二，保护消费者的合法权益。在不存在任何外来干涉的情况下，完全垄断能够攫取绝大多数消费者剩余，实现自身利益最大化。通过阻止与惩罚垄断行为，反垄断法保护了消费者的合法利益。第三，维持经济社会的效率与公平。保护消费者的利益一方面有助于实现社会福利的增加，从而提高效率，另一方面也体现了垄断企业与消费者之间利益划分的公平性。

总的来说，反垄断法的基本内容是：第一，禁止垄断和卡特尔协议。这里的垄断是指企业通过并购、收购或低价倾销等手段，把其他竞争对手从市场上排挤出去，从而确定自己在市场上的垄断地位，并以此支配市场。许多国家通过反垄断法规，对危害竞争的垄断企业实行分割。第二，限制削弱竞争的并购。市场集中有利于发挥规模经济的作用，但过度集中又会产生垄断，从而限制竞争。由于企业并购是实现市场集中的主要途径，因此，各国反垄断法都对导致市场过度集中的企业并购尤其是对大企业之间的并购施行必要的规制和严格审查程序。第三，禁止滥用市场力量。所谓滥用市场力量，是指在市场中居支配地位的大企业凭借自身实力对其他企业施加影响，迫使其

---

① ROGERSON W P. The social costs of monopoly and regulation: a game-theoretic analysis[J]. *Bell journal of economics*，1982，13(Autumn)：391－401.

② 这里，我们对反垄断法和反垄断政策不加区分，统称为"法规"。

他企业按照自己的意愿行事，从而妨碍市场竞争。严格地讲，具有市场力量的大企业并不一定会对市场的“三公”原则①产生危害，只有那些利用其市场力量采取非法行为的企业才是应当受到制约的垄断企业。因此，各国的反垄断法都对价格歧视、排他性交易、搭配销售和限定销售区域等滥用市场地位的行为加以限制。

三、主要经济体的反垄断政策

（一）美国的反垄断法

美国不但是现代反垄断法诞生的摇篮，而且其反垄断法具有巨大的辐射力。可以这样说，目前世界各国的竞争政策都受到了美国自 19 世纪末以来的反垄断法的影响。如日本的反垄断法是第二次世界大战之后在美国的督促下制定的；欧盟的竞争政策虽然以罗马条约为基础，但是从根本上说是受到美国反垄断法精神影响的。因此，下面首先介绍美国反垄断法的主要内容。

1. 美国的反垄断政策和法律框架

（1）《谢尔曼法》。早在 1890 年，美国国会就通过了第一部反垄断法律——《谢尔曼法》。②《谢尔曼法》是反垄断的基本法，主要针对贸易中存在的垄断问题，重点是禁止垄断与合谋。《谢尔曼法》禁止任何限制交易的协议。《谢尔曼法》规定，任何用来限制交易或者商业活动的合同，无论是以信托、合谋或其他方式，都是非法的。任何人签订这类合同或者从事任何形式的合谋，都将被认定为犯有重罪。

《谢尔曼法》对垄断的判断依据：一是按区域和产品划分的市场力量，主要以市场占有率为依据，如果某个厂商的产品市场占有率为 80％～90％，可以视为市场力量很大；二是当事企业采取了某些掠夺性定价或排他性的行动。

（2）《克莱顿法》。1914 年通过的《克莱顿法》③的重点是防止价格歧视和通过产权重组形成排他性经营。《克莱顿法》认定价格歧视、排他性和限制性合同、削弱竞争的企业间交叉持股、互派董事等行为是违法的，并且对不正当竞争作出了一般规定。

《克莱顿法》禁止卖方对不同买方实施歧视性价格，但是允许对不同品质、不同等级或销售数量的产品实施差别价格；在上述条件相同时，只能根据销售成本或运输成本的差别相应地降低价格，并且卖方只能是为了竞争进行善意降价。

《克莱顿法》还限制企业间削弱竞争和形成垄断的权益或资产交易，规定从事交易活动或者对交易活动有影响的任何企业都不得擅自进行可能会持续减弱竞争或有利

① 三公原则是指市场经济的公平、公开、公正原则。

② 美国国会．谢尔曼法[EB/OL]．[2004-11-17]．http://tfs.mofcom.gov.cn/aarticle/dzgg/gwyxx/200411/20041100306403.html.

③ 美国国会．克莱顿法[EB/OL].[2013-12-11]. http://code.fabao365.com/law_29867_1.html.

于形成垄断的并购活动，即以直接或间接的形式获得其竞争对手的部分或全部权益或资产（但不影响竞争程度的单纯投资行为不受限制）。若要进行这种购并活动，需事先向贸易委员会申请，得到批准后方可进行。

（3）《联邦贸易委员会法》。同为1914年通过的《联邦贸易委员会法》主要是对重组并购进行管理，防止重组并购中的垄断行为。[①]《联邦贸易委员会法》规定，任何并购必须获得联邦贸易委员会或者司法部的批准，未经批准，资产不得并购为一体。联邦贸易委员会和司法部联合实施反垄断法，共同提出了企业并购准则。该准则概述了联邦贸易委员会和司法部对横向和纵向并购的有关政策。贸易委员会还被授权禁止任何个人、合伙人和公司在交易活动中或任何影响交易的活动中利用不公平竞争以及欺骗性手段。

以上三部法律构成美国反托拉斯政策的核心，并且多年来几经修订，并通过联邦最高法院判例解释，逐步形成较为完善的反托拉斯法律体系。

2. 反垄断政策的效果评析

（1）反垄断政策的积极效果。美国反垄断政策在维护公平竞争的市场秩序、企业的最大自由和消费者权益等方面发挥了巨大的推进作用。因此，美国过去存在一个广泛的观点，认为《谢尔曼法》和其他反垄断法在美国的经济生活中发挥了重要作用。假如没有联邦政府监督大企业的活动，那么如今整个美国经济就会被少数几个私人垄断企业所控制，如通用汽车公司（GM）、美国电话电报公司（AT&T）、国际商业机器公司（IBM）等。这种观点认为，在一个多世纪的漫长岁月里，美国反垄断政策在促进经济的协调发展方面起了其他法律无法替代的作用。

（2）对反垄断政策效果的质疑。早期的观点认为，反垄断法的目的是促进市场竞争和维护竞争秩序，而现在越来越多的学者认为，竞争本身不是最终目的，竞争能够带来效率，效率才是最终目标。例如，波斯纳（Posner）等人认为，反垄断政策的目的应在于促进经济效率；反垄断法应该是保护竞争，而不是单纯保护竞争者。[②] 市场竞争本来就是优胜劣汰，因而对企业的市场行为判定，关键不在于看其是否损害竞争者或排斥竞争对手，而在于它是否促进社会的经济效率。如果市场上竞争者过多，不利于规模经济的利用及经济效率的提高，就应该允许通过竞争、合并来推动市场集中。如果垄断能够带来效率，例如自然垄断、专利垄断以及市场优胜劣汰竞争带来的暂时垄断，那么就不应该反对这样的垄断。

（二）欧盟的反垄断法

欧盟的反垄断法有两个层次：一是由欧盟委员会制定的条约，主要是促进竞争的

---

① 美国国会．联邦贸易委员会法[EB/OL]．[2013-12-11]．http://code.fabao365.com/law_29868.html.

② 波斯纳．法律的经济分析[M]．2版．北京：法律出版社，2012.

法规，例如《罗马条约》第 85 条禁止共谋，第 86 条禁止具有支配市场地位的企业滥用其支配力；二是各成员国自己的反垄断法规。在下列情况下，欧盟各成员国的国内反垄断法将发挥作用：第一，在欧盟法律没有规定，且只对本国产生影响的情况下，可以应用国内法律；第二，成员国法律是对欧盟法律没有涉及的领域的补充；第三，成员国对并购说明有不同的要求。因此，一般来说，各成员国的法律大多比欧盟的法律更严格。

欧盟并购规则于 1989 年颁布施行[①]。该规则采取事前控制的原则，规定凡是符合欧盟规定规模的并购都应提前通知欧盟委员会，由委员会决定是否准予并购。并购规则规定企业并购行为能否获得批准的标准是：该并购行为是否创造或加强了市场垄断地位，从而导致欧盟市场上某一独立部分的竞争受到显著损害。通常，欧盟委员会不会批准那些既加强了市场垄断地位，又对竞争造成损害的并购活动。

欧盟促进竞争法与美国反垄断法在基本原则上有许多共同之处，但是由于外部环境不同，其具体分析方法和操作程序也有所不同。

欧盟促进竞争法与美国反垄断法的共性有：第一，判断违法的要素相似。欧盟《罗马条约》第 85 条款和美国《谢尔曼法》禁止垄断和共谋，其判别依据类似。两部法律都认定除了明显书面协议外，其他能够被证明具有共谋行为的做法均是违法的；但两者都不限制有两家以上企业参与的单边行为。[②] 第二，在审查并购案时都重点关注对竞争的影响。美国和欧盟的反垄断执行机构和法院都对竞争者之间的协议、相关价格，以及具有高市场力量的企业间的协议和并购进行重点审查。第三，重点限制滥用市场力量，并用市场份额来衡量市场力量。尽管《罗马条约》第 85 条款与《谢尔曼法》有些不同，但在案例分析时，第 85 条款采取与美国非结构学派类似的分析方法。依据欧盟法律规定，并不直接对垄断起诉，而是对正在滥用支配地位的厂商起诉。支配地位是由市场力量指标来决定的，市场力量是通过市场份额、相关市场识别和进入障碍等因素分析来判断的。第四，处罚力度开始趋向接近。过去，欧盟法律的实施政策和惩罚措施的严肃性较之美国法律有较大差异。近些年来，欧盟采取了重要的实施措施和严格的处罚。

欧盟促进竞争法与美国反垄断法的主要区别有：第一，对限制贸易活动的行为采取不同的程序。欧盟的法律在实践中更具有规范性，对哪些协议可以不受法律限制作了明确规定；而美国的反垄断法对纵向垄断案主要靠因果分析来判断，具有较大灵活性。第二，对非价格纵向限制的处理不同。欧盟《罗马条约》的主要目的不仅仅是促进

---

① 刘和平．欧盟并购控制法律制度研究[M]．北京：北京大学出版社，2006．

② 所谓单边行动，是指企业各自决策、没有共谋和协调的提高价格和限制产量的行动。

竞争，更重要的是创造欧洲共同市场，这一目标引导欧盟委员会和法院对非价格纵向限制的分析采取了完全不同的方法；而美国反垄断法的重点是促进竞争。欧盟法律非常重视分割市场的企图，因此，企业在欧洲建立销售网络时要格外小心。在美国，有选择的分销战略很容易通过合理性分析；而在欧洲，有选择的分销战略不仅可能违反《罗马条约》第85(1)条款，个别做法还可能被证明是不合法的。第三，经济理论和案例分析方法不同。在欧盟法律中，产品间的竞争和产品内的竞争在纵向限制分析中是相关因素，同等重要；而美国芝加哥学派认为，产品间的竞争比产品内的竞争更重要。欧盟法律对占主导地位企业并购案例的分析方法严格按照扩大垄断和掠夺性定价等经济理论；而美国的反垄断法则更注重效率分析。第四，在执行程序等其他方面也有一些区别。在欧盟法律中，限制知识产权许可和限制协会都可能违反《罗马条约》第85(1)条款；在欧盟某些成员国的法律中，价格歧视是被允许的，如法国和德国。

（三）日本的反垄断法

第二次世界大战后，日本迫于美国压力，于1947年制定了《禁止垄断法》，后来进行了数次修改，比较重要的有1953年、1977年的修改。1953年的修改放宽了限制，废除了一些禁止卡特尔的条款，同时还规定了许多除外适用的条款，甚至引入了不景气和合理化卡特尔的内容。此后的修改也几乎是在弱化反垄断法的实施。直到1977年的修改，首次明确课征金制度，强化了对垄断状态的调整措施等，可以说这是对近30年来放宽限制的一次收紧。以此次修改为标志，后来的每次修改都是对垄断的从紧从严而非放松限制。最近的一次修改是2009年，加重了不正当交易限制罪的刑事制裁以及修改了有关损害赔偿诉讼法院向公交会征求意见的义务性规定等内容。日本《禁止垄断法》的每次修改无不反映了这样一个事实：每次修改都趋于符合日本当时经济发展的国情。

日本反垄断法的构架由两大部分组成：反垄断法的目的和反垄断法禁止的行为。①

1. 日本反垄断法的目的

(1)确保有效的市场运行机制。日本奉行的是“企业自负责任原则”，即在市场机制下，企业根据自己的判断进入市场并通过创造利润而生存。这意味着企业的互相竞争不可避免，竞争的结果是一些企业获得成功，另一些企业惨遭失败，并被迫离开市场。有些企业试图通过操纵市场来躲避激烈的竞争，有些甚至利用不公正的竞争手段来干扰市场机制。在这种情况下，政府通过反垄断法来进行干预。反垄断法旨在清除影响市场自由和公正竞争的障碍，保证市场机制的清洁运行，实现日本经济的有效运

① 以下内容主要引自孙荣玲、吕春燕．日本反垄断法的特点研究[J]．法学杂志，2002(3)。

行。

(2)保护消费者的利益。反垄断法在保护消费者利益方面的力度非常大。从经济的角度出发,消费者有权对企业产品的实际情况提出意见,这种权利在经济上称为“消费者自主权”。但是,如果企业间的竞争消失或厂商采取不公正的竞争手段,消费者就有可能失去理智选择的能力,消费者的主权因而受到侵害。反垄断法的目的就是防止这种情况的发生,使消费者作出正确的选择,并采取补救手段。

(3)保护企业的利益。反垄断法的真正目的是取消对商业活动不合理限制和市场垄断,以保证企业在一个自由经济环境中自由地从事商业活动。反垄断法禁止那些依靠反对竞争行为并从中获利的企业,激励厂商的创造动机,鼓励商业活动,以防止整个产业的下滑。

2. 反垄断法限制的行为

(1)限制卡特尔。限制卡特尔的具体内容包括:禁止对贸易进行不合理的限制,禁止参加国际卡特尔,对贸易协会的活动加以管理。

日本反垄断法第三部分为禁止所有企业进行不合理的贸易。这里不合理的贸易指的是企业间的卡特尔。由于卡特尔成员通过共同协议的形式直接躲避竞争的行为不仅对诸如涨价之类的行为有反面作用,而且允许效益差的企业继续生存,从而延滞了经济的整体发展,因此,日本反垄断法严格禁止卡特尔。

反垄断法不仅规范国内的市场,而且也规范与国外企业间的贸易(如果这类贸易限制了日本市场竞争的话)。

反垄断法对日本贸易协会的活动也加以严格的管理。因为在相当多的情况下,卡特尔的形成不只限于企业间协议或备忘录的形式,有时贸易协会也可能出现卡特尔现象。例如,如果一个贸易协会决定提价,并将提价的幅度下达到各相关企业,则这种行为可算作由贸易协会形成的卡特尔。此外,贸易协会不可以限制某一特定领域中企业的数量,限制相关企业的活动与职能,强迫企业从事不公平的贸易活动,等等。

(2)禁止独占和寡头。这部分的主要内容包括:禁止私人垄断,控制独占的措施。

私人垄断指的是企业以独自或与其他企业联合的方式,采取故意排斥或控制的活动以形成市场势力或实施其市场势力。但是,如果一个企业通过提供高质量、低价格的产品而将其他企业淘汰出局,这种由于竞争结果而获得市场垄断地位的行为不在反垄断之列。

寡头市场不可能产生有效竞争。因为原本竞争的企业形成了一种相互依赖的关系,并能预计相互的行动,最终造成无效竞争。在高度垄断的产业中,如果出现一两个厂商占绝大部分市场份额(如超过50%以上)的情况,反垄断法视这种情况为独占情形,并对这些企业采取必要的措施以恢复竞争,如将该企业的某一部分分离出去。

(3)禁止不正当竞争。反垄断法适用于不正当竞争时,主要有以下内容:不公平贸易行为,拒绝贸易,歧视价格和歧视待遇,不公平低价销售和高价购买,搭售,排他性贸易,转售价格限制,限制性贸易,滥用讨价优势地位,干预竞争者的交易和竞争企业内部运行,等等。为使竞争机制有效发挥作用,必须建立以提高质量和降低成本为宗旨的商品与服务公平竞争的机制。为此,反垄断法禁止有意阻碍公平竞争的“不正当交易”行为。

反垄断法赋予日本公正交易委员会定义不公平贸易行为的权力。其将不公平贸易分为以下三大类:第一类是限制自由竞争行为,如拒绝交易、歧视价格、不公平低价销售及转销限制;第二类是不公平竞争,如利用欺诈手段引诱顾客购买其产品或获取不公平的利润和搭售;第三类是大企业利用讨价还价的优势地位强迫贸易伙伴接受不合要求的行为。

(4)并购条款。在限制兼并方面的规定是:无论是在什么领域,如果兼并限制了贸易竞争,将加以禁止。在确定兼并对竞争的影响程度时,要综合考虑兼并企业提供服务和货物种类、服务与商品成交的区域扩张及交易的阶段(生产、批发、零售等)等具体因素。当兼并改变市场结构时,兼并就明显地控制了竞争,特别是当企业能够根据自己的意愿,自由地影响产品的价格、质量、数量和其他条件时,其就能控制市场。判断某一兼并是否合法,要考虑各种竞争因素。在限制企业收购方面,反垄断法认为企业间的收购与兼并有着同等的行为效应。在限制持股方面,反垄断法认为无论在什么领域,如果某企业股票收购或持股会限制竞争,其不得收购或持有其他企业的股票。在限制董事会互相结合方面,反垄断法认为在任何领域,如果这种行为有可能限制竞争,就应被禁止。

(5)规范权力集中及卡特尔豁免等。日本《禁止垄断法》第 4 章是为防止经济权力过度集中而进行的规范。其主要对控股公司①加以限制,对非金融性大公司持股总量加以限制,对金融公司的持股加以限制。

经济权力过度集中指的是某控股公司及其子公司在一些商业领域中,因其业务总量绝对庞大而出现的经济力量过度集中的现象。由于控股公司及其子公司对其他企业有明显的影响和支配力,其任何交易对金融或相关商业领域都会产生千钧一发的作用,可能会对国民经济造成很大的影响,从而阻碍公平和自由竞争。

反垄断法禁止非金融性大公司以过多的资金和资产控制其他企业,旨在防止以此类公司为核心的公司集团的形成和扩张。考虑到金融公司(银行、保险公司和证券公

① 日本反垄断法对控股公司的定义是:一公司对其他公司股份收购和津贴总和超过了该公司所有资产价值的 50%。

司)作为资金的贷方,会对借方产生很大的影响,因此,反垄断法将金融公司对日本公司的持股限制在5%以下(保险公司有时能达到10%)。

(四)我国的反垄断法

我国反垄断法(《中华人民共和国反垄断法》[①])吸取国外反垄断法的有益经验,在总体框架和主要内容上和大多数国家的反垄断法是基本一致的,确立了禁止垄断协议、禁止滥用市场支配地位以及控制经营者集中三大制度。同时,我国反垄断法又立足于本国国情,每一项制度都体现了中国特色,反映了我国目前经济发展阶段和发展水平、市场竞争状况、市场主体成熟程度等实际情况的要求。

《中华人民共和国反垄断法》共8章57条。主要内容包括四个方面:

1. 关于垄断协议

我国反垄断法对横向垄断协议和纵向垄断协议分别作出了禁止性规定,对行业协会组织本行业经营者实施垄断协议作出了禁止性规定。反垄断法将竞争者之间达成的关于固定价格、限制产量、划分市场以及串通招投标等垄断协议称为核心卡特尔,是经营者经营行为的禁区。虽然反垄断法规定了垄断协议的豁免条件,但一般而言,核心卡特尔是很难满足《中华人民共和国反垄断法》第13条关于垄断协议豁免条件的。

2. 关于滥用市场支配地位

我国反垄断法不反对经营者具有市场支配地位,但严格禁止其滥用市场支配地位实施排除、限制竞争,损害消费者利益的垄断行为。反垄断法列举了垄断价格、掠夺性定价、拒绝交易、强制交易、搭售、差别待遇等典型的滥用市场支配地位行为。但鉴于滥用市场支配地位行为的复杂性,在该法律的实际应用中,无论是市场支配地位的界定,还是滥用行为的分析,都是反垄断执法中极具挑战性的领域,在执法中需要很多的经济分析。

3. 关于经营者集中

经营者集中,一方面有利于形成规模经济,从而提高经济效率和企业的竞争力,另一方面又可能产生或者加强市场支配地位,导致排除或限制竞争。因此,各国反垄断法都对经营者集中实行必要的控制。我国反垄断法鼓励经营者通过依法实施集中等方式做大做强,同时依法规制经营者集中行为,规定经营者集中达到国务院规定的申报标准的,应当事先向国务院反垄断执法机构申报,未申报的不得实施集中。

我国反垄断法未直接规定经营者集中的申报标准,而授权国务院规定。目前,国务院有关部门正在抓紧研究经营者集中的申报标准等问题。根据其他国家的法律规定和自身的执法实践,经营者集中申报标准的指标应当客观、明了、可量化,如以资产

---

① 全国人民代表大会常务委员会. 中华人民共和国反垄断法[M]. 北京:中国法制出版社,2009.

额、销售额以及集中的交易额等为指标规定申报标准，使得经营者和反垄断执法机构能够清楚地判断其拟进行的集中行为是否需要申报。

各国反垄断法都是根据本国经济的发展阶段、发展水平、市场竞争状况等情况并结合一定时期的产业政策确定各自的申报标准，具体标准差别很大。我国现阶段经济发展中的一个主要问题是，产业集中度不高，许多厂商达不到规模经济要求，竞争力不高。从我国现阶段经济发展的实际情况出发，我国反垄断法对经营者集中的规定，既要有利于厂商通过依法兼并做大做强，发展规模经济，提高产业集中度，增强竞争能力，又要防止经营者过度集中形成垄断。因此，经营者集中的具体申报标准要合理、适度。

4. 关于滥用行政权力排除、限制竞争

针对我国市场经济中存在的行政机关及公共组织滥用行政权力排除、限制市场竞争的行政性垄断的具体表现及其危害，我国反垄断法对滥用行政权力排除、限制竞争行为进行了专门规定，列举了强制交易、地区封锁（包括限制商品在地区间流通、阻碍外地经营者参加本地招投标活动、以不公平方式设定市场准入等）、强制经营者从事垄断行为等滥用行政权力排除、限制竞争的行为，比较全面地涵盖了我国目前存在的滥用行政权力排除、限制竞争行为的主要表现形式。同时，反垄断法还专门针对含有限制竞争内容的抽象行政行为作了规定，要求行政机关不得滥用行政权力，制定含有排除、限制竞争内容的规定。

我国反垄断法与其他国家的反垄断法存在两点不同之处：第一，在目的方面，《中华人民共和国反垄断法》"总则"第一条指出："为了预防和制止垄断行为，保护市场公平竞争，提高经济运行效率，维护消费者利益和社会公共利益，促进社会主义市场经济健康发展，制定本法。"其中，"维护社会公共利益"是我国反垄断法的特殊之处。第二，我国反垄断法中关于行政垄断部分的内容也是具有中国特色的部分。

第三节　中小企业政策

中小企业政策是产业组织政策的重要组成部分，重点是研究制定如何扶持中小企业发展的政策。制定中小企业政策是由中小企业在国民经济中的地位决定的，也是保持产业组织内部竞争活力的要求，从而实现产业组织合理化和资源有效利用的目的。

一、中小企业政策的理论依据

(一)保持产业组织内部的竞争活力

在产业内部,保持一定数量的中小企业并使其健康发展,使大中小企业并存,有利于增强产业组织内部的竞争活力。中小企业在同大企业的竞争中,由于自身条件的限制,一般总是处于不利地位。在这种情况下,为了能形成一个有效的竞争环境,中小企业政策除了鼓励中小企业努力改善自身的经济弱势,从而具有与大企业竞争的能力外,也应积极运用政府的力量,为中小企业提供各种援助,给予中小企业在市场上得不到的经济条件,组织中小企业避开大规模生产经营优势领域,利用中小企业的特点,寻求保护中小企业利于生存的区间,并帮助中小企业创造一个与大企业在同等基础上进行竞争的环境,从而通过中小企业的发展使产业组织内部保持竞争的活力。

(二)中小企业地位的不可替代性

中小企业规模小,所需投资少,易于创办,经营灵活,易于适应市场的需求变化,能够在短期内投产,满足国民经济的急迫需要,投资回收期短,见效快;可以分散布点,就地加工,就地销售,节约运输,改善布局;还可以充分利用分散的小型资源,灵活地使用劳动力,扩大就业;等等。

社会化大生产一方面要求工业生产过程按一定的内在的技术经济联系在专业化基础上进行分解,另一方面又要求工业生产过程在专业化分解的基础上进行协调。这是社会化大生产的一般趋势。分解的方向是形成许多小而专、小而精的中小企业。

总体而言,大企业比中小企业有更多优势,如技术的优势、装备的优势、规模经济的优势等。而中小企业在人财物等方面的能力相对较弱,由此造成的社会环境对中小企业不利,如筹资困难和经营风险较大等。为此,就需要针对中小企业存在的困难采取一定的扶持性措施,帮助其增强实力。比如,在资金方面采取信贷措施,在税收方面实行公平税负,帮助培养人才、提供信息,在中小企业与大企业交易中,采取限制大企业的市场支配能力的政策和提高中小企业对抗能力的组织政策等。

二、国外中小企业政策

(一)美国、德国和法国的中小企业政策

美国政府注重利用小企业创造竞争环境,这主要通过扶持小企业本身的发展来实现。为此,美国联邦政府于1953年成立小企业管理局,专门对小企业提供帮助。其主要任务是:为小企业提供资助和进行投资,促进小企业的管理和技术进步,签订联邦购买合同,促进少数民族企业的发展以及提供咨询服务等。直至目前,美国政府还通过提供税收上的优惠政策,来鼓励新企业的出现和成长。

促进竞争、抑制垄断的产业组织政策在德国占主导地位，扶持中小企业政策就属于这一范畴。德国中小企业在经济中占有极其重要的地位，因此，保持和提高中小企业的效率和竞争能力，是德国制定经济政策和社会政策的一个重要因素。扶持中小企业的政策措施主要包括：第一，制定法律，提供公平经济条件。如制定《反对限制竞争法》，建立执法机构卡特尔局，改革税收等，为中小企业自由发展创造公平条件，加强小企业与大企业竞争的能力。第二，采取多种渠道，提高中小企业生产效率。如加强技术培训，推广厂房设备合理化，组织企业协作，促进科研和技术革新，加强咨询，促进信息交流。第三，提供财政支持，扶持中小企业。财政支持分为一般性财政援助、促进研究开发货款、改善地区经济结构补贴、改善环境优惠贷款、职业教育资助贷款、促进咨询补贴、新建企业资助七大类。

法国为了扶植中小企业，在 20 世纪 50 年代曾通过财政补贴、税收优惠、低息贷款等手段帮助中小企业进行技术改造，并鼓励中小企业与大的垄断集团签署专业化承包合同等。

（二）日本和韩国的中小企业政策

中小企业在日本经济中占有较大比重，并发挥着重要的作用，导致日本政府历来重视中小企业。日本的中小企业政策以保护中小企业生存空间，帮助中小企业创造一个与大企业平等竞争的环境为目标。为此，政府设立了中小企业管理局，鼓励中小企业积极联合协作，给予中小企业资本、技术、管理全方位的资助与咨询服务。为了使中小企业能够长期稳定地发展，日本还以技术和设备现代化为目标给予中小企业必要的扶植，其中包括中小企业政策立法、资金援助、设备租赁、推进中小企业结构改善政策等。例如：日本在 20 世纪 50 年代后制定过一系列的中小企业政策，加《中小企业基本法》《中小企业指导法》等，促进中小企业加快实现现代化；政府从资金和其他方面采取援助措施，帮助中小企业逐步实现设备现代化；政府制定对中小企业的经营管理和技术等进行指导的计划，各地方政府再据此制定具体的实施计划；根据法律，促进企业建立各种可以达到规模优势的组合，并设立以组合为会员的“中小企业团体中央会”，由它担任建立组合的指导工作；对要求转业的中小企业，在转业计划获得批准后，从金融、信用保证、税利等方面给予支援。此外，还在金融和税制上帮助中小企业推进现代化，在政府订货方面帮助中小企业获得订货合同。

韩国从 20 世纪 80 年代开始政府逐步取消对大企业的优惠，转而扶持中小企业，其主要政策措施有：第一，政府每年确定并告示中小企业系列化行业与品目，并为有关企业提供特别信用保证和税收减免。第二，从 1983 年 5 月起实施挖掘和支持外销中小企业制度，对具有外销潜力的中小企业提供资助。此外，还在人才培训、商业情报、销售宣传等方面给予资助。第三，从 1984 年 4 月起实行中小企业创业支援制度，利用创业支援基金、中小企业振兴基金及国民投资基金提供援助，并对技术密集型中小企业免征法人所得税。1986 年又制定《中小企业创立补助法》，以扶持小企业创建。第四，为促使政府与国营机构优先购买中小企业产品，1989 年制定了《中小企业产品购买促进法》。

三、我国的中小企业政策

（一）加强对我国中小企业政策扶持的必要性

我国目前有中小企业 4 200 多万户，占企业总数的 99%以上。这些企业占国内生产总值的 60%，为国家贡献税收占税收总额的 50%。我国的国情与西方国家有一定的差别，但在我国，加强中小企业的政策扶持显得更为重要，这是因为：

首先，中小企业能够创造更多的就业机会。我国农业人口占总人口的近 80%，随着工业化和城市化的进程，就业压力显得越来越大。相对而言，中小企业能比大型企业吸收更多的劳动力。据统计，在大型工业企业中，人均占有固定资产净值 4.4 万元，而在中小企业，人均占有固定资产净值仅 1.3 万元。同样的资金量，中小企业可以比大型企业多吸收 2 倍的劳动力。因此，扶持中小企业的发展，对于解决我国人口就业问题无疑有深远的意义。

其次，中小企业能够更好地利用地方资源。大型企业使用的资源通常都是集中的资源，否则就不能适应大量生产体制的要求，不能发挥大型企业的规模经济性优势。但我国的具体国情却是资源分布不均，特别是许多重要的自然资源、农副产品资源更是如此。因此，发展适度的中小企业，对于合理利用资源有着极其重要的作用，尤其在经济比较落后的地区，要充分利用当地资源脱贫致富，中小企业更能显示出其优势。

再次，中小企业在同大型企业的配合上，更是显得不可缺少。随着经济的发展，如果没有中小企业的分工协作，大型企业将难以运作。虽然中小企业现代化程度一般较大型企业为低，生产率通常也低于大型企业，但它们的作用是大型企业难以取代的。

最后，科技的发展使得一些新兴的产业生产不必采取集中的生产方式即可实现良好的经济效益，这给中小企业提供了良好的发展机会。如像北京中关村这样的高新产业区，中小型企业就占了相当大的比重。中小型企业成为科技创新的主要力量。再如，随着网络经济的发展，一些过去只有大企业能做的活，现在中小企业借助互联网也能做到。

通过上述分析可知，无论是从建立社会主义市场经济的多元化主体出发，还是借鉴西方国家的经验教训，都应该在政策上大力支持、发展适应资源有效配置原则的中小企业。政府应当在中小企业创新、融资、就业、培训、市场准入以及加强内部管理等方面给予优惠政策，以支持、帮助中小企业能够平等、公平地进入各个行业。

(二)我国中小企业政策简述

我国一直重视对中小企业的扶持,中央多次发布有关政策,扶持和支持中小企业的发展。

我国在2002年颁布了《中华人民共和国中小企业促进法》[①],2017年进行了修订。《中华人民共和国中小企业促进法》从法律层面保障了中小企业在我国经济中的权益和地位,在财税、融资、创业、创新、市场开拓方面进行了一定的政策倾斜。

2019年4月,中共中央、国务院发布了《关于促进中小企业健康发展的指导意见》[②],该指导意见明确了要进一步放宽市场准入,推进"非禁即入";要清理废除妨碍统一市场和公平竞争的各种规定和做法;要实行公平、统一的市场监管制度等,以营造良好的发展环境;还专门就如何破解融资难融资贵的问题、如何完善财税支持的政策问题、如何提升创新发展能力的问题等进行了具体的规定;最后,还对政府如何改进服务保障工作,以及强化组织领导和统筹协调提出了明确的要求。

第四节　产业组织合理化政策

一、产业组织合理化政策的理论基础

产业组织合理化政策是旨在促进规模经济形成、改善产业组织结构、建立大批量生产方式和增加产业利润、实现产业振兴的产业政策。产业组织合理化政策不仅在一些工业化先行国家发挥过重要作用,更是后发工业国实施赶超战略必不可少的基本政策之一。因为后发工业国在国际竞争中面临的基本问题就是厂商规模较小,产业集中度过低,缺乏足够的竞争力。

在产业组织理论中,作为对市场绩效考察的一个方面,规模经济也是一个很重要的指标,但是所考察的对象通常不是具体的某个企业,而是整个产业。产业规模经济水平就是指产业总体规模效益的利用程度和水平。产业规模经济水平既与产业内单个企业的规模经济水平密切相关,还反映出产业内企业间的分工协作水平的程度。因此,市场结构状况、产业内的企业规模结构对产业规模经济水平有重要影响。宏观经济状况、政府的有关产业组织政策,也会通过影响市场结构和市场行为而影响特定产业的规模经济水平的变动。

---

① 全国人民代表大会常务委员会. 中华人民共和国中小企业促进法[M]. 北京:中国法制出版社,2017.

② 中共中央办公厅、国务院办公厅. 关于促进中小企业健康发展的指导意见[M]. 北京:人民出版社,2019.

二、产业组织合理化政策的内容

(一)企业并购政策

并购的结果是减少了产业内企业的数量,扩大了现存企业的规模。因此,它通常是政府用来抑制企业间过度竞争、提高市场集中度、实现规模经济的重要手段。

(二)企业联合政策

根据联合的紧密程度,企业联合可分为建立企业间专业化分工协作关系和组织企业集团两种类型。前者主要是以经营业务为纽带,通常不涉及资产关系的企业联合;后者是以资产和业务两重纽带形成的企业联合。无论是哪一种企业联合,都利于将企业竞争从无序引向有序,从分散引向集中,变过度竞争为适度竞争,实现规模经济。显然,这一产业组织政策也属于追求规模经济政策。

(三)经济规模政策

这一产业组织政策的基本目标是保证产业内的企业能充分利用规模经济,降低单位产品成本。政府制定最小经济规模标准,达不到经济规模要求的新企业不得进入产业;而对于产业内原有规模偏小的厂商,则要求通过企业兼并或联合等方式扩大其规模。可见,这一政策的主要功能是设置行政和法规进入壁垒,抑制厂商盲目进入产业,以防形成过度竞争,影响规模经济。

三、日本的产业组织合理化政策

日本的产业组织合理化政策是世界上最系统、最广泛和最富有成效的政策体系。下面就简单介绍日本的产业组织合理化政策。

(一)企业并购政策

20 世纪 60 年代,日本政府成功地运用了企业并购政策。当时日本处于从贸易保护体制向自由贸易体制过渡的时期,企业规模普遍较小,不能有效地利用规模经济,因而其产品经营成本高于当时经济发达国家的水平。而且大量的小规模企业间过度竞争,也影响了技术进步和经营水平的提高。这种状况意味着日本企业无法与强大的国际垄断企业相竞争。因此,日本政府积极推行企业并购政策,以实现企业集中化,建立规模经济体制。20 世纪 60 年代是日本企业并购政策全面贯彻时期,这一以增强国际竞争力为基本目标的兼并运动一直持续到 70 年代前期,在这一过程中曾出现过两次高潮,一次在 1963 年,企业并购数量近千起,另一次在 1966—1973 年,年兼并数量更超过千起。[①] 这对日本优化产业组织,发挥规模经济效益,提高日本企业在国际市场

① 陈淮. 日本产业政策研究[M]. 北京:中国人民大学出版社,1991:204.

的竞争力产生了重大影响。

（二）经济规模政策

20世纪60年代以后，日本政府把追求厂商的规模经营，以适应国际竞争要求作为重要目标。这是因为战后日本在美国的帮助下实行了“解散财阀”“排除集中”和其他反垄断政策，结束了战时经济被若干个财阀高度垄断的局面。同时，20世纪50年代，日本经济迅速恢复，市场需求急剧增长，新企业比较容易建立和进入市场，而当时日本的技术水平普遍较为落后，技术引进比较容易，能在短时期获得高额利润。对于引入的新技术，短时期内无法形成技术垄断，而国际资本对日本也未形成垄断威胁，这就造成了所谓的“过度竞争”问题。新企业大量重复设立，达到经济规模的厂商很少。而且厂商为了争夺市场，在价格、引进技术设备、生产的产品等各方面互相激烈竞争，致使资源配置严重不合理，生产能力大量过剩，设备利用效率低下。而在国际市场上，日本企业由于规模小于欧美国家的厂商规模水平，因而缺乏国际竞争能力，同时又面临着欧美国家要求日本贸易开放和所谓的“经济自由化”的压力，不得不实行外贸、外汇自由化，这就给日本企业带来了巨大压力。为了适应国际竞争的需要，日本政府通过制定产业组织政策，加速日本企业规模的大型化和集团化。如60年代初提出了汽车业“集团化设想”，限制化学工业新建企业的生产规模（如乙烯设备最小规模被确定为30万吨）等；加速企业的改组与合并，使得60年代末至70年代初日本一大批大型企业和企业集团快速成长，并在世界市场上逐渐占据重要地位，增强了产品竞争能力。

日本政府在石化、汽车、钢铁、炼铝、造船和海运业方面都推行过旨在追求规模效益的产业组织合理化政策。通过引导和支持这些产业的骨干企业走向改组、联合和协作，生产规模扩大了，专业化与协作的程度加强了，从而增强了这些产业的国际竞争力。日本在产业组织合理化领域的实践，为后发国家提供了丰富的经验。

（三）产业组织合理化政策效果评价

在日本政府产业组织合理化政策的推动下联合起来的日本企业集团，提高了产业集中度，抑制了国内产业过度竞争，实现了规模经济，降低了产品成本，形成了充分的产业国际竞争力。产业集中度高在一些产业中是产业竞争力的重要组成部分，这主要体现在以下三点：

首先，企业集团的组织不只是个“规模”概念，更是个“结构”概念；是以有效整合实现“1＋1＞2”的放大效应，而不是简单的数量相加。企业集团中各企业实现了优势共享，通过集团核心层的领导协调将这些竞争优势整合为集团竞争优势，共同开拓国际市场。当这个新的竞争优势带来的利益超过了由于企业集团形成而多支出的管理费用时，产业集中就应该实现。丰田汽车公司的“丰田生产方式”，正是将规模企业的信息咨询优势、市场营销、品牌优势、抗风险优势与中小协作生产企业工资成本优势整合，实现了强大的竞争力。

其次，规模经济性表现为产品成本随着总产量增加而降低，它体现在企业经营的每一个环节——制造、采购、研发、市场营销、售后服务网及分销等方面。作为成本支出的研发、无形资产、品牌设备投资随着产业升级与产业竞争升级而大幅上升就更显出其重要性了。三菱重工的品牌支出只针对“三菱”一个品牌，却可分摊到从吉普车到核能源众多的产品中去，实现非常可观的经济性。

最后，企业集团具有控制巨额资源的实力。控制巨额资源意味着企业在竞争中具有抗风险、市场开拓、渗透与反渗透的显而易见的优势。

然而，日本的产业政策也并非如一些人所渲染的那样“无所不能”“战无不胜”。一些日本学者也认为，目前国际社会存在着对日本产业政策评价过高的倾向。日本的产业政策有成功的一面，也有局限性的一面，而且还有过重大失败或失误。产业政策并非资源分配的主导机制，因而日本经济高速发展的主要原因不是产业政策。政策是相对于市场来说的，政策机制发挥作用的前提条件是市场发育。因此，政策机制一般只能作为从后性、补充性机制，作为政府间接控制经济的重要手段，而不能成为资源分配的主导性机制。在市场尚未充分建立与发育之前，简单地用政策机制替代计划机制，必然造成企业行为的无约束状态，导致商业欺诈、资源的盲目流动、分散的非效益化生产、技术与资金投入的短期化倾向。由此可见，日本经济高速发展的主要原因仍被认为是市场机制，而不是产业政策。

参考文献

[1] 马歇尔．经济学原理[M]．北京：商务印书馆，1964.

[2] 日本国会．关于禁止私人垄断和确保公正交易的法律[EB/OL]．[2013-12-11]．http://www.japanlawinfo.sdu.edu.cn/html/zhongyiribenfa/20071202/425.html.

[3] 中共中央办公厅，国务院办公厅．关于促进中小企业健康发展的指导意见[M]．北京：人民出版社，2019.

[4] 古诺．财富理论的数学原理的研究[M]．北京：商务印书馆，1994.

[5] 全国人民代表大会常务委员会．中华人民共和国中小企业促进法[M]．北京：中国法制出版社，2017.

[6] 全国人民代表大会常务委员会．中华人民共和国反垄断法[M]．北京：中国法制出版社，2009.

[7] 刘和平．欧盟并购控制法律制度研究[M]．北京：北京大学出版社，2006.

[8] 孙荣玲，吕春燕．日本反垄断法的特点研究[J]．法学杂志，2002(3).

[9] 李嘉图．政治经济学及赋税原理[M]．北京：商务印书馆，1978.

[10] 张伯伦．垄断竞争理论[M]. 北京：三联书店，1958.

[11] 陈淮．日本产业政策研究[M]. 北京：中国人民大学出版社，1991.

[12] 肯尼斯·W. 克拉克森，罗杰·勒鲁瓦．米勒．产业组织：理论、证据和公共政策[M]. 上海：上海三联书店，1989.

[13] 波斯纳．法律的经济分析[M]. 2 版．北京：法律出版社，2012.

[14] 威廉·格·谢佩德．市场势力与经济福利导论[M]. 北京：商务印书馆，1980.

[15] 美国国会．克莱顿法[EB/OL]. [2013-12-11]. http://code.fabao365.com/ law_29867_1.html.

[16] 美国国会．联邦贸易委员会法[EB/OL]. [2013-12-11]. http://code.fabao365.com/law_29868.html.

[17] 美国国会．谢尔曼法[EB/OL]. [2004-11-17]. http://tfs.mofcom.gov.cn/aarticle/dzgg/gwyxx/200411/20041100306403.html.

[18] 夏大慰．产业组织与公共政策：芝加哥学派[J]. 外国经济与管理，1999(9).

[19] 夏大慰．产业组织与公共政策：哈佛学派[J]. 外国经济与管理，1999(8).

[20] 琼·罗宾逊．不完全竞争经济学[M]. 北京：华夏出版社，2012.

[21] 谢地．产业组织政策模式的国际比较与借鉴[J]. 经济学动态，2003(9).

[22] CLARK. Toward a concept of workable competition[J]. *American economic review*, 1940, 30(6).

[23] KAMERSCHEN D R. An estimation of the"welfare losses"from monopoly in the American economy[J]. *Western economic journal*, 1966, 4 (Summer).

[24] EDGEWORTH F Y. *Mathematical psychics*[M]. London: Kegan Paul, 1881.

[25] HARBERGER. Monopoly and resource allocation[J]. *American Economic Association papers and proceedings*, 1954, 44(5).

[26] LEEIBENSTEIN. Allocative efficiency vs. "x-efficiency"[J]. *American economic review*, 1966(6).

[27] SMITH. *An inquiry into the nature and causes of the wealth of nations*[M]. London: METHUEN, 1776.

[28] SOSNICK S H. A critique of concepts of workable competition[J]. *Quarterly journal of economics*, 1958, 72(8).

[29] STIGLER. The statistics of monopoly and merge[J]. *Journal of political economy*, 1956, 64(2).

[30] Rogerson W P. The social costs of monopoly and regulation: a game-theoretic analysis[J]. *Bell journal of economics*, 1982, 13(Autumn).

[31] 小島清．海外直接投資論[M]. ダイヤモンド社，1977.

[32] 植草益．產業組織論[M]. 東京：筑摩書房，1982.

推荐阅读书目

[1] 小岛清．对外贸易论[M]．天津:南开大学出版社,1987.

[2] 乔晓云．西方经济学中垄断理论的演进[D]．石家庄:河北经贸大学西方经济学专业硕士论文,2011.

[3] 全国人民代表大会常务委员会．中华人民共和国反垄断法[M]．北京:中国法制出版社,2009.

[4] 村上政博．日本禁止垄断法[M]．北京:法律出版社,2008.

[5] 陈晓波,等．美国反垄断法及其政策述评[J]．江苏社会科学,1996(5).

[6] 陈淮．日本产业政策研究[M]．北京:中国人民大学出版社,1991.

[7] 胡欣欣．关于日本的"下请制"—— 兼谈日本的企业系列与独立系企业集团[J]．管理世界,1990,6.

[8] 理查德·波斯纳．反托拉斯法[M]．北京:中国政法大学出版社,2003.

第十四章　规制理论与规制政策

第一节　规制的含义与分类

一、规制的含义与规制经济学

经济学中“规制”一词直译于日语的“规制”。而日语中的“规制”，则是来源于英语的“regulation”。[①] 对于规制的含义，学术界不同的学者有着不完全一致的解释。维斯卡西（Viscusi）等学者在《反垄断与规制经济学》一书中认为，规制是政府以制裁手段对个人或组织自由决策的一种强制性制约，是政府公权力的一种体现。[②] 史普博则认为，规制是政府制定并执行的直接干预或间接改变企业和消费者供需决策的一般规则或特殊行为。[③] 萨缪尔森（Samuelson）和诺德豪斯（Nordhaus）认为，规制是政府以命令的方法，“为了改变或控制企业的经营活动而颁发的规章或法律”[④]。日本学者植草益认为，规制是政府依照一定的规则对企业的活动进行限制的行为。[⑤] 综上，笔者对此的定义是：规制是指政府根据其掌握的公权力，通过所制定的法规，对市场微观实体的行为进行的限制或制约。可见，规制属于政府对市场活动的具体干预。

在产业组织学中，原先的一些规制政策是作为产业组织政策来讨论的，如反垄断和反不正当竞争等。随着实践政策的发展和理论研究的深入，规制理论逐渐有了自己的研究对象和方法，有了自成体系的理论，开始从产业组织学中分离出来，形成了相对独立的规制经济学。规制经济学是一门新兴的经济学分支，它“是以微观经济学和产

① 国内也有称其为“管制”的，相应的也有“管制经济学”一说。在此，依据笔者的理解，本教材将其称为“规制”和“规制经济学”。

② VISCUSI W K, VERNON J M. HARRINGTON J E. *Economics of regulation and antitrust*[M]. Cambridge: MIT Press, 2005: 357.

③ 丹尼尔·F. 史普博. 管制与市场[M]. 上海：上海三联书店，上海人民出版社，1999：45.

④ 保罗·萨缪尔森，威廉·诺德豪斯. 经济学[M]. 12 版. 北京：中国发展出版社，1992：864—865.

⑤ 植草益. 微观规制经济学[M]. 北京：中国发展出版社，1992：1—2.

业组织理论为基础，吸收法经济学相关研究成果而发展起来的一门新兴应用学科”[①]。规制经济学脱胎于产业组织学，所以也可将其视为产业组织理论的自然延续，是产业组织政策的深化发展。

二、规制的分类

根据不同的标准，可以将规制分为不同的类型。如依据规制目的的不同，规制可分为竞争性规制和保护性规制。[②] 依据规制手段的不同，规制可分为直接干预市场配置机制的规制、通过影响消费者决策从而影响市场均衡的规制、通过干扰企业决策从而影响市场均衡的规制。[③] 依据规制对象的不同，规制可分为社会规制、经济规制和程序规制。[④]

而学术界使用较多的分类是日本学者植草益的分类方法。植草益将政府司法、行政及立法部门的规制称为公共规制。公共规制可以分为直接规制和间接规制，而直接规制按规制内容又可再分为经济性规制和社会性规制（参见表 14－1）。[⑤] 这里，直接规制是指政府对于特性强烈的公共产品、外部性较大的产品、严重影响社会公益的经济活动等直接施以规制，参与企业的产品定价、投资决策、产品销售和原材料采购的决策过程。而间接规制是指通过法律法规等影响企业的决策行为。

表 14－1　　政府规制的分类

项　目		主要目的	政府的主要活动
间接规制	不公平竞争规制		由反垄断法等对不公平竞争行为的制约
直接规制（狭义的公共规制）	经济性规制	对应于自然垄断等	对在公益事业中的进入、退出、价格、投资等的制约
	社会性规制	对应于外部性、非价值性	防止公害、环境保护、保证健康、安全等

资料来源：植草益．微观规制经济学[M]. 北京：中国发展出版社，1992：24.

第二节　规制理论的产生

现代政府规制最早始于 19 世纪 70 年代的美国。1877 年，美国缅因州和伊利诺

① 云泽．规制经济学[M]. 北京：经济管理出版社，2008：36.
② 郑宝奇．从垄断到竞争[M]. 北京：人民邮电出版社，2005：19.
③ 丹尼尔·F. 史普博．管制与市场[M]. 上海：上海三联书店，上海人民出版社，1999：87.
④ 转引自：肖兴志．自然垄断产业规制改革模式研究[M]. 大连：东北财经大学出版社，2003：26.
⑤ 植草益．微观规制经济学[M]. 北京：中国发展出版社，1992.

伊州对谷物运输和仓储建立了费率标准。同年，由于铁路公司对不同消费者实行歧视性定价，联邦贸易委员颁布了联邦贸易法案，对铁路实行费率规制。此后，在自然垄断产业，以公平、公正为目的的公平报酬率规制在实践中逐步得到确立和实施。同时，联邦政府的规制权力获得了发展，规制也从对公共事业部门自然垄断的规制扩展到对竞争性产业的反托拉斯规制，如联邦贸易委员会对美孚石油公司、美国烟草公司、美国钢铁公司、IBM等的反托拉斯调查。

在规制领域最早的研究主题"市场失灵与政府的矫正措施"下，产生了公共利益规制理论。以市场失灵和福利经济学为基础的公共利益理论认为，政府规制是从公共利益出发，纠正在市场失灵下发生资源配置的非效率性和分配的不公正性，是以维护社会秩序和社会稳定为目的的。

对规制效果的检验导致一些经济学家对传统规制信念的动摇，而相信在市场失灵的背后有其他原因导致了规制的产生。施蒂格勒和弗瑞兰德(Friedland)对1912—1937年期间美国电力事业价格规制的效果研究表明，规制对价格下降的效应甚小，并不像规制公共利益理论所宣称的对价格具有较大的下降作用。① 这些观察导致了规制俘虏理论的产生。该理论认为，受规制企业为寻求垄断而采取各种行为，寻求在政府规制指导层面上所产生的效用。与假定政府规制当局致力于追求社会公共利益目标的理论相反，政府规制实际上是为了满足企业对规制的需要而产生的，即所谓的规制者被被规制者所俘获。②

从总体上看，规制公共利益理论和规制俘虏理论都称不上是真正的理论，而仅仅是一种假设和对规制经验的一种陈述。规制历史表明，不同利益集团的福利因规制而改善，需要一种新理论来解释这种现象。而且，这种理论必须能同时解释规制实践过程中对产业规制及放松规制的原因。

斯蒂格勒于1971年发表的《经济规制论》首次尝试运用经济学的基本范畴和标准分析方法来分析规制的产生，开创了规制经济理论。③ 规制经济理论从一套假设前提出发来论述假设符合逻辑推理，是规制目标理论的一个巨大进步，它解释了规制活动的实践过程。后来，佩尔兹曼(Peltzman)④和贝克尔(Becke)⑤等人在其研究的基础上

---

① STIGLER,FRIEDLAND. What can the regulators regulate? The case of electricity[J]. *Journal of law and economics*,1962,5(10).

② STIGLER. The theory of economic regulation[J]. *Bell journal of economics*,1971(2):3—21.
PELTZMAN. Toward amore general theory of regulation[J]. *Journal of law and economics*,1976(19).

③ STIGLER. The theory of economic regulation[J]. *Bell journal of economics*,1971(2):3—21.

④ PELTZMAN. Toward a more general theory of regulation[J]. *Journal of law and economics*,1976(19).

⑤ BECKER. A theory of competition among pressure groups for political influence[J]. *The quarterly journal of economics*,1983,98(3):371—400.

进一步发展和完善了规制经济理论，使其在解释和分析政府规制目标和方式方面有了长足的进步。

20 世纪 70 年代以后，随着技术发展和市场环境的变化，规制制度和政策发生了较大的变化。技术变革促使传统的自然垄断部门产业链发生了重构，替代技术的出现使竞争在自然垄断产业链中的部分环节成为可能，纵向一体化的组织结构被打破，专业化生产进一步扩大，以引入竞争为先导的规制改革迅速发展。在英国等国有经济曾占相当比例和重要地位的国家，规制改革是从私有化开始的。国家立法机构首先为相关产业颁布放松规制的法案，为私有化和规制改革提供法律准备。在私有化的浪潮中，规制政策也发生了变化，政府放松了对许多领域的进入限制，这既包括汽车、运输、金融等竞争性产业，也包括传统的自然垄断领域，如电信、有线电视、电力、城市供水等公共事业部门。私有化的主要目的在于改变被规制企业的产权结构，减少政府直接经营和干预。私有化和放松进入规制后，在新的竞争环境下，又出现了新的矛盾和问题，如普遍服务和互联互通等问题。因此，很多国家的经济性规制改革经历了从放松规制到再规制的过程。

与此相适应，20 世纪 70 年代末至 80 年代初以来，政府规制理论关注的重心发生转移，由探讨政府“为什么规制”转到“怎样规制”，激励性规制理论就是在此阶段发展起来的。日本经济学家植草益认为，激励性规制就是在保持原有规制结构的条件下，激励受规制企业提高内部效率，也就是给予受规制企业以竞争压力和提高生产、经营效率的正面诱因。激励性规制给予受规制企业一定的价格制定权，让其利用信息优势和利润最大化动机，主动提高内部效率、降低成本，并获取由此带来的利润增额。①

第三节 传统规制理论

一、规制的公共利益理论

公共利益规制在规制理论领域曾长期居于正统地位。该理论认为，规制发生的原因是存在市场失灵（包括自然垄断、外部性、信息不对称等）。在市场失灵时，政府对市场规制具有经济学上的合理性。该理论把政府对市场的规制看成政府对公共利益和公共需要的反应。它包含的理论假设是：市场是脆弱的，如果放任自流，就会导致不公正或低效率。因此，政府规制是源于公共利益出发而制定的规则，目的是防止和控制

① 植草益．微观规制经济学[M]．北京：中国发展出版社，1992．

受规制企业对价格进行垄断或者对消费者滥用权力，并假定在这一过程中，政府可以代表公众对市场作出无成本的、有效的计算，使市场规制过程符合帕累托最优原则。[①]

维斯卡西提出了自然垄断的永久性理论和短暂性理论，认为应当动态地对待自然垄断产业的规制。[②] 具体来说，该理论认为：第一，规制可以通过促进、维持或模仿市场机制来优化资源配置。对于自然垄断性行业，垄断者通过设定背离边际成本的价格来实现利润最大化，对生产效率的追求却导致了对配置效率的损害。自然垄断要么被置于国家控制之下，要么就被置于高度的政府规制之下。就后者而言，规制包括设置市场准入壁垒，制定价格规则，以促进配置效率。政府通过规制来模拟市场运作，以实现充分竞争。第二，规制还有助于市场运作的稳定以及市场均衡的尽早实现。在分割的市场上，宏观经济有可能会出现失衡。分割市场常常会因长期的超负荷生产导致破坏性的或过度竞争。过度竞争的结果不仅是使得价格水平降到了平均成本之下，也使得价格波动更加频繁剧烈。这招致了生产者和消费者双方的不安全感以及决策的无效率。同时，在消费者无法自主对产品质量作出评判的情况下，过度竞争最终往往是以牺牲产品的安全性和质量的可靠性为代价的。[③] 第三，公共利益理论对规制的解释并不限于不完全竞争和非均衡的市场运作两个视角。由于许多原因，在效用或"支付意愿"超出生产成本的领域，市场也许本不存在。还有就是在外部性或公共物品存在的情况下，因为信息和交易成本的问题，也可能造成市场缺位。这时，规制可以用来提高经济的配置效率。此外，在外部性存在的情况下，也会导致资源配置的无效率。此时政府可以通过规制手段来实现外部效应内部化。再者，有时市场经济本身无法提供适量的公共物品。而此时政府规制可以提供足量的公共物品，并强制消费者支付相应的费用。许多物品，如教育、医疗保健、公园和道路等都具有公共物品属性。在此情况下，从理论上讲，政府规制有助于市场经济下的资源有效配置。第四，根据公共利益理论，规制的起因并不仅仅是不完全竞争、非均衡的市场运作以及市场缺位，最后还包括对不受欢迎的市场结果的预防与矫正。

二、规制的俘获理论

规制的俘获理论认为，政府规制是为满足企业对规制的需要而产生的，即规制者被被规制者所俘虏。

---

① POSNER. Theories of economic regulation[J]. *Bell journal of economics and management science*, 1974(5): 335—358.

② Viscusi W K, Vernon J M, Harrington J E. *Economics of regulation and antitrust*[M]. Cambridge: MIT Press, 2005.

③ KAHN. *The economics of regulation: principles and institutions*[M]. Cambridge: MIT Press, 1988. 172—178.

施蒂格勒在《经济规制论》一文中提出，规制通常是企业自己争取来的，规制的设计和实施主要是为规制企业自己服务的。[①] 施蒂格勒用经济学方法分析了规制的产生，指出规制是经济系统的一个内生变量，规制的真正动机是政治家对规制的供给与产业部门对规制的需求相结合，以各自谋求自身利益的最大化。斯蒂格勒的理论与规制的公共利益理论形成了鲜明的对照，他认为，规制主要不是政府对社会公共需要的有效和仁慈的反应，而是产业中的部分企业利用政府权力为自己谋取利益的一种努力，规制过程被个人和利益集团利用来实现自己的欲望，政府规制是为适应利益集团实现收益最大化的产物。

1976 年，佩尔兹曼在对市场失灵、对政府规制结果的预测以及进而推断政府规制在经济上有效的三个层次上进一步发展了规制俘虏理论。他认为，无论规制者是否获得利益，被规制产业的产量和价格并没有多大差异，其主要差别只是收入在各利益集团之间的分配。[②] 1955 年，伯恩施坦(Bernstein)提出的"规制机构生命周期理论"认为，公共利益理论是天真的，规制机构起初能独立运用规制权力，但逐渐被垄断企业所俘虏。[③] 福斯特(Foster)的"合谋理论"则认为，初始的规制本来就受被规制者与其他利益集团的影响，即政府规制者从一开始就被俘虏了。[④]

与规制的公共利益理论完全相反，规制俘虏理论认为：规制的提供正适应企业对规制的需求，而且规制机构也逐渐被企业所控制。规制俘虏理论的基本观点是：不管规制方案如何设计，规制机构对某个产业的规制实际是被这个产业"俘虏"，其含义是规制提高了产业利润而不是社会福利。

三、规制的经济理论

理论分析与规制实践表明：规制与市场失灵的存在不完全相关，而且规制也不完全是支持生产者。规制公共利益理论和规制俘虏理论仅是一种假设和一种陈述。1971 年施蒂格勒的《经济规制论》首次尝试运用经济学的基本范畴和标准分析方法来分析规制的产生，开创了规制经济理论。[⑤] 它从一套假设前提出发来论述假设符合逻

---

① STIGLER. The theory of economic regulation[J]. *Bell journal of economics*, 1971(2): 3—21.

② PELTZMAN. Toward a more general theory of regulation[J]. *Journal of law and economics*, 1976, 19(2): 211—241.

③ BERNSTEIN. *Regulating business by independent commission*[M]. Princeton: Princeton University Press, 1955.

④ FOSTER C D. *Privatization, public ownership and the regulation of natural monopoly*[M]. Liphook Blackwell Press, 1992: 371.

⑤ STIGLER. The theory of economic regulation[J]. *Bell journal of economics*, 1971(2): 3—21.

辑推理，解释了规制活动的实践过程。佩尔兹曼[①]和贝克尔[②]在施蒂格勒的基础上进一步发展了规制经济理论。因此，规制经济理论包括由上述三位学者命名的模型。

（一）施蒂格勒模型

施蒂格勒运用经济学方法分析规制的产生，使规制成为经济系统的一个内生变量，由规制需求和规制供给联合决定。施蒂格勒提出了两个前提条件：第一，公权力是政府的根本资源。某利益集团能劝说政府为其利益而运用公权力改善该集团的福利。第二，各规制机构的行为选择是理性的，都追求效用最大化。规制的供给与利益集团收入最大化的要求相适应，利益集团可通过规制来增加其收入。在这两个前提条件下，施蒂格勒对哪些产业应被规制及规制应采取什么形式进行了分析，最终得到的结论是：生产者对立法过程的影响较之消费者有明显的优势，这是因为企业的数量比消费者少，并且企业可能比它们的消费者有更多同质性，花费较少成本即可以组织起来；企业的平均收入高于强加给消费者的人均损失，因而生产者比消费者具有更强的行动激励，所以规制结果必然是有利于生产者。

（二）佩尔兹曼模型

佩尔兹曼模型进一步完善了施蒂格勒理论。佩尔兹曼假设规制是对财富的再分配。佩尔兹曼模型的关键在于控制规制政策的个体选择，使其政治支持最大化。在确定政府政策时，立法者决定规制受益集团的规模以及向其转移财富的多少。佩尔兹曼模型主要关注哪些产业最有可能受到规制的问题，因而创立了政治支持函数（其变量为价格和产业利润），通过对政治支持函数和立法者的无差异曲线分析，得出以下结论：规制者不会将价格设定为使产业利润最大化时的价格；最有可能被规制的产业是那些具有相对竞争性或具有相对垄断性的产业；在对竞争性产业的规制中企业将从中获益，而在垄断产业规制中消费者将会获益。[③]

（三）贝克尔模型

施蒂格勒模型与佩尔兹曼模型的分析都是以规制者选择实现政治支持最大化的规制政策为基础，贝克尔模型则不同。贝克尔认为：规制主要是用来提高更有势力的利益集团的福利。贝克尔模型的特征是：假定总影响固定不变，规制活动是由每个集团的相对影响来决定的，每个集团在假定其他集团选择的压力水平条件下选择使其福利最大化的压力水平。较大压力必然耗费集团最多资源，每个集团都不想提供过多压力；与此同时，一个集团运用的压力较小，其他集团的影响则会很大。集团间相互博弈

---

① PELTZMAN. Toward a more general theory of regulation[J]. *Journal of law and economics*, 1976(19).

② BECKER. A theory of competition among pressure groups for political influence[J]. *The quarterly journal of economics*, 1983, 98(3): 371—400.

③ 佩尔兹曼模型的具体分析过程可参见本章附录一。

的最终结果便形成了政治均衡,但政治均衡并不一定是帕累托最优,这是因为集团为影响政治程序进行的竞争耗尽了大量经济资源。[①] 以政治均衡理论为基础,贝克尔模型的重要结论是:如果规制产生的边际净损失增加,规制活动的数量将减少。这意味着能改善福利的规制政策更有可能被执行,并且由利益集团向立法者和规制者动用压力的效率决定。

第四节　激励性规制理论

无论是规制的公共利益理论、规制俘虏理论还是规制经济理论,它们存在的根本缺陷是:它们假定规制者与被规制企业在规制方案的制定和实施过程中具有同样多的信息,双方是一种对称信息博弈。建立在这种规制理论上的规制方式主要是成本规制或报酬率规制,其内容是:允许被规制企业利用产品或服务回收总成本,并有一个合理的资本报酬率。成本规制或报酬率规制的优点是可以保证企业收回成本和正常利润。但缺点也很明显:首先,被管制企业缺乏节约成本的激励,因为成本的上升可以转嫁给收费;其次,由于在收费时未考虑需求方的条件,因而收费体系的激励存在缺陷;再次,个别成本核算方法所必需的信息存在信息的非对称性,因而很难得出公正的结论;最后,规制者是以被规制企业的合理投资回报率作为定价标准的,从而不可避免地会产生以下问题:什么是合理的投资回报率?怎样确定投资回报率的资本基数?如何避免企业通过投资决策影响资本基数,从而产生低效的投资后果?在发达国家,以上缺陷被认为是自然垄断企业运营效率低下的主要原因。

20 世纪 80 年代,激励性规制实践在英国开始产生,90 年代在欧美等西方国家得到广泛应用。自 80 年代中期开始,巴隆(Baron)和梅耶森(Myerson)将微观经济学理论中的新理论、新方法引入规制理论,规制经济学在委托—代理理论、机制设计理论和引入信息经济学等方面取得了明显进展。[②] 在拉丰(Laffont)和泰勒尔(Tirole)将激励理论和博弈论应用于激励规制理论分析后,规制经济学达到一个新的理论高峰。[③] 激励性规制理论在信息不对称的假设下,以刻画最优规制为目的,设计激励机制。首先,

---

① 更为具体的贝克尔模型分析过程可参见本章附录二。

② BARON,MYERSON. Regulating a monopolist with unknown cost[J]. *Econometrica*,1982(50):911—930.

③ LAFFONT,TIROLE. *A theory of incentives in procurement and regulation*[M]. Cambridge:The MIT Press,1993.

LAFFONT,TIROLE. Access pricing and competition[J]. *European economic review*,1994,38(9):1673—1710.

它使现有运营商充分考虑其成本，以提高劳动生产率，通常被称为以业绩为基础的激励规制；其次，它赋予运营商更多确定收费服务的自由度，从而使运营商更加趋于商业原则经营，这种价格更接近拉姆齐（Ramsey）定价模型。[①] 激励性规制理论的主要内容包括特许投标理论、有效竞争市场理论、区域间比较竞争理论、价格上限规制理论等。

一、特许投标理论

特许投标制最初是由德姆塞茨（Demsetz）[②]引入政府规制研究领域的，其后又由波斯纳提出了具有可操作性的政策建议[③]，形成了特许投标理论。这一理论的基本观点是：在政府规制中引进竞争机制，通过拍卖的形式，让多家企业竞争在某产业或业务领域中的独家经营权（即特许经营权），在一定的质量要求下，由报价最低的企业取得特许经营权。因此，可以把特许经营权看作对愿意以最低价格提供产品或服务企业的一种奖励。采用这种方式，如果在投标阶段有比较充分的竞争，那么价格可望达到平均成本水平，获得特许经营权的企业也只能得到正常利润。而且，由于特许经营权通常设有规定的年限，在潜在竞争压力下，获得特许经营权的企业为防止在下一经营期限中丧失经营权，只能不断地降低成本，提高质量和效率。

可见，特许投标制是用“市场的竞争”代替“市场内的竞争”，它提高了垄断性市场的可竞争性，减少了毁灭性竞争的范围和不良后果，通过投标者的竞争提高了效率，减轻了规制者的负担。企业对垄断经营权的竞争，也消除了传统规制所难以解决的信息不对称，是竞争决定价格而不是规制者决定价格。因此，特许投标制是一种很有吸引力的规制方法，在发达国家的规制改革中得到了普遍的运用，也取得了良好的效果。

但特许投标制并不适用于所有产业。在实际运用中，采用这种方法会遇到竞争不充分、资产转让、特许合同的款项与管理等具体问题。换言之，特许投标制也存在着明显的缺陷：第一，存在投标企业之间妥协、合谋的可能性。参与投标的企业越少，这种可能性越大。这样投标过程也就并不必然会存在有效竞争，特别是规模经济和范围经济较为显著、投资周期较长、投资规模较大的产业。第二，如果特许经营企业竞争新一轮的特许经营权失败，其资产届时又不能全部折旧，那就产生了如何处置原有经营企业的资产问题。即便其资产可以转让给新进入企业，因受技术差距和资产专用性的限制，也不可避免地会造成资产的损失。第三，在企业通过竞争获得特许经营权之后，受生产技术的复杂性、市场需求的多重性、未来的不确定性等诸多因素的限制，规制者与

---

① 关于拉姆齐定价模型的介绍可参见本章第五节。

② DEMSETZ. Why regulate utilities? [J]. *Journal of law and economics*, 1968, 11(1): 55—56.

③ POSNER. Theories of economic regulation[J]. *Bell journal of economics and management science*, 1974 (5): 335—358.

企业签订的特许经营合同的内容显然是不完备的，从而会导致逆向选择与道德风险问题。因此，在技术和需求的不确定性很大、投资规模庞大、资产专用性较强的产业（如电力）中，实际上很难采用特许投标制。

二、区域间比较竞争理论

区域间比较竞争理论也称为区域间标尺竞争理论，是由施莱弗（Shleifer）在1985年的《标尺竞争理论》一文中提出的。① 区域间比较竞争理论的基本思路是以独立于本区域的其他区域中与本区域受规制垄断企业生产技术相同、面临需求相似的垄断企业的生产成本为参照，制定本区域垄断企业的价格和服务水准，以刺激垄断企业提高内部效率、降低成本、改善服务。区域间比较竞争理论的运行机理可以描述为：假定一个全国性垄断企业被分割为南北地区两个部分，分别以S和N表示，每个部分在其区域内具有垄断性，而且这两个地区的成本和需求状况十分类似。虽然规制者可能不知道在各个地区降低成本的可能范围，但通过下面的规制机制能使S和N这两个部分相互竞争：在一定时期内，S能够制定的价格水平取决于N的实际成本水平；反过来，S的价格水平也就是N被允许制定的价格水平。只要S和N面临类似的外部状况，它们之间不存在任何的合谋行为，那么这一规制方法就能促进企业提高内部生产效率和分配效率，避免企业在生产效率和分配效率之间存在的两难选择。因为S的价格和N的实际成本相联系，从而会促进S不断降低成本，所以这为企业生产效率的改进提供了良好的刺激。如果企业间可以类比，由于生产价格与生产成本保持一致，这就保证了分配效率。

区域间比较竞争理论提供了在信息不对称的情况下，规制机构了解受规制企业真实成本信息的参考，它为规制者促进地区性垄断企业间的竞争，刺激经济效率提供了理论依据。在发达国家的规制改革中，这一理论在两个领域中得到充分的运用：一是市场空间严格受到地域限制而原本就有多个不存在替代关系的区域市场的产业，如城市供水、供气和短途运输服务等领域；二是由全国性垄断企业分拆成的多个区域性的企业，政府就是通过区域间比较竞争规制垄断企业的价格的。但是，由于区域间比较竞争并不是处在特定市场中的企业间相互直接的竞争，而是区域性垄断企业之间的间接竞争，加上区域性垄断企业的生产技术、市场需求、外部自然环境和经营环境差异较大，各区域性垄断企业还可能通过合谋，使规制机构获得失真的信息，这导致区域间比较竞争理论虽然在规制改革中应用不少，但并不总能实现规制机构所预期的目标。

---

① SHLEIFER. A theory of yardstick competition[J]. *Rand journal of economics*, 1985,(16):319—327.

三、价格上限规制理论

价格上限规制理论是李特查尔德（Littlechild）所设计的一个价格规制模型，即 $RPI\text{-}X$ 模型。[①] 目的是为了寻求一个能合理控制垄断企业价格、节约规制费用，同时能给予受规制企业提高内部效率激励的规制方法。在 $RPI\text{-}X$ 模型中，RPI 表示零售价格指数，即通货膨胀率，X 是由规制者确定的在一定时期内生产效率增长的百分比。这个规制模型意味着企业在任何一年中制定的名义价格取决于 RPI 和 X 的相对值。如果 $RPI-X$ 是一个负数，则企业必须降价，其幅度是 $RPI-X$ 的绝对值。这样，如果企业本期的价格为 P_t，则下期的规制价格

$$P_{t+1}=P_t(1+RPI-X) \qquad \text{（公式 14－1）}$$

价格上限规制之所以能够激励厂商降低成本、提高生产率，是因为在企业生产率增量中，规制机构预先设定的 X 归消费者所有，超过 X 的部分为企业所保留。也就是说，企业生产率的实际增量超过规制机构预先设定增量（X）的部分越大，企业的成本就越低，可获得的利润就越多，只要不超过平均价格上限，企业就能够在限定范围内自由变动其产品或服务的价格。因此，价格上限规制实际上是一种固定价格机制，是一种存在道德风险时的剩余索取合同。当规制机构与受规制企业间存在着信息不对称时，通过赋予垄断之更多利润支配权的方式使其在一定程度上得到信息租金，以换取提高生产效率的激励；同时赋予受规制之不超过价格上限的情况下自由调整个别价格的灵活定价权，以提高社会配置效率。

价格上限规制理论在英、美等国的自然垄断产业的规制改革中得到广泛的运用，并取得了良好的效果。但是，价格上限规制在实施过程中也暴露出一些问题：第一，规则常常被变革，并且规则的更改时间或 X 的设定往往以企业的利润为基础，这就影响了激励效率。第二，价格上限通常是在某个有限的时间内定义的，对合同的动态问题（如新服务的出现等）的处理尚不完善。第三，对于不确定条件下的价格权重难以估计。完全信息条件下的价格上限的权重等于实际产出数量，但在成本、市场需求和竞争对市场份额影响不确定时，就很难对权重作出符合社会最优的估计。第四，它忽视了对非线性价格的处理。理论上人们只把线性价格包括在价格上限中，而实践中存在许多非线性定价的情况。为便于监督价格上限的执行，规制机构往往忽视存在的这些情况。

---

① LITTLECHILD S C. *Regulation of British Telecommunications' profitability: report to the Secretary of State*[M]. London: Department of Industry, 1983.

四、社会契约制度理论

社会契约制度理论也称为成本调整合同理论，是指规制机构通过与受规制的企业签订合同的方式，就与产品价格和成本有关的一系列指标作出约定，并视厂商执行约定的情况由规制机构采取相应的奖励和惩罚措施，从而鼓励企业降低成本、节约能源、保护环境和提高服务水平。社会契约制度理论的具体内容可以美国亚利桑那州旨在提高发电厂设备运转效率的改革为例进行说明。该州电力规制机构与发电厂签订的合同规定以设备运转率60％～75％为基准：①设备运转率在这一基准范围内不予奖励或惩罚；②设备运转率达到75％～85 ％时，则将由此节约的燃料费的50％奖励给企业，其余50 ％返还给消费者；③设备运转率达到85％时，将全部由此而节约的燃料费奖励给企业；④设备运转率在50％～60％时，由此增加的燃料费的50％由企业负担；⑤设备运转率只达到35％～50％时，企业则负担由此增加的全部燃料费；⑥若设备运转率未达到35％时，规制机构则将在下一合同期内重新考虑这一基数。

由于社会契约制度理论强调规制机构通过合同的方式规制企业，因而这种规制方式既拥有法定的约束力，又比法律具有更大的灵活性，因此，在发达国家的电力规制改革中得到广泛运用。但是，规制机构与企业之间存在信息不对称，规制机构与受规制企业的目标也存在差异，规制机构要关注社会福利最大化，而厂商要追求自身利润的最大化。在信息不对称和目标不一致的情况下，规制合同的设计面临着合同的激励强度与厂商所得超额利润（信息租金）之间的权衡关系，即提高合同的激励强度将产生大量的归企业所有的信息租金；而要减少企业的信息租金，则必须降低合同的激励强度。换言之，规制合同的设计面临着提高激励强度与企业信息租金获取之间的两难选择。根据信息经济学和机制设计理论，面临这样的两难选择时，激励规制合同的设计需考虑两个基本约束：参与约束与激励相容。前者意味着规制机构所设计的合同必须能够保证受规制企业得到的最低效用不能少于其保留效用或机会收益；后者则意味着规制者所设计的合同必须能够有效地甄别受规制企业的不同成本类型，使谎报成本者无利可图，这要求规制者必须给予说真话的企业一定量的信息租金作为补偿。

第五节　经济性规制

一、经济性规制概述

早期的经济性规制通常是针对公用事业的，主要是一些自然垄断产业，故当时关于经济性规制的定义也就更多地偏向于自然垄断产业。随着经济的发展,人们对规制的认识逐渐从公用事业领域向包括竞争性产业在内的领域拓展,对规制的概念也有了新的解释。日本学者植草益对经济性规制有一个相对比较全面的定义,植草益认为,经济性规制是指在自然垄断和存在信息不对称的领域,主要为了防止发生资源配置低效和确保利用者的公平利用,政府机关运用法律权限,通过许可和认可等手段,对企业的进入和退出、价格、服务的数量和质量、投资、财务会计等有关行为加以规制。①

政府实施经济性规制,主要是基于以下几个方面的目标:第一,实现资源的有效配置。如在自然垄断产业中,为了防止垄断企业滥用垄断的市场势力,以控制产品的价格和数量,从而造成社会资源的低效配置和社会总福利的损失,政府就将规定企业产品的价格和数量,以避免社会资源的低效配置和社会总福利的损失。第二,提高企业内部的生产效率。在垄断的市场结构,垄断企业很少感受到旧市场竞争的压力,因而容易产生内部效率的降低。在此政府就可以采用激励性规制等手段,刺激垄断企业不断地提高内部生产效率。第三,避免收入再分配对部分消费者的损害。垄断企业在有可能实施垄断价格(此时社会总福利将受损)的同时,也可能实施一些诸如差别定价、内部交叉补贴等行为,导致在再分配领域发生变化,以致部分消费群体(通常是弱势群体)的利益受损。此时政府的规制目标就是限制垄断企业实施这样的行为,以维护这部分消费群体的利益。第四,维护企业的发展潜力。在经济性规制中,自然垄断产业是重要的规制对象。鉴于自然垄断的特性,在这些产业应当只有一家(或少数几家)企业来经营才更有效率。即使在一些竞争性产业,如果存在过多的企业,也将导致社会资源的低效和浪费(如城市出租车行业)。为此,政府主要就是在进入市场方面加以规制,以保证这些产业能有健康的发展空间。

在本章节中,我们有所选择地介绍一些经济性规制的手段等内容。

二、价格规制

所谓价格规制,就是从资源有效配置和社会总福利的角度,对产品的价格和价格体系进行规制。

在政府常用的价格规制手段中,除我们已介绍过的价格上限模型(本章第四节)外,还有公平报酬率模型、拉姆齐定价模型以及阿弗奇—约翰逊模型等。

(一)公平报酬率模型

所谓公平报酬率模型,是以社会平均利润率来确定自然垄断企业价格水平的一种价格规制。具体来说,公平报酬率是以完全竞争条件下形成的均衡价格中所包含的正

① 植草益.微观规制经济学[M].北京:中国发展出版社,1992:27.

常利润为基础的概念，它可以用下列公式表示：

$$公平报酬率=\frac{负债资本}{总资本}\times资本负债率+\frac{自有资本}{总资产}\times自有资本的合理利润率$$

（公式 14－2）

其中，负债资本和总资本的构成比率是根据企业的实际营业状况来确定的，而资本负债率则通常按长期资金的借入利率来加以确定。自有资本的合理利润率一般按照长期资金的存款利率来确定。

理论上，按照（公式 14－2），无论是借入的资本还是自有的资本，垄断企业都只能获得社会平均利润率。一旦企业的实际报酬率偏离公平报酬率时，规制当局会马上通过修正价格来使企业只获得公平报酬额。但是，公平报酬率规制会产生 A－J 效应[①]，导致自然垄断企业过度扩张资本，它被认为是规制失去技术效率的主要原因之一，同时也意味着政府实行的公平报酬率规制对资源配置起了误导作用。

（二）阿弗奇—约翰逊模型

阿弗奇—约翰逊模型是阿弗奇（Avech）和约翰逊（Johnson）于 1962 年在《规制约束下的企业行为》中提出的，以模型提出者的名字首字母命名，也称为 A－J 模型。[②] A－J 模型的核心内容是：在公平报酬率的规制下，规制者仅对报酬率加以控制，而被规制者可不顾成本地增加而扩大投资，即可以较低的效率进行生产，从而获取更多的绝对利润（只要保持利润率"合规"即可）。这样一种对资源的扭曲，被称作 A－J 效应。[③]

（三）拉姆齐定价模型

拉姆齐定价模型用以解决一家垄断企业在提供多种产品时，企业在收支平衡的前提下实现经济福利最大化的问题。通过拉姆齐定价的推导[④]，得到：各产品的价格与各自的需求价格弹性成比例，也与各产品的产量同比。这里各产品的价格也就是所谓的拉姆齐价格[⑤]。

显然，拉姆齐价格不是帕累托最优解[⑥]，而是一个次优解，即在对资源配置的消极影响最小的同时，允许企业至少不亏不盈。依照拉姆齐价格，不同产品的定价与产品的价格弹性有关，产品的需求价格弹性越小，定价高于边际成本的幅度就越大，反之则

① 关于 A-J 效应，参见本节的"阿弗奇—约翰逊模型"。

② AVECH，JOHNSON. Behavior of the firm under regulatory constraint[J]. *American economic review*，1962(52)：1052—1069.

③ 阿弗奇—约翰逊模型的证明过程可参见本章附录三。

④ 拉姆齐定价模型的具体推导过程可参见本章附录四。

⑤ 关于拉姆齐价格可参见：RAMSEY. A contribution to the theory of taxation[J]. *Economic journal*，1927(37)：47—61.

⑥ 帕累托最优要求价格等于边际成本。

相反。

三、进入规制

我们已经知道，产业组织政策的最终目标就是处理好马歇尔冲突的两难问题，即规模经济和充分竞争的关系。而"看不见的手"对有些资源的配置是缺乏效率的，这就需要借助政府这只"看得见的手"来进行资源的调节。而经济性规制中的进入规制，就是"看得见的手"的一种调节手段。

（一）关于可竞争市场

政府对市场进入进行规制的一个重要理论依据是可竞争市场理论。该理论由鲍莫尔在1981年于美国经济学会年会上提出，并在翌年出版的《可竞争市场与产业结构理论》中形成。[①] 该理论认为，良好的生产效率和技术效率等市场绩效在传统的哈佛学派理想的市场结构以外仍然是可以实现的，而无须众多竞争企业的存在。它可以是寡头市场，甚至是独家垄断市场，只要保持市场进入的完全自由，只要不存在特别的进出市场成本，潜在竞争的压力就会迫使任何市场结构条件下的企业采取竞争行为。在这种环境下，包括自然垄断在内的高集中度的市场结构是可以和效率并存的。[②] 可竞争市场理论的出现，冲击了原先的规制理论，对欧美一些工业发达国家放松规制起到了有力的理论支撑和促进作用。

在理解可竞争市场概念时，与之相接近的概念是完全可竞争市场。所谓完全可竞争市场，是指企业在进入时绝对自由、退出时又无成本的市场。而可竞争市场则是相对于传统经济理论中完全竞争市场而言的一种市场结构，在可竞争市场中，不强调"存在无数多家企业"这一条件，而认为即使只有一家企业独占市场，只要有潜在进入者随时进入的竞争压力，这家垄断企业也只能取得正常收益的利润率。因此，可以将有无进入成本（进入壁垒）和退出市场成本（沉没成本）看作这两个概念的区别之处。

与可竞争市场接近的另一个概念是有效竞争市场。有效竞争市场是指既能达到基本规模经济的要求，又保持一定程度充分竞争的市场结构。有效竞争的市场结构可有效地协调马歇尔冲突的两个方面，这样的市场结构也是政府产业组织政策的目标。有效竞争市场强调的是规模经济和竞争活力，而可竞争市场看重的是对进出市场的要求。有效竞争市场更多地用于政府产业组织政策的目标选择，而可竞争市场是用于对规制理论的解释，从而影响甚至转变政府规制的方向。

---

① BAUMOL，PANZAR，WILLIG. *Contestable markets and the theory of industry structure*［M］. New York：Harcourt Brace Jovanovich，1982.

② 夏大慰. 产业组织与公共政策：可竞争市场理论［J］. 外国经济与管理，1999(11).

（二）关于不对称规制

在政府实施产业组织政策时，常常会采取所谓的不对称规制的手段。所谓不对称规制，是指政府对同一产业的不同企业在实施规制时采取不同的规制标准。政府之所以对同一产业中的企业实行“政策歧视”的不对称规制，是因为在要进行规制的产业中存在着不对称竞争的现象。

如在一些自然垄断产业，已在市场的原有企业由于规模经济、庞大的投资、多年的生产经营经验、完善的供应链和稳定的消费群体等，已经建立起了强大的市场势力。新企业进入市场后显然面临的就是一场不对称的竞争。“为培育市场竞争机制，与不对称竞争相适应，政府应该对原有企业与新企业实行不对称规制，对新企业给予一定的政策优惠，扶植其尽快成长，与原有企业实行势均力敌的对称竞争，以实现公平、有效的竞争。”①

这样的不对称规制，在国际上是一种常见的做法。如英国政府在电信产业的规制改革中，就曾采用“双寡头垄断政策”。这一政策就是在传统的电信独占市场，扶植一家新的企业（Mercury），并给予其“进入帮助”。政府在要求原有的独占寡头（英国电信公司，即 BT）以低成本的价格向新公司提供市内电话的通信网络外，还给予新进入公司选取通信业务量最大的线路和地区作为其经营范围，并允许其采取“撇油战略”。政府的目的就是要在垄断的电信市场中引入竞争的势力。②

同样的不对称规制，在我国电信市场改革过程中也用过。长期以来，我国电信产业都是由一家企业完全垄断的。随着改革开放的深化，一家独占电信市场的弊端也越发突出，1993 年，国务院同意由电子部、电力部和铁道部新组建的中国联通进入电信市场。政府的原意是想通过引入新企业来增加电信市场的竞争活力，但新进企业中国联通在电信市场上很难与原有企业中国电信抗衡，到 1998 年，中国联通的资产只有中国电信的 1/260，市场份额只占到 1%，是一场典型的不对称竞争。为此，政府主管部门对电信市场实施了不对称规制：一是在企业层面，1999 年，按业务分拆了中国电信，将移动电信业务从中国电信中分离，另组建中国移动；2001 年，又按地区再次分拆中国电信，将原中国电信分拆为南方的中国电信和北方的中国网通。二是在业务层面，全力倾斜支持新进企业中国联通，如将寻呼业务并入中国联通，将 CDMA 建设运营权独家授予中国联通，批准中国联通建设公用计算机互联网，等等，使中国联通成为我国唯一一家拥有所有电信业务的综合通信公司。三是在价格规制方面，允许中国联通以

---

① 王俊豪．政府管制经济学导论——基本理论及其在政府管制实践中的应用[M]．北京：商务印书馆，2003：151．

② 让·雅克·拉丰，让·泰勒尔．电信竞争[M]．北京：人民邮电出版社，2001：25—28．
牟清．全业务竞争形势下中国电信业规制研究[M]．上海：上海财经大学出版社，2011：74—83．

低于中国移动10%～20%的价格提供移动通信服务。政府采取这些不对称规制的目的就是在我国垄断的电信市场中引入竞争，改善电信市场的市场绩效。

四、对自然垄断产业的规制

(一)自然垄断的内涵

对自然垄断企业的规制长期以来都是政府规制的重点。由此，我们必须首先厘清自然垄断的含义。

传统的自然垄断理论是用平均成本的持续下降来定义自然垄断。在自然垄断产业中，由于存在着规模经济，厂商的边际成本和平均成本持续下降，并且边际成本一直低于平均成本。此时，由一家厂商提供整个产业的产品的成本要比多家企业分别提供这些产品的成本低。因此，从资源配置的角度来看，独家厂商垄断经营比多家厂商同时竞争性生产更有效率。

然而，传统的自然垄断理论只适用于生产单一产品的厂商，而在现实世界中，生产单一产品的厂商是极少见的，显然，多产品垄断更符合现实。这一观念对传统的自然垄断理论提出了挑战，现代自然垄断理论应运而生。1982年，鲍莫尔、潘札(Panzar)和威利格(Willig)用劣加性重新定义了自然垄断①。假设在某个产业中有 m 个厂商、n 种产品，$C(Q)$ 为成本函数，其中任何一个厂商可以生产任意种产品，同时每个企业的产出向量分别是 $Q_i(i=1,2,\cdots,m)$，且满足 $\sum_{i=1}^{m}Q_i=Q$，如果 $C(Q)<\sum_{i=1}^{m}C(Q_i)$ 成立，则称该产业的成本是劣加性的，那么该产业也就应当属于自然垄断产业。

根据此定义，平均成本持续下降只是自然垄断的充分条件，而并非必要条件。此时，厂商的平均成本曲线可能上升，也可能下降。自然垄断的新定义扩大了自然垄断的范围。如图14－1所示，横轴表示产量，纵轴表示价格，产量为 Q_0 的点是平均成本曲线 AC 与边际成本曲线 MC 的交点。传统定义的自然垄断只包括 Q_0 点左边的情况，而新定义不仅包括 Q_0 点左边的情况，还包括 Q_0 点及 Q_0 点右边的情况。在现代自然垄断理论中，一般将位于 Q_0 点左边的情况称为强自然垄断，而将 Q_0 点及 Q_0 点右边的情况则称为弱自然垄断。

(二)自然垄断产业规制的内在必然性和规制内容

传统的自然垄断理论认为，从整个社会的利益出发，政府有必要对自然垄断产业进行规制。一方面，自然垄断产业具有规模经济性，这时需要政府对市场的进入进行规制，以便让一家厂商独家垄断经营，以获得规模经济效益。另一方面，由于厂商处于

---

① BAUMOL, PANZAR, WILLIG. *Contestable markets and the theory of industry structure*[M]. New York: Harcourt Brace Jovanovich, 1982.

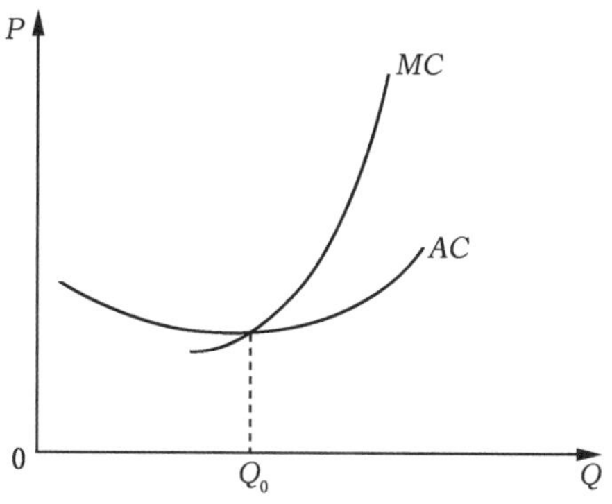

图 14－1　强自然垄断和弱自然垄断

垄断地位，如果政府对厂商定价不加控制，厂商就会按照边际成本等于边际收益的利润最大化原则将价格定在高于边际成本的水平上，以便获得垄断利润。根据微观经济学理论，只有当价格等于边际成本时，社会资源才能实现最有效的配置。但是，自然垄断产业是成本递减行业，如果按边际成本定价，此时的价格就低于平均成本，厂商则处于亏损状态。这就是自然垄断理论中的定价矛盾，该矛盾使得政府必须出面进行价格规制，以便在社会资源配置效率和厂商效益之间取舍。

而现代自然垄断理论则认为：一方面，由于自然垄断产业具有成本劣加性，此时需要政府对市场实行进入规制，以保证整个产业以最低成本进行生产；另一方面，自然垄断理论中的定价矛盾不再成为必然。根据现代自然垄断理论，在平均生产成本上升的产业中，边际成本定价既保证了厂商不亏损，又实现了社会资源的有效配置，定价矛盾不复存在；但其垄断地位可能会受到潜在进入者的威胁，此时，潜在进入者会发现以稍低于该产业中企业的定价但高于最低成本点的某一价格出售产品会获利，这时能够长期维持厂商的垄断地位则成为新的问题。一般来说，此时仍需要政府进行进入规制。但对于平均生产成本下降的产业，定价矛盾依然存在，价格规制仍有存在的理由。

对自然垄断产业的规制主要包括进入规制、价格规制和质量规制。进入规制是指在自然垄断产业中，为确保垄断企业的规模经济效益，由规制机构对行业进入进行规制，从而确定一家或极少数几家企业获准享有特许经营权，并承担该产业的供给责任，不能自由退出。价格规制是对自然垄断产业的产品价格进行规制，主要是为了防止垄断企业制定垄断价格。质量规制的主要目的是为了防止缺乏竞争的自然垄断产业提供的产品和服务质量下降。

第六节 社会性规制

一、社会性规制概述

从学科角度来讲,社会性规制应当属于公共管理学的范畴。但自20世纪70年代末以来,由于受到公共政策学科范式和工商管理学科范式的影响,在公共行政学的基础上形成了公共管理学。公共管理学大大拓展了以往公共行政学的研究领域,它涉及的对象延伸到了如政府与市场、政府与企业、政府与社会、外部性、公共物品、政府失败等领域,与产业组织学和规制经济学有了共同的交集。

在规制经济学中,许多学者都对社会性规制作过定义。在本教材中,我们采用植草益在《微观规制经济学》中的定义:"社会性规制是以确保国民生命安全、防止灾害、防止公害和保护环境为目的的规制。"①

与经济性规制相比,社会性规制的定义看似比较简单,但其"规制的理论依据较之经济性规制而言显然要复杂得多"②。其中最为常见的理论依据是:①公共产品的有效供给;②对非价值物品的管理;③外部性;④信息不对称。

二、公共产品的有效供给

公共产品有两大特征,其一是非竞争性,其二是非排他性。公共产品的这两个特征,决定了在公共产品市场中,市场机制是失效的。如由于非排他性,导致私人企业不愿意投资该领域,因为投入的成本很高,却又不能得到回报。但如果都不投资生产这些公共产品,则又必然导致整个社会福利的损失。因此,只能由政府来设法提供这些公共物品。为了纠正市场的失灵,政府不但要提供公共产品,而且要对公共产品的生产和交易过程加以规制,其中就包括对公共产品的生产数量、产品质量、安全卫生等方面的规制。

三、对非价值物品的管理

非价值物品是在经济活动中产生社会问题的物品,可分为"不受欢迎的市场结果"和"功德物品"。对"不受欢迎的市场结果"如枪械等进行预防和矫正,除了经济上的原因以外,还有对公正的关照和伦理原则等。基于伦理、道德或其他社会原因,政府可直

① 植草益. 微观规制经济学[M]. 北京:中国发展出版社,1992:281.

② 夏大慰,史东辉,等. 政府规制理论、经验与中国的改革[M]. 北京:经济科学出版社,2003:29.

接限制或禁止其生产和交易，具体措施包括限制特殊类型药物、枪械管制、限制核设施等，以消除或不受欢迎的市场结果。对于"功德物品"，如安全预防产品、强制性义务教育和强制性保险计划等，政府可强制购买使用，如疫苗接种、义务教育、医疗保险、汽车安全带等。

四、经济外部性

经济外部性最典型的例子是环境污染，还包括对不可再生资源的掠夺性和枯竭性开采行为，这就涉及公共物品的问题。由于不可再生资源具有共同产权的特性，使得单个使用者过度使用这些物品，其行为有如搭便车那样，不考虑其他人的公共权利，而实际在增加其他人使用共同产权的成本。

为减少负经济外部性，政府可采取的具体规制措施包括：根据总环境容量核定排污企业的排污标准和排污量，对其收取排污费；强化汽车尾气排放控制装置要求，并限制排放有毒物质；限定飞机噪音的控制水平；等等。为防止掠夺性的资源开采，政府可以普遍采取的规制手段诸如：采矿权许可、猎捕权许可、强制复垦以及收取资源补偿费等。政府还可通过规制手段提供一些公共物品，如公共环保项目、义务教育、疫苗接种、医疗保健及其他公共福利项目，以利于市场资源的有效配置。

五、信息不对称

信息不对称会引起市场的不完全性。为了解决这一问题，政府被授权建立许多直接对企业交易和合约进行干预的制度，可以进行准入、标准以及信息披露要求等。对产品特性和合约条款的规制大量体现在消费者权益保护、广告管理、安全生产和预防职业危害等社会性规制制度中。为了保护消费者利益，保证他们获得有关商品的完全信息，政府会要求企业向消费者公开必要的信息，比如在食品上贴上生产日期与保质日期的标签，或者要求销售者的产品出售之前取得许可证。

附　录

一、佩尔兹曼模型

在分析佩尔兹曼模型时，可用$\pi(P)$表示企业的利润函数，其中的P是价格，P在垄断价格P_m达到最高（如图14－2所示）。再定义一个政治支持函数，记为$M(P,\pi)$。$M(P,\pi)$会随着P的增加而遭到消费者的反对而呈下降趋势，而随$\pi(P)$的提高获得企业的支持呈上升趋势。

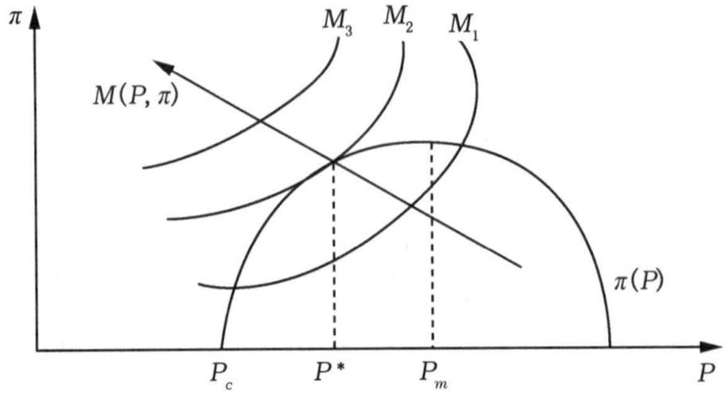

图 14—2 佩尔兹曼模型

从图 14－2 中可知，当 $P<P_m$ 时，企业会倾向于提价，但这会遭到消费者的反对；一般而言，也不会出现 $P>P_m$ 的状况；通常的情况是 $0<P<P_m$。M_i 为政治收益无差异曲线，同一条 M_i 表示企业利益和消费者利益达到均衡。在给定 P 的条件下，π 越高，M_i 也越高；而在给定的 π 下，P 越低，M_i 也越高。因此，就有图中的 $M_1<M_2<M_3$。显然，在 P^* 的水平上，$M(P,\pi)$ 是各方达到均衡时[$\pi(P)$ 与 M_2 相切]最大的了。

规制的价格 P^* 介于完全竞争价格(P_c)与垄断价格(P_m)之间，这表明规制往往会出现在相对竞争的产业或相对垄断的产业。对相对竞争程度较高的产业进行规制，企业将从规制中获益；而对垄断程度较高的产业进行规制，消费者将从规制中获益。

二、贝克尔模型

贝克尔模型讨论的是利益集团之间的竞争过程，以及由竞争过程决定的再分配。

(一)模型假设(贝克尔假设)

不同的利益主体传递着各自集团的压力，各种集团压力导致规制政策在政治市场上的均衡，规制的结果是增加了更有影响力的利益集团的福利。

假设有两个集团，分别记为集团 1 和集团 2。每个集团都可通过影响规制政策来提高自身利益。假定集团 1 得到的利益转移取决于两个方面：一是集团本身向规制者施加的影响力(记为 p_1)，二是集团 2 向规制者施加的影响力(记为 p_2)。影响力的大小取决于集团的人数和各自使用的资源量，若 $p_1>p_2$，意味着集团 1 对规制者的影响力大于集团 2。

记 $T=I(p_1,p_2)$为影响函数。假设 $I(p_1,p_2)$是 p_1 的增函数，是 p_2 的减函数。如果有数量 T 的福利从集团 2 转移到集团 1，那么集团 2 的福利减少数量为$(1+x)$

T，此时应有 $x \geqslant 0$。当 $x > 0$ 时，整个社会福利在转移过程中有损失，也就可以看作因规制而损失的福利，损失的量为 xT。

假设集团 1 和集团 2 的总影响力是固定的，规制活动由两个集团的相对影响来决定。

（二）政治均衡过程

在上述假设下，每个集团在对方选择的影响力水平的基础上，根据谋取自身利益最大化的原则，确定本集团对规制施加的影响力水平。综合考虑集团的成本和福利增长，用 $u_1(p_2)$ 表示集团 1 在集团 2 选择了 p_2 后的最佳反应函数，用 $v_2(p_1)$ 表示集团 2 在集团 1 选择了 p_1 后的最佳反应函数。当每个集团都不愿意改变自己的影响力［即 $u_1(p_2)=v_2(p_1)$］时，就达到了政治均衡［图 14－3 中的点 $E(p_1^*, p_2^*)$ 就是一个这样的均衡点］。

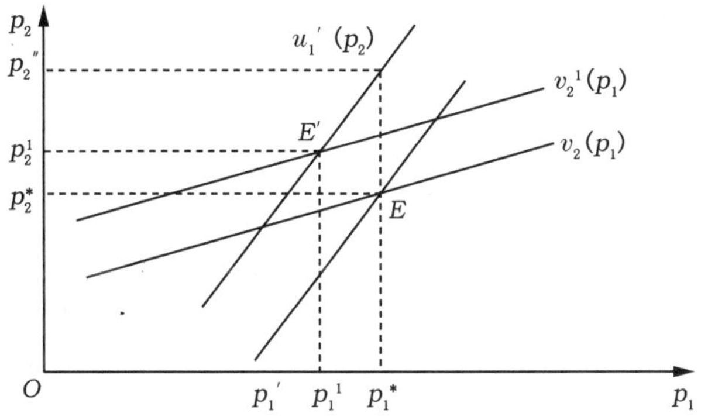

图 14—3　贝克尔政治均衡模型

政治均衡的一个明显结论是：如果政治过程带来的边际净损失 x 增加，那么规制活动应当减少。政治过程的 x 可通过福利转移 T 的大小得知。在集团 1 获取任何水平的转移收入时，x 的增加意味着集团 2 遭受比集团 1 获取转移而得的收入更大的损失。较大的损失会刺激集团 2 施加比集团 1 预期其更大的影响力，随着集团 2 的 x 增加，集团 2 的最佳反应函数将会从 $v_2(p_1)$ 转到 $v_2^1(p_1)$。如果集团 1 施加 p_1^* 的影响力，集团 2 会选择 $p^{2''}$ 而不是 p_2^*。因为 x 较高，所以集团 2 的损失比给定的 T 高。集团 1 得到的转移收入会小于集团 2 的损失。此时，集团 1 缺乏动力利用更多资源去提高规制活动，所以施加的影响力也就较小，从而导致它的最佳反应函数从 $u_1(p_2)$ 转移到 $u_1'(p_2)$，以回应由于规制造成的 x 的增加。因此，新的政治均衡点就是 $E'(p_1^1, p_2^1)$。新的均衡点 $E'(p_1^1, p_2^1)$ 与原均衡点 $E(p_1^*, p_2^*)$ 相比，集团 2 对规制者施加了更多的影响，而集团 1 则减少了影响力。

从上述分析可看出，在市场失灵的产业，边际净损失相对低（或为负）的产业更适用规制政策。从经济现实来看，边际净损失相对低（或为负）的产业一般都是垄断性产业，受益集团有获得更大潜在受益的可能性。而边际净损失相对高的产业一般是竞争性产业。

三、阿弗奇—约翰逊模型

在图 14－4 中，假设自然垄断市场中的需求曲线为 D，企业预期当它进行超额投资时，能得到受益提高的补偿。该假设引起自然垄断市场成本曲线从 AC_{nat} 移到 AC_{aj}，价格由 P_{nat} 变为 P_{aj}。价格的提高减少了对自然垄断市场产出的消费（消费从 Q_{nat} 移到 Q_{aj}）。经过上述变化，社会的总福利有所减少，包括资源浪费引起的福利减少和消费减少导致的福利减少。减少的福利如图 14－4 中的阴影部分所示。

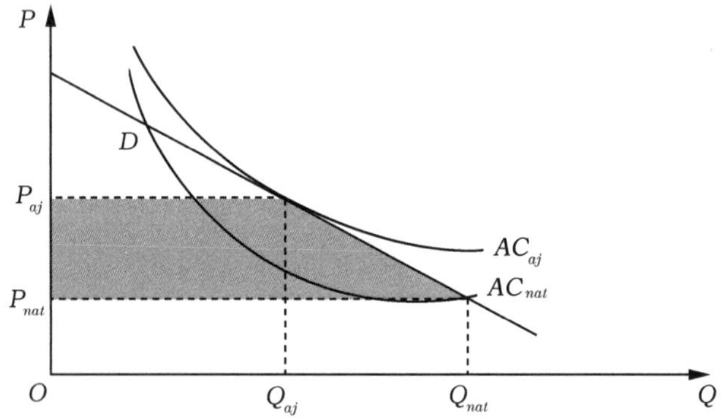

图 14－4　阿弗奇—约翰逊模型

四、拉姆齐定价模型

假设一个垄断企业向市场提供 n 种独立的产品，令 p_i 为 i 种产品的价格，q_i 为 i 种产品的产量，这里 $i=1,2,\cdots,n$。再令企业生产第 i 种产品的成本为 $F+\sum cq_i$，其中，F 为固定成本，c 为可变成本，同时也是边际成本（为分析方便起见）。

根据上述假定，可知垄断企业的利润函数为：

$$\pi=\sum p_i q_i-(F+\sum cq_i) \qquad \text{（公式 14－4）}$$

（公式 14－4）中，等式右边第一项是企业的总收益，第二项是总成本。

在确保企业不亏损的前提下，寻求企业利润 π 最大化，也就是在 $\pi=0$ 的约束下，求解使 π 最大化时的 p_i 值。为此，引入拉格朗日乘数 λ，有拉格朗日函数 L：

$$L=\sum\int p_i \mathrm{d}q_i-\sum cq_i+\lambda[\sum p_i q_i-(F+\sum cq_i)] \qquad \text{（公式 14－5）}$$

根据(公式 14－5)，对产量 q_i 求导，寻求最大化，可得：

$$(p_i-c)+\lambda(p_i-c)+q_i\times(\mathrm{d}p_i/\mathrm{d}q_i)=0 \qquad \text{(公式 14－6)}$$

记 $\varepsilon_i=-\dfrac{p_i/q_i}{\mathrm{d}p_i/\mathrm{d}q_i}(\varepsilon_i>0)$，显然 ε_i 为 i 产品的需求价格弹性。令 $R\equiv\lambda/(1+\lambda)$，这里的 R 也称为拉姆齐指数。由(公式 14－6)可得：

$$\frac{p_i-c}{p_i}=\frac{R}{\varepsilon_i} \quad \text{或者} \quad p_i=\frac{c}{1-R/\varepsilon_i} \qquad \text{(公式 14－7)}$$

由(公式 14－7)可知，每个产品的价格因各自的需求价格弹性不同而不同，且与需求价格弹性成比例，也与各自的产量成同一比例。

参考文献

[1] 马云泽．规制经济学[M]．北京：经济管理出版社，2008.

[2] 王俊豪．政府管制经济学导论——基本理论及其在政府管制实践中的应用[M]．北京：商务印书馆，2003.

[3] 丹尼尔・F．史普博．管制与市场[M]．上海：上海三联书店，上海人民出版社，1999.

[4] 让・雅克・拉丰，让・泰勒尔．电信竞争[M]．北京：人民邮电出版社，2001.

[5] 牟清．全业务竞争形势下中国电信业规制研究[M]．上海：上海财经大学出版社，2011.

[6] 肖兴志．自然垄断产业规制改革模式研究[M]．大连：东北财经大学出版社，2003.

[7] 郑宝奇．从垄断到竞争[M]．北京：人民邮电出版社，2005.

[8] 保罗・萨缪尔森，威廉・诺德豪斯．经济学[M]．12 版．北京：中国发展出版社，1992.

[9] 夏大慰．产业组织与公共政策：可竞争市场理论[J]．外国经济与管理，1999(11).

[10] 夏大慰，史东辉，等．政府规制理论、经验与中国的改革[M]．北京：经济科学出版社，2003.

[11] 植草益．微观规制经济学[M]．北京：中国发展出版社，1992.

[12]AVECH，JOHNSON. Behavior of the firm under regulatory constraint[J]. *American economic review*，1962(52).

[13] BARON，MYERSON. Regulating a monopolist with unknown cost[J]. *Econometrica*，1982(50).

[14] BAUMOL，PANZAR，WILLIG. *Contestable markets and the theory of industry structure*[M]. New York：Harcourt Brace Jovanovich，1982.

[15] BECKER. A theory of competition among pressure groups for political influence[J]. *The quarterly journal of economics*，1983，98(3).

[16] BERNSTEIN. *Regulating business by independent commission*[M]. Princeton：Princeton University Press，1955.

[17] FOSTER C D. *Privatization，public ownership and the regulation of natural monopoly*

[M]. Liphook:Blackwell Press,1992.

[18] DEMSETZ. Why regulate utilities? [J]. *Journal of law and economics*,1968,11(1).

[19] KAHN. *The economics of regulation: principles and institutions*[M]. Cambridge: MIT Press, 1988.

[20] LAFFONT,TIROLE. *A theory of incentives in procurement and regulation*[M]. Cambridge:The MIT Press,1993.

[21] LAFFONT, TIROLE. Access pricing and competition[J]. *European economic review*, 1994,38(9).

[22] PELTZMAN. Toward a more general theory of regulation[J]. *Journal of law and economics*,1976,19(2).

[23] POSNER. Theories of economic regulation[J]. *Bell journal of economics and management science*,1974(5).

[24] RAMSEY. A contribution to the theory of taxation[J]. *Economic journal*,1927(37).

[25] SHLEIFER. A theory of yardstick competition[J]. *Rand journal of economics*,1985(16).

[26] LITTLECHILD S C. *Regulation of British Telecommunications' profitability: report to the Secretary of State*[M]. London: Department of Industry,1983.

[27] STIGLER,FRIEDLAND. What can regulators regulate? The case of electricity[J]. *Journal of law and economics*,1962,5(10).

[28] STIGLER. The theory of economic regulation[J]. *Bell journal of economics*,1971(2).

[29] Viscusi W K,Vernon J M,Harrington J E. *Economics of regulation and antitrust*[M]. Cambridge:MIT Press,2005.

推荐阅读书目

[1] 马云泽．规制经济学[M]. 北京:经济管理出版社,2008.

[2] 王俊豪．管制经济学原理[M]. 2 版．北京:高等教育出版社,2014.

[3] 李琦．政府规制与政策[J]. 中国社会科学季刊,2000(冬).

[4] 宋立．现代西方规制理论演进[J]. 经济学动态,1997(7).

[5] 施蒂格勒．产业组织与政府管制[M]. 上海:上海人民出版社,上海三联书店,1996.

[6] 夏大慰．产业组织与公共政策:可竞争市场理论[J]. 外国经济与管理,1999(11).

[7] 植草益．微观规制经济学[M]. 北京:中国发展出版社,1992.